Barbara Jennes

Die Wirkungen der Geldpolitik in Deutschland

WIRTSCHAFTSWISSENSCHAFT

Barbara Jennes

Die Wirkungen der Geldpolitik in Deutschland

Ökonometrische Untersuchung traditioneller und alternativer Transmissionsmechanismen

Mit einem Geleitwort von Prof. Dr. Werner Gaab

Deutscher Universitäts-Verlag

Bibliografische Information Der Deutschen Bibliothek
Die Deutsche Bibliothek verzeichnet diese Publikation in der Deutschen Nationalbibliografie; detaillierte bibliografische Daten sind im Internet über <http://dnb.ddb.de> abrufbar.

Dissertation Universität Essen, 2002

1. Auflage April 2003

Lektorat: Ute Wrasmann / Britta Göhrisch-Radmacher

Der Deutsche Universitäts-Verlag ist ein Unternehmen der Fachverlagsgruppe BertelsmannSpringer.
www.duv.de

Umschlaggestaltung: Regine Zimmer, Dipl.-Designerin, Frankfurt/Main

Gedruckt auf säurefreiem und chlorfrei gebleichtem Papier

ISBN-13:978-3-8244-0703-3 e-ISBN-13:978-3-322-81098-4
DOI: 10.1007/978-3-322-81098-4

Geleitwort

Es gibt wenige Gebiete in den Wirtschaftswissenschaften, die in den letzten dreissig Jahren ein derart großes wissenschaftliches Interesse gefunden haben wie die Geldpolitik. Dies wird durch eine Vielzahl theoretischer und vor allem aber auch empirischer Arbeiten eindrücklich dokumentiert, wobei sich beide Forschungsrichtungen wie in einem System kommunizierender Röhren gegenseitig beeinflussen. Der empirischen Forschung kommt dabei die wichtige Aufgabe zu, die in der Theorie postulierten Zusammenhänge anhand der vorhandenen Beobachtungen zu analysieren, aber auch empirische Zusammenhänge aufzuzeigen, die einer theoretischen Durchdringung bedürfen.

Trotz des zweifellos vorhandenen wissenschaftlichen Fortschritts, den diese Arbeiten gebracht haben, gibt es eine Reihe von Problemen - vor allem im Zusammenhang mit der Durchführung der Geldpolitik - die immer noch sehr kontrovers diskutiert werden. Beispielhaft sei hier die jüngste Diskussion darüber genannt, welche Rolle die Geldmenge in der Geldpolitik spielen sollte. Ein zentrales Problem der Geldpolitik besteht darin, dass sie die letzten Ziele Preisstabilität und/oder hohe Beschäftigung mit Hilfe ihrer geldpolitischen Instrumente nicht direkt beeinflussen kann und dass zwischen dem Einsatz der Instrumente und der Wirkung auf das Preisniveau und/oder die Beschäftigung lange und variable Wirkungsverzögerungen bestehen. Hinzu kommt, dass auch Unsicherheit über die quantitative Wirkung der geldpolitischen Instrumente und generell über den Transmissionsprozess der Geldpolitik existiert. Zentralbanken benutzen deshalb sog. Zwischenziele (Geldmengenaggregate, Zinssätze, erwartete Inflationsrate), welche besser beeinflusst werden können als die letzten Ziele und die eine hohe Korrelation mit dem letzten Ziel haben. Da auch diese Zwischenziele von den Geschäftsbanken und den Nichtbanken beeinflusst werden, benötigt die Zentralbank sog. Operating Targets (Instrumente), die von ihr gesteuert werden können und die mit den Zwischenzielen hoch korreliert sind. Die Effizienz derartiger Operating Targets und damit der Geldpolitik hängt wesentlich auch davon ab, auf welchen Wegen die Transmission geldpolitischer Impulse in den güterwirtschaftlichen Bereich erfolgt. Dies ist eine wichtige empirische Fragestellung, da von ihrer Beantwortung u.a. die Ausgestaltung geldpolitischer Maßnahmen abhängig ist.

Frau Jennes hat sich in ihrer Arbeit die Aufgabe gestellt, den Transmissionsmechanismus unter den speziellen institutionellen Gegebenheiten in der Bundesrepublik Deutschland mit modernen ökonometrischen Verfahren zu analysieren. Insbesondere hat sie in diesem Zusammenhang auch die wichtige Frage untersucht, ob neben dem traditionellen Zinskanal auch ein separater Kreditkanal existiert, d.h. ob Geldpolitik das Kreditangebot nicht nur über den Kreditzinssatz beeinflusst, sondern auch einen direkten Effekt auf die Kreditgewährung der Banken im Sinne einer Kreditrationierung unterschiedlicher Nachfragergruppen ausübt. Wenn dies zutrifft, dann hat Geldpolitik auch redistributive Wirkungen, indem - angesichts relativ geringer Eigenkapitalsquoten - kleine und mittelständige Unternehmen, die auf Bankkredite ihrer Hausbanken angewiesen sind, durch eine restriktive Geldpolitik infolge des erhöhten Insolvenzrisikos gegenüber großen Unternehmen mit Zugang zum Kapitalmarkt benachteiligt werden. Gerade für die Verhältnisse in der Bundesrepublik mit einer traditionell engen und meist langfristigen Beziehungen zwischen Mittelstand und Banken/Sparkassen/Genossenschaftsbanken scheint dieser Sachverhalt u.U. von Bedeutung zu sein. Diese Problematik gewinnt vor dem Hintergrund des Basel II-Akkords mit seinen strengeren Richtlinien bezüglich der individuellen Risikobewertung eine besondere Brisanz. Auch wenn die Deutsche Bundesbank in der Zwischenzeit nicht mehr für die Geldpolitik verantwortlich zeichnet, so ist die untersuchte Fragestellung der Transmission geldpolitischer Maßnahmen immer noch interessant, da sich die Struktur der Finanzmärkte und die institutionellen Gegebenheiten nicht wesentlich verändert haben.

Werner Gaab

Vorwort

Die vorliegende Arbeit wurde im Juli 2001 als Dissertation am Fachbereich Wirtschaftswissenschaften der Universität Essen eingereicht. Sie wäre ohne die Hilfe zahlreicher Personen sicherlich nicht zustande gekommen. Ihnen möchte ich an dieser Stelle meinen Dank aussprechen.

Zuerst und insbesondere möchte ich meinem Doktorvater Prof. Dr. Werner Gaab für die ausdauernde Begleitung meiner wissenschaftlichen Forschungstätigkeit danken. Ich fand in ihm stets einen wertvollen und engagierten Gesprächspartner, der mir half, so manche Tücke der empirischen Anwendung zu umschiffen.

Mein Zweitgutachter Prof. Dr. Walter Assenmacher stattete mich bereits früh mit dem notwendigen ökonometrischen Rüstzeug aus, ohne das die vorliegende Arbeit nicht hätte zustande kommen können. Auch während der Arbeit an meiner Dissertation erhielt ich von ihm zahlreiche wertvolle Hinweise und Anregungen. Vielen Dank dafür.

Der Ursprung meiner Begeisterung für die empirische Arbeit mit Zeitreihen liegt in einem Ökonometrie-Workshop von Prof. Dr. Frank Levin, an dem ich im Frühjahr 1992 teilnahm.

Dr. Gregor Brüggelambert, Ralf Dewenter und Thomas Schnier lotsten mich, jeder auf seine Art, durch die schwierigen Passagen eines solchen Projektes. Auch Serpil Derici, Reinhold Heming, Susanne Pötsch, Stefan Ruppel und Katrin Schunk haben ihren Teil zum erfolgreichen Gelingen meiner Arbeit beigetragen.

Stellvertretend möchte ich auch Dr. Bertold Niehoff recht herzlich für seine Unterstützung zu Lande und zu Wasser danken.

Meinen Eltern Hildegard und Herbert Jennes möchte ich diese Arbeit widmen. Sie waren immer für mich da. Ihnen und Dorothea Wendland gebührt zudem der Dank dafür, dass ich trotz plötzlicher Verdopplung der Zahl unserer Familienmitglieder mein Vorhaben zu Ende führen konnte.

Und ein ganz besonderer Dank geht an Fabian, Gregor und Hendrik, die mir immer wieder zeigen, was wirklich wichtig ist im Leben.

Barbara Jennes

Inhaltsverzeichnis

Abbildungsverzeichnis

Tabellenverzeichnis

Kapitel 1

Einführung

1.1 Zielsetzung und Vorgehensweise

Die vorliegende Arbeit geht der Frage nach den Wirkungen nicht-antizipierter geldpolitischer Maßnahmen nach. Der Transmissionsprozess monetärer Impulse beschreibt, auf welche Weise die direkt von der Zentralbank steuerbaren Größen auf die gesamtwirtschaftlichen Endziele wirken. Die traditionelle zinstheoretische Sicht des Transmissionsmechanismus geht davon aus, dass monetäre Impulse einer Zentralbank zu einer Veränderung der kurzfristigen Zinssätze führen. Diese Zinsänderung ist der Schlüssel zu weiteren Effekten. Kontraktive Geldpolitik führt so zu steigenden Opportunitätskosten der Nachfrage nach Investitionsgütern. Ein Teil der geplanten Investitionsprojekte ist nicht mehr rentabel und der gesamtwirtschaftliche Output sinkt.

Ziel der Arbeit ist zunächst die Überprüfung dieser These zu den Wirkungen geldpolitischer Impulse. Hierbei zeigt sich bereits die Schwierigkeit, eine angemessene Variable zur Abbildung der geldpolitischen Aktionen der Zentralbank zu finden. Es existiert zu dieser Thematik eine Fülle von Ansätzen, denen aber gemein ist, dass sie sich, wenn auch in unterschiedlichem Maße, nur unzureichend mit den spezifischen Gegebenheiten der deutschen Geldpolitik auseinander setzen. Zu beachten sind hierbei u. a. die Phasen unterschiedlicher geldpolitischer Orientierung der Deutschen Bundesbank sowie eine angemessene Berücksichtigung des durch die Wiedervereinigung Deutschlands ausgelösten Strukturbruchs, welcher sich innerhalb des betrachteten Beobachtungszeitraums befindet. Um Fehlspezifikationen zu vermeiden, wird ein Modell entwickelt, das diesen Besonderheiten Rechnung trägt.

Mit dem so gefundenen Modell können erste Aussagen über die Wirkung der Geldpolitik gemacht werden. Als geldpolitische Variable findet der Geldmarkttagessatz Verwendung. Es zeigt sich, dass die monetären Größen Geldmenge und Preisniveau wie erwartet auf einen geldpolitischen Impuls reagieren. Die reale Outputvariable hingegen verändert sich kaum.

Es ist allerdings zu prüfen, ob diese Ergebnisse nicht durch die Tatsache hervorgerufen werden, dass die verwendete Variable zur Abbildung der geldpolitischen Aktionen einem Identifikationsproblem unterliegt. So sind zum Beispiel Innovationen in einem weiten Geldmengenaggregat ungeeignet zur Darstellung autonomer Geldpolitik, obwohl die Bundesbank - und auch die Europäische Zentralbank - ein weites Geldmengenaggregat steuert bzw. es als Zwischenziel verwendet. Da die Geldmenge sowohl angebots- als auch nachfrageseitigen Störungen unterliegt, stellen Innovationen in diesem Aggregat nicht notwendigerweise eine autonome geldpolitische Aktion der Zentralbank dar. Auch der Tagesgeldsatz ist von einem ähnlichen Problem betroffen. Allein der Wertpapierpensionssatz kann ausschließlich von der Bundesbank gesteuert werden. Bei der in dieser Arbeit vorgenommenen Erweiterung des Modells, die damit erstmalig eine vollständig autonome Instrumentvariable der Zentralbank verwendet, stellt sich heraus, dass die alleinige Verwendung des Tagesgeldsatzes die Wirkungen der Geldpolitik auf die monetären Variablen unterschätzt. Die Reaktionen des Outputs bleiben jedoch auch in diesem modifizierten Modell unbedeutend.

Fraglich ist jedoch, ob dieser aggregierte Befund und die Konzentration auf den traditionellen Zinskanal nicht bedeutende Effekte geldpolitischer Maßnahmen überdecken. Der Transmissionsprozess wird als 'black box' betrachtet (vgl. BERNANKE und GERTLER, 1995) und die zugrunde liegenden Wirkungszusammenhänge sind nicht Gegenstand der Analyse. Verschiedene Ansätze versuchen, in Ergänzung oder Erweiterung des traditionellen Zinskanals die Struktur des Transmissionsprozesses transparenter zu machen. So werden z. B. Vermögenseffekte oder die Wirkung der Geldpolitik auf die Aktienkurse berücksichtigt. Auch die Reaktion des Wechselkurses auf einen geldpolitischen Impuls mit den entsprechenden Folgen für die Nettoexporte und damit für den gesamtwirtschaftlichen Output gewinnt gerade in Zeiten flexibler Wechselkurse und zunehmender Globalisierung an Bedeutung.[1]

In der vorliegenden Arbeit wird jedoch die Theorie des Kreditkanals im Zentrum der Analyse stehen. Diese hebt die Annahme eines vollkommenen Kapitalmarktes, die der traditionellen Sicht zugrunde liegt, auf. Die Art der Finanzierung von Investitionsprojekten wird so zu einem bedeutenden Faktor, der wiederum durch die Geldpolitik beeinflusst wird. Es entstehen gruppenspezifische Effekte eines geldpolitischen Impulses.

Dieser theoretische Ansatz kann in der vorliegenden Arbeit für den Zeitraum 1985 bis 1994 in Deutschland empirisch bestätigt werden. Ein geldpolitischer Impuls führt zu Reaktionen im Geschäftsbankensektor, die sich wiederum auf die Unternehmen auswirken. Verschiedene Sektoren reagieren unterschiedlich auf eine kontraktive Maßnahme der Zentralbank. Damit zeigt sich eine Wirkung der Geldpolitik, die über den traditionellen Ansatz hinausgeht. Es existiert zudem empirische Evidenz dafür, dass diese unterschiedliche, distributive Wirkung der Geldpolitik auf die Finanzierungsmöglichkeiten der Unternehmen nicht allein durch deren Größe determiniert wird, sondern auch durch die Größenstrukturen auf der Seite der Kreditgeber. Hiermit gelingt in dieser Arbeit der Nachweis eines Bankkreditkanals für Deutschland.

Entsprechend der skizzierten Vorgehensweise gliedert sich die Arbeit wie folgt: Kapitel 2 stellt zunächst die methodischen Hintergründe der vektorautoregressiven (VAR)-Analyse dar, die im empirischen Teil der Arbeit Verwendung findet.

Kapitel 3 untersucht und bewertet verschiedene makroökonomische Variablen auf ihre Eignung zur Abbildung der geldpolitischen Aktivitäten der Zentralbank. Es wird ein Überblick über bereits existierende Untersuchungen, ihre Stärken und ihre Unzulänglichkeiten gegeben.

Dem Ansatz von SIMS (1992) folgend, der im Rahmen eines Ländervergleiches die Wirkungen der Geldpolitik in Deutschland untersuchte, verwenden die meisten Untersuchungen für Deutschland den Geldmarkttagessatz als geldpolitische Variable. So wird auch in Kapitel 4 verfahren. Die vorlie-

[1] In MISHKIN (1996) findet sich ein Überblick über diese alternativen Transmissionskanäle.

gende Studie wählt im Gegensatz zu den meisten anderen Analysen mit dem Zeitraum 1985 bis 1997 eine Phase homogener Zentralbankpolitik und beachtet darüberhinaus die zeitreihentechnischen Probleme der deutschen Wiedervereinigung.

In keinem der bisherigen Ansätze zur Entwicklung einer geeigneten Variable zur Abbildung der deutschen Geldpolitik wurde berücksichtigt, dass auch der Tagesgeldsatz eine Größe ist, die nicht allein durch Aktionen der Zentralbank determiniert ist. Die vorliegende Arbeit entwickelt erstmalig für Deutschland einen alternativen Ansatz, der die Wertpapierpensionsgeschäfte und ihre Beziehung zum Tagesgeldmarkt in die Modellierung einbezieht. Die gleichzeitige Berücksichtigung von Tagesgeld- und Wertpapierpensionssatz macht die Verwendung eines nicht-rekursiven, strukturellen VAR-Modells notwendig, um gezielt Restriktionen zu setzen, die sich aus den ökonomischen Zusammenhängen ableiten lassen. In dieser Hinsicht steht das Kapitel 5 in der Tradition der Arbeiten von STRONGIN (1995), GORDON und LEEPER (1994), BERNANKE und MIHOV (1995, 1996), CLARIDA und GERTLER (1996) und LEEPER et al. (1996), die ebenfalls versuchen, die Zusammenhänge auf dem Reservemarkt mittels ökonomisch motivierter Strukturgleichungen explizit zu modellieren.[2]

Die mithilfe dieses Ansatzes gewonnenen Impuls-Antwort-Funktionen werden mit denen der konventionellen Modellierung verglichen. Die ebenfalls vorgenommene Prognosefehler-Varianzzerlegung macht es schließlich möglich, abzuschätzen, welcher Anteil der Innovationen des Tagesgeldsatzes tatsächlich auf angebotsseitigen Störungen beruht und welcher Teil nachfrageseitigen Störungen zuzuschreiben ist.

Im siebten Kapitel wird mit der Theorie des Kreditkanals eine Erweiterung des traditionellen Transmissionsansatzes verfolgt. Zunächst wird der traditionelle Zinskanal detailliert dargestellt. Dies schafft die Basis für eine anschließende Erläuterung der Defizite dieser Theorie. So zeigt sich zum Beispiel in Untersuchungen zu den Einflussfaktoren auf die Investitionsgüternachfrage, dass unternehmensbezogene Rentabilitätsgrößen eine entscheidende Determinante darstellen. Dies ist aber unvereinbar mit der Annahme eines vollkommenen Kapitalmarktes. Nicht nur empirische Befunde, sondern

---

[2] Analog zur dargestellten Problematik in Deutschland verwenden Untersuchungen für die USA gemeinhin die *federal funds rate* als Operating Target der Geldpolitik. Auch diese Größe unterliegt jedoch dem geschilderten Identifikationsproblem.

auch die theoretische Weiterentwicklung, insbesondere die Berücksichtigung mikroökonomischer Ansätze zur Informationsasymmetrie auf dem Kapitalmarkt kommen zu dem Schluss, dass der traditionelle Ansatz entscheidend modifiziert werden muss.

Kapitel 7 erläutert zunächst, auf welche Weise es in der Theorie des Kreditkanals zu distributiven Wirkungen der Geldpolitik kommen kann. Zwei Wirkungsmechanismen spielen dabei eine Rolle: Der Bilanzkanal unterstellt, dass die Veränderung der Kreditwürdigkeit der Kreditnehmer die Ursache für eine Veränderung der Kosten externer Finanzierung ist. Er verstärkt die zinstheoretischen Wirkungen der Geldpolitik. Der Bankkreditkanal zeigt einen alternativen Transmissionsmechanismus auf, der nicht an den traditionellen Effekt der Geldpolitik gebunden ist. Geldpolitik verändert das Kreditangebot der Geschäftsbanken. Bankabhängige Unternehmen sind somit stärker betroffen als nicht-bankabhängige Unternehmen.

Der Schwerpunkt der Analyse liegt dabei auf dem Ansatz des Bankkreditkanals. Aus der formalen Darstellung werden die notwendigen Bedingungen für die Existenz eines Bankkreditkanals ableitet. Demnach dürfen Bankkredite und Wertpapiere weder für die Geschäftsbanken noch für die Kreditnehmer perfekte Substitute sein. Es wird untersucht, inwieweit diese Bedingungen im gewählten Beobachtungszeitraum erfüllt waren.

In Kapitel 8 wird die Hypothese der Existenz eines Bankkreditkanals empirisch überprüft. Die vorliegende Arbeit wählt zu diesem Zweck eine bislang nicht verwendete Disaggregation. Hierzu wird das Verarbeitende Gewerbe in 9 Sektoren aufgeteilt, für die Angaben bezüglich Umsatz, Kreditvergabe durch die verschiedenen Bankengruppen sowie des Anteils der kleinen und mittleren Unternehmen in diesem Sektor vorliegen oder aus existierenden Daten generiert werden. Es wird zunächst in separaten VAR-Modellen untersucht, wie diese 9 Sektoren auf einen geldpolitischen Impuls reagieren. Eine stark unterschiedliche Reaktion in den Sektoren kann als Beleg für distributive Wirkungen der Geldpolitik gewertet werden.

Abschließend wird eine Panel-Schätzung mit allen neun Sektoren durchgeführt, in die sowohl der Anteil kleiner und mittlerer Unternehmen als auch der Anteil kleiner Banken aufgenommen wird. Auf diese Weise kann überprüft werden, ob der Umfang der zur Verfügung gestellten Bankkredite von der Größe der Unternehmen im Sektor oder von der Größe der

Geschäftsbanken, die diesen Sektor bedienen, abhängt. Letzteres würde für die Existenz eines Bankkreditkanals sprechen.

Die Arbeit endet mit einer Schlussbetrachtung, in der die zentralen Ergebnisse nochmals dargestellt werden.

1.2 Geldpolitische Instrumente, Operating Targets und Zwischenziele: Begriffsklärung

Die Deutsche Bundesbank und auch die Europäische Zentralbank definieren die Stabilität der Preise als ihr letztes Ziel.[3] Eine Zentralbank verfügt über verschiedene Instrumente, die sie zur Erreichung dieses Endziels einsetzen kann. Wesentliches Instrument der Bundesbank im letzten Jahrzehnt ihrer aktiven geldpolitischen Gestaltungstätigkeit waren die Wertpapierpensionsgeschäfte.[4] Mittels der geldpolitischen Instrumente ist die Bundesbank in der Lage, unmittelbaren Einfluss auf ausgewählte Variablen, die sogenannten Operating Targets, zu nehmen. Nach der gängigen Auffassung können z. B. monetäre Basis und Tagesgeldsatz solche Operating Targets für die Zentralbank darstellen.

Der Wirkungszusammenhang zwischen einem Operating Target und dem Endziel ist jedoch sehr komplex und unterliegt teilweise erheblichen Wirkungsverzögerungen. Deshalb werden in dieser Wirkungskette Zwischenzielvariablen definiert. Diese Variablen sollten durch das Operating Target gut gesteuert werden können, d. h. es sollte eine stabile Beziehung zwischen beiden existieren. Gleichzeitig ist es erforderlich, dass die Zwischenzielvariable einen engen Zusammenhang zum letzten Ziel aufweist. Die Geldmenge ist ein Beispiel für eine Variable, die diese Funktion erfüllen kann. Wesentliches Argument für die Verwendung einer Zwischenzielvariable ist die Tatsache, dass sie dazu beitragen kann, Wirkungsverzögerungen zu reduzieren. Wenn z. B. bekannt ist, dass die Inflationsrate mit zwei Jahren Verzögerung in einer bestimmten Weise auf eine Veränderung der Geldmenge reagiert, dann

[3] Die folgenden Erläuterungen lehnen sich stark an die Ausführungen in BOFINGER et al. (1996, S. 241 ff.) an.

[4] Sie werden in Kapitel 5 detailliert beschrieben.

ist es sinnvoll, den Einsatz des Operating Targets nicht von der aktuellen Entwicklung des Preisniveaus abhängig zu machen, sondern von der Zwischenzielvariable Geldmenge. In der von der Deutschen Bundesbank verfolgten geldpolitischen Konzeption stellt der Tagesgeldsatz ein Operating Target dar. Über seine Steuerung mittels der geldpolitischen Instrumente wird das Zwischenziel, die Geldmenge, derart beeinflusst, dass die Zielvorgabe hinsichtlich des Endziels der Preisstabilität erreicht werden kann.

Es stehen der Zentralbank eine Reihe von Variablen zur Verfügung, an denen sie sich bei den Entscheidungen über den Einsatz ihrer geldpolitischen Instrumente orientiert. Die makroökonomischen Größen, die Informationen über die zukünftige Entwicklung des Endziels der Zentralbank liefern, werden als Indikatoren bezeichnet. BOFINGER et al. (1996, S. 243 f.) sprechen in Zusammenhang mit dieser weiten Definition von „Frühindikatoren". Im Allgemeinen wird in der geldpolitischen Diskussion jedoch eine zusätzliche Anforderung an eine Indikatorvariable gestellt: „Indikatoren müssen verlässliche Rückschlüsse auf die Wirkung geldpolitischer Impulse zulassen." (DEUTSCHE BUNDESBANK, 1995a, S. 69) Solche Variablen werden oft als „Wirkungsindikatoren" bezeichnet. An ihnen ist abzulesen, ob von der Geldpolitik der Zentralbank expansive oder restriktive Impulse auf die Gesamtwirtschaft bzw. auf Zwischenziel und letztes Ziel der geldpolitischen Handlung ausgehen. Sowohl Operating Target als auch Zwischenzielvariable erfüllen die Indikatorfunktion nach dieser engen Definition und können damit als Indikatorvariable bezeichnet werden. Eine geldpolitische Instrumentvariablen wie z. B. der Wertpapierpensionssatz hingegen wird autonom von der Zentralbank gesteuert und liefert ihr somit keine weiteren Informationen über die Wirkung eines geldpolitischen Impulses.

Bevor die Eignung verschiedener Variablen zur Abbildung der Geldpolitik diskutiert werden kann, soll im folgenden Kapitel eine Darstellung der für solche Analysen üblicherweise verwendeten Methode erfolgen. In Kapitel 3 werden dann Vor- und Nachteile verschiedener Ansätze aufgezeigt.

Kapitel 2

Methode

2.1 Darstellung eines VAR(p)-Systems

Ein strukturelles, vektorautoregressives System der Ordnung p, VAR(p), hat folgende Gestalt:

$$\boldsymbol{A}_0 \boldsymbol{y}_t = \boldsymbol{b} + \boldsymbol{\pi}_1 \boldsymbol{y}_{t-1} + \boldsymbol{\pi}_2 \boldsymbol{y}_{t-2} + \cdots + \boldsymbol{\pi}_p \boldsymbol{y}_{t-p} + \boldsymbol{v}_t, \qquad (2.1)$$

wobei	$\boldsymbol{y}_t$	einen (n x 1) Vektor der n Variablen zum Zeitpunkt t,
	$\boldsymbol{A}_0$	eine (n x n) Koeffizientenmatrix der nicht-verzögerten endogenen Variablen,[1]
	$\boldsymbol{b}$	einen (n x 1) Vektor der Konstanten,
	$\boldsymbol{\pi}_j$	eine (n x n) Koeffizientenmatrix der verzögert endogenen Variablen,
und	$\boldsymbol{v}_t$	einen (n x 1) Vektor der Störvariablen mit $E(\boldsymbol{v}_t) = \boldsymbol{0}$, $E(\boldsymbol{v}_t \boldsymbol{v}'_\tau) = \begin{cases} \boldsymbol{D} & \text{für} \quad t = \tau \\ \boldsymbol{0} & \text{sonst} \end{cases}$

darstellt. $\boldsymbol{D}$, die Varianz-Kovarianzmatrix von $\boldsymbol{v}_t$, ist eine Diagonalmatrix, d. h. sie besteht bis auf die Hauptdiagonalelemente lediglich aus Nullen. Die

[1]Diese Matrix wird in den folgenden Ausführungen als Matrix der kontemporären Beziehungen bezeichnet.

Störvariablen $\boldsymbol{v}_t$ dieses VAR(p)-Modells stellen autonome Störungen der durch die jeweilige Gleichung beschriebenen Variablen dar. Auf sie muss bei einer Untersuchung der Auswirkungen nicht-antizipierter Schocks zurückgegriffen werden.

Das Gleichungssystem (2.1) stellt jedoch keine reduzierte Form dar, da wechselseitige, kontemporäre Beziehungen zwischen den n Variablen bestehen. Regressoren und Störvariable der einzelnen Schätzgleichung können korreliert sein, was eine der Grundannahmen des klassischen Regressionsmodells verletzt. Schätzungen eines solchen Modells sind inkonsistent.

Das strukturelle VAR-Modell kann durch Multiplikation mit $\boldsymbol{A}_0^{-1}$ in seine Standardform überführt werden:

$$\boldsymbol{y}_t = \boldsymbol{c} + \boldsymbol{\phi}_1 \boldsymbol{y}_{t-1} + \boldsymbol{\phi}_2 \boldsymbol{y}_{t-2} + \cdots + \boldsymbol{\phi}_p \boldsymbol{y}_{t-p} + \boldsymbol{\epsilon}_t, \tag{2.2}$$

mit $\quad \boldsymbol{c} = \boldsymbol{A}_0^{-1}\boldsymbol{b}, \quad \boldsymbol{\phi}_p = \boldsymbol{A}_0^{-1}\boldsymbol{\pi}_p \quad$ und $\quad \boldsymbol{\epsilon}_t = \boldsymbol{A}_0^{-1}\boldsymbol{v}_t.$

Dieses Modell wird auch als unrestringiertes VAR-Modell bezeichnet. Im Gegensatz zum Modell (2.1) ist es konsistent schätzbar.

Die Störvariablen $\boldsymbol{\epsilon}_t$ entsprechen jeweils der Summe der Störvariablen des strukturellen VAR-Modells, gewichtet mit den entsprechenden Elementen der Matrix $\boldsymbol{A}_0^{-1}$. Die kontemporären Kovarianzen können aus diesem Grund ungleich Null sein. Die Varianz-Kovarianzmatrix $\boldsymbol{\Omega}$ dieses Systems hat entsprechende Gestalt. Der Zusammenhang der Varianz-Kovarianzmatrizen $\boldsymbol{\Omega}$ und $\boldsymbol{D}$ wird durch folgende Umformung deutlich:

$$\boldsymbol{\Omega} = E(\boldsymbol{\epsilon}_t\boldsymbol{\epsilon}_t') = E(\boldsymbol{A}_0^{-1}\boldsymbol{v}_t\boldsymbol{v}_t'(\boldsymbol{A}_0^{-1})') = \boldsymbol{A}_0^{-1}E(\boldsymbol{v}_t\boldsymbol{v}_t')(\boldsymbol{A}_0^{-1})' = \boldsymbol{A}_0^{-1}\boldsymbol{D}(\boldsymbol{A}_0^{-1})'. \tag{2.3}$$

Die Beziehungen zwischen den Variablen des VAR-Systems lassen sich durch Impuls-Antwort-Analyse sowie Prognosefehler-Varianzzerlegung analysieren. Deren Anwendung ist jedoch auch davon abhängig, ob es sich bei dem VAR-Modell um einen stabilen oder einen instabilen Prozess handelt. Die folgenden Ausführungen behandeln zunächst die Ermittlung von Impuls-Antwort-Funktionen und Prognosefehler-Varianzzerlegung in kovarianz-stationären VAR-Modellen. Danach erfolgt eine kurze Darstellung der Eigenschaften integrierter und kointegrierter Prozesse. Kapitel 2.4

beschreibt, wie die VAR-Analyse zu modifizieren ist, falls es sich um integrierte bzw. kointegrierte Prozesse handelt.

2.2 Analyse kovarianz-stationärer VAR-Systeme

2.2.1 Kovarianz-Stationarität

Der Prozess $\boldsymbol{y}_t$ des VAR-Systems in Gleichung (2.2) wird als kovarianz-stationär bezeichnet, wenn sein erstes und zweites Moment (Erwartungswert $\boldsymbol{\mu}$ und Autokovarianzen) zeitunabhängig sind.[2] Ist $\boldsymbol{\epsilon}_t$ ein white-noise-Prozeß, dann gilt: $E(\boldsymbol{y}_t-\boldsymbol{\mu})(\boldsymbol{y}_{t-j}-\boldsymbol{\mu}) = \mathbf{0}$ für alle j $\neq$ 0 (Hamilton, 1994, S. 45 und S. 47 f.). In den folgenden Ausführungen bezeichnet der Begriff *stationär* stets diese Kovarianz-Stationarität.

Die Parameter eines kovarianz-stationären, unrestringierten VAR-Modells lassen sich durch OLS-Schätzung der Einzelgleichungen des Systems bestimmen. Diese OLS-Schätzer sind konsistent und asymptotisch effizient. Aus den Residuen dieser Schätzung lässt sich die geschätzte Varianz-Kovarianzmatrix $\hat{\boldsymbol{\Omega}}$ ermitteln.[3]

2.2.2 Impuls-Antwort-Analyse des unrestringierten VAR-Modells

Wegen der angenommenen Stationarität des Prozesses lässt sich der Erwartungswert von Gleichung (2.2) wie folgt berechnen:

$$E(\boldsymbol{y}_t) = \boldsymbol{\mu} = \boldsymbol{c} + \boldsymbol{\phi}_1\boldsymbol{\mu} + \boldsymbol{\phi}_2\boldsymbol{\mu} + \cdots + \boldsymbol{\phi}_p\boldsymbol{\mu}. \tag{2.4}$$

[2] Diese Definition leitet sich analog aus der Darstellung im univariaten Fall ab. Dort wird ein Prozess als kovarianzstationär oder auch schwach stationär bezeichnet, für den gilt: $E(y_t) = \mu$ für alle t und $E(y_t - \mu)(y_{t-j} - \mu) = \gamma_j$ für alle t, j.

[3] Hamilton (1994, S. 293 ff.) zeigt, dass der Maximum-Likelihood(ML)-Schätzer für die Parameter des VAR-Systems bzw. für die Varianz-Kovarianzmatrix der OLS-Schätzung der Einzelgleichungen des VAR-Systems entspricht.

Daher kann das System in Gleichung (2.2) in Abweichungen vom Mittelwert geschrieben werden:

$$\boldsymbol{y}_t - \boldsymbol{\mu} = \boldsymbol{\phi}_1(\boldsymbol{y}_{t-1} - \boldsymbol{\mu}) + \boldsymbol{\phi}_2(\boldsymbol{y}_{t-2} - \boldsymbol{\mu}) + \cdots + \boldsymbol{\phi}_p(\boldsymbol{y}_{t-p} - \boldsymbol{\mu}) + \boldsymbol{\epsilon}_t \quad (2.5)$$

Ein lineares VAR(p)-System kann als VAR(1)-System dargestellt werden (vgl. HAMILTON, 1994, S. 259):

$$\boldsymbol{\xi}_t = \boldsymbol{F}\boldsymbol{\xi}_{t-1} + \boldsymbol{\nu}_t \quad (2.6)$$

mit $\boldsymbol{\xi}_t = \begin{pmatrix} \boldsymbol{y}_t - \boldsymbol{\mu} \\ \boldsymbol{y}_{t-1} - \boldsymbol{\mu} \\ \vdots \\ \boldsymbol{y}_{t-p+1} - \boldsymbol{\mu} \end{pmatrix}$, ein (n∗p x 1) Vektor,

$\boldsymbol{F} = \begin{pmatrix} \boldsymbol{\phi}_1 & \boldsymbol{\phi}_2 & \cdots & \boldsymbol{\phi}_{p-1} & \boldsymbol{\phi}_p \\ \boldsymbol{I}_n & \boldsymbol{0} & \cdots & \boldsymbol{0} & \boldsymbol{0} \\ \boldsymbol{0} & \boldsymbol{I}_n & \cdots & \boldsymbol{0} & \boldsymbol{0} \\ \vdots & \vdots & \ddots & \vdots & \vdots \\ \boldsymbol{0} & \boldsymbol{0} & \cdots & \boldsymbol{I}_n & \boldsymbol{0} \end{pmatrix}$, eine (n∗p x n∗p) Matrix,

und $\boldsymbol{\nu}_t = \begin{pmatrix} \boldsymbol{\epsilon}_t \\ \boldsymbol{0} \\ \vdots \\ \boldsymbol{0} \end{pmatrix}$, ein (n∗p x 1) Vektor

mit $E(\boldsymbol{\nu}_t\boldsymbol{\nu}_\tau') = \begin{cases} \boldsymbol{Q} & \text{für } t = \tau \\ \boldsymbol{0} & \text{sonst.} \end{cases}$[4]

Jede Zeile des Systems in Gleichung (2.6) besteht aus n Gleichungen, das gesamte System aus $n * p$ Gleichungen, wobei die ersten n Gleichungen dem Ausdruck (2.5) entsprechen. Bei den folgenden $(n-1) * p$ Gleichungen handelt es sich um Identitäten.

[4] $\boldsymbol{Q} = \begin{pmatrix} \boldsymbol{\Omega} & \boldsymbol{0} & \cdots & \boldsymbol{0} \\ \boldsymbol{0} & \boldsymbol{0} & \cdots & \boldsymbol{0} \\ \vdots & \vdots & \ddots & \vdots \\ \boldsymbol{0} & \boldsymbol{0} & \cdots & \boldsymbol{0} \end{pmatrix}$ ist eine (n∗p x n∗p) Matrix.

Aus (2.6) lässt sich für $\boldsymbol{\xi}_{t+s}$ durch sukzessives Einsetzen folgender Ausdruck bilden:

$$\begin{aligned}
\boldsymbol{\xi}_{t+s} &= \boldsymbol{F}\boldsymbol{\xi}_{t+s-1} + \boldsymbol{\nu}_{t+s} \\
&= \boldsymbol{F}(\boldsymbol{F}\boldsymbol{\xi}_{t+s-2} + \boldsymbol{\nu}_{t+s-1}) + \boldsymbol{\nu}_{t+s} \\
&= \boldsymbol{F}^2\boldsymbol{\xi}_{t+s-2} + \boldsymbol{F}\boldsymbol{\nu}_{t+s-1} + \boldsymbol{\nu}_{t+s} \\
&\vdots \\
&= \boldsymbol{F}^s\boldsymbol{\xi}_t + \boldsymbol{F}^{s-1}\boldsymbol{\nu}_{t+1} + \cdots + \boldsymbol{F}\boldsymbol{\nu}_{t+s-1} + \boldsymbol{\nu}_{t+s}.
\end{aligned} \tag{2.7}$$

Die ersten n Gleichungen lauten also:

$$\begin{aligned}
\boldsymbol{y}_{t+s} - \boldsymbol{\mu} &= \boldsymbol{F}_{11}^s(\boldsymbol{y}_t - \boldsymbol{\mu}) + \boldsymbol{F}_{12}^s(\boldsymbol{y}_{t-1} - \boldsymbol{\mu}) + \cdots \\
&+ \boldsymbol{F}_{1p}^s(\boldsymbol{y}_{t-p+1} - \boldsymbol{\mu}) + \boldsymbol{F}_{11}^{s-1}\boldsymbol{\epsilon}_{t+1} + \boldsymbol{F}_{11}^{s-2}\boldsymbol{\epsilon}_{t+2} + \cdots \\
&+ \boldsymbol{F}_{11}^2\boldsymbol{\epsilon}_{t+s-2} + \boldsymbol{F}_{11}\boldsymbol{\epsilon}_{t+s-1} + \boldsymbol{\epsilon}_{t+s}.
\end{aligned} \tag{2.8}$$

$\boldsymbol{F}_{ij}^k$ bezeichnet die (n x n) Teilmatrix von $\boldsymbol{F}^k$, die aus den Reihen $(i-1)*n+1$ bis $i*n$ und den Spalten $(j-1)*n+1$ bis $j*n$ besteht. Eine Teilmatrix $\boldsymbol{F}_{11}^k$ wird im Folgenden auch als $\boldsymbol{\psi}_k$ bezeichnet.

An dieser Stelle ist es von Bedeutung, dass es sich bei $\boldsymbol{y}_t$ um einen stationären Prozess handelt. Dies ist der Fall, wenn die Eigenwerte bzw. die charakteristischen Wurzeln λ von $\boldsymbol{F}$ alle innerhalb des Einheitskreises liegen, d. h. aus der Bedingung [5]

$$|\boldsymbol{I}_n\boldsymbol{\lambda}^p - \boldsymbol{\phi}_1\boldsymbol{\lambda}^{p-1} - \cdots - \boldsymbol{\phi}_{p-1}\boldsymbol{\lambda} - \boldsymbol{\phi}_p| = 0 \tag{2.9}$$

ergibt sich eine Lösung, bei der für alle λ gilt: $|\lambda| < 1$ (vgl. LÜTKEPOHL, 1993, S. 20). $\boldsymbol{F}^s$ strebt für $s \to \infty$ gegen Null und der Prozess kann in Form einer Vektor-Moving-Average (VMA(∞))-Darstellung abgebildet werden:

$$\boldsymbol{y}_{t+s} = \boldsymbol{\mu} + \boldsymbol{\epsilon}_{t+s} + \boldsymbol{\psi}_1\boldsymbol{\epsilon}_{t+s-1} + \boldsymbol{\psi}_2\boldsymbol{\epsilon}_{t+s-2} + \ldots \tag{2.10}$$

$$\text{bzw.} \quad \begin{aligned} \boldsymbol{y}_t &= \boldsymbol{\mu} + \boldsymbol{\epsilon}_t + \boldsymbol{\psi}_1\boldsymbol{\epsilon}_{t-1} + \boldsymbol{\psi}_2\boldsymbol{\epsilon}_{t-2} + \ldots \\ &= \boldsymbol{\mu} + \boldsymbol{\psi}(L)\boldsymbol{\epsilon}_t \end{aligned} \tag{2.11}$$

$\boldsymbol{y}_t$ ist also eine lineare Funktion gegenwärtiger und vergangener Störvariablen ($\boldsymbol{\epsilon}_{t-j}$ für $j = 0, 1, \ldots$) und somit unkorreliert mit $\boldsymbol{\epsilon}_{t+1}$. Aus Gleichung (2.8) lässt sich die lineare Prognose für $\boldsymbol{y}_{t+s}$ auf der Basis von $\boldsymbol{y}_t, \boldsymbol{y}_{t-1}, \ldots$ ermitteln als:[6]

$$\hat{\boldsymbol{y}}_{t+s|t} = \boldsymbol{\mu} + \boldsymbol{F}_{11}^s(\boldsymbol{y}_t - \boldsymbol{\mu}) + \boldsymbol{F}_{12}^s(\boldsymbol{y}_{t-1} - \boldsymbol{\mu}) + \cdots + \boldsymbol{F}_{1p}^s(\boldsymbol{y}_{t-p+1} - \boldsymbol{\mu}). \tag{2.12}$$

---

[5] Diese Bedingung lässt sich aus der Bestimmungsgleichung für die Eigenwerte einer Matrix ableiten. Der Eigenwert einer (n*p x n*p) Matrix $\boldsymbol{F}$ ist ein Wert λ, für den gilt:

$$|\boldsymbol{F} - \lambda\boldsymbol{I}_{n*p}| = \left| \begin{pmatrix} \boldsymbol{\phi}_1 & \cdots & \boldsymbol{\phi}_{p-1} & \boldsymbol{\phi}_p \\ \boldsymbol{I}_n & \cdots & \boldsymbol{0} & \boldsymbol{0} \\ \vdots & \ddots & \vdots & \vdots \\ \boldsymbol{0} & \cdots & \boldsymbol{I}_n & \boldsymbol{0} \end{pmatrix} - \lambda \begin{pmatrix} \boldsymbol{I}_n & & \\ & \ddots & \\ & & \ddots & \\ & & & \boldsymbol{I}_n \end{pmatrix} \right|$$

$$= \begin{vmatrix} (\boldsymbol{\phi}_1 - \lambda\boldsymbol{I}_n) & \boldsymbol{\phi}_2 & \cdots & \boldsymbol{\phi}_{p-1} & \boldsymbol{\phi}_p \\ \boldsymbol{I}_n & -\lambda\boldsymbol{I}_n & \cdots & \boldsymbol{0} & \boldsymbol{0} \\ \boldsymbol{0} & \boldsymbol{I}_n & \ddots & \boldsymbol{0} & \boldsymbol{0} \\ \vdots & \vdots & \ddots & \ddots & \vdots \\ \boldsymbol{0} & \boldsymbol{0} & \cdots & \boldsymbol{I}_n & -\lambda\boldsymbol{I}_n \end{vmatrix} = 0.$$

Formt man diese Determinante entsprechend um (vgl. HAMILTON, 1994, S. 285 f.), so erhält man den Ausdruck in Gleichung (2.9).

[6] Eine ausführliche Darstellung dieser Thematik findet sich bei HAMILTON (1994, Kap. 4.).

Der Prognosefehler wird durch den Ausdruck

$$\begin{aligned} \boldsymbol{y}_{t+s} - \hat{\boldsymbol{y}}_{t+s|t} &= \boldsymbol{F}_{11}^{s-1}\boldsymbol{\epsilon}_{t+1} + \boldsymbol{F}_{11}^{s-2}\boldsymbol{\epsilon}_{t+2} + \cdots + \boldsymbol{F}_{11}\boldsymbol{\epsilon}_{t+s-1} + \boldsymbol{\epsilon}_{t+s} \\ &= \boldsymbol{\psi}_{s-1}\boldsymbol{\epsilon}_{t+1} + \boldsymbol{\psi}_{s-2}\boldsymbol{\epsilon}_{t+2} + \cdots + \boldsymbol{\psi}_{1}\boldsymbol{\epsilon}_{t+s-1} + \boldsymbol{\epsilon}_{t+s} \end{aligned} \quad (2.13)$$

beschrieben.

Berechnet man diesen Ausdruck für eine Prognose $\hat{\boldsymbol{y}}_{t+1|t}$, so erkennt man, dass die Störvariable $\boldsymbol{\epsilon}_{t+1}$ den Prognosefehler der linearen Prognose von $\boldsymbol{y}_{t+1}$ auf der Basis einer Konstanten und vergangener Werte von $\boldsymbol{y}$ darstellt. Sie wird auch als Innovation der Größe $\boldsymbol{y}_{t+1}$ bezeichnet.

Die Matrix $\boldsymbol{\psi}_s$ enthält also die Information darüber, wie $\boldsymbol{y}_{t+s}$ auf eine Innovation in t reagiert (siehe Gleichung 2.10):

$$\frac{\partial \boldsymbol{y}_{t+s}}{\partial \boldsymbol{\epsilon}_t'} = \boldsymbol{\psi}_s \quad (2.14)$$

Das i,j-te Element der Matrix $\boldsymbol{\psi}_s$ gibt an, welche Konsequenzen eine einmalige Erhöhung der j-ten Variable um 1 Einheit zum Zeitpunkt t (ϵ_{jt}) nach s Perioden auf die Variable i ($y_{i,t+s}$) ausübt, wenn in diesem Zeitraum keine anderen Innovationen stattfinden.

Dieser Wert lässt sich über eine einfache Simulation numerisch ermitteln. Man setze in Gleichung (2.2) die Werte für $\boldsymbol{y}_{t-1} = \boldsymbol{y}_{t-2} = \cdots = \boldsymbol{y}_{t-p} = \mathbf{0}$,[7] $\epsilon_{jt} = 1$ und $\epsilon_{it} = 0$ für alle $i \neq j$. Dann simuliere man das System für die Zeitpunkte $t, t+1, \ldots$, wobei sowohl $\boldsymbol{c}$ als auch die $\boldsymbol{\epsilon}_{t+1}, \boldsymbol{\epsilon}_{t+2}, \ldots = \mathbf{0}$ sind. Die entstehenden Werte für die $\boldsymbol{y}_{t+1}, \boldsymbol{y}_{t+2}, \ldots$ entsprechen den Werten der Matrizen $\boldsymbol{\psi}_1, \boldsymbol{\psi}_2, \ldots$.

[7] Bei der Schätzung von VAR(p)-Systemen sind die ersten aufeinander folgenden p Beobachtungen als notwendige Startwerte zu behandeln.

Diese Vorgehensweise sei für eine Innovation in y_{1t} in Höhe einer Einheit dargestellt. Gleichung (2.2) lautet damit:

$$\begin{pmatrix} y_{1t} \\ y_{2t} \\ \vdots \\ y_{nt} \end{pmatrix} = \begin{pmatrix} 0 \\ 0 \\ \vdots \\ 0 \end{pmatrix} + \begin{pmatrix} \phi_{11}^{(1)} & \phi_{12}^{(1)} & \cdots & \phi_{1n}^{(1)} \\ \phi_{21}^{(1)} & \phi_{22}^{(1)} & \cdots & \phi_{2n}^{(1)} \\ \vdots & \vdots & \ddots & \vdots \\ \phi_{n1}^{(1)} & \phi_{n2}^{(1)} & \cdots & \phi_{nn}^{(1)} \end{pmatrix} \begin{pmatrix} 0 \\ 0 \\ \vdots \\ 0 \end{pmatrix} \tag{2.15}$$

$$+ \cdots + \begin{pmatrix} \phi_{11}^{(p)} & \phi_{12}^{(p)} & \cdots & \phi_{1n}^{(p)} \\ \phi_{21}^{(p)} & \phi_{22}^{(p)} & \cdots & \phi_{2n}^{(p)} \\ \vdots & \vdots & \ddots & \vdots \\ \phi_{n1}^{(p)} & \phi_{n2}^{(p)} & \cdots & \phi_{nn}^{(p)} \end{pmatrix} \begin{pmatrix} 0 \\ 0 \\ \vdots \\ 0 \end{pmatrix} + \begin{pmatrix} 1 \\ 0 \\ \vdots \\ 0 \end{pmatrix}$$

$$= \begin{pmatrix} 1 \\ 0 \\ \vdots \\ 0 \end{pmatrix}.$$

Nach einer Periode lassen sich die Auswirkungen des Schocks anhand der Beziehung:

$$\boldsymbol{y}_{t+1} = \boldsymbol{c} + \boldsymbol{\phi}_1 \boldsymbol{y}_t + \boldsymbol{\phi}_2 \boldsymbol{y}_{t-2} + \cdots + \boldsymbol{\phi}_p \boldsymbol{y}_{t-p+1} + \boldsymbol{\epsilon}_{t+1} \tag{2.16}$$

berechnen als:

$$\begin{pmatrix} y_{1,t+1} \\ y_{2,t+1} \\ \vdots \\ y_{n,t+1} \end{pmatrix} = \begin{pmatrix} 0 \\ 0 \\ \vdots \\ 0 \end{pmatrix} + \begin{pmatrix} \phi_{11}^{(1)} & \phi_{12}^{(1)} & \cdots & \phi_{1n}^{(1)} \\ \phi_{21}^{(1)} & \phi_{22}^{(1)} & \cdots & \phi_{2n}^{(1)} \\ \vdots & \vdots & \ddots & \vdots \\ \phi_{n1}^{(1)} & \phi_{n2}^{(1)} & \cdots & \phi_{nn}^{(1)} \end{pmatrix} \begin{pmatrix} 1 \\ 0 \\ \vdots \\ 0 \end{pmatrix} \tag{2.17}$$

$$+ \cdots + \begin{pmatrix} \phi_{11}^{(p)} & \phi_{12}^{(p)} & \cdots & \phi_{1n}^{(p)} \\ \phi_{21}^{(p)} & \phi_{22}^{(p)} & \cdots & \phi_{2n}^{(p)} \\ \vdots & \vdots & \ddots & \vdots \\ \phi_{n1}^{(p)} & \phi_{n2}^{(p)} & \cdots & \phi_{nn}^{(p)} \end{pmatrix} \begin{pmatrix} 0 \\ 0 \\ \vdots \\ 0 \end{pmatrix} + \begin{pmatrix} 0 \\ 0 \\ \vdots \\ 0 \end{pmatrix}$$

$$= \begin{pmatrix} \phi_{11}^{(1)} \\ \phi_{21}^{(1)} \\ \vdots \\ \phi_{n1}^{(1)} \end{pmatrix}.$$

Dieser Vektor entspricht der ersten Spalte von ψ_1, er stellt die Reaktion der Variablen $y_{i,t+1}$ für $i = 1, 2, \ldots, n$ auf eine Innovation ϵ_{1t} dar.

Als Impuls-Antwort-Funktion bezeichnet man die Reaktion von $y_{i,t+s}$ auf eine Innovation ϵ_{jt} im Zeitablauf $s = 0, 1, \ldots$. Die Summe aller Reaktionen auf diese einmalige Znderung wird als Langfrist-Multiplikator bezeichnet. Sein Wert ist für stationäre Prozesse endlich. Eine Variable wird in der Impuls-Antwort-Analyse als nicht-kausal für eine andere Variable des Modells bezeichnet, wenn im Rahmen des gewählten VAR(p)-Systems keine Reaktion der zweiten Variable auf einen Impuls in der ersten Variable erfolgt. Während es jedoch bei Granger-Kausalitätsuntersuchungen ausreicht, die p Koeffizienten ϕ_{ij} zu überprüfen, kann man im Fall der Impuls-Antwort-Analyse erst dann von Nicht-Kausalität sprechen, wenn die ersten $p*(n-1)$ Koeffizienten gleich Null sind, da $p*(n-1)$ Verzögerungen bis zur ersten Wirkung denkbar sind.

Es ist nun möglich, die Reaktion der Variablen des unrestringierten VAR-Systems auf eine Innovation einer Variablen in Höhe einer Einheit zu bestimmen. Welche Bedeutung haben diese Impuls-Antwort-Funktionen? Der Multiplikator ψ_s gibt die Reaktion auf eine einmalige Störung ϵ_{jt} nach s Perioden an, bei der alle anderen Störvariablen keine Veränderung erfahren. Es wurde jedoch gezeigt, dass die Störvariablen des unrestringierten Modells kontemporär korreliert sein können, da die Matrix $\boldsymbol{\Omega}$ keine Diagonalmatrix ist. Bestehen kontemporäre Korrelationen zwischen den Störvariablen, so wird eine Innovation ϵ_{jt} wahrscheinlich begleitet von einem Schock in den korrelierten Variablen, z. B. in ϵ_{it}. Die hier entwickelte Impuls-Antwort-Funktion berücksichtigt dies nicht. Je höher die Korrelationskoeffizienten zwischen den Variablen, umso bedeutsamer wird jedoch dieser Effekt.

Wie bereits gezeigt wurde, setzen sich die Störvariablen $\boldsymbol{\epsilon}_t$ aus den strukturellen Innovationen $\boldsymbol{v}_t$ zusammen:

$$\boldsymbol{\epsilon}_t = \boldsymbol{A}_0^{-1}\boldsymbol{v}_t, \tag{2.18}$$

bzw.

$$\begin{pmatrix} \epsilon_{1t} \\ \epsilon_{2t} \\ \vdots \\ \epsilon_{nt} \end{pmatrix} = \begin{pmatrix} 1 & \alpha_{12} & \ldots & \alpha_{1n} \\ \alpha_{21} & 1 & \ldots & \alpha_{2n} \\ \vdots & \vdots & \ddots & \vdots \\ \alpha_{n1} & \alpha_{n2} & \ldots & 1 \end{pmatrix} \begin{pmatrix} v_{1t} \\ v_{2t} \\ \vdots \\ v_{nt} \end{pmatrix}. \tag{2.19}$$

Die strukturellen Innovationen $\boldsymbol{v}_t$ stellen autonome Schocks in den betrachteten Variablen dar.[8] Aufgrund ihrer Unabhängigkeit voneinander werden sie auch als orthogonale Innovationen bezeichnet. Die Störvariablen $\boldsymbol{\epsilon}_t$ setzen sich aus ihnen zusammen. Sie entziehen sich somit einer ökonomischen Interpretation. Allerdings macht der Vergleich von Ausdruck (2.12) und (2.13) deutlich, dass es sich bei den Störvariablen $\boldsymbol{\epsilon}_{t+1}$ um den Prognosefehler für $\boldsymbol{y}_{t+1}$ handelt. Ist der Anwender an Prognosen interessiert, so ist es für ihn unerheblich, aus welchen strukturellen Innovationen sich der Prognosefehler zusammensetzt. Die hier entwickelte Impuls-Antwort-Funktion wäre das geeignete Instrument. Ist das Ziel der Analyse aber die Frage nach den Wirkungen von nicht-antizipierten Schocks in den ökonomischen Variablen, dann ist es notwendig, das System in termini der orthogonalen Innovationen $\boldsymbol{v}_t$ und nicht in termini der Prognosefehler $\boldsymbol{\epsilon}_t$ zu analysieren (vgl. ENDERS, 1995, S. 321 f.).

Dies führt unmittelbar zu der Frage, auf welche Weise diese orthogonalen Impuls-Antwort-Funktionen zu ermitteln sind. In Abschnitt 2.1 wurde dargelegt, dass das strukturelle VAR-Modell erst nach Überführung in das unrestringierte VAR-System schätzbar ist. Der nächste Abschnitt beschäftigt sich deshalb mit der Frage, wie die Parameter des strukturellen VAR mithilfe der geschätzten Koeffizienten des Standard-VAR-Modells identifiziert werden können.

2.2.3 Identifikation des strukturellen VAR-Modells

Die notwendige Bedingung für eine Identifikation des strukturellen VAR-Systems aus der Schätzung des Standard-VAR-Modells lässt sich durch einen Vergleich der jeweils bekannten und unbekannten Werte ableiten. Die Unterschiede zwischen den Modellen sind hierbei in den kontemporären Beziehungen zu finden. Die geschätzte Varianz-Kovarianz-Matrix $\hat{\boldsymbol{\Omega}}$ des unrestringierten Modells, eine symmetrische Matrix, enthält $(n^2+n)/2$ verschiedene Werte. Zusätzlich sind die n Residuen $\hat{\boldsymbol{\epsilon}}_t$ bestimmt. Es stehen also $(n^2+n)/2+n$ bekannte Werte zur Verfügung. Um das strukturelle VAR-Modell identifizieren zu können, müssen die n Varianzen der Störvariablen $\boldsymbol{v}_t$ (die Elemente von $\boldsymbol{D}$) ermittelt werden. Die Residuen $\hat{\boldsymbol{v}}_t$ bestimmen sich

[8] Ihre Varianz-Kovarianzmatrix $\boldsymbol{D}$ ist eine Diagonalmatrix.

aus den Werten von $\hat{\epsilon}_t$ gemäß Gleichung (2.18):

$$\hat{v}_t = \boldsymbol{A}_0 \hat{\epsilon}_t. \tag{2.20}$$

Es müssen also $n * (n-1)$ Elemente von $\boldsymbol{A}_0$,[9] sowie die n Residuen $\hat{\epsilon}_t$ bekannt sein, um $\hat{v}_t$ ermitteln zu können. Insgesamt werden, zusammen mit den Elementen von $\boldsymbol{D}$, zur Identifikation der kontemporären Beziehungen des strukturellen VAR-Modells $n^2 + n$ Werte benötigt. Aus der Schätzung des Standard-VAR-Modells stehen jedoch nur $(n^2 + n)/2 + n$ Werte zur Verfügung.

Zur exakten Identifikation ist es somit notwendig, $(n^2 - n)/2$ Restriktionen zu setzen.[10] Es existieren verschiedene Möglichkeiten, diese zu setzen. Das gebräuchlichste Verfahren ist sicherlich die trianguläre Faktorisierung oder auch Choleski-Zerlegung, die das strukturelle VAR-Modell in ein rein rekursives Modell überführt.[11]

Bei der Kovarianzmatrix $\boldsymbol{\Omega}$ handelt es sich um eine symmetrische, positiv definite (n x n)-Matrix. Eine derartige Matrix kann eindeutig zerlegt werden in

$$\boldsymbol{\Omega} = \boldsymbol{A}\boldsymbol{R}\boldsymbol{A}' \tag{2.21}$$

wobei $\boldsymbol{A}$ eine untere Dreiecksmatrix mit Einsen auf der Hauptdiagonale und $\boldsymbol{R}$ eine Diagonalmatrix darstellt, bei der alle Hauptdiagonalelemente größer Null sind. Man bezeichnet diese Zerlegung als trianguläre Faktorisierung.[12] Daher kann $\boldsymbol{R}$ zerlegt werden in $\boldsymbol{R}^{1/2}\boldsymbol{R}^{1/2'}$. Fügt man diese Zerlegung in Gleichung (2.21) ein und fasst entsprechend zusammen, ergibt sich:

$$\boldsymbol{\Omega} = \boldsymbol{A}\boldsymbol{R}^{1/2}(\boldsymbol{A}\boldsymbol{R}^{1/2})' = \boldsymbol{P}\boldsymbol{P}'. \tag{2.22}$$

In dieser Form wird die Darstellung als Choleski-Zerlegung bezeichnet.

---

[9] Die Hauptdiagonalelemente von $\boldsymbol{A}_0$ bestehen aus Einsen.

[10] Im Rahmen der vorliegenden Arbeit handelt es sich ausschließlich um exakt identifizierbare Modelle. Der Aspekt der Überidentifizierbarkeit soll deshalb nicht diskutiert werden. ENDERS (1995, S. 329 f.) beschreibt detailliert, wie in diesem Fall zu verfahren ist.

[11] Bereits SIMS (1980b) schlägt in seinem grundlegenden Aufsatz zur VAR-Analyse die Überführung in ein rekursives System als Lösung des Identifikationsproblems vor.

[12] HAMILTON (1994, S. 87 ff.) beschreibt detailliert die Vorgehensweise und beweist auf S. 91, dass es sich um eine eindeutige Zerlegung handelt.

Die Durchführung der triangulären Faktorisierung führt also, unter Kenntnis des Zusammenhangs zwischen $\boldsymbol{\Omega}$ und $\boldsymbol{D}$ gemäß Gleichung (2.3),

$$\boldsymbol{\Omega} = \boldsymbol{A}_0^{-1}\boldsymbol{D}(\boldsymbol{A}_0^{-1})', \tag{2.23}$$

zu den Varianzen der Störvariablen $\boldsymbol{v}_t$ und zu einer Matrix der kontemporären Beziehungen $\boldsymbol{A}_0^{-1}$, die die Gestalt einer unteren Dreiecksmatrix hat, d. h. alle Elemente oberhalb der Hauptdiagonale nehmen den Wert Null und alle Elemente unterhalb einen Wert ungleich Null an. Dies sind aber genau $(n^2 - n)/2$ Restriktionen, die auf diese Weise gesetzt werden. Das strukturelle VAR-Modell,

$$\boldsymbol{y}_t = \mathbf{c} + \boldsymbol{\phi}_1\boldsymbol{y}_{t-1} + \boldsymbol{\phi}_2\boldsymbol{y}_{t-2} + \cdots + \boldsymbol{\phi}_p\boldsymbol{y}_{t-p} + \boldsymbol{A}_0^{-1}\boldsymbol{v}_t, \tag{2.24}$$

ist exakt identifizierbar und kann nach erfolgter Choleski-Zerlegung geschrieben werden als:

$$\begin{pmatrix} y_{1t} \\ y_{2t} \\ \vdots \\ y_{nt} \end{pmatrix} = \begin{pmatrix} \phi_{11}^{(1)} & \phi_{12}^{(1)} & \cdots & \phi_{1n}^{(1)} \\ \phi_{21}^{(1)} & \phi_{22}^{(1)} & \cdots & \phi_{2n}^{(1)} \\ \vdots & \vdots & \ddots & \vdots \\ \phi_{n1}^{(1)} & \phi_{n2}^{(1)} & \cdots & \phi_{nn}^{(1)} \end{pmatrix} \begin{pmatrix} y_{1,t-1} \\ y_{2,t-1} \\ \vdots \\ y_{n,t-1} \end{pmatrix} + \cdots \tag{2.25}$$

$$+ \begin{pmatrix} \phi_{11}^{(p)} & \phi_{12}^{(p)} & \cdots & \phi_{1n}^{(p)} \\ \phi_{21}^{(p)} & \phi_{22}^{(p)} & \cdots & \phi_{2n}^{(p)} \\ \vdots & \vdots & \ddots & \vdots \\ \phi_{n1}^{(p)} & \phi_{n2}^{(p)} & \cdots & \phi_{nn}^{(p)} \end{pmatrix} \begin{pmatrix} y_{1,t-p} \\ y_{2,t-p} \\ \vdots \\ y_{n,t-p} \end{pmatrix}$$

$$+ \begin{pmatrix} 1 & 0 & \cdots & 0 \\ a_{21} & 1 & \cdots & 0 \\ \vdots & \vdots & \ddots & \vdots \\ a_{n1} & a_{n2} & \cdots & 1 \end{pmatrix} \begin{pmatrix} v_{1t} \\ v_{2t} \\ \vdots \\ v_{nt} \end{pmatrix}.$$

Die trianguläre Faktorisierung legt dem strukturellen VAR-Modell eine ganz bestimmte kontemporäre Ordnung auf, die im Folgenden näher erläutert werden soll. Ein orthogonaler Schock in y_{1t} (v_{1t}) hat in diesem System unmittelbare Wirkung auf alle $y_{it}, i = 1, 2, \ldots, n$. Ein orthogonaler Schock in y_{2t} (v_{2t}) wirkt unmittelbar auf $y_{2t}, \ldots, y_{nt}$. Auf y_{1t} hat er jedoch keine unmittelbare Wirkung. Für einen Schock in y_{nt} schließlich gilt, dass er in derselben Periode keine Auswirkung auf eine andere Variable des Systems hat. Das strukturelle Modell ist durch die Restriktionen zu einem rekursiven Modell geworden. Die erforderliche kausale Ordnung bezeichnet man auch als Wold-Ordnung. Bei der Aufstellung des VAR-Systems müssen diese Zusammenhänge berücksichtigt werden. Die Ordnung der Variablen ist nicht mehr beliebig. Sie kann von entscheidender Bedeutung für die Gestalt der orthogonalen Impuls-Antwort-Funktion sein. Interessant hierbei ist, dass diese Ordnung nicht abgeleitet werden kann aus statistischen Tests. Plausibilitätsüberlegungen anhand des zugrunde liegenden ökonomischen Modells müssen die Ordnung begründen.

Obwohl die Choleski-Zerlegung die gebräuchlichste Form der Identifizierung des strukturellen VAR-Modells ist, muss deutlich gemacht werden, dass jede ausreichende Anzahl linear unabhängiger Restriktionen ebenfalls zur Identifikation des Modells führt. So sind Koeffizientenrestriktionen der Matrix A_0^{-1}, die nicht zu einem rekursiven System führen, ebenfalls zur Identifikation des Modells geeignet. Dieser Ansatz wurde von BERNANKE (1986) und SIMS (1986) erstmalig verwendet. In der empirischen Analyse der vorliegenden Arbeit soll dies ebenfalls geschehen. Die Vorgabe fester Relationen der Koeffizienten untereinander kann ebenfalls zur Identifikation führen, ebenso wie Restriktionen bezüglich der Varianz der Störvariablen (vgl. hierzu ENDERS, 1995, S. 327 ff.). Sobald es sich um nicht-rekursive Ansätze handelt, kann allerdings das Problem auftreten, dass das Setzen von $(n^2 - n)/2$ Restriktionen zwar notwendige, aber nicht hinreichende Bedingung für die exakte Identifizierbarkeit des Systems ist (vgl. ENDERS, 1995, S. 324). Dies muss im Einzelfall überprüft werden.

Ist das strukturelle Modell identifiziert, so können aus Gleichung (2.24) die orthogonalen Impuls-Antwort-Funktionen, d. h. die Reaktion der Variablen auf einen autonomen Impuls in einer der Variablen des Systems, ermittelt werden.

2.2.4 Orthogonale Impuls-Antwort-Funktionen

Orthogonale Impuls-Antwort-Funktionen lassen sich analog zur Vorgehensweise bei den Impuls-Antwort-Funktionen des unrestringierten VAR-Systems ermitteln. Hierzu wird die Gleichung (2.24) verwendet. Die unmittelbare Reaktion der Variable i auf eine orthogonale Innovation der Variable

j in Höhe einer Einheit entspricht dem Wert der Reihe i, Spalte j der Matrix $\boldsymbol{A}_0^{-1}$.[13] Für $s = 1, 2, \ldots$ bestimmt sich die orthogonale Impuls-Antwort-Funktion als

$$\frac{\partial \boldsymbol{y}_{t+s}}{\partial \boldsymbol{v}_t'} = \boldsymbol{\psi}_s \boldsymbol{A}_0^{-1}. \tag{2.26}$$

Die Berücksichtigung der kontemporären Wirkungen eines Schocks führt zu Impuls-Antwort-Funktionen, die sich von denen des Standard-VAR-Modells unterscheiden. Lediglich unter zwei Bedingungen entsprechen sich die beiden Funktionen.

Dies ist zum einen der Fall, wenn der Koeffizient α_{ij} der Matrix $\boldsymbol{A}_0^{-1}$ gleich Null ist. Es wird durch die Orthogonalisierung lediglich die Möglichkeit eines unmittelbaren Effektes eingeräumt. Sind die Störvariablen ϵ_{it} und ϵ_{jt} aber unkorreliert, so ist auch der unmittelbare Effekt α_{ij} gleich Null und die orthogonale Impuls-Antwort-Funktion entspricht der des Standard-VAR-Modells. Je höher die Korrelation der Störvariablen, umso höher ist der kontemporäre Einfluss aufeinander und umso bedeutsamer wird die gewählte Ordnung für die Impuls-Antwort-Funktion. ENDERS (1995, S. 309) stellt die Faustregel auf, dass bis zu einer betragsmäßigen Höhe des Korrelationskoeffizienten von 0.2 die Ordnung der Variablen von geringer Bedeutung für die Gestalt der Impuls-Antwort-Funktion ist. Bei Korrelationen höheren Ausmaßes müssen entweder alle Impuls-Antwort-Funktionen für die in Frage kommenden Ordnungen berechnet werden, damit dann entschieden werden kann, ob die ermittelten Ergebnisse stabil sind, oder es müssen ökonomische Plausibilitätsüberlegungen zu einer angemessenen Ordnung führen.

Die zweite Möglichkeit steht in Zusammenhang mit der Granger-Kausalität. Findet ein Schock in y_{it} statt und ist die Gruppe der anderen Variablen $\boldsymbol{y}_{jt} = (y_{1t}, \ldots, y_{(i-1)t}, y_{(i+1)t}, \ldots, y_{nt})'$ nicht Granger-kausal für y_{it}, dann löst dieser Schock zwar möglicherweise eine unmittelbare Reaktion in allen $\boldsymbol{y}_{jt}$ mit $\alpha_{ij} \neq 0$ aus. Diese kontemporären Impulse werden sich aber auf $\partial y_{i,t+s}/\partial v_{it}$ nicht auswirken, wenn diese Variablen nicht Granger-kausal für y_{it} sind.[14]

Die bisher diskutierten Impuls-Antwort-Funktionen stellen die Reaktion

[13] LÜTKEPOHL (1993) bezeichnet diesen Zusammenhang als „instantaneous causality".

[14] Findet ein Schock in y_{it} statt und ist y_{it} nicht Granger-kausal für $\boldsymbol{y}_{jt}$, dann ist der Multiplikator $\partial y_{j,t+s}/\partial \epsilon_{it}$ immer gleich Null. Bei einem orthogonalen Impuls v_{it} kann es dagegen aufgrund des unmittelbaren Effektes $\partial y_{j,t}/\partial v_{it} \neq 0$ zu Wirkungen kommen.

auf einen Schock in Höhe einer Einheit dar. Üblicherweise werden jedoch Schocks in Höhe einer Standardabweichung betrachtet, da in diesem Fall nicht auf eine unterschiedliche Skalierung der Variablen Rücksicht genommen werden muss. Man erhält die Reaktion auf einen solchen Schock, indem man das jeweilige Element a_{ij} der Matrix $\boldsymbol{A}_0^{-1}$ mit der Standardabweichung der Variablen j multipliziert. Diese findet sich als $\sqrt{d_{jj}}$ des jeweiligen Elementes der Matrix $\boldsymbol{D}$. Die unmittelbare Reaktion auf einen Schock in Höhe einer Standardabweichung wird also beschrieben durch $\boldsymbol{A}_0^{-1}\boldsymbol{D}^{\frac{1}{2}}$.[15] Die orthogonale Impuls-Antwort-Funktion erhält man durch Multiplikation von $\boldsymbol{A}_0^{-1}\boldsymbol{D}^{\frac{1}{2}}$ mit den $\boldsymbol{\psi}_s$ für $s = 1, 2, \ldots$:

$$\frac{\partial \boldsymbol{y}_{t+s}}{\partial \boldsymbol{v}_t'} = \boldsymbol{\psi}_s \boldsymbol{A}_0^{-1} \boldsymbol{D}^{\frac{1}{2}}. \tag{2.27}$$

2.2.5 Prognosefehler-Varianzzerlegung

Eine weitere Möglichkeit, die Relation zwischen einzelnen Variablen eines VAR(p)-Systems abzubilden, ist die Prognosefehler-Varianzzerlegung. In Gleichung (2.13) wurde der lineare Prognosefehler einer Prognose über s Perioden ($\hat{\boldsymbol{y}}_{t+s|t}$) abgeleitet als:

$$\begin{aligned} \boldsymbol{y}_{t+s} - \hat{\boldsymbol{y}}_{t+s|t} &= \boldsymbol{\psi}_{s-1}\epsilon_{t+1} + \boldsymbol{\psi}_{s-2}\epsilon_{t+2} + \ldots + \boldsymbol{\psi}_2\epsilon_{t+s-2} \\ &+ \boldsymbol{\psi}_1\epsilon_{t+s-1} + \epsilon_{t+s}. \end{aligned} \tag{2.28}$$

Der mittlere quadratische Fehler (MSE) von $\hat{\boldsymbol{y}}_{t+s|t}$ berechnet sich als:

$$\begin{aligned} MSE\left(\hat{\boldsymbol{y}}_{t+s|t}\right) &= E\left[\left(\boldsymbol{y}_{t+s} - \hat{\boldsymbol{y}}_{t+s|t}\right)\left(\boldsymbol{y}_{t+s} - \hat{\boldsymbol{y}}_{t+s|t}\right)'\right] \\ &= E\left[\left(\boldsymbol{\psi}_{s-1}\epsilon_{t+1} + \cdots + \boldsymbol{\psi}_1\epsilon_{t+s-1} + \epsilon_{t+s}\right)\right. \\ &\qquad \left.\left(\boldsymbol{\psi}_{s-1}\epsilon_{t+1} + \cdots + \boldsymbol{\psi}_1\epsilon_{t+s-1} + \epsilon_{t+s}\right)'\right] \\ &= \boldsymbol{\psi}_{s-1}E\left[\epsilon_{t+1}\epsilon_{t+1}'\right]\boldsymbol{\psi}_{s-1}' + \cdots \\ &+ \boldsymbol{\psi}_1 E\left[\epsilon_{t+s-1}\epsilon_{t+s-1}'\right]\boldsymbol{\psi}_1' + E\left[\epsilon_{t+s}\epsilon_{t+s}'\right] \\ &= \boldsymbol{\psi}_{s-1}\boldsymbol{\Omega}\boldsymbol{\psi}_{s-1}' + \cdots + \boldsymbol{\psi}_1\boldsymbol{\Omega}\boldsymbol{\psi}_1' + \boldsymbol{\Omega} \end{aligned} \tag{2.29}$$

[15] Hier wird nochmals der Bezug der gewählten Vorgehensweise zur Choleski-Zerlegung deutlich: Die Choleski-Zerlegung führt zu $\boldsymbol{\Omega} = \boldsymbol{P}\boldsymbol{P}'$, wobei $\boldsymbol{P}$ eine untere Dreiecksmatrix ist. Dieses $\boldsymbol{P}$ entspricht aber gerade $\boldsymbol{A}_0^{-1}\boldsymbol{D}^{\frac{1}{2}}$. $\boldsymbol{P}$ enthält also genau die unmittelbare Wirkung eines Schocks in Höhe einer Standardabweichung.

Der MSE einer Prognose wird auch als deren Prognosefehler-Varianz bezeichnet. Es ist möglich, für den jeweiligen MSE einer Prognose über s Perioden zu ermitteln, in welchem Maße die orthogonalen Innovationen der einzelnen Variablen verantwortlich für diesen MSE sind. Hierzu muss nochmals Bezug genommen werden auf den Zusammenhang zwischen den Störungen ϵ_t und den orthogonalen Störungen $\boldsymbol{v}_t$. Diese sind verbunden über die Beziehung:

$$\begin{pmatrix} \epsilon_{1t} \\ \epsilon_{2t} \\ \vdots \\ \epsilon_{nt} \end{pmatrix} = \begin{pmatrix} 1 & \alpha_{12} & \cdots & \alpha_{1n} \\ \alpha_{21} & 1 & \cdots & \alpha_{2n} \\ \vdots & \vdots & \ddots & \vdots \\ \alpha_{n1} & \alpha_{n2} & \cdots & 1 \end{pmatrix} \begin{pmatrix} v_{1t} \\ v_{2t} \\ \vdots \\ v_{nt} \end{pmatrix}, \tag{2.30}$$

wobei davon ausgegangen werden soll, dass die zur Identifikation erforderliche Anzahl der Restriktionen in der Matrix $\boldsymbol{A}_0^{-1}$ gesetzt ist. Multipliziert man die Störvariablen v_{jt} spaltenweise mit der Matrix $\boldsymbol{A}_0^{-1}$, so erhält man:

$$\epsilon_t = \boldsymbol{a}_1 v_{1t} + \cdots + \boldsymbol{a}_n v_{nt}, \tag{2.31}$$

wobei $\boldsymbol{a}_j$ die j-te Spalte der Matrix $\boldsymbol{A}_0^{-1}$ bezeichnet.

Die Varianz-Kovarianzmatrix der Störvariablen ϵ_t lässt sich schreiben als:

$$\begin{aligned} \boldsymbol{\Omega} = E\left[\epsilon_t \epsilon_t'\right] &= E\left[(\boldsymbol{a}_1 v_{1t} + \cdots + \boldsymbol{a}_n v_{nt})(\boldsymbol{a}_1 v_{1t} + \cdots + \boldsymbol{a}_n v_{nt})'\right] \\ &= \boldsymbol{a}_1 \boldsymbol{a}_1' E\left[v_{1t} v_{1t}'\right] + \cdots + \boldsymbol{a}_n \boldsymbol{a}_n' E\left[v_{nt} v_{nt}'\right] \\ &= \boldsymbol{a}_1 \boldsymbol{a}_1' d_{11} + \cdots + \boldsymbol{a}_n \boldsymbol{a}_n' d_{nn}.^{16} \end{aligned} \tag{2.32}$$

Setzt man diese Umformung in die Gleichung (2.29) ein, so lässt sich die

[16] Bei $E\left[v_{jt} v_{jt}'\right]$ handelt es sich um das j-te Hauptdiagonalelement der Diagonalmatrix $\boldsymbol{D}$.

Prognosefehler-Varianz in folgende Komponenten zerlegen:

$$\begin{aligned} MSE\left(\hat{\boldsymbol{y}}_{t+s|t}\right) &= \boldsymbol{\psi}_{s-1}\left(\boldsymbol{a}_1\boldsymbol{a}_1' d_{11} + \cdots + \boldsymbol{a}_n\boldsymbol{a}_n' d_{nn}\right)\boldsymbol{\psi}_{s-1}' + \cdots \\ &\quad + \left(\boldsymbol{a}_1\boldsymbol{a}_1' d_{11} + \cdots + \boldsymbol{a}_n\boldsymbol{a}_n' d_{nn}\right) \\ &= d_{11}\left(\boldsymbol{\psi}_{s-1}\boldsymbol{a}_1\boldsymbol{a}_1'\boldsymbol{\psi}_{s-1}' + \cdots + \boldsymbol{\psi}_1\boldsymbol{a}_1\boldsymbol{a}_1'\boldsymbol{\psi}_1' + \boldsymbol{a}_1\boldsymbol{a}_1'\right) \\ &\quad + \cdots \\ &\quad + d_{nn}\left(\boldsymbol{\psi}_{s-1}\boldsymbol{a}_n\boldsymbol{a}_n'\boldsymbol{\psi}_{s-1}' + \cdots + \boldsymbol{\psi}_1\boldsymbol{a}_n\boldsymbol{a}_n'\boldsymbol{\psi}_1' + \boldsymbol{a}_n\boldsymbol{a}_n'\right) \\ &= \sum_{j=1}^{n} d_{jj}\left(\boldsymbol{\psi}_{s-1}\boldsymbol{a}_j\boldsymbol{a}_j'\boldsymbol{\psi}_{s-1}' + \cdots + \boldsymbol{\psi}_1\boldsymbol{a}_j\boldsymbol{a}_j'\boldsymbol{\psi}_1' + \boldsymbol{a}_j\boldsymbol{a}_j'\right). \end{aligned} \tag{2.33}$$

Der Anteil einer orthogonalen Innovation v_{jt} in Höhe einer Standardabweichung am MSE von $\hat{y}_{i,t+s|t}$ entspricht dem Ausdruck $d_{jj}\left(\boldsymbol{\psi}_{s-1}\boldsymbol{a}_j\boldsymbol{a}_j'\boldsymbol{\psi}_{s-1}' + \cdots + \boldsymbol{\psi}_1\boldsymbol{a}_j\boldsymbol{a}_j'\boldsymbol{\psi}_1' + \boldsymbol{a}_j\boldsymbol{a}_j'\right)$.[17] Dieser stellt dar, welcher Anteil der gesamten Varianz über diese Innovation begründet werden kann.

Für $s \to \infty$ strebt der MSE von $\hat{\boldsymbol{y}}_{t+s|t}$ in einem kovarianz-stationären VAR-System gegen die Varianz von $\boldsymbol{y}_t$. Für genügend große s lässt sich somit der Anteil an der gesamten Varianz von y_i berechnen, der auf v_j zurückzuführen ist.

Auch bei der Prognosefehler-Varianzzerlegung gilt, dass der Anteil einer Innovation y_{jt} an der Prognosefehler-Varianz der Variablen y_{jt} für alle Perioden gleich Null ist, wenn dies für die ersten $p * (n-1)$ Perioden der Fall ist.

Da bei der Prognosefehler-Varianzzerlegung die orthogonalen Innovationen Verwendung finden, ist es auch hier, wie bei den orthogonalen Impuls-Antwort-Funktionen, möglich, dass der Anteil an der gesamten Varianz von y_{it}, der über Innovationen in y_{jt} begründet wird, ungleich Null sein kann, selbst wenn y_{jt} nicht Granger-kausal für y_{it} ist. Dies ist genau dann der Fall, wenn der Koeffizient α_{ij}, der die unmittelbare Reaktion von y_{it} auf eine Innovation in y_{jt} abbildet, ungleich Null ist.[18]

---

[17] Der Ausdruck kann ebenso über die Choleski-Zerlegung ermittelt werden, wenn berücksichtigt wird, dass gilt: $\boldsymbol{a}_j d_{jj} \boldsymbol{a}_j' = \boldsymbol{p}_j \boldsymbol{p}_j'$.

[18] Vgl. hierzu auch die Ausführungen zu den orthogonalen Impuls-Antwort-Funktionen des vorherigen Abschnitts sowie LÜTKEPOHL (1993, S. 58).

2.2.6 Kritik

Entscheidender Kritikpunkt bei der Analyse struktureller VAR-Systeme ist sicherlich die Willkür bei der Wahl der identifizierenden Restriktionen. Wie bereits dargestellt wurde, stellen sich die Impuls-Antwort-Funktionen zum Teil als äußerst sensibel gegenüber den gewählten Koeffizientenrestriktionen heraus. Für den Fall der rein rekursiven Identifikation ist es die gewählte Ordnung der Variablen, die entscheidenden Einfluss auf die Impuls-Antwort-Funktion haben kann. Da diese Restriktionen jedoch nicht aufgrund statistischer Verfahren bestimmt werden, sondern aus der zugrunde liegenden ökonomischen Theorie stammen sollten, ist es teilweise von der Interpretation der Zusammenhänge oder der Überzeugung des Anwenders abhängig, welche Ordnung er für das System wählt. Als Beispiel sei hier der Zusammenhang zwischen Geldmenge und Zinssatz genannt, der in Kapitel 3 noch ausführlich diskutiert wird. Vermindern lässt sich dieses Problem, indem bei hohen Korrelationskoeffizienten alle möglichen, plausiblen Kombinationen der betroffenen Variablen in die Untersuchung einbezogen werden. Es kann dann versucht werden, eventuell auftretende Unterschiede in den Impuls-Antwort-Funktionen zu interpretieren.

Ein weiterer Schwachpunkt der hier dargestellten Konzepte, der aber die Granger-Kausalitätsuntersuchungen ebenso trifft, ist die Gefahr, dass das untersuchte VAR-System möglicherweise unvollständig ist. Fehlt jedoch in dem verwendeten VAR-Modell eine wesentliche Variable, so kann die resultierende Impuls-Antwort-Funktion unvollständig sein, und damit ist sie unbrauchbar für eine strukturelle Interpretation. Dies soll im Folgenden kurz an einem Beispiel verdeutlicht werden.

Angenommen, das wahre Modell sei bekannt und hätte die Gestalt eines VAR(2)-Modells mit zwei Variablen y_{1t} und y_{2t}:

$$\begin{aligned}\begin{pmatrix} y_{1t} \\ y_{2t} \end{pmatrix} &= \begin{pmatrix} c_1 \\ c_2 \end{pmatrix} + \begin{pmatrix} \phi_{11}^{(1)} & \phi_{12}^{(1)} \\ \phi_{21}^{(1)} & \phi_{22}^{(1)} \end{pmatrix} \begin{pmatrix} y_{1,t-1} \\ y_{2,t-1} \end{pmatrix} \\ &+ \begin{pmatrix} \phi_{11}^{(2)} & \phi_{12}^{(2)} \\ \phi_{21}^{(2)} & \phi_{22}^{(2)} \end{pmatrix} \begin{pmatrix} y_{1,t-2} \\ y_{2,t-2} \end{pmatrix} + \begin{pmatrix} \epsilon_{1t} \\ \epsilon_{2t} \end{pmatrix}.\end{aligned} \tag{2.34}$$

Die Reaktion von $y_{1,t+s}$ für $s = 0, 1, \ldots$ auf einen Impuls in Höhe einer

Einheit[19] in y_{1t} bestimmt sich als:[20]

$$
\begin{aligned}
y_{1t} &= 1 \\
y_{1,t+1} &= \phi_{11}^{(1)} \\
y_{1,t+2} &= (\phi_{11}^{(1)})^2 + \phi_{12}^{(1)}\phi_{21}^{(1)} + \phi_{11}^{(2)}
\end{aligned}
$$

usw.

Nimmt man fälschlicherweise an, dass das Modell nur aus der Variablen y_{1t} und ihren Verzögerungen besteht, dann errechnet sich die Impuls-Antwort-Funktion für y_{1t} auf einen Impuls in y_{1t} als:

$$
\begin{aligned}
y_{1t} &= 1 \\
y_{1,t+1} &= \phi_{11}^{(1)} \\
y_{1,t+2} &= (\phi_{11}^{(1)})^2 + \phi_{11}^{(2)}
\end{aligned}
$$

usw.

Man erkennt, dass hieraus eine möglicherweise falsche Impuls-Antwort-Funktion resultiert. Diese entspricht im hier gewählten Beispiel nur dann der 'wahren' Impuls-Antwort-Funktion, wenn die fälschlicherweise ausgeschlossene Variable (hier: y_{2t}) nicht Granger-kausal für die verwendeten Variablen (hier: y_{1t}) ist:[21] $\phi_{12}^{(1)} = \phi_{12}^{(2)} = 0$.

2.3 Integrierte und kointegrierte Prozesse

Das Kapitel 2.2 befasste sich mit der Analyse kovarianz-stationärer Systeme. Im vorliegenden Abschnitt soll nun erläutert werden, wie die dort vorgestellten Zusammenhänge modifiziert werden müssen, falls es sich bei den verwendeten Variablen um instationäre Zeitreihen handelt. Vorab sollen kurz die verwendeten Begrifflichkeiten definiert werden.

Nach ENGLE und GRANGER (1987, S. 252) wird eine Zeitreihe als integriert vom Grade d bezeichnet, $x_t \sim I(d)$, wenn sie durch d-fache Differenzenbildung in einen kovarianz-stationären Prozess überführt werden kann. In den

[19] Es wird diese Form der Impuls-Antwort-Funktion gewählt, weil sie die Zusammenhänge am deutlichsten werden lässt. Es ändert sich an den Ergebnissen qualitativ nichts, wenn orthogonale Impulse betrachtet werden und/oder diese das Ausmaß einer Standardabweichung haben.

[20] Vgl. hierzu die Ausführungen auf Seite 15.

[21] Bei orthogonalen Impuls-Antwort-Funktionen dürfte zusätzlich keine unmittelbare Kausalität vorliegen.

folgenden Ausführungen soll davon ausgegangen werden, dass es sich bei allen n Variablen des VAR-Systems um Zeitreihen handelt, die durch Bildung der ersten Differenz in einen stationären Prozess überführt werden können. In diesem Fall wird der Vektor $\boldsymbol{y}_t$ als integriert vom Grade 1 bezeichnet.[22]

Die Linearkombination zweier oder auch mehrerer I(d)-Variablen ist im Allgemeinen ebenfalls integriert vom Grade d. Es ist jedoch möglich, dass diese Linearkombination einen Integrationsgrad aufweist, der geringer ist als der der enthaltenen Zeitreihen. Man bezeichnet die so miteinander verbundenen Variablen als kointegriert. Die Definition findet sich ebenfalls in ENGLE und GRANGER (1987, S. 253).[23] Danach werden die Komponenten eines Vektors $\boldsymbol{x}_t$ als kointegriert vom Grade d, b bezeichnet, $\boldsymbol{x}_t \sim CI(d, b)$, wenn alle Komponenten $x_{1t}, \ldots, x_{nt}$ integriert von Grade d sind und mindestens eine Linearkombination $z_t = \boldsymbol{\alpha}'\boldsymbol{x}_t$ mit $\boldsymbol{\alpha} \neq \mathbf{0}$ zwischen diesen Variablen existiert, für die gilt: $z_t \sim I(d-b)$ mit $b > 0$. Für die vorliegenden Ausführungen bedeutet das, dass es bei Vorliegen von Kointegration Linearkombinationen von I(1)-Variablen gibt, die stationär sind: $\boldsymbol{y}_t \sim CI(1,1)$.[24]

Das betrachtete VAR-Modell habe folgende Gestalt:[25]

$$\boldsymbol{y}_t = \boldsymbol{\phi}_1 \boldsymbol{y}_{t-1} + \cdots + \boldsymbol{\phi}_p \boldsymbol{y}_{t-p} + \boldsymbol{\epsilon}_t. \tag{2.35}$$

In Lagoperator-Schreibweise:

$$\left(\boldsymbol{I}_n - \boldsymbol{\phi}_1 L - \cdots - \boldsymbol{\phi}_p L^p\right) \boldsymbol{y}_t = \boldsymbol{\epsilon}_t, \tag{2.36}$$

$$\text{bzw.} \qquad \boldsymbol{\phi}(L) \boldsymbol{y}_t = \boldsymbol{\epsilon}_t. \tag{2.37}$$

[22] Die Verfahren zur Behandlung von I(2)-Variablen sind für die vorliegende empirische Untersuchung irrelevant, und werden aus diesem Grund auch im methodischen Teil nicht weiter behandelt. Vgl. zu dieser Thematik insbesondere JOHANSEN (1995, Kap. 9) sowie JUSELIUS (1998a) als Beispiel für eine empirische Untersuchung bei Existenz von I(2)-Prozessen.

[23] Dort bezieht sie sich noch auf die Kombination zweier Variablen. Folglich existiert maximal eine Kointegrationsbeziehung zwischen diesen Zeitreihen. Die Ausführungen sind jedoch verallgemeinerbar.

[24] Bestehen die verwendeten Daten aus I(0)- und I(1)-Variablen, so ist eine Linearkombination ebenfalls ein I(1)-Prozess (vgl. ENGLE und GRANGER, 1987, S. 253). Die Kointegrations- oder auch Langfristbeziehungen zwischen diesen Variablen können Linearkombinationen aller I(0)- und I(1)-Variablen sein (vgl. z. B. JOHANSEN, 1995, S. 74). Dieser Aspekt spielt in der empirischen Untersuchung der Kapitel 4, 5 und 8 eine Rolle.

[25] Um die grundlegenden Zusammenhänge zu verdeutlichen, soll an dieser Stelle auf die Verwendung von deterministischen Variablen vollständig verzichtet werden.

In Kapitel 2.2 wurden die Bedingungen aufgezeigt, unter denen sichergestellt ist, dass es sich bei diesem System um einen kovarianz-stationären Prozess handelt (vgl. die Gleichung (2.9)). Das VAR-System in Gleichung (2.35) ist ein stationäres Modell, wenn alle Lösungen für λ, die sich aus der charakteristischen Gleichung

$$|\boldsymbol{I}_n - \boldsymbol{\phi}_1\lambda - \boldsymbol{\phi}_2\lambda^2 - \cdots - \boldsymbol{\phi}_p\lambda^p| = 0 \tag{2.38}$$

ergeben, betragsmäßig kleiner als Eins sind und damit innerhalb des Einheitskreises liegen:

$$|\lambda| < 1. \tag{2.39}$$

Sind die n Variablen des VAR-Systems integriert vom Grade 1, dann liegt eine noch näher zu bestimmende Anzahl m $(0 < m \leq n)$ der Eigenwerte auf dem Einheitskreis:[26]

$$|\lambda_i| = 1 \qquad \text{für} \qquad i = 1, 2, \ldots, m. \tag{2.40}$$

Für die restlichen $n - m$ Eigenwerte gilt wiederum Gleichung (2.39). Das Modell wird zu einem instabilen System. Es ist nicht mehr gewährleistet, dass einmalige Schocks auf das Modell nur temporäre Effekte haben.

Die Gleichung (2.38) nimmt für die m Eigenwerte, die auf dem Einheitskreis liegen, folgende Gestalt an:

$$|\boldsymbol{I}_n - \boldsymbol{\phi}_1 - \boldsymbol{\phi}_2 - \cdots - \boldsymbol{\phi}_p| = 0. \tag{2.41}$$

Im Umkehrschluss folgt hieraus eine notwendige und hinreichende Bedingung für die Stationarität eines VAR-Modells (vgl. JOHANSEN, 1995, S. 14 ff.): Wenn gilt

$$|\boldsymbol{I}_n - \boldsymbol{\phi}_1 - \boldsymbol{\phi}_2 - \cdots - \boldsymbol{\phi}_p| \neq 0, \tag{2.42}$$

dann ist sichergestellt, dass es sich um ein stabiles, stationäres VAR-Modell handelt.

Eine Überführung des instationären VAR-Modells, welches I(1)-Variablen enthält, in ein VAR-Modell in den ersten Differenzen ist nicht in jedem Fall eine Lösung des Problems. Zwar besteht das VAR-System nun nur

[26] Ein explosiver Verlauf $|\lambda| > 1$ sei weiterhin ausgeschlossen.

noch aus stationären Zeitreihen. Es kann jedoch gezeigt werden, dass diese Vorgehensweise nur in dem Fall eine angemessene Spezifikation darstellt, in dem keine Kointegrationsbeziehungen zwischen den Variablen bestehen. Dies erkennt man durch Überführung des VAR-Modells aus Gleichung (2.37) in das Vektor-Fehlerkorrektur(VEC-)modell. Der Ausdruck $\phi(L)y_t$ lässt sich wie folgt zerlegen:[27]

$$\begin{aligned}
\phi(L)\boldsymbol{y}_t &= \left[\boldsymbol{I}_n - \phi_1 L - \cdots - \phi_{p-1}L^{p-1} - \phi_p L^p\right]\boldsymbol{y}_t \qquad (2.43)\\
&= \left[\boldsymbol{I}_n - \phi_1 L - \cdots - \phi_{p-1}L^{p-1} + (\phi_p L^{p-1} - \phi_p L^{p-1}) - \phi_p L^p\right]\boldsymbol{y}_t\\
&= \left[\boldsymbol{I}_n - \phi_1 L - \cdots - (\phi_{p-1} + \phi_p)L^{p-1} + \phi_p(1-L)L^{p-1})\right]\boldsymbol{y}_t\\
&= [\boldsymbol{I}_n - \phi_1 L - \cdots - (\phi_{p-2} + \phi_{p-1} + \phi_p)L^{p-2}\\
&\quad +(\phi_{p-1} + \phi_p)(1-L)L^{p-2} + \phi_p(1-L)L^{p-1})]\,\boldsymbol{y}_t\\
&= \ldots\\
&= [\boldsymbol{I}_n - (\phi_1 + \phi_2 + \cdots + \phi_p)L + (\phi_2 + \cdots + \phi_p)(1-L)L \qquad (2.44)\\
&\quad + \cdots + (\phi_{p-1} + \phi_p)(1-L)L^{p-2} + \phi_p(1-L)L^{p-1})]\,\boldsymbol{y}_t\\
&= [(\boldsymbol{I}_n - \phi_1 - \phi_2 - \cdots - \phi_p) + (\phi_1 + \phi_2 + \cdots + \phi_p)(1-L)\\
&\quad + \cdots + \phi_p(1-L)L^{p-1})]\,\boldsymbol{y}_t
\end{aligned}$$

$$\Rightarrow \quad \phi(L)\boldsymbol{y}_t = \phi(1)\boldsymbol{y}_t + \phi^*(L)(1-L)\boldsymbol{y}_t \qquad (2.45)$$

mit $\phi(1) = \boldsymbol{I}_n - \phi_1 - \cdots - \phi_p$

und $\phi^*(L) = [(\phi_1 + \phi_2 + \cdots + \phi_p) + (\phi_2 + \cdots + \phi_p)L + \cdots + \phi_p L^{p-1}]$.

Zur Herleitung der Fehlerkorrekturform wird Gleichung (2.44) um $L\boldsymbol{y}_t$ erweitert und in Gleichung (2.37) eingesetzt:

$$\begin{aligned}
&[\boldsymbol{I}_n(1-L) + (\boldsymbol{I}_n - \phi_1 - \phi_2 - \cdots - \phi_p)L + (\phi_2 + \cdots + \phi_p)(1-L)L\\
&\quad + \cdots + (\phi_{p-1} + \phi_p)(1-L)L^{p-2} + \phi_p(1-L)L^{p-1}]\,\boldsymbol{y}_t = \epsilon_t
\end{aligned}$$

$$\begin{aligned}
\Rightarrow \quad \Delta\boldsymbol{y}_t &= -(\boldsymbol{I}_n - \phi_1 - \cdots - \phi_p)\boldsymbol{y}_{t-1} \qquad (2.46)\\
&\quad -(\phi_2 + \cdots + \phi_p)\Delta\boldsymbol{y}_{t-1} - \cdots - \phi_p\Delta\boldsymbol{y}_{t-p+1} + \epsilon_t.
\end{aligned}$$

Nur für den Fall, dass

$$(\boldsymbol{I}_n - \phi_1 - \phi_2 - \cdots - \phi_p) = \boldsymbol{0} \qquad (2.47)$$

[27] Vgl. HAMILTON (1994, S. 549).

ist, ist das VAR-Modell in den ersten Differenzen eine angemessene Spezifikation. Diese Bedingung ist der Gleichung (2.41) sehr ähnlich, welche besagt, dass bei Existenz einer Einheitswurzel die Determinante des linken Ausdrucks gleich Null sein muss. Während aber aus Gleichung (2.47) unmittelbar die Gleichung (2.41) folgt, ist dies umgekehrt nur bei Existenz von genau $m = n$ Einheitswurzeln der Fall. Das VAR-System kann also Einheitswurzeln enthalten (Gleichung (2.41) ist erfüllt), ohne dass das VAR-Modell in den ersten Differenzen eine angemessene Spezifikation wäre. Bei Existenz von weniger als n Einheitswurzeln ($m < n$) ist das Modell in Form eines VAR in den ersten Differenzen fehlspezifiziert. In den Fällen, in denen die Zahl der Eigenwerte des VAR-Modells $0 < m < n$ beträgt, kann ein Vektor-Fehlerkorrekturmodell verwendet werden.[28] Die folgende Gleichung (2.48) wird als Darstellung des VAR(p)-Modells in Fehlerkorrekturform bezeichnet:

$$\Delta \boldsymbol{y}_t = \boldsymbol{\pi} \boldsymbol{y}_{t-1} + \boldsymbol{\Gamma}_1 \Delta \boldsymbol{y}_{t-1} + \cdots + \boldsymbol{\Gamma}_{p-1} \Delta \boldsymbol{y}_{t-p+1} + \boldsymbol{\epsilon}_t, \tag{2.48}$$

$$\begin{array}{llcll} \text{mit} & \boldsymbol{\pi} & = & -(\boldsymbol{I}_n - \boldsymbol{\phi}_1 - \cdots - \boldsymbol{\phi}_p) & = & -\boldsymbol{\phi}(1) \\ \text{und} & \boldsymbol{\Gamma}_i & = & -(\boldsymbol{\phi}_{i+1} + \cdots + \boldsymbol{\phi}_p). & & \end{array}$$

Eine Auflösung der Gleichung (2.48) nach $\boldsymbol{\pi y}_{t-1}$ macht deutlich, dass es sich bei diesem Ausdruck um eine stationäre Komponente handeln muss, obwohl $\boldsymbol{y}_{t-1}$ ein Vektor ist, der ausschließlich I(1)-Variablen enthält.

Die (n x n) Matrix $\boldsymbol{\pi}$ kann zerlegt werden in

$$\boldsymbol{\pi y}_{t-1} = \boldsymbol{\alpha \beta}' \boldsymbol{y}_{t-1}, \tag{2.49}$$

wobei	$\boldsymbol{\beta}'$	die (r x n) Matrix der Kointegrationsbeziehungen
und	$\boldsymbol{\alpha}$	die (n x r) Matrix der Ladungskoeffizienten ist.

$\boldsymbol{\beta}' \boldsymbol{y}_{t-1}$ enthält die r stationären Linearkombinationen der Variablen $y_{1,t-1}, \ldots, y_{n,t-1}$. Der Koeffizient α_{ij} (mit $i = 1, \ldots, n$, $j = 1, \ldots, r$) ist ein Maß für die Anpassung der i-ten Variable an eine Abweichung von der

[28] Ein VAR-Modell in den Niveaus ist ebenfalls ein konsistentes Modell für diesen Fall (vgl. HAMILTON, 1994, S. 579 ff.). Es wird in Abschnitt 2.4 noch ausführlich zur Qualität einer Schätzung des VAR-Modells in den Niveaus bei Existenz von $0 < m < n$ Einheitswurzeln Stellung genommen.

j-ten Kointegrationsbeziehung, welche als langfristige Gleichgewichtsbedingung interpretiert wird. Aus dieser Interpretation des Ausdrucks $\boldsymbol{\alpha}\boldsymbol{\beta}'\boldsymbol{y}_{t-1}$ wird der Begriff des Fehlerkorrekturmodells abgeleitet.[29]

Es ist unmittelbar ersichtlich, dass eine OLS-Schätzung des Fehlerkorrekturmodells nicht in der Lage ist, Schätzer für die Matrizen $\boldsymbol{\alpha}$ und $\boldsymbol{\beta}$ zu liefern. Sie kann immer nur zu einer Schätzung der (n x n) Matrix $\boldsymbol{\pi}$ führen (vgl. auch HARRIS, 1995, S. 79). JOHANSEN hat ein Verfahren entwickelt, das die Möglichkeit eröffnet, unter der Nebenbedingung der Anzahl der Kointegrationsvektoren r, und damit der Dimension von $\boldsymbol{\alpha}$ und $\boldsymbol{\beta}$, eine ML-Schätzung der Parameter $\hat{\boldsymbol{\alpha}}$ und $\hat{\boldsymbol{\beta}}$ vornehmen zu können.[30] Da bereits eine ausreichende Anzahl von Darstellungen der von JOHANSEN (1988, 1991) und JOHANSEN und JUSELIUS (1990) entwickelten ML-Prozedur zur Schätzung der Parameter des VEC-Modells existiert, soll hier das Verfahren nicht nochmals erläutert werden. Es finden sich Ausführungen hierzu in HAMILTON (1994, S. 635 ff.), LÜTKEPOHL (1993, S. 355 ff.), REIMERS (1991, S. 50 ff) und natürlich in JOHANSEN (1995, Kap. 6). Für einen knappen Überblick über die wesentlichen Aspekte des Verfahrens vgl. GAAB und LIEDTKE (1992, S. 457 ff.).

Bei r Kointegrationsbeziehungen hat die Matrix $\boldsymbol{\pi} = \boldsymbol{\alpha}\boldsymbol{\beta}'$ zwangsläufig den Rang r. Der Rang einer Matrix entspricht aber genau der Anzahl der Eigenwerte, die von Null verschieden sind (vgl. ENDERS, 1995, S. 416). Die Matrix $\boldsymbol{\pi}$ enthält r von Null verschiedene Eigenwerte und somit $(n-r)$ Eigenwerte, die gleich Null sind. Die charakteristische Gleichung zur Bestimmung der Eigenwerte von $\boldsymbol{\pi}$ lautet:

$$|\boldsymbol{\pi} - \lambda \boldsymbol{I}| = \boldsymbol{0}. \tag{2.50}$$

Für die $(n-r)$ Lösungen $\lambda(\boldsymbol{\pi}) = 0$ wird die Gleichung (2.50) zu:

$$|\boldsymbol{\pi}| = -|\boldsymbol{I}_n - \boldsymbol{\phi}_1 - \cdots - \boldsymbol{\phi}_p| = \boldsymbol{0}. \tag{2.51}$$

Der Ausdruck (2.51) entspricht, bis auf das Vorzeichen, genau der Gleichung

[29] Die Zusammenhänge zwischen der Modellierung als VAR-System, der Fehlerkorrekturdarstellung und der Vektor-Moving-Average(VMA)-Repräsentation bei Existenz von Kointegration werden in ENGLE und GRANGER (1987, S. 255 ff) abgeleitet und als GRANGER-Repräsentationstheorem bezeichnet. Vgl. hierzu die Ausführungen in HAMILTON (1994, S. 578 ff.).

[30] Es wird in diesem Kapitel die Kenntnis der Anzahl der Kointegrationsbeziehungen r vorausgesetzt. Zur Ermittlung dieses Wertes in empirischen Untersuchungen vgl. JOHANSEN (1995, Kap. 12)

(2.41). Es besteht somit folgender Zusammenhang: Ein VAR-System, das integrierte Variablen enthält und r Kointegrationsbeziehungen zwischen diesen Variablen aufweist, ist durch $(n-r)$ bzw. m Eigenwerte gekennzeichnet, die den Wert Eins annehmen. Man spricht von $(n-r)$ gemeinsamen stochastischen Trends (STOCK und WATSON, 1988).

Ist $r = 0$, dann existieren keine Kointegrationsbeziehungen. Es gibt n gemeinsame stochastische Trends, was aber bedeutet, dass jede einzelne Variable einen solchen Trend aufweist. Die Zeitreihen sind integriert, aber nicht kointegriert. Das VAR-Modell kann deshalb in den ersten Differenzen geschätzt werden. Ist $r = n$, dann würden n Kointegrationsbeziehungen zwischen den Variablen bestehen. Das ist nur dann möglich, wenn jede Variable selbst eine stationäre Variable ist. Das VAR in den Niveaus ist dann die korrekte Modellform. Für $0 < r < n$ kann ein Fehlerkorrekturmodell spezifiziert werden. Der Anhang A.1 illustriert nochmals die Bedeutung des Kointegrationsranges am Beispiel eines bivariaten VAR(1)-Modells.

In der vorliegenden Arbeit sollen die - eher kurzfristigen - Reaktionen auf geldpolitische Impulse untersucht werden. Mögliche Langfristbeziehungen zwischen den verwendeten Variablen sind dagegen nicht Untersuchungsgegenstand. Aus diesem Grund sollte ein VAR-Modell in den Niveaus verwendet werden und kein Fehlerkorrekturmodell. Allerdings sind die meisten Variablen der empirischen Untersuchungen der vorliegenden Arbeit integriert vom Grade 1. Es soll deshalb im folgenden Kapitel aufgezeigt werden, welche Eigenschaften ein VAR-Modell aufweist, welches trotz der Existenz instationärer Variablen in den Niveaus geschätzt wird.

2.4 VAR-Analyse instationärer Systeme

Ein instationäres VAR-System ist dadurch gekennzeichnet, dass m Eigenwerte auf dem Einheitskreis liegen. Die charakteristische Gleichung nimmt für diese Eigenwerte die Gestalt der Gleichung (2.41) an:

$$|\boldsymbol{I}_n - \boldsymbol{\phi}_1 - \boldsymbol{\phi}_2 - \cdots - \boldsymbol{\phi}_p| = 0. \tag{2.52}$$

In diesem Abschnitt wird dargestellt, welche Eigenschaften die OLS-Schätzung eines solchen Modells aufweist. Es sei hierzu insbesondere auf

LÜTKEPOHL (1993, Kap. 11) verwiesen, der dieses Thema sehr ausführlich behandelt.

Die Parameter $\boldsymbol{\phi}$ eines instationären VAR-Modells werden durch die OLS-Regression der Einzelgleichungen konsistent geschätzt (vgl. HAMILTON 1994, S. 651 f., LÜTKEPOHL 1993, S. 369 f).[31] Auch der Schätzer für die Varianz-Kovarianzmatrix $\boldsymbol{\Omega}$ ist konsistent. Im Unterschied zum stabilen Fall ist die Matrix $\boldsymbol{\Omega}$ nun jedoch singulär. Dies kann unter Umständen auch Auswirkungen auf die Verteilungsannahmen der Standardfehler und damit auch der t-Statistik haben (vgl. hierzu LÜTKEPOHL, 1993, S. 369 f.).

Anhand der Darstellung des VAR(1)-Modells der Seiten 12 ff. wird der Unterschied zwischen einem stationären und einem instationären VAR-Modell deutlich. Aus dem Gleichungssystem (2.8)

$$\begin{aligned} \boldsymbol{y}_{t+s} - \boldsymbol{\mu} &= \boldsymbol{F}_{11}^{s}(\boldsymbol{y}_t - \boldsymbol{\mu}) + \boldsymbol{F}_{12}^{s}(\boldsymbol{y}_{t-1} - \boldsymbol{\mu}) + \cdots \\ &+ \boldsymbol{F}_{1p}^{s}(\boldsymbol{y}_{t-p+1} - \boldsymbol{\mu}) + \boldsymbol{F}_{11}^{s-1}\boldsymbol{\epsilon}_{t+1} + \boldsymbol{F}_{11}^{s-2}\boldsymbol{\epsilon}_{t+2} + \cdots \\ &+ \boldsymbol{F}_{11}^{2}\boldsymbol{\epsilon}_{t+s-2} + \boldsymbol{F}_{11}\boldsymbol{\epsilon}_{t+s-1} + \boldsymbol{\epsilon}_{t+s}. \end{aligned} \tag{2.53}$$

lässt sich keine VMA(∞)-Darstellung des Prozesses mehr ableiten, da im instationären Fall $\boldsymbol{F}^{s}$ für $s \to \infty$ nicht gegen Null strebt.

Auch eine zweite Darstellungsweise verdeutlicht diesen Zusammenhang: Für ein stationäres VAR-Modell

$$\boldsymbol{\phi}(L)\boldsymbol{y}_t = \boldsymbol{\epsilon}_t, \tag{2.54}$$

mit $|\boldsymbol{\phi}(1)| \neq 0$, existiert eine VMA-Darstellung[32]

$$\boldsymbol{y}_t = \boldsymbol{\psi}(L)\boldsymbol{\epsilon}_t, \tag{2.55}$$

mit $\boldsymbol{\psi}(L) = [\boldsymbol{\phi}(L)]^{-1}$ (vgl. HAMILTON, 1994, S. 260). Diese ist analog zu der Vorgehensweise auf S. 30 zerlegbar:

$$\boldsymbol{y}_t = \boldsymbol{\psi}(1)\boldsymbol{\epsilon}_t + \boldsymbol{\psi}^*(L)(1-L)\boldsymbol{\epsilon}_t. \tag{2.56}$$

[31] Zur Problematik von möglicherweise auftretenden Scheinkorrelationen vgl. z. B. HARRIS (1995, S. 19 ff.) oder HAMILTON (1994, S. 557 ff.).

[32] Man bezeichnet die Gleichung (2.55) oftmals auch als die WOLD-Darstellung des VAR-Prozesses.

$\psi(1)$ entspricht der Matrix $[\phi(1)]^{-1}$. Bei Instationarität des VAR-Modells gilt aber $|\phi(1)| = 0$ (vgl. Gleichung (2.41)), die Matrix $\phi(1)$ ist nicht invertierbar. Eine VMA(∞)-Darstellung für den Prozess $\boldsymbol{y}_t$ existiert bei Instationarität des Modells nicht.

Dieser Unterschied hat mehrere Konsequenzen. Zum einen hat die lineare Prognose für $\hat{\boldsymbol{y}}_{t+s|t}$ aus Gleichung (2.12)

$$\hat{\boldsymbol{y}}_{t+s|t} = \boldsymbol{\mu} + \boldsymbol{F}^s_{11}(\boldsymbol{y}_t - \boldsymbol{\mu}) + \boldsymbol{F}^s_{12}(\boldsymbol{y}_{t-1} - \boldsymbol{\mu}) + \cdots + \boldsymbol{F}^s_{1p}(\boldsymbol{y}_{t-p+1} - \boldsymbol{\mu}). \quad (2.57)$$

keine obere Grenze. Da $\boldsymbol{F}^s$ für $s \to \infty$ nicht gegen Null strebt, konvergiert der Ausdruck für $s \to \infty$ nicht. Entsprechend steigt der Prognosefehler (vgl. Gleichung (2.13)) im Zeitablauf an. Für weit in die Zukunft reichende Vorhersagen kann die Prognoseunsicherheit extrem hoch werden (vgl. LÜTKEPOHL, 1993, S. 376 f.).

Obwohl eine VMA(∞)-Darstellung nicht existiert, können die Impuls-Antwort-Funktionen des unrestringierten Modells, wie in Abschnitt 2.2.2 beschrieben, durch numerische Simulation aus der Schätzung des VAR-Modells abgeleitet werden. Im Unterschied zum stabilen Fall müssen diese Impuls-Antwort-Funktionen jedoch im Zeitablauf nicht abnehmen. Ein einmaliger Impuls kann in einem instationären System eine nicht transitorische Reaktion auslösen.

Die Identifikation des strukturellen VAR-Modells ist durch die Tatsache der Instationarität nicht berührt. Die orthogonalen Impuls-Antwort-Funktionen lassen sich analog zu den Ausführungen in Abschnitt 2.2.4 berechnen. Auch hier ist jedoch wieder zu beachten, dass die Reaktionen im Zeitablauf nicht gegen Null konvergieren müssen und dass mit steigendem Prognosezeitraum die Unsicherheit zunimmt.

Diese steigende Prognoseunsicherheit zeigt ihre Wirkung auch, wenn es um die Zerlegung der Prognosefehler-Varianz geht (vgl. für den stationären Fall den Abschnitt 2.2.5). Der mittlere quadratische Fehler einer Prognose über s Perioden berechnet sich aus der Varianz der Prognosefehler. Da diese im Zeitablauf zunehmen, wird auch der MSE der Prognose im Zeitablauf ständig steigen. Er konvergiert nicht wie im stationären Fall für $s \to \infty$ gegen die unbedingte Varianz von $\boldsymbol{y}_t$. Die gewohnte Interpretation der Prognosefehler-Varianzzerlegung, nach der für genügend große s der Anteil der orthogonalen Innovationen v_j an der gesamten Varianz von y_i an der Prognosefehler-Varianzzerlegung des Prozesses abgelesen werden kann, ist deshalb im instationären Modell problematisch.

In den folgenden Kapiteln soll ein VAR-Modell entwickelt werden, welches die Reaktionen auf einen nicht-antizipierten geldpolitischen Impuls der Zentralbank adäquat abbildet. Die hier aufgezeigten methodischen Zusammenhänge bilden die Grundlage für diese Analyse.

Kapitel 3

Variablen zur Abbildung geldpolitischer Maßnahmen

Erste Untersuchungen zur Wirksamkeit der Geldpolitik befassten sich mit der Frage nach den realen Wirkungen geldpolitischer Maßnahmen. Im Rahmen dieser Debatte stand lange Zeit die Unterscheidung von antizipierter und nicht-antizipierter Geldpolitik im Vordergrund. Während weitgehend Konsens darüber herrscht, dass systematische geldpolitische Maßnahmen keine realen Wirkungen haben,[1] dauert die Diskussion über die Effekte nicht-antizipierter Geldpolitik bis zum heutigen Tag an. Auch in der vorliegenden Arbeit stehen die Wirkungen nicht-antizipierter geldpolitischer Maßnahmen im Vordergrund. Von ihnen soll angenommen werden, dass sie, zumindest in der kurzen Frist, sowohl monetäre als auch reale Wirkungen haben können.

Ein nicht-antizipierter geldpolitischer Schock kann in einem VAR-System durch eine orthogonale Innovation dieser Variablen abgebildet werden. Die

[1] Die Diskussion über die Wirksamkeit systematischer Geldpolitik auf reale Variablen wie Output und Beschäftigung ist Bestandteil zumindest jüngerer Lehrbücher zur Geldpolitik (vgl. z. B. BOFINGER et al., 1996) und soll hier nicht weiter vertieft werden.

Wirkung eines Schocks auf andere Variablen des Systems lässt sich als Impuls-Antwort-Funktion oder auch durch Prognosefehler-Varianzzerlegung darstellen.[2]

In diesem Zusammenhang darf ein grundsätzlicher Kritikpunkt an dieser Vorgehensweise nicht unerwähnt bleiben: Aufgrund der Annahmen des Modells muss der nicht-antizipierte geldpolitische Schock eine Zufallsvariable sein. Mithilfe dieses Zufallsprozesses soll jedoch die Geldpolitik der Zentralbank abgebildet werden, von der wir annehmen müssen, dass ihr rationale Entscheidungen zugrunde liegen. Dies erscheint auf den ersten Blick widersprüchlich. Die Vorgehensweise gewinnt jedoch an Plausibilität, wenn man sich vor Augen hält, wie es zu der Entscheidung für eine bestimmte Art der Geldpolitik kommt: So fällt der Zentralbankrat seine Entscheidungen aufgrund einer hohen Anzahl an Informationen, die zusammengetragen und aufbereitet werden. Prognosen werden mit den eigenen Vorstellungen eines optimalen zukünftigen Pfades der wirtschaftlichen Entwicklung verglichen, und zwar von jeder einzelnen Person. Diese individuellen Einschätzungen müssen zu einer kollektiven Handlung gebündelt werden. Jeder dieser genannten Punkte beinhaltet Unsicherheiten und Zufallseinflüsse. Deshalb ist es nicht falsch, das Resultat dieses Prozesses als Zufallsvariable zu behandeln (vgl. LEEPER et al. 1996, S. 12 f. sowie BERNANKE und MIHOV 1995, S. 8 f.).

Zur Abbildung der geldpolitischen Maßnahmen werden Variablen verwendet, bei denen davon ausgegangen werden kann, dass sie durch die Zentralbank im Sinne ihrer geldpolitischen Intention beeinflussbar sind. Dies können geldpolitische Instrumente, Operating Targets oder auch Zwischenziele sein. Die nachfolgenden Abschnitte und Kapitel befassen sich eingehend mit der unterschiedlichen Eignung dieser Variablen. Der Abschnitt 3.1 behandelt Modelle, die Geldmengenaggregate oder Zinssätze verwenden. In jüngerer Zeit existieren auch Ansätze, die z. B. die Zusammenhänge auf dem Geldmarkt in Gleichungsform abbilden. Diese Modelle sind die interessantesten für die Fragestellung der vorliegenden Arbeit. Sie werden in Abschnitt 3.2 vorgestellt. Fast alle Untersuchungen zu dieser Thematik beziehen sich auf die USA. Untersuchungen für Deutschland erfolgten entweder im Vergleich zu den USA und anderen Staaten oder übernahmen von anderen

[2]Zur Methodik vgl. das vorangegangene Kapitel.

Verfassern bereits früher entwickelte Modellierungen. Sie sollen erst in Kapitel 4 vorgestellt werden.

3.1 Geldmengenaggregate und Zinssätze

Bereits die Beiträge von SIMS (1980a) und LITTERMAN und WEISS (1985) stellten in Frage, ob es sich bei einem weiten Geldmengenaggregat überhaupt um eine angemessene Größe zur Darstellung autonomer geldpolitischer Aktionen der Zentralbank handelt. SIMS (1980a) untersucht in einem VAR-System mit drei bzw. mit vier Variablen[3] anhand einer Prognosefehler-Varianzzerlegung den Einfluss des monetären Aggregates M1 auf den Output, bzw. den Index der industriellen Produktion. Er findet heraus, dass, zumindest für die Zeit seit dem zweiten Weltkrieg, der Erklärungsgehalt von Innovationen in M1 für die Varianz des Output erheblich zurückgeht, wenn ein kurzfristiger, nominaler Zinssatz in das System mit aufgenommen wird (vgl. SIMS, 1980a, S. 252 f.). Der Beitrag von LITTERMAN und WEISS (1985) bestätigt diesen Befund. Weiterhin stellt SIMS (1980a) fest, dass der Zinssatz seinerseits einen hohen Erklärungsgehalt für die Varianz des Geldmengenaggregates enthält.[4] Auch die Untersuchung von FRIEDMAN und KUTTNER (1992) bestätigt die Dominanz des Zinssatzes zur Erklärung von

[3] Es ist ein Standardaufbau bei den VAR-Untersuchungen dieser Art festzustellen. Falls nicht anders erwähnt, bestehen die folgenden VAR-Modelle allesamt aus vier Variablen, und zwar aus einer Variable, die das Preisniveau abbildet, einer Outputvariable, einem monetären Aggregat und einem nominalen Zinssatz. Die inhaltliche Spezifikation dieser Variablen ist verschieden. Alle VAR-Untersuchungen, die zur Abbildung der monetären Seite nur eine Größe wählen (also nicht z. B. den Geldmarkt modellieren) bringen die Variablen in eine rekursive Ordnung, um die Identifikation des strukturellen Modelles zu gewährleisten.

[4] STOCK und WATSON (1989) verwenden als geldpolitische Variable die trendbereinigte nominale Wachstumsrate von M1. Sie kommen zu dem Ergebnis, dass diese Größe geeignet ist, die Einschätzung zukünftiger Entwicklungen des Realeinkommens zu verbessern, und zwar auch dann, wenn ein Zinssatz in das Modell einbezogen wird (vgl. STOCK und WATSON, 1989, S. 177). Die Verfasser verwenden allerdings lediglich Kausalitätstests, so dass es nicht möglich ist, die Bedeutung von Geldmengenaggregat und Zinssatz zur Erklärung der Outputentwicklung einander gegenüberzustellen. FRIEDMAN und KUTTNER (1993a) können außerdem nachweisen, dass der Befund von STOCK und WATSON (1989) nicht robust ist gegenüber einer weiteren Ausdehnung des Untersuchungszeitraumes oder der Verwendung eines anderen Zinssatzes (STOCK und WATSON benutzen die 'treasury bill rate').

Outputvariationen gegenüber einem weiten Geldmengenaggregat.

Diese Ergebnisse lassen das verwendete Geldmengenaggregat bzw. die Innovation dieser Variable nicht mehr als geeigneten Größe zur Darstellung autonomer Geldpolitik erscheinen. Vielmehr scheinen gerade die Zinssätze als Preisvariablen weitere Informationen über die Finanzmärkte zu enthalten, so dass deren Nichtberücksichtigung einer Fehlspezifikation gleichkommt (vgl. FRIEDMAN und KUTTNER, 1992, S. 481).

Auch inhaltliche Überlegungen führen zu diesem Schluss. Weite Geldmengenaggregate verändern sich nicht ausschließlich aufgrund angebotsseitiger Aktionen der Zentralbank, sondern auch in der Folge nachfrageseitiger Störungen.[5] Zudem können Veränderungen des institutionellen Umfeldes, wie z. B. die Einführung von Finanzinnovationen, die Umlaufgeschwindigkeit und auch die Größe des betrachteten Aggregates verändern, ohne dass dies das Resultat eines geldpolitischen Eingriffs ist. Auf diese Weise entsteht aber ein Identifikations- oder auch Endogenitätsproblem, da der betrachtete Schock abgebildet wird durch die Störvariable der entsprechenden Gleichung des strukturellen VAR-Systems. Diese ist aber definitionsgemäß nicht korreliert mit den anderen Störvariablen des Systems. Es muss sich also bei der gewählten Innovation auch in der ökonomischen Interpretation um eine exogene Einflussmöglichkeit der Zentralbank handeln. Sonst wäre das verwendete Modell fehlspezifiziert.

Aus empirischer Sicht tritt bei der Verwendung der weiten Geldmengenaggregate ein weiteres Problem auf: Das sog. 'Liquiditätsrätsel'. Die Theorie besagt, dass es in Folge einer geldpolitischen Straffung zu einem Anstieg der kurzfristigen Zinsen kommt und umgekehrt. VAR-Untersuchungen führen teilweise aber zu fallenden Zinsen als Reaktion auf eine kontraktive Innovation in einem weiten monetären Aggregat. Ein solcher Befund ist aber kritisch für die Beurteilung der Geldpolitik der Zentralbank. Für den Transmissionsmechanismus der Geldpolitik spielt der Liquiditätseffekt eine wichtige Rolle. Im traditionellen Transmissionsmodell gibt es keine reale Wirkung einer Veränderung eines Geldmengenaggregates, wenn nicht der Zins entsprechend reagiert (vgl. Kapitel 6). Aufgrund dieser Bedeutung beschäftigen sich die Ökonomen bis heute ausgiebig damit, das 'Liquiditätsrätsel' zu

[5]So reagiert z. B. die Zentralbank auf große, transitorische Nachfrageveränderungen mit einer vorübergehenden Anpassung des Geldangebotes, um zu starke Schwankungen der Zinssätze zu vermeiden.

lösen.[6]

Zwei Reaktionen auf die Mängel der Untersuchungen mit einem weiten Geldmengenaggregat sind festzustellen: Ein Teil der Beiträge interpretiert die Ergebnisse dahingehend, dass der Zinssatz das eigentliche Instrument der Geldpolitik der Zentralbank sei. Wenn aber die Zentralbank ihren Einfluss geltend macht, um ein von ihr gewünschtes Zinsniveau zu realisieren, dann sollten Innovationen des Zinssatzes zur Abbildung nicht-antizipierter Politikmaßnahmen verwendet werden (vgl. McCallum, 1983, S. 168). Der andere Teil modifiziert die Untersuchungen dahingehend, dass er nunmehr enge Geldmengenaggregate als geldpolitische Variablen verwendet. Diese sind, zumindest eindeutiger als die weiten Geldmengenaggregate, durch geldpolitische Maßnahmen der Zentralbank autonom beeinflussbar. Eine Innovation in diesen Aggregaten wäre also eine geeignetere Spezifikation. Die Ergebnisse der entsprechenden Analysen sollen im Folgenden kurz vorgestellt werden.

Bernanke und Blinder (1992) wählen die 'federal funds rate'[7] als die Größe, welche die Geldpolitik der Zentralbank abbildet. Da die 'Fed' ihren geldpolitischen Einfluss über eine Beeinflussung der 'federal funds rate' durch Offenmarktoperationen geltend mache, habe dieser kurzfristige, nominale Zinssatz den engsten Zusammenhang zu den geldpolitischen Aktivitäten.[8] Auch sie untersuchen in verschiedenen VAR-Systemen die Be-

[6] An Untersuchungen, die ausschließlich den Liquiditätseffekt zum Gegenstand haben, seien exemplarisch die folgenden genannt: Leeper und Gordon (1992) befassen sich ausführlich mit dieser Fragestellung. Pagan und Robertson (1995) schematisieren die Untersuchungen zum Liquiditätseffekt hinsichtlich ihrer methodischen Vorgehensweise und versuchen, diese anhand der empirischen Ergebnisse zu bewerten. Ohanian und Stockman (1995) stellen die theoretische Einbettung des Liquiditätseffektes in den Vordergrund. Als weitere Untersuchung zu diesem Thema ist der Beitrag von Hamilton (1997) zu nennen.

[7] Unter 'federal funds' sind Guthaben zu verstehen, die von den Geschäftsbanken bei der amerikanischen Zentralbank (dem 'Federal Reserve System' oder auch 'Fed') gehalten werden. Diese können als Tagesgeld am Interbankenmarkt anderen Geschäftsbanken zur Verfügung gestellt werden. Der Zinssatz zu dem das geschieht ist die 'federal funds rate'.

Bernanke und Blinder (1992) untersuchen ebenfalls die Zinsdifferenz zwischen der 'federal funds rate' und einem langfristigen Zinssatz hinsichtlich der Eignung als Indikator. Eine solche Differenz erlaubt es, die Inflationserwartungen zu eliminieren.

[8] Schon an der Wahl des Zinssatzes wird der Unterschied zu den vorangegangenen Analysen deutlich: Wenn diese einen Zinssatz in ihre Modelle einbezogen, so war dies die 'treasury bill rate' oder die 'commercial paper rate', und nicht die 'federal funds rate'. Die erstgenannten Zinssätze sind aber keinesfalls als autonome geldpolitische Größen zu

deutung der einzelnen Variablen zur Erklärung von Outputveränderungen mittels der Prognosefehler-Varianzzerlegung. Die Identifikation erfolgt über eine rekursive Ordnung, d. h., das unrestringierte VAR-Modell wird in ein rekursives System überführt. Der Tatsache, dass die Ordnung der Variablen bei diesem Verfahren Einfluss auf die Ergebnisse hat, tragen die Autoren recht pragmatisch Rechnung: „...we handicap the funds rate by always placing it last among the five policy variables.“ (BERNANKE und BLINDER, 1992, S. 907) Erweist sich die Variable selbst an dieser unvorteilhaften Position als dominant,[9] so wird sie das erst recht auch auf anderen Positionen sein. Die Autoren versäumen es allerdings, auf die unterschiedlichen ökonomischen Implikationen der jeweiligen Ordnung einzugehen. Die dominante Rolle der 'federal funds rate' zur Erklärung von Outputschwankungen bestätigt sich in allen Schätzungen (vgl. BERNANKE und BLINDER, 1992, S. 907 und S. 909).

Die Autoren unterteilen in einem weiteren Schritt ihren Beobachtungszeitraum (1960 bis 1990) in Subperioden, in denen die 'Fed' unterschiedliche Schwerpunkte in ihrer Geldpolitik setzte.[10] Diese unterschiedliche Bedeutung müsste sich bei der Aufteilung in entsprechende Unterperioden wiederfinden lassen. Die Schätzungen bestätigen diese Vermutung.[11]

Auch bei der Verwendung der 'federal funds rate' als geldpolitischer Variable der Zentralbank kann natürlich ein Identifikationsproblem auftreten. Es wird im VAR-Modell von BERNANKE und BLINDER (1992, S. 903) angenommen, dass Veränderungen in der 'federal funds rate' autonome geldpolitische Entscheidungen der Zentralbank und nicht endogene Reaktionen des Geldmarktes auf ökonomische Entwicklungen darstellen. Die 'federal funds

---

interpretieren. Zum Unterschied zwischen der Eignung als Prognoseinstrument und der möglichen strukturellen Interpretation einer Variable siehe auch Kapitel 2.

Für eine Diskussion der Eignung von 'paper' und 'bill rate' vgl. FRIEDMAN und KUTTNER (1993a, S. 193 f.). FRIEDMAN und KUTTNER (1994) diskutieren die Anwendbarkeit eines 'paper-bill-spread' zur Erklärung der Varianz des Output und mögliche Gründe für ein Versagen dieser Variable.

[9] Unmittelbare Reaktionen der anderen Variablen des Systems sind bei der letztplazierten Variable ausgeschlossen (vgl. Kapitel 2.2.3).

[10] So ist die Bedeutung der 'federal funds rate' als Zwischenziel der 'Fed' in den USA seit 1979 stark zurückgegangen.

[11] Interessant ist dieser Punkt auch deshalb, weil er eine kritische Annahme des verwendeten Verfahrens deutlich macht: Es wird bei der Modellierung von einem konstanten geldpolitischen Instrumenteneinsatz in der betrachteten Periode ausgegangen.

rate' liefert in einem solchen, rein rekursiven Modell nur dann eine geeignete Variable zur Abbildung des autonomen Geldangebotes, wenn angenommen werden kann, dass sie innerhalb einer Beobachtungsperiode nicht auf die Nachfrage nach den Reserven reagiert. Die Verfasser können nachweisen, dass dies der Fall ist.[12] Die 'federal funds rate' ist also exogen von der Zentralbank steuerbar.

Aus empirischer Sicht ist es positiv zu werten, dass bei dieser Art der Modellierung Output und Geldmenge erwartungsgemäß auf eine Innovation in der 'federal funds rate' reagieren. Eine kontraktive geldpolitische Störung, d. h. hier eine positive Zinsinnovation, führt zu sinkendem Output und sinkender Geldmenge. Allerdings führt dieser Ansatz häufig, so auch bei BERNANKE und BLINDER (1992), zu kontra-intuitiven Reaktionen des Preisniveaus, in der Literatur als 'Preisrätsel' bezeichnet: Das Preisniveau erhöht sich als Reaktion auf einen kontraktiven geldpolitischen Impuls.

STRONGIN (1995, S. 464) stellt fest: „...the validity of any such identification hinges critically on the specification's ability to encompass all other significant determinants of the interest rate except policy. This suggests that inferences about policy could be very sensitive to specification and omitted variable problems." Auch das Preisrätsel wird von vielen Autoren in Zusammenhang mit der Bedeutung ausgeschlossener Variablen gebracht. SIMS (1980a) und in der Folge auch CHRISTIANO et al. (1994) vermeiden die kontra-intuitive Reaktion der Preise, indem sie einen Preisindex der Rohstoffpreise in das Modell mit einbeziehen. Der Grund hierfür liegt nach SIMS (1992, S. 988) in der Eignung des Preisindex der Rohstoffpreise als Frühindikator für entstehenden Inflationsdruck, dem von den geldpolitisch Verantwortlichen entsprechend begegnet wird.

Eine weitere Möglichkeit der Reaktion auf die Probleme mit den traditionellen Geldmengenaggregaten besteht darin, ein monetäres Aggregat zu wählen, welches nicht in dem Maße nachfragedeterminiert ist wie die weiten Geldmengenaggregate. Hier bieten sich die Reserven der Geschäftsbanken bei der Zentralbank an. Die Größe, die hierbei unmittelbar von der Zentralbank kontrolliert werden kann, sind die 'nonborrowed reserves'.[13]

[12] Zu dem Verfahren vgl. BERNANKE und BLINDER (1992, S. 914 ff.).

[13] Die gesamten Reserven der Geschäftsbanken setzen sich aus den 'borrowed reserves', d. h. Zentralbankgeld, welches die Geschäftsbanken bei der Zentralbank im Rahmen eines Rediskontkredites aufgenommen haben, und den 'nonborrowed reserves', die i.d.R.

CHRISTIANO und EICHENBAUM (1992) haben eine umfangreiche Untersuchung durchgeführt, in der weite und enge Geldmengenaggregate auf der einen Seite und der kurzfristige, nominale Zinssatz auf der anderen Seite gegenübergestellt werden. Darüberhinaus benutzen sie unterschiedliche Identifikationsschemata für das zugrunde liegende VAR-Modell. Sie wählen immer die rekursive Ordnung, variieren diese jedoch hinsichtlich der Reihenfolge der Variablen. Erwähnenswert hierbei ist, dass sie großes Gewicht auf die implizit in der Ordnung enthaltenen ökonomischen Annahmen legen.[14] Aus den alternativen Szenarien wählen sie unter Plausibilitätsüberlegungen die geeignetste Variable aus. Beim Vergleich von monetärer Basis und M1 auf der einen Seite und den 'nonborrowed reserves' als weiterer Alternative stellt man beispielsweise fest, dass in dem hier verwendeten VAR-System auf eine positive Innovation in den weiteren Geldmengenaggregaten ein Sinken des Bruttosozialproduktes folgt. Die Verwendung der 'nonborrowed reserves' führt zu dem gegenteiligen Ergebnis (vgl. CHRISTIANO und EICHENBAUM, 1992, S. 363). Zudem tritt das Liquiditätsrätsel bei den 'nonborrowed reserves' nicht auf: Die Zinsen fallen als Reaktion auf eine nicht-antizipierte geldpolitische Lockerung. Unter den monetären Aggregaten scheint also das enge Aggregat den weiteren Geldmengenaggregaten überlegen zu sein. Innovationen in den 'nonborrowed reserves' haben jedoch einen wesentlich geringeren Erklärungsanteil an der Varianz des Output als Innovationen im Zinssatz.

Auch in der Untersuchung von CHRISTIANO und EICHENBAUM (1992) führt die Verwendung der 'federal funds rate' zu plausiblen Ergebnissen für die anderen Variablen.[15] Ihre Verwendung und die eines engen Geldmengenag-

---

über kurzfristige Offenmarktoperationen von der Zentralbank den Geschäftsbanken zur Verfügung gestellt werden, zusammen (vgl. z. B. MILLER und PULSINELLI, 1985, Kap. 4).

Man trifft i.A. bezüglich der 'borrowed reserves' die Annahme, dass diese von den Geschäftsbanken nicht dazu benutzt werden, z. B. Kredite an Nichtbanken zu vergeben. Die Größe, die also die Möglichkeit der Geschäftsbanken zur Ausdehnung der Geldmenge am besten widerspiegelt, und die gleichzeitig unter der Kontrolle der Zentralbank steht, sind die 'nonborrowed reserves'.

[14]Vgl. die Ausführungen von CHRISTIANO und EICHENBAUM (1992, S. 354 ff.).

[15]Es findet sich in der Untersuchung von CHRISTIANO und EICHENBAUM (1992) kein Hinweis auf die mögliche Existenz eines Preisrätsels. Die Reaktion der Preise, obwohl diese in dem Modell enthalten sind, wird nicht dokumentiert. Laut EICHENBAUM (1992, S. 1002) ist eine geringe, positive Erhöhung des Preisniveaus als Folge einer positiven Innovation in den 'nonborrowed reserves' zu beobachten. Die Verwendung der 'nonborrowed reserves' würde also das Preisrätsel lösen.

gregates scheinen gleichermaßen geeignet zu sein. CHRISTIANO und EICHENBAUM unternehmen keinen Versuch zwischen diesen beiden Möglichkeiten zu diskriminieren. Dies verwundert, da die beiden Alternativen genau Gegensätzliches bezüglich der Funktionsweise des Marktes für 'nonborrowed reserves' behaupten: Wenn die 'federal funds rate' die angemessene Größe ist, dann bedeutet das, dass ein vollkommen zinselastisches Angebot auf dem Markt für 'nonborrowed reserves' innerhalb der Periode vorliegt. Alle nachfrageseitigen Störungen werden durch die 'Fed' mengenmäßig akkommodiert. Sind die 'nonborrowed reserves' die autonome geldpolitische Variable, dann müsste das kurzfristige Angebot auf dem Markt vollkommen zinsunelastisch sein: Die 'Fed' reagiert nicht auf eine Änderung der 'federal funds rate', das Angebot an 'nonborrowed reserves' innerhalb der Periode ist fest. Es müsste möglich sein, zwischen diesen Alternativen abzuwägen.[16]

3.2 Strukturelle Modellierung

Jüngere Untersuchungen gehen dazu über, das strukturelle Modell nicht mehr anhand einer rein rekursiven Ordnung zu identifizieren, sondern statt dessen die Struktur des Reservemarktes innerhalb des Modells explizit zu modellieren.

Der erste Grund für diese Vorgehensweise ist methodischer Art. Dem Verfahren der Identifikation über die mindestens erforderliche rekursive Ordnung liegt der Anspruch zugrunde, dem System möglichst wenig Struktur vorzugeben.[17] Es darf aber nicht übersehen werden, dass diese Vorgehensweise dem Setzen starker Restriktionen für das verwendete Modell gleichkommt. „Consequently, most time-series studies avoid jointly modeling monetary policy and private behavior by equating statistical innovations in variables to monetary policy shocks. This approach makes extreme assumptions about

[16]Vgl. auch die Abbildung 3.2 im folgenden Abschnitt.

[17]Vgl. hierzu die Ausführungen von SIMS (1980b). Er übt hierin Kritik an Modellen, die mit einer großen Anzahl identifizierender Koeffizientenrestriktionen arbeiten, die sich in vielen Fällen als falsch herausstellen. Als Konsequenz entwickelte SIMS den VAR-Ansatz, ein Verfahren zur Schätzung makroökonomischer Modelle „without restrictions based on supposed a priori knowledge". (SIMS, 1980b, S. 15) Das von ihm zunächst verwendete Identifikationsschema besteht aus einer rein rekursiven Ordnung der kontemporären Beziehungen.

the interest elasticity of supply and demand and produces dynamic responses of macro variables that are anomalous relativ to generally accepted views about the effects of monetary policy shocks.“ (GORDON und LEEPER, 1994, S. 1244)[18] Somit kann das strukturelle VAR-System auch dazu dienen, die restriktiven Annahmen einer reinen Wold-Ordnung zu überwinden, indem Angebot und Nachfrage auf dem Reservemarkt explizit modelliert werden (vgl. GORDON und LEEPER, 1994, S. 1233).

Inhaltliche Argumente sind der zweite Grund, warum von einer rein rekursiven Ordnung abgewichen wird. STRONGIN (1995) argumentiert, dass bei den 'nonborrowed reserves' ebenso wie bei den weiten Geldmengenaggregaten ein Identifikationsproblem auftauchen kann. Möglicherweise verändern sich die 'nonborrowed reserves' aufgrund einer Reaktion der 'Fed' auf nachfrageseitige Änderungen und spiegeln in diesem Fall nicht mehr exogene Angebotsveränderungen wider. Eine strukturelle Modellierung des Reservemarktes erlaubt es, innerhalb des VAR-Modelles die nachfrageseitigen von den angebotsseitigen Störungen zu trennen. Hierzu müssen Annahmen über die Zusammenhänge auf dem Markt für Reserven gemacht werden. Diese können durchaus unterschiedlicher Art sein, wie die folgenden Beispiele zeigen.

STRONGIN (1995) benutzt zwei Reservegrößen (die Gesamtreserven und die 'nonborrowed reserves'), die unterschiedlich auf angebots- und nachfrageseitige Störungen reagieren. Die 'Fed' übt ihren geldpolitischen Einfluss über eine Veränderung des Angebotes an 'nonborrowed reserves' aus, d. h. sie führt z. B. kontraktive Offenmarktoperationen aus. Der Nachfrage nach Reserven steht kein ausreichendes Angebot mehr gegenüber. Da die Nachfrage nach Reserven aber annahmegemäß in der kurzen Frist nicht von den Geschäftsbanken kontrolliert werden kann,[19] stehen dem Geschäftsbankensektor als kurzfristige Alternative zu den 'nonborrowed reserves' lediglich die Rediskontkredite zur Verfügung. Deren Volumen müsste folglich zunehmen (vgl. STRONGIN, 1995, S. 469 f.).

[18] Am Ende des letzten Abschnittes wurde bereits deutlich, dass die Modelle von BERNANKE und BLINDER (1992) und CHRISTIANO und EICHENBAUM (1992) fundamental andere Verhaltensannahmen für die Zentralbank beinhalten. Auf Seite 49 wird noch deutlicher dargestellt, was diese Annahmen implizieren.

[19] Der Mindestreservebedarf der Geschäftsbanken ist determiniert durch die Einlagen der Nichtbanken, von der Überschussreserve nimmt man an, dass sie bereits auf das absolut notwendige Maß reduziert worden ist.

Die 'nonborrowed reserves' können sich aber nicht nur aufgrund eines angebotsseitigen Schocks verändern, sondern auch dadurch, dass die 'Fed', in einem Ausmaß von ϕ^d, auch nachfrageseitige Störungen akkommodiert, um zu große Schwankungen der 'federal funds rate' zu vermeiden. Diese Veränderungen sind aber von den angebotsseitigen Störungen dadurch zu unterscheiden, dass sich in diesem Fall die Gesamtnachfrage nach Reserven verändert. Ihren autonomen Einfluss übt die 'Fed' somit über die Variation der Zusammensetzung der Gesamtreserven aus (vgl. STRONGIN, 1995, S. 468).

Wie kommt es in diesem Modell dann aber zu realen Wirkungen der Geldpolitik der Zentralbank? „The reserve mix matters because banks are reluctant to borrow from the discount window." (STRONGIN, 1995, S. 471) Diese Tatsache bedarf schon allein deshalb einer Erklärung, da in der Regel der Diskontsatz unterhalb der 'federal funds rate' liegt. Der wichtigste Grund für die Zurückhaltung der Geschäftsbanken besteht darin, dass die einzelne Geschäftsbank keinen unbeschränkten Zugang zu dieser Refinanzierungsmöglichkeit hat und diese nicht „ohne Not" ausschöpfen will. Deshalb muss man sich laut STRONGIN den Ablauf der Reaktion auf eine kontraktive geldpolitische Maßnahme so vorstellen, dass die Geschäftsbanken zuerst versuchen, sich auf dem Reservemarkt Mittel zu beschaffen. Es steigt dort die 'federal funds rate'. Erst nachdem diese soweit gestiegen ist, dass die Nachteile einer Rediskontierung damit aufgehoben werden, sind die Geschäftsbanken bereit, die Refinanzierungskredite in Anspruch zu nehmen. Das Steigen der 'federal funds rate' aber führt zu den realen Wirkungen der Politikmaßnahme.

GORDON und LEEPER (1994) interpretieren die Zusammenhänge anders. Sie gehen davon aus, dass für die Nachfrager am Reservemarkt 'borrowed' und 'nonborrowed reserves' perfekte Substitute sind, da deren Opportunitätskosten identisch seien (vgl. GORDON und LEEPER, 1994, S. 1233). Dann hätte aber eine Veränderung der Zusammensetzung der Gesamtreserven durch die 'Fed' keine reale Wirkung. GORDON und LEEPER nehmen an, dass es der 'Fed' möglich ist, über das Angebot an Gesamtreserven die 'federal funds rate' zu beeinflussen, und sehen Innovationen in der 'federal funds rate' als autonome geldpolitische Aktionen der Zentralbank. Sie unterscheiden nicht mehr zwischen 'nonborrowed' und 'borrowed reserves'. Für die von STRONGIN verwendete Modellierung spricht allerdings die Tatsache, dass er in seiner Untersuchung reale Wirkungen einer Innovation in dem Verhältnis von 'nonborrowed' und 'borrowed reserves' nachweisen kann (vgl. z. B. STRONGIN, 1995, S. 489).

Nachfolgend soll exemplarisch der formale Aufbau eines solchen strukturellen Modelles beschrieben werden, um die Vorgehensweise bei der simultanen Verwendung von Wold-Ordnung und Koeffizientenrestriktionen in einem VAR-Modell deutlich zu machen. Hierzu wird das Modell von BERNANKE und MIHOV (1995) gewählt. Diese modellieren den Reservemarkt derart, dass das Modell in seiner allgemeinen Formulierung unteridentifiziert ist. Je nachdem, welche Restriktionen in diesem Modell gesetzt werden, erhält man alle bisher behandelten Modelle als Spezialfälle dieses allgemeinen Modells. Dies soll an Beispielen gezeigt werden.

BERNANKE und MIHOV benutzen vier Variablen, um den Markt für Bankreserven zu beschreiben:[20]

- die Gesamtreserven TR,
- die 'borrowed reserves' BR,
- die 'nonborrowed reserves' NR
- und die 'federal funds rate' FF.

Drei Gleichungen determinieren die Beziehungen zwischen den Störvariablen des unrestringierten VAR-Modells (vgl. BERNANKE und MIHOV, 1995, S. 14 f.). Zunächst wird die Nachfrage der Banken nach Gesamtreserven (ϵ_{TR}) durch die 'federal funds rate' (ϵ_{FF}) und durch autonome nachfrageseitige Schocks v^d beeinflusst:

$$\epsilon_{TR} = -\alpha\epsilon_{FF} + v^d. \tag{3.1}$$

Die Nachfrage der Banken nach 'borrowed reserves' (ϵ_{BR}) hängt davon ab, wie lukrativ eine Weitergabe dieser Mittel in Form von Krediten am Interbankenmarkt ist. Ablesen lässt sich diese Gewinnspanne an der Differenz der Rendite einer solchen Kreditvergabe (ϵ_{FF}) und den Refinanzierungskosten der Geschäftsbanken. Aus Vereinfachungsgründen sei angenommen,

[20] Das Modell enthält weitere Variablen, die aber nicht zur Modellierung des Reservemarktes benötigt werden. Bei allen weiteren Variablen wird eine rein rekursive Ordnung unterstellt.

dass diese Refinanzierungskosten gleich Null sind. Weiterhin soll es auch hier nicht-antizipierte Innovationen in der Nachfrage nach 'borrowed reserves' geben:

$$\epsilon_{BR} = \beta\epsilon_{FF} + \upsilon^b. \tag{3.2}$$

Aus den Gleichungen (3.1) und (3.2) lässt sich die Nachfrage nach 'nonborrowed reserves' ableiten:

$$\begin{aligned} \epsilon_{NR} &= \epsilon_{TR} - \epsilon_{BR} \\ &= -(\alpha + \beta)\,\epsilon_{FF} + \upsilon^d - \upsilon^b. \end{aligned} \tag{3.3}$$

Die Nachfrage nach 'nonborrowed reserves' hängt negativ von der 'federal funds rate', positiv von Schocks in den Gesamtreserven und negativ von autonomen Innovationen in den 'borrowed reserves' ab. Diese formalen Zusammenhänge entsprechen den theoretischen Vorstellungen.

Zur Modellierung des Verhaltens der Zentralbank wird angenommen, dass die 'Fed' ihre Geldpolitik über die 'nonborrowed reserves' betreibt. Sie reagiert auf Schocks in der Nachfrage nach Gesamtreserven im Ausmaß von $\phi^d\upsilon^d$ und auf Innovationen in den 'borrowed reserves' mit $\phi^b\upsilon^b$.[21] Die strukturelle Störung υ^s schließlich stellt die autonome Politikinnovation dar, die es zu identifizieren gilt:

$$\epsilon_{NR} = \phi^d\upsilon^d + \phi^b\upsilon^b + \upsilon^s. \tag{3.4}$$

Die Abbildung 3.1 zeigt, wie Angebot und Nachfrage die Höhe der 'nonborrowed reserves' und die dazugehörige 'federal funds rate' bestimmen.

Mithilfe dieses Modells lassen sich sehr gut die unterschiedlichen Verhaltensannahmen für die Politik der 'Fed' abbilden. BERNANKE und BLINDER (1992) gehen davon aus, dass die 'Fed' innerhalb der Periode die 'federal funds rate' konstant hält. Sie muss also ihr Angebot an 'nonborrowed reserves' sofort an eine geänderte Nachfrage anpassen. Auf eine Innovation in den Gesamtreserven (υ^d) reagiert sie also mit einer entsprechenden Erhöhung des Angebotes an 'nonborrowed reserves'($\phi^d = 1$). Steigt die Nachfrage nach 'borrowed reserves' aufgrund eines strukturellen Schocks υ^b, ohne daß sich die Gesamtreservenachfrage verändert, kann die 'Fed' das Angebot an

[21] Im Gesamtmodell gibt es natürlich darüberhinaus die Reaktionen der 'Fed' auf alle im Modell enthaltenen Zielvariablen.

Abbildung 3.1: Der Markt für 'nonborrowed reserves'

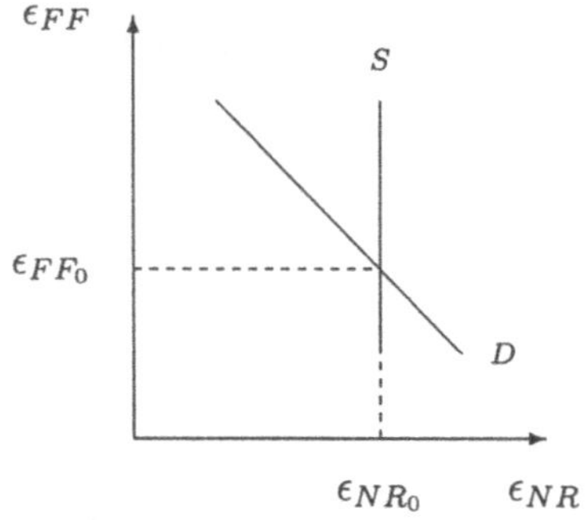

'nonborrowed reserves' entsprechend reduzieren ($\phi^b = -1$). Graphik 3.2 (a) zeigt eine solche Politik. Die Reaktionsfunktion der 'Fed', Gleichung (3.4), wird zu

$$\epsilon_{NR} = \upsilon^d - \upsilon^b + \upsilon^s. \tag{3.5}$$

CHRISTIANO und EICHENBAUM (1992) nehmen an, dass die 'Fed' innerhalb der Periode das Angebot an 'nonborrowed reserves' konstant hält, d. h. sie darf weder auf Änderungen der Gesamtreserve noch auf Änderungen in den 'borrowed reserves' reagieren($\phi^d = \phi^b = 0$):

$$\epsilon_{NR} = \upsilon^s. \tag{3.6}$$

Eine solche Regel wird in Abbildung 3.2 (b) dargestellt. Die Graphik 3.2 (c) schließlich zeigt den Fall, in dem die 'Fed' die Nachfrageänderungen zu einem Teil akkommodiert.

Setzt man Angebot und Nachfrage nach 'nonborrowed reserves' gleich, so kann man diese Beziehung nach ϵ_{FF} auflösen:

$$\epsilon_{FF} = \frac{1-\phi^d}{\alpha+\beta}\upsilon^d - \frac{1+\phi^b}{\alpha+\beta}\upsilon^b - \frac{1}{\alpha+\beta}\upsilon^s. \tag{3.7}$$

Abbildung 3.2: Mögliche Reaktionen der Zentralbank

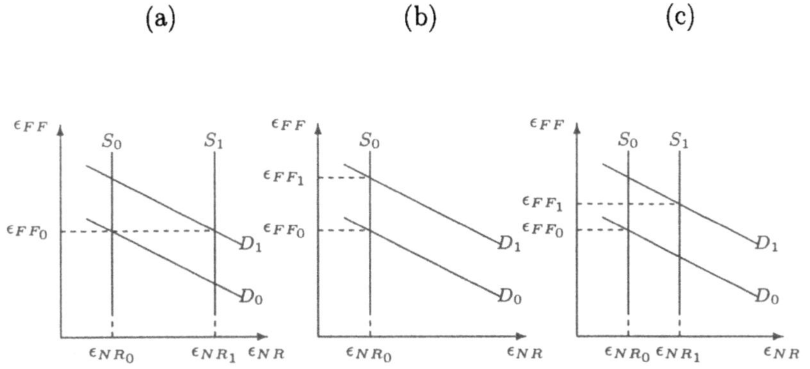

Eingesetzt in Gleichung (3.1) ergibt sich:

$$\epsilon_{TR} = \left[1 - \frac{\alpha\left(1-\phi^d\right)}{\alpha+\beta}\right] \upsilon^d + \frac{\alpha\left(1+\phi^b\right)}{\alpha+\beta}\upsilon^b + \frac{\alpha}{\alpha+\beta}\upsilon^s. \tag{3.8}$$

Gleichung (3.4), (3.7) und (3.8) können nun dazu benutzt werden, den Zusammenhang zwischen den Prognosefehlern des unrestringierten Modells und den strukturellen Innovationen abzubilden:[22]

$$\begin{pmatrix} \epsilon_{TR,t} \\ \epsilon_{NR,t} \\ \epsilon_{FF,t} \end{pmatrix} = \begin{pmatrix} 1 - \frac{\alpha(1-\phi^d)}{\alpha+\beta} & \frac{\alpha}{\alpha+\beta} & \frac{\alpha(1+\phi^b)}{\alpha+\beta} \\ \phi^d & 1 & \phi^b \\ \frac{1-\phi^d}{\alpha+\beta} & -\frac{1}{\alpha+\beta} & -\frac{1+\phi^b}{\alpha+\beta} \end{pmatrix} \begin{pmatrix} \upsilon_t^d \\ \upsilon_t^s \\ \upsilon_t^b \end{pmatrix}. \tag{3.9}$$

Dieses System ist um eine Restriktion unteridentifiziert.[23] Es können hier nun die einzelnen Restriktionen der speziellen Modelle eingefügt werden.

[22]Vgl. BERNANKE und MIHOV (1995, S. 16). Vgl. auch die methodischen Erläuterungen des Kapitels 2.

[23]Unbekannt sind α, β, ϕ^b, ϕ^d und die drei Varianzen der strukturellen Störvariablen; gegeben aus der Schätzung sind die drei Varianzen der Störvariablen ϵ_{TR}, ϵ_{NR} und ϵ_{FF} sowie die drei Kovarianzen dieser Größen.

Je nach Anzahl der zusätzlichen Restriktionen erhält man ein exakt identifiziertes oder ein überidentifiziertes Modell. So würde man die Annahmen des BERNANKE und BLINDER-Modells, wie bereits geschildert, durch $\phi^d = 1, \phi^b = -1$ erfassen. Im Modell von STRONGIN (1995) dagegen kann die Nachfrage nach Gesamtreserven nur durch einen nicht-antizipierten Schock selbst ausgelöst werden, sie ist innerhalb der Periode nicht von der 'federal funds rate' abhängig. Der Koeffizient α in Gleichung (3.1) nimmt den Wert Null an. Außerdem reagiert die 'Fed' in diesem Modell nicht auf einen Schock in den 'borrowed reserves'. ϕ^b ist ebenfalls gleich Null. Das STRONGIN-Modell setzt im Gegensatz zu den anderem Modellen keine Annahme bezüglich der Akkommodation von Nachfrageschocks. ϕ^d wird durch die Schätzung bestimmt.[24] Für das STRONGIN-Modell ergäbe sich folgendes Gleichungssystem: [25]

$$\begin{pmatrix} \epsilon_{TR,t} \\ \epsilon_{NR,t} \\ \epsilon_{FF,t} \end{pmatrix} = \begin{pmatrix} 1 & 0 & 0 \\ \phi^d & 1 & 0 \\ \frac{1-\phi^d}{\beta} & -\frac{1}{\beta} & -\frac{1}{\beta} \end{pmatrix} \begin{pmatrix} v_t^d \\ v_t^s \\ v_t^b \end{pmatrix}. \qquad (3.10)$$

Die strukturellen Modelle scheinen im besonderen Maße geeignet, die Geldpolitik der Zentralbank abzubilden. So tritt im Modell von STRONGIN (1995) kein Liquiditätsrätsel auf und die geldpolitische Variable v^b übertrifft den Zinssatz bezüglich ihres Erklärungsgehaltes für die Varianz des Output.[26] Unter bestimmten Annahmen reagiert selbst der Preis in der „gewünschten"

[24] Weitere Möglichkeiten zur Formalisierung von Restriktionen zeigen BERNANKE und MIHOV (1995, S. 16 ff.).

[25] Die Verwendung struktureller Zusammenhänge wirft ein Problem in der praktischen Umsetzung auf, das es zu beachten gilt: Üblicherweise werden die Variablen, bis auf die Zinssätze, in logarithmierter Form in das System einbezogen. Eine solche Transformation würde aber die strukturellen Zusammenhänge zwischen den Variablen verletzen. STRONGIN normalisiert aus diesem Grund die Gleichungen für 'nonborrowed' und 'total reserves' mittels Division durch den Vormonatswert der 'total reserves' (vgl. STRONGIN, 1995, S. 477). Auch BERNANKE und MIHOV (1995, S. 20) weisen auf dieses Problem hin. Ihrer Meinung nach ist aber eine Normalisierung mittels eines langfristigen gleitenden Durchschnittes der Gesamtreserven geeigneter. Diese Methode verhindert Sprünge in den Impuls-Antwort-Funktionen.

[26] Bei den bisherigen Modellen erwies sich in der entsprechenden Prognosefehler-Varianzzerlegung immer der Zinssatz als dominant.

Weise (vgl. auch GORDON und LEEPER, 1994, S. 1245).

LEEPER et al. (1996) führen diesen Ansatz fort, indem sie weitere Verhaltensgleichungen der 'Fed' sowie eine ganze Anzahl von Variablen, welche die 'Fed' zur Bestimmung des Standes der Geldpolitik nutzt, in das System mit aufnehmen.[27] Da das geschilderte, grundsätzliche Prinzip von ihnen jedoch beibehalten wird, soll auf diese Modelle im Einzelnen nicht mehr eingegangen werden.

3.3 Exkurs: Verwendung nicht-quantitativer Information

Die bisherigen Ausführungen zur Eignung verschiedener Geldmengenaggregate und Zinssätze als Variablen zur Abbildung autonomer Geldpolitik machen deutlich, dass bei all diesen Größen - zumindest wenn sie in rein rekursiven Modellen verwendet werden - in mehr oder weniger starkem Maße ein Identifikationsproblem besteht. Innovationen in den Variablen sind nur zum Teil auf autonome geldpolitische Aktionen zurückzuführen. Darüber hinaus können Veränderungen in den Größen auch als Reaktion auf die Entwicklung der anderen Variablen des Systems auftreten. Solche endogenen Reaktionen dürfen aber nicht als Wirkung nicht-antizipierter Geldpolitik interpretiert werden.

In diesem Abschnitt soll ein Ansatz vorgestellt werden, der den Anspruch hat, durch die Verwendung nicht-quantitativer Informationen eine geldpolitische Variable zu konstruieren, der diesem Identifikationsproblem nicht unterliegt. ROMER und ROMER (1989) prägten hierfür in Anlehnung an die von FRIEDMAN und SCHWARTZ (1963) gewählte Vorgehensweise den Begriff des 'narrative approach'.

FRIEDMAN und SCHWARTZ benutzen in ihrer Untersuchung eine bis dahin unübliche Art der Identifikation von Geldangebotsschocks. Sie beschäftigen sich intensiv mit den politischen und ökonomischen Ereignissen im gewähl-

[27] Vgl. LEEPER et al. (1996, S. 39 ff.). Auf diese Art gelangen sie zu VAR-Systemen mit 13 bzw. 18 Variablen, eine m. E. nicht mehr unproblematische Anzahl, wenn man sich vor Augen führt, dass in einem solchen System pro Verzögerung allein $18 * 18$ Parameter geschätzt werden müssen.

ten Untersuchungszeitraum und können auf diese Weise Zeitpunkte isolieren, in denen eine Veränderung der Geldpolitik stattfindet, die *keine endogene Reaktion* auf die ökonomische Entwicklung darstellt (vgl. MIRON, 1994, S. 21). Die so ermittelten Zeitpunkte werden zu der Entwicklung realer Variablen in Verbindung gesetzt.[28] FRIEDMAN und SCHWARTZ (1963) stellen fest, dass Schocks in den monetären Variablen geeignet sind, Veränderungen in der realen Volkswirtschaft vorherzusagen.

TOBIN (1970, S. 303) warnt jedoch als Reaktion auf die Untersuchung von FRIEDMAN und SCHWARTZ vor der Gefahr, zeitlich vorangehende Ereignisse automatisch als ursächlich für einen Sachverhalt zu betrachten.[29]

ROMER und ROMER (1989) führen den Ansatz von FRIEDMAN und SCHWARTZ (1963) fort. Sie benutzen Berichte des 'Federal Open Market Committee' als verantwortlicher geldpolitischer Instanz, um Zeitpunkte zu identifizieren, in denen diese eine Kurskorrektur als wünschenswert bezeichnen. Ein kontraktiver geldpolitischer Schock liegt nach ihrer Definition vor, wenn sie in diesen Berichten eine eindeutige Stellungnahme dahingehend finden, dass der Wunsch nach einer stärker inflationshemmenden Politik besteht (ROMER und ROMER, 1989, S. 135). Der nächste Schritt besteht darin, zu überprüfen, ob diese Schocks Auswirkungen auf die reale ökonomische Aktivität haben.[30]

Methodisch gehen sie hierbei wie folgt vor:[31] Eine reale Variable wird auf Verzögerungen ihrer selbst, auf eine Konstante, auf Saisondummies und auf eine Dummyvariable für den Geldangebotsschock regressiert. Letztere

---

[28] Die methodische Analyse beschränkt sich dabei im allgemeinen auf eine graphische Darstellung der betrachteten Zeitreihen und ihrer Beziehung zu den Geldangebotsschocks.

[29] Die Frage, ob der 'narrative approach' diesem Irrtum des *post hoc ergo propter hoc* unterliegt, wird bis zum heutigen Zeitpunkt kontrovers diskutiert (vgl. hierzu die folgenden Seiten). Auch der statistische Kausalitätsbegriff stand in der Folge zur Diskussion und wurde schließlich von SIMS (1972), in Anlehnung an die Ausführungen von GRANGER (1969), formalisiert.

[30] Der Vollständigkeit halber sei an dieser Stelle die Untersuchung von BOSCHEN und MILLS (1991) erwähnt. Diese verfeinern den Ansatz von ROMER und ROMER, indem sie die Stärke des Effektes mit berücksichtigen und zusätzlich expansive geldpolitische Schocks identifizieren. Die Kritik der folgenden Abschnitte trifft jedoch uneingeschränkt auch auf diese Untersuchung zu, da BOSCHEN und MILLS dieselbe Methode verwenden wie ROMER und ROMER (vgl. z. B. die Modellierung der Schätzgleichung in BOSCHEN und MILLS, 1991, S. 15).

[31] Vgl. ROMER und ROMER (1989, S. 152 ff.)

nimmt den Wert Eins in den ersten sechs Monaten nach einem, in der beschriebenen Art ermittelten, geldpolitischen Schock an und hat sonst den Wert Null. Die Gleichung hat z. B. die Gestalt:

$$y_t = a_0 + \sum_{j=1}^{24} b_j y_{t-j} + \sum_{i=1}^{11} a_i M_{it} + \sum_{k=0}^{36} c_k D_{t-k} + \epsilon_t, \tag{3.11}$$

mit:
- y_t reale Variable (z. B. Änderung der Arbeitslosenquote)
- M_{it} Saisondummy (hier Monatsdaten)
- D_t Dummyvariable für den Geldangebotsschock.

Mit Hilfe univariater Impuls-Antwort-Funktionen wird dann die Reaktion von y auf die Variable D analysiert.

ROMER und ROMER (1989) sehen einen großen Vorteil ihrer Methode darin, dass sie durch Nutzung dieser zusätzlichen Information auf einfache und nachvollziehbare Weise zwischen Angebots- und Nachfrageschocks auf das Geldmengenwachstum diskriminieren können.[32] Sie sind der Meinung, dass sie auf diese Weise das Problem des *post hoc ergo propter hoc* zwischen monetären Variablen und den realwirtschaftlichen Faktoren lösen können (vgl. ROMER und ROMER, 1989, S. 167).

HOOVER und PEREZ (1994b) bezweifeln allerdings, dass es mit der verwendeten Mischung eines 'narrative approach' und Zeitreihenanalyse möglich ist, exogene geldpolitische Schocks zu identifizieren. Das Identifikationsproblem ist ihrer Meinung nach nicht gelöst, da es mit der verwendeten Methode nicht möglich ist, die geldpolitischen Schocks tatsächlich als kausal für die reale Entwicklung zu bestätigen. Andere, nicht einbezogene Schocks können die Ursache sein. Sie belegen ihre Kritik recht eindrucksvoll, indem sie zeigen, dass eine analoge Untersuchung von Ölpreisschocks zu dem Ergebnis kommt, dass *diese* ursächlich für die Entwicklung der realen Variable sind (vgl. HOOVER und PEREZ, 1994b, S. 52 ff.).[33]

[32] Ihre Vorgehensweise ist somit für den Leser bewertbar. Es darf aber nicht vergessen werden, dass sie gerade aus diesem Grunde auch ein hohes Maß an Subjektivität beinhaltet.

[33] Zudem kann mit der von ROMER und ROMER gewählten Methode nicht diskriminiert werden zwischen einer Situation, in der die Zentralbank lediglich ankündigt, reagieren zu wollen und einer, in der sie tatsächlich handelt (vgl. HOOVER und PEREZ, 1994b, S. 49).

ROMER und ROMER (1994) begegnen dieser Kritik, indem sie deutlich machen, dass es nicht ihr Anliegen ist, die monetären Störungen als alleinige oder wichtigste Ursache für Outputbewegungen festzumachen. Deshalb sei die Frage nach Geld- oder Ölpreisschock als führendem Indikator für Outputveränderungen nicht von Bedeutung. Nach ihrer Ansicht ist die relevante Frage die, ob monetären Störungen auch dann noch Outputbewegungen vorhersagen können, wenn die Effekte der Ölpreisschocks kontrolliert werden (vgl. ROMER und ROMER, 1994, S. 78). Es soll also lediglich der Nachweis erbracht werden, dass Geldpolitik reale Wirkungen hat.

Dies gelingt nach Meinung von HOOVER und PEREZ (1994a) nicht. Ihrer Ansicht nach handelt es sich bei dem ROMER-Ansatz lediglich um eine komplizierte Version des *post hoc ergo propter hoc* (vgl. HOOVER und PEREZ, 1994a, S. 89). Um von Reaktionen auf geldpolitische Schocks sprechen zu können, müssten die von ROMER und ROMER identifizierten Zeitpunkte solche sein, in denen der monetäre Schock tatsächlich die einzige Ursache für die beobachtete Entwicklung der untersuchten Variablen ist. Ansonsten wäre wieder unklar, ob man Reaktionen auf geldpolitische Schocks oder auf sonstige, nicht-monetäre Entwicklungen beobachtet. Und gerade diese notwendige Annahme einer einzigen Ursache kann nicht aufrecht erhalten werden (vgl. HOOVER und PEREZ, 1994a, S. 96).

An diesem Punkt setzt auch die Kritik von LEEPER (1996) an. ROMER und ROMER unterstellen, dass es sich bei den von ihnen identifizierten Störungen um exogene Schocks handelt. Die von ihnen verwendete univariate Impuls-Antwort-Funktion ist allerdings nur in dem Fall eine korrekte Spezifikation des Zusammenhangs zwischen Politikvariable und Output, in dem sich die Outputvariable y in einem bivariaten VAR-Modell als nicht Granger-kausal für die Politikvariable D erweist (vgl. LEEPER, 1996, S. 5 f.).

LEEPER untersucht dies im Rahmen eines VAR-Modells. Er zeigt zum einen, dass es möglich ist, die Werte der Dummyvariable mithilfe makroökonomischer Variablen zu prognostizieren. Dies wäre nicht möglich, falls es sich tatsächlich um eine rein exogene Variable handeln würde. Zweitens stellt er fest, dass sich die Reaktionen der realen Variablen auf Innovationen der ROMER-Dummy stark verändern, wenn diese im Rahmen des VAR-Systems als endogene Variable behandelt wird (vgl. LEEPER, 1996, S. 10 f.). Der endogene Teil der ROMER-Variablen ist also nicht unbedeutend für die Reaktion der realen Volkswirtschaft. Somit vernachlässigt die Schätzung von ROMER und ROMER bedeutsame 'feedback' -Beziehungen.

Insgesamt muss stark bezweifelt werden, dass der 'narrative approach' tatsächlich in der Lage ist, das Identifikationsproblem zu lösen. Gegenüber der alternativen Möglichkeit der Identifikation im Rahmen eines VAR-Systems hat dieser Ansatz zwei weitere Nachteile: Er verzichtet zum einen vollständig auf eine Modellierung der Umsetzung der Geldpolitik durch die Zentralbank. Es gilt als ein Vorteil der ROMER-Methode, dass bei dieser eine explizite Modellierung der Wirkungsweise der Geldpolitik nicht notwendig ist. Sie erweist sich aus diesem Grund als robust gegenüber Veränderungen wie z. B. der Neugestaltung des Instrumenteneinsatzes. Hierdurch wird jedoch auf Information verzichtet, die ebenfalls zur Lösung des Identifikationsproblemes beitragen könnte. Zum anderen wird die ausschließliche Betrachtung der Politikvariablen als exogene Größe, zusätzlich zu der bereits besprochenen methodischen Problematik, dem geldpolitischen Geschehen nicht gerecht, da sie keine Reaktion der Geldpolitik auf Änderungen der ökonomischen Variablen zulässt (vgl. hierzu auch SHAPIRO, 1994, S. 308).

In der vorliegenden Arbeit wird der Ansatz des 'narrative approach' aufgrund dieser Mängel nicht weiter verfolgt. Vielmehr soll im Kontext eines VAR-Systems eine Variable zur Abbildung der deutschen Geldpolitik gefunden werden, mit der die bislang aufgezeigten Probleme vermieden werden können.

Kapitel 4

Geldpolitik in Deutschland: Eine empirische Untersuchung

Ziel des folgenden Kapitels ist die Durchführung einer empirischen Analyse zu den Wirkungen der deutschen Geldpolitik im Untersuchungszeitraum.[1] Zuerst wird eine Übersicht über die Vorgehensweise bisheriger Untersuchungen zu dieser Thematik gegeben. Es folgt eine detaillierte Beschreibung der Datenbasis. Die verwendeten Zeitreihen werden dokumentiert und auf ihren Integrationsgrad hin untersucht. Ein weiterer Abschnitt beschäftigt sich mit der Berücksichtigung der deutschen Wiedervereinigung. Schließlich wird anhand der gewählten Spezifikation eine VAR-Analyse durchgeführt.

[1] Teile dieses und des folgenden Kapitels wurden bereits in den *Jahrbüchern für Nationalökonomie und Statistik* veröffentlicht (vgl. JENNES, 2001).

4.1 Bisherige Untersuchungen für Deutschland

SIMS (1992) hat im Rahmen eines Ländervergleiches auch die Wirkungen der Geldpolitik in Deutschland behandelt. Innovationen im Tagesgeldsatz stellen in diesem Modell nicht-antizipierte, geldpolitische Maßnahmen dar. SIMS verwendet ein VAR-System mit sechs Variablen, welches er über die rein rekursive Ordnung der kontemporären Beziehungen identifiziert. Negative Reaktionen von Output und Geldmenge sind in diesem Modell die Folgen kontraktiver Geldpolitik. Das "Preisrätsel" kann durch Aufnahme eines Preisindex für Rohstoffe vermieden werden.

BERNANKE und MIHOV (1996) untersuchen den Zeitraum von Januar 1969 bis Juni 1990 und wählen die Innovationen des Lombardsatzes als geldpolitische Variable. Es handelt sich weitestgehend um eine Übertragung des bereits in Kapitel 3.2 beschriebenen Ansatzes von BERNANKE und MIHOV (1995) auf die Gegebenheiten in Deutschland. Während es allerdings noch einsichtig erscheint, für die Zeit vor dem Einsatz der Wertpapierpensionsgeschäfte als Feinsteuerungsinstrument die Innovationen des Lombardsatzes zu verwenden, wirkt diese Größe für die Zeit nach 1985 unangebracht.[2] Auch bei der Modellierung des Reservemarktes in BERNANKE und MIHOV (1996, S. 13) ignorieren die Autoren völlig, dass die Geldpolitik in Deutschland in den letzten zehn Jahren größtenteils über Wertpapierpensionsgeschäfte abgewickelt wurde.

CLARIDA und GERTLER (1996) entwickeln ein strukturelles VAR-Modell mit acht endogenen Variablen, das außerdem zwei kointegrierende Beziehungen enthält. Sie schätzen also ein Vektor-Fehlerkorrekturmodell. Auch ihre Modellierung enthält die tatsächlichen geldpolitischen Ansatzpunkte der Bundesbank nicht. Der Schwerpunkt der Untersuchung liegt auf der Berücksichtigung der außenwirtschaftlichen Komponente. Geldangebotsvariable ist auch hier der Tagesgeldsatz.

[2] Die Untersuchung beachtet weiterhin nicht, dass die Bundesbank in den ersten fünf Jahren des Untersuchungszeitraumes eine Politik der Zinssteuerung betrieb. Es liegt also ein bedeutender Politikwechsel mit entsprechender Auswirkung auf die verwendeten Variablen innerhalb des Untersuchungszeitraumes vor. Weiterhin wird aus den Ausführungen von BERNANKE und MIHOV nicht ersichtlich, wie der Zeitraum von Mai bis November 1973 behandelt wird, in dem die Bundesbank keine Lombardkredite zur Verfügung stellte.

Die Untersuchungen von GERLACH und SMETS (1995) und SMETS (1997) modellieren ebenfalls ein strukturelles VAR-System, mit dem die Wirkungen der Geldpolitik abgebildet werden sollen. Es fehlt allerdings in beiden Fällen ein Geldmengenaggregat in dem Modell. Die Variable zur Abbildung der Geldpolitik ist der Zinssatz für 3-Monats-Eurodepositen.

BARRAN et al. (1996) und GUENDER und MOERSCH (1997) untersuchen im Rahmen von VAR-Modellen die Transmission monetärer Impulse. Beide verwenden Innovationen des Geldmarkttagessatzes, um autonome geldpolitische Maßnahmen der Zentralbank abzubilden. Auf diese Untersuchungen wird in Kapitel 8.1 der vorliegenden Arbeit noch genauer eingegangen.

Einen umfassenden Überblick über Studien zur Wirksamkeit der Geldpolitik auf die reale Volkswirtschaft im Rahmen der VAR-Analyse für die verschiedenen Staaten gibt FRIEDMAN (1995, S. 25 f.).

4.2 Die Datenbasis

4.2.1 Verwendete Zeitreihen

Der Beobachtungszeitraum der hier vorliegenden Untersuchung umfasst die Periode Januar 1985 bis Dezember 1997. Es werden Monatsdaten verwendet. Alle Variablen - bis auf die Zinssätze - werden als logarithmierte Größen in das Modell einbezogen. In einem ersten Schritt sollen Herkunft und Gestalt der verwendeten Zeitreihen dokumentiert werden. Zusätzlich zu den unmittelbar im Anschluss verwendeten Zeitreihen wird in diesem Kapitel bereits der Wertpapierpensionssatz, der erst im erweiterten Modell des Kapitel 5 Verwendung findet, auf seine Eigenschaften hin untersucht.

Zinssätze

R_T bezeichnet den Geldmarkttagessatz am Frankfurter Bankplatz im ungewogenen Monatsdurchschnitt in Prozent p. a. Die Werte sind dem statistischen Teil der Monatsberichte der Deutschen Bundesbank, Abschnitt *VI. Zinssätze*, entnommen.

Die Variable R_P bildet den ungewogenen Monatsdurchschnitt des Pensions-

Abbildung 4.1: Wertpapierpensionssatz und Geldmarkttagessatz (in %)

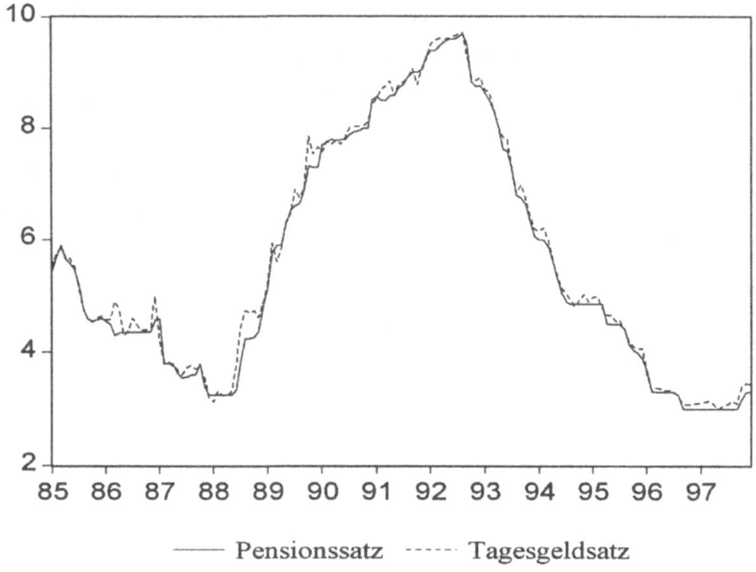

satzes für Offenmarktgeschäfte der Deutschen Bundesbank mit Rückkaufvereinbarung über Wertpapiere ab. Dieser findet sich ebenfalls in Abschnitt *VI. Zinssätze* im statistischen Teil der Monatsberichte der Deutschen Bundesbank. Bei einem Mengentender geht der entsprechende Festsatz in den Monatsdurchschnitt ein, bei Zinstendern bis August 1988 der einheitliche Zinssatz, ab September 1988 der marginale Zuteilungssatz dieser Geschäfte.

Abbildung 4.1 bildet die Höhe der beiden Zinssätze im Beobachtungszeitraum ab.

Preisindex

P stellt den (logarithmierten) Preisindex der Lebenshaltung aller privaten Haushalte in Westdeutschland, 1991=100, dar. Er ist dem statistischen Teil der Monatsberichte der deutschen Bundesbank, Abschnitt *IX. Konjunkturlage*, entnommen.

Abbildung 4.2: Der verwendete Preisindex

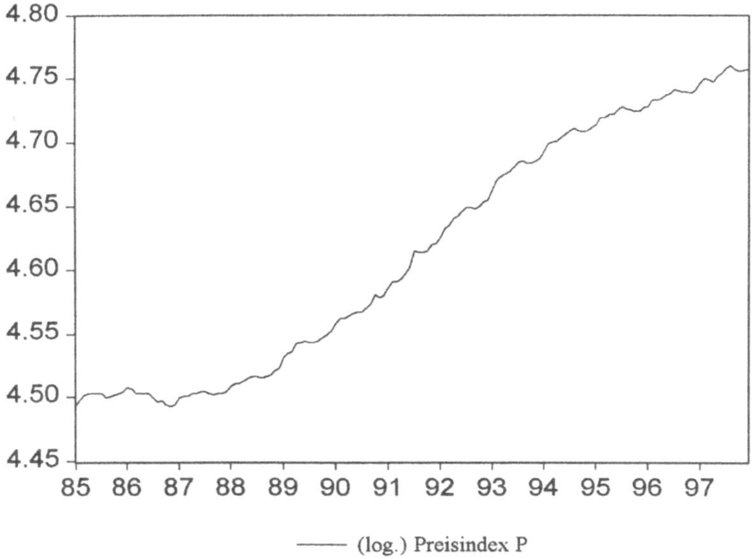

Die Abbildung 4.2 zeigt den Verlauf der Zeitreihe.

Geldmenge

Verwendet wird die (logarithmierte) Geldmenge $M3$ in Mio. DM. Es geht jeweils der Stand am Monatsende in die Zeitreihe ein. Das Geldmengenaggregat umfasst ab Ende Juni 1990 die Geldmenge für Gesamtdeutschland. Die Daten stammen aus dem Abschnitt *II. Bankenstatistische Gesamtrechnung* des statistischen Teils der Monatsberichte der Deutschen Bundesbank. Die Zeitreihe ist in Abbildung 4.3 dargestellt.

Output

Als Outputgröße soll das (logarithmierte) Bruttoinlandsprodukt in Mrd. DM in Preisen von 1991 verwendet werden. Das Statistische Bundesamt

Abbildung 4.3: Die verwendete Geldmenge

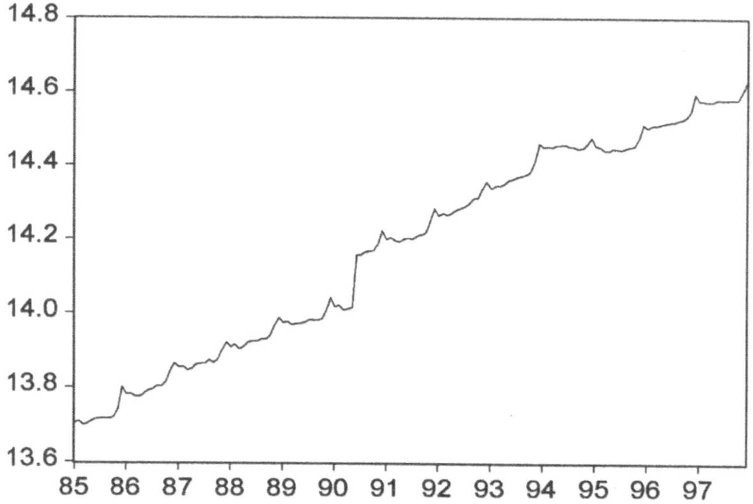

weist innerhalb des Untersuchungszeitraumes Quartalsdaten für das frühere Bundesgebiet bis zum vierten Quartal 1994 (Zeitreihe 2282002)[3] und für Gesamtdeutschland vom ersten Quartal 1991 bis zum Ende des Untersuchungszeitraumes aus (Zeitreihe 4900002). Die Abbildung 4.4 zeigt die beiden Outputvariablen. Der Wechsel von der westdeutschen zur gesamtdeutschen Betrachtung kann frühestens mit Beginn des Jahres 1991 erfolgen.

Die vorliegenden Quartalsdaten müssen in Monatsdaten umgewandelt werden. Diese Transformation erfolgt unter Zuhilfenahme des Produktionsindexes für das Produzierende Gewerbe, 1991=100, Originalwert. Dieser Produktionsindex liegt für den Untersuchungszeitraum sowohl in Monats- als auch in Quartalsdaten vor.[4] Es wird nun die Hypothese aufgestellt, dass sich

[3]Die Ziffer weist auf die Kennung innerhalb des Zeitreihenservice des Statistischen Bundesamtes hin.

[4]Der Index für Westdeutschland wurde vom Rheinisch-Westfälischen Institut für Wirtschaftsforschung zur Verfügung gestellt, die Werte für einen gesamtdeutschen Produk-

Abbildung 4.4: West- und gesamtdeutsches Bruttoinlandsprodukt (Mrd. DM, in Preisen von 1991)

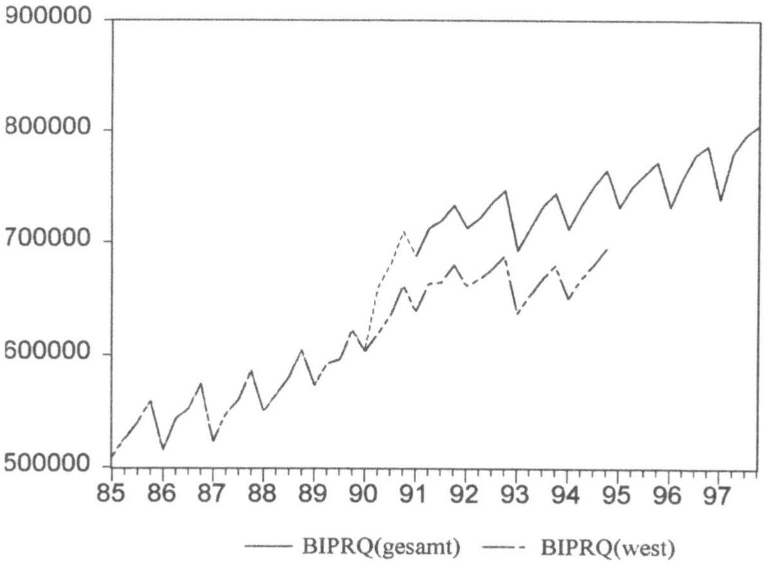

Bruttoinlandsprodukt und Produktionsindex *innerhalb eines Quartals* nach dem gleichen Muster verhalten. Die aus der Entwicklung des Produktionsindex bekannte Aufteilung der Quartalswerte in Monatsdaten wird auf das Bruttoinlandsprodukt übertragen. So wurde z. B. im ersten Quartal 1990 ein reales BIP in Höhe von 603900 Mrd. DM erwirtschaftet. Die monatlichen Produktionsindizes für diesen Zeitraum betrugen für die ersten drei Monate 91.7, 90.2 und 103.2. Somit entfällt nach diesem Index von der gesamten Produktion des Quartals 32.16 Prozent auf den ersten Monat, 31.64 Prozent auf den zweiten und 36.20 Prozent auf den dritten Monat. Das vierteljährliche Bruttoinlandsprodukt wird entsprechend auf die Monate verteilt.

Der Übergang von West- zu Gesamtdeutschland erfolgt mit der Beobachtung für Januar 1991. Das aus diesem Verfahren resultierende (logarith-

---

tionsindex ab Januar 1991 sind dem Zeitreihenservice des Statistischen Bundesamtes (Zeitreihe 4516001) entnommen.

Abbildung 4.5: Der verwendete Output

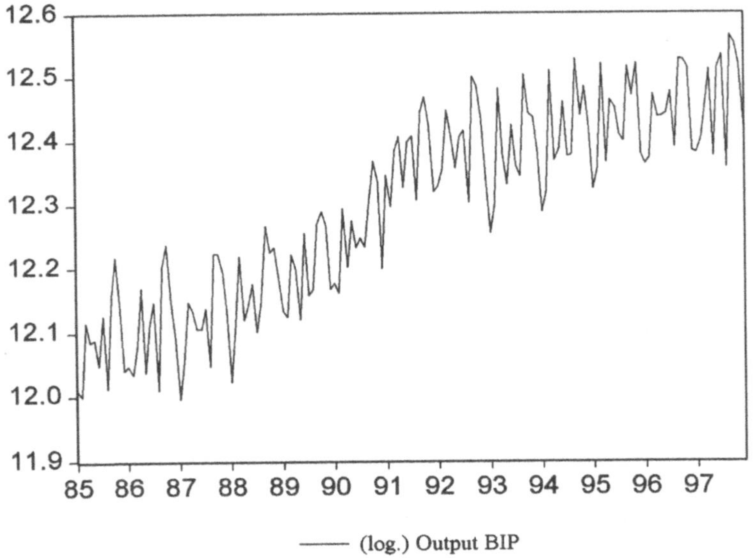

mierte) monatliche Bruttoinlandsprodukt BIP in Preisen von 1991 wird in den folgenden Untersuchungen als Outputvariable verwendet. Abbildung 4.5 zeigt ihren Verlauf.

4.2.2 Einheitswurzeltests

Die verwendeten Zeitreihen sollen nun auf ihren Integrationsgrad überprüft werden. Es werden Dickey-Fuller (DF)- bzw. Augmented-Dickey-Fuller (ADF)-Tests sowie der Phillips-Perron (PP)-Test verwendet. Die grundsätzlichen Vorgehensweisen der verwendeten Einheitswurzeltests sollen an dieser Stelle nicht abgeleitet werden. Hierzu sei auf die entsprechenden Aufsätze[5] sowie die Kapitel in HAMILTON (1994, Kap. 17.4-17.7) und ENDERS (1995, Kap. 4) verwiesen. Lediglich in den Fällen, in denen die spezifische Struktur

[5] DICKEY und FULLER (1979, 1981) zur Darstellung von DF- und ADF-Test, PHILLIPS (1987) sowie PHILLIPS und PERRON (1988) für die Entwicklung des PP-Tests.

der Zeitreihen eine Vorgehensweise nahe legt, die von den Standardanwendungen des DF/ADF- bzw. PP-Tests abweicht, soll näher auf die methodischen Hintergründe eingegangen werden. So wird es z. B. erforderlich sein, die Verwendung eines Einheitswurzeltests bei Vorliegen eines Strukturbruches und die angemessene Berücksichtigung deterministischer Regressoren näher zu erläutern.

Es sollen die Variablen BIP: Output, P: Preisniveau, $M3$: Geldmenge, R_T: Geldmarkttagessatz und R_P: Wertpapierpensionssatz auf ihren Integrationsgrad untersucht werden. Hierbei ist zu beachten, dass der Beobachtungszeitraum von Anfang 1985 bis Ende 1997 verläuft. Diese Zeitspanne schließt die deutsche Wiedervereinigung mit ein; es liegt ein Strukturbruch in den Daten vor. Die Geldmengenvariable bezieht sich mit Juni 1990 erstmals auf Deutschland einschließlich der Neuen Bundesländer,[6] während die Outputvariable die neuen Bundesländer ab Januar 1991 berücksichtigt. Der Preisindex dagegen bezieht sich über den gesamten Untersuchungszeitraum auf Westdeutschland.

Es stellt sich die Frage, auf welche Weise der Einfluss der Wiedervereinigung auf die Entwicklung der Zeitreihen berücksichtigt werden soll. In der vorliegenden Untersuchung wird sich der üblichen Vorgehensweise angeschlossen, indem unterstellt wird, dass Geldmenge und Output aufgrund der Wiedervereinigung lediglich eine Niveauverschiebung aufweisen. Die anderen Variablen seien durch die Wiedervereinigung nicht betroffen. Eine Trendveränderung aufgrund der Wiedervereinigung sei ebenfalls ausgeschlossen.[7] Die Berücksichtigung eines Bruchs im deterministischen Trend der Zeitreihen zum Zeitpunkt der Wiedervereinigung würde implizieren, dass es in der Folge zu einer fortdauernden Strukturveränderung in der Volkswirtschaft kommen würde. Der Einfluss der Wiedervereinigung auf das Niveau der Variablen wäre umso größer, je länger dieser Einschnitt zurückläge. Eine solche Modellierung erscheint wenig realistisch. Zudem ist zu berücksichtigen, dass die ostdeutsche Volkswirtschaft in Relation zur westdeutschen Volks-

[6] Die Wiedervereinigung fand am 01. Juli 1990 statt, die Bundesbank berücksichtigte jedoch bereits im Monatsendstand von Juni 1990 das heutige Bundesgebiet.

[7] Diese Annahmen entsprechen denen der meisten jüngeren Untersuchungen, die sich mit den methodischen Problemen beschäftigen müssen, welche die Wiedervereinigung für empirische Untersuchungen mit sich bringt. Als Beispiele seien die Arbeiten von LÜTKEPOHL und WOLTERS (1998), HUBRICH (1998), SCHARNAGL (1998), JUSELIUS (1998b), GAAB (1996), GAAB und MULLINEUX (1996) sowie WEBER (1996) genannt.

wirtschaft als relativ unbedeutend angesehen werden muss.[8] Auch HANSEN (1998) kommt zu folgendem Schluss:

> „Da das gesamte westdeutsche ökonomische System mit der Wiedervereinigung auf Ostdeutschland übertragen wurde, erscheint es plausibel anzunehmen, dass die langfristigen ökonomischen Beziehungen, die dieses System charakterisieren, für beide Teile Deutschlands gelten. Dabei muss man allerdings Strukturbrüche zum Zeitpunkt der Wiedervereinigung berücksichtigen. ... In ähnlicher Weise ist die deutsche Geldnachfragefunktion wohl auch nach 1990 stabil, wenn der Strukturbruch in den Niveaus von Geldmengen und Sozialprodukt berücksichtigt wird" (HANSEN, 1998, S. 193).

Meines Erachtens spricht ein weiterer Grund dafür, lediglich Niveausprünge in Geldmenge und Output zur Abbildung der Wiedervereinigung zu berücksichtigen. Die Preisindizes beziehen sich lediglich auf Westdeutschland und bei der Zinsentwicklung ist ebenfalls kein Strukturbruch festzustellen. Es ist aber anzunehmen, dass auch das westdeutsche Preisniveau sowie die Zinssätze eine andere Entwicklung genommen hätten, wenn es nicht zur Wiedervereinigung gekommen wäre. Eine Quantifizierung dieser Effekte ist jedoch kaum möglich. Also sollte sich die Berücksichtigung von Strukturbruchvariablen in diesem Fall darauf beschränken, die „räumliche Vergleichbarkeit" der verwendeten Daten sicherzustellen. Dem ist mit einem Niveaustrukturbruch der Zeitreihen $M3$ und BIP in 1990:06 bzw. 1991:01 genüge getan.

Die beiden Zeitreihen werden nach der in Anhang B.2 beschriebenen Vorgehensweise[9] bereinigt und dann einem DF-Test ohne Konstante und ohne Trend unterzogen. Hierbei wird überprüft, ob die Residuen einem „white-noise"-Prozess unterliegen. Ist dies nicht der Fall, findet der ADF-Test Ver-

---

[8] Das westdeutsche Bruttoinlandsprodukt betrug von 1991 bis 1994 zwischen 91 und 93 Prozent des gesamtdeutschen Bruttoinlandsproduktes (vgl. auch die Abbildung 4.4).

[9] Anhang B.2 behandelt ausführlich die Problematik nicht erfasster Strukturbrüche und die Wirkung auf Einheitswurzeltests. Es wird das von PERRON (1989) entwickelte Verfahren zur Berücksichtigung von Strukturbrüchen in DF- bzw. ADF-Tests vorgestellt. Nach diesem Verfahren werden die folgenden Einheitswurzeltests für Output und Geldmenge vorgenommen.

wendung.[10] Bei der Auswahl der adäquaten Anzahl verzögerter Variablen für den ADF-Test wird davon ausgegangen, dass die maximale Verzögerung bei den verwendeten Daten 15 Monate ist. Erweist sich diese maximale Verzögerung als insignifikant, wird die Verzögerung solange vermindert, bis die höchste verwendete Verzögerung signifikant ist.[11] Die so gefundene Spezifikation wird nochmals mittels der Ljung-Box-Q-Statistik auf die „white-noise"-Eigenschaft der Residuen überprüft. Die Ergebnisse dieser Einheitswurzeltests sind in der Tabelle 4.1 festgehalten.

Die Tests kommen zu dem Ergebnis, dass die Outputvariable durch einfache Differenzenbildung in eine trendstationäre Zeitreihe überführt werden kann. Bei der Geldmenge handelt es sich bereits um eine trendstationäre Variable, die zu beobachtende Trendbewegung kann also ausschließlich über deterministische Komponenten erklärt werden.[12] Üblicherweise wird die Geldmenge $M3$ allerdings als I(1)-Variable betrachtet. Ein genauerer Blick in die Literatur zeigt jedoch, dass die Arbeiten sich entweder auf die reale Geldmenge (so z. B. bei WOLTERS und LÜTKEPOHL (1997), ISSING und TÖDTER (1995) oder SCHARNAGL (1998)) oder einen anderen Beobachtungszeitraum beziehen (GAAB (1996) bzw. GAAB und MULLINEUX (1996)). Aus diesen Gründen sind sie mit der vorliegenden Untersuchung nicht vergleichbar.

[10] Auf die Anwendung des PP-Tests wird verzichtet, da für den Fall der Existenz eines Strukturbruches der Ausweis des entsprechenden Testwertes in der Standardsoftware fehlerhaft ist. Zur Berechnung der PP-Teststatistik für diese Modelle vgl. PERRON (1989, S. 1378 f.).

[11] Diese Vorgehensweise entspricht dem von CAMPBELL und PERRON (1991, S. 155) vorgeschlagenen Verfahren.

[12] Es wurden ebenfalls Einheitswurzeltests für die jeweiligen Unterperioden durchgeführt. Für den Zeitraum vor der Wiedervereinigung bestätigten die ADF-Tests diesen Befund. Für die Outputvariable ergibt sich für die Phase nach 1990:12 ebenfalls Differenzstationarität. Die Situation in Bezug auf die Geldmenge ist weniger eindeutig. Sie scheint, wie auch in der Vorperiode, eine $I(0)$-Variable zu sein. Allerdings gelingt es für diese Unterperiode nicht, den Residualprozess durch Aufnahme von verzögert endogenen Regressoren in einen „white-noise"-Prozess zu verwandeln. Möglicherweise liegt dies an der - auch in der Graphik sichtbaren - Störung Ende 1993, welche auf die Turbulenzen im Europäischen Währungssystem zurückzuführen ist. Aufgrund dieser Störung weist der Prozess relativ bedeutende, positive „moving-average"(MA)-Strukturen auf. In einem solchen Fall ist aber der PP-Test vorteilhafter (vgl. HARRIS 1995, S. 33 f., ENDERS 1995, S. 242 f.). Auch dieser Test kommt für die Periode nach der Wiedervereinigung zu dem Ergebnis, dass die Geldmenge $M3$ eine trendstationäre Zeitreihe ist. Insgesamt können also die vorliegenden Ergebnisse durch separate Betrachtung der Unterperioden nicht widerlegt werden.

Tabelle 4.1: Einheitswurzeltests für Output und Geldmenge unter Berücksichtigung des Strukturbruchs

Modell: $y_t = c_0 + dtr_t + (c_1 - c_0)Dl_t + \epsilon_t; \quad \tilde{y}_t = \epsilon_t$

Variable [a]	$M3(\lambda = 0.42)$		$BIP(\lambda = 0.46)$	
	$\tilde{y}_t$	$\Delta\tilde{y}_t$	$\tilde{y}_t$	$\Delta\tilde{y}_t$
DF-Test für $\tilde{y}_t$: $\Delta\tilde{y}_t = \tilde{\gamma}\tilde{y}_{t-1} + \tilde{v}_t$				
t-Wert $H_0: \tilde{\gamma} = 0$ [b]	-3.850*		-10.731**	
Residual-statistik [c]				
Q(1)	1.04		0.04	
Q(2)	1.21		4.27	
Q(4)	3.08		6.68	
Q(12)	96.23**		128.85**	
ADF-Test für $\tilde{y}_t$: $\Delta\tilde{y}_t = \tilde{\gamma}\tilde{y}_{t-1} + \sum_{i=1}^{l} \beta_i \Delta\tilde{y}_{t-i} + \tilde{v}_t$				
Laglänge l	12		14	13
t-Wert $H_0: \tilde{\gamma} = 0$	-4.226*		-1.254	-3.908*
Residual-statistik				
Q(1)	0.66			0.04
Q(2)	3.00			0.51
Q(4)	3.95			0.60
Q(12)	19.52			9.55
$\Rightarrow$ [d]	$M3 \sim I(0)$		$BIP \sim I(1)$	

[a]) $M3$: Geldmenge, BIP: Output. Eine genaue Beschreibung der verwendeten Daten findet sich in Abschnitt 4.2. λ: Anteil der Beobachtungen bis zum Strukturbruch an den gesamten Beobachtungen.

[b]) Kritische Werte vgl. PERRON (1989, S. 1376, Tab. IVb).

[c]) Q(s): Ljung/Box-Q-Statistik; Nullhypothese: „Keine signifikante Autokorrelation der Ordnung 1 bis s"; Q ist asymptotisch χ^2-verteilt mit s Freiheitsgraden. *,**: Nullhypothese kann bei Irrtumswahrscheinlichkeit von höchstens 5%, 1% abgelehnt werden.

[d]) Ergebnisse bei einer Irrtumswahrscheinlichkeit von höchstens 5%.

Weitere Analysen ergaben, dass für den betrachteten Zeitraum die Berücksichtigung des Strukturbruchs entscheidend für das vorgestellte Ergebnis ist.[13] Bei Durchführung eines ADF-Tests ohne Strukturbruchbereinigung gelangt man auch hier zu dem Ergebnis, dass es sich bei $M3$ um eine I(1)-Variable handelt (vgl. Anhang B.3). Im Anhang B.2 wird gezeigt, warum ein nicht erfasster Strukturbruch die Nicht-Ablehnung der Instationaritätshypothese begünstigt. Für die folgenden Untersuchungen ist es unerheblich, ob es sich bei $M3$ um eine trend- oder differenzstationäre Zeitreihe handelt.

Für die Zinssätze R_T und R_P erscheint aus theoretischen Überlegungen weder die Berücksichtigung eines Strukturbruchs noch die Aufnahme einer deterministischen Trendkomponente angebracht. Auch die graphische Darstellung der Abbildung 4.1 bestätigt diesen Ansatz. Es wird deshalb in den Niveaus ein DF-Test mit Konstante durchgeführt. Die Q-Statistik der Residuen gibt Aufschluss darüber, ob der Restgrößenprozeß frei von Autokorrelation ist. Trifft dies nicht zu, wird der ADF- oder PP-Test verwendet.

Kann beim Einheitswurzeltest mit Konstante anhand der DF-t-Statistik (vgl. z. B. DAVIDSON und MACKINNON 1993, S. 708) die Nullhypothese abgelehnt werden, so spielt es keine Rolle, ob die verwendete Konstante tatsächlich ein signifikanter Regressor ist oder nicht.[14] Anders sieht es aus, wenn die Nullhypothese nicht abgelehnt werden kann. Dann muss in einem weiteren Schritt geklärt werden, ob die Konstante ein signifikanter Regressor ist oder nicht. Hierbei findet die entsprechende DF-t-Statistik für die Konstante der Testgleichung Verwendung (vgl. DICKEY und FULLER 1981, S. 1062, Tab. I). Nach DOLADO et al. (1990, S. 253 ff.) ergeben sich folgende Konsequenzen: Erweist sich die Konstante als nicht-signifikant, muss sie entfernt werden und der Einheitswurzeltest wird erneut durchgeführt, diesmal ohne Konstante. Ist die Konstante ein signifikanter Regressor, dann muss die Nullhypothese der Existenz einer Einheitswurzel in dem betrachteten Prozess nicht mittels der DF-t-Statistik, sondern mittels der Standard-t-Statistik überprüft werden. Bei Gültigkeit der Nullhypothese würde es sich bei der untersuchten Zeitreihe um einen Einheitswurzelprozess mit Drift

[13] Vgl. auch ASSENMACHER (1998), der zeigt, dass bei Berücksichtigung von Strukturbrüchen das deutsche Bruttoinlandsprodukt für den Zeitraum 1950 bis 1995 als trendstationäre Variable adäquat modelliert wird.

[14] Wäre sie es nicht, würde die Ablehnung der Nullhypothese noch erschwert (vgl. CAMPBELL und PERRON, 1991, S. 151 f). Somit ist die Ablehnung der Nullhypothese ein eindeutiges Zeichen.

handeln. Die Driftkomponente dominiert bei endlichem Stichprobenumfang die Varianz der Zeitreihe, und damit ist die Korrektur der Teststatistik, wie sie von DICKEY und FULLER (1979) aufgrund der verzerrten OLS-Schätzung von $\hat{\alpha}$ bei Existenz einer Einheitswurzel vorgenommen wurde, überflüssig.[15]

Die Residuen der Testgleichungen sind nicht frei von Autokorrelation. Aus diesem Grund muss der ADF- bzw. der PP-Test verwendet werden. Es zeigt sich, dass sowohl der Geldmarkttagessatz als auch der Wertpapierpensionssatz Variablen sind, die durch einfache Differenzenbildung in einen stationären Prozess überführt werden können (vgl. Tabelle 4.2).

Der Preisindex P wird im ersten Schritt unter Berücksichtigung von Konstante und deterministischem Trend getestet. Das von DOLADO et al. (1990, S. 253 ff.) vorgeschlagene Verfahren sieht folgende Vorgehensweise vor: Kann die Nullhypothese nicht abgelehnt werden, wird überprüft, ob die Trendvariable ein signifikanter Regressor ist.[16] Ist die Trendvariable nicht insignifikant, dann ist für die Überprüfung der Hypothese einer Einheitswurzel die Standard-t-Statistik zu verwenden. Ansonsten muss die Trendvariable entfernt werden, und der DF bzw. ADF-Test wird im nächsten Schritt lediglich mit Konstante durchgeführt.

Auch beim Preisindex mussten verzögert endogene Variablen in die Schätzgleichungen aufgenommen werden. Tabelle 4.3 präsentiert die Ergebnisse von ADF- und PP-Test. Da die deterministische Trendvariable im ADF-Test ein signifikanter Regressor war, konnte auf weitere Spezifikationen des Tests verzichtet werden.

Während der ADF-Test Trendstationarität feststellt, kommt der PP-Test zu dem Ergebnis, dass es sich bei dem Preisindex um eine I(1)-Variable handelt. Das Ergebnis des ADF-Tests ist umso verblüffender, wenn man davon ausgeht, dass die Wiedervereinigung auch das Preisniveau beeinflusst hat. Ein tendenziell nicht erfasster Strukturbruch würde aber die Ablehnung der Nullhypothese einer Einheitswurzel bereits in den Niveaus der Variablen noch unwahrscheinlicher machen (vgl. Anhang B.2). Eventuell sind es Nicht-Linearitäten im Verlauf des Preisniveaus, die dieses überraschende Ergebnis zu verantworten haben. Der Verlauf der Zeitreihe legt einen solchen

[15]Vgl. auch die Ausführungen in ENDERS (1995, S. 256).

[16]Hierzu werden die kritischen Werte der Teststatistik von DICKEY und FULLER (1981, S. 1062, Tab III) verwendet.

Tabelle 4.2: ADF- und PP-Tests für Geldmarkttagessatz und Wertpapierpensionssatz

Variable[a]	R_T	ΔR_T	R_P	ΔR_P
ADF-Test mit Konstante: $\Delta y_t = c_0 + \gamma y_{t-1} + \sum_{i=1}^{l} \beta_i \Delta y_{t-i} + \epsilon_t$				
Laglänge l	5		9	
t-Wert				
$H_0: \gamma = 0$ [b]	-1.424		-2.395	
$H_0: c_0 = 0$ bei $\gamma = 0$ [c]	1.264		2.337	
ADF-Test ohne Konstante: $\Delta y_t = \gamma y_{t-1} + \sum_{i=1}^{l} \beta_i \Delta y_{t-i} + \epsilon_t$				
Laglänge l	5	4	3	2
t-Wert				
$H_0: \gamma = 0$	-0.691	-3.062**	-0.731	-4.222**
Regierungsantritt [d]				
Q(1)	0.02	0.02	0.32	0.34
Q(2)	0.02	0.02	0.64	0.68
Q(4)	0.51	0.50	2.17	2.23
Q(12)	9.67	9.34	17.24	17.56
$\Rightarrow$[e]	$R_T \sim I(1)$		$R_P \sim I(1)$	
PP-Test (truncation lag = 4) [f]				
Spezifikation [g]	C	C	N	N
PP-Testwert	-0.716	-10.147**	-0.732	-8.127**
$\Rightarrow$	$R_T \sim I(1)$		$R_P \sim I(1)$	

[a]) R_T: Geldmarkttagessatz; R_P: Wertpapierpensionssatz. Eine genaue Beschreibung der verwendeten Daten findet sich in Abschnitt 4.2.

[b]) Kritische Werte für die DF-t-Statistik vgl. DAVIDSON und MACKINNON (1993, S. 708); für die Standard-t-Statistik vgl. z. B. HAMILTON (1994, S. 755).

[c]) Kritische Werte vgl. DICKEY und FULLER (1981, S. 1062, Tab. I). Kann H_0 abgelehnt werden, muss zur Überprüfung von $H_0: \gamma = 0$ die Standard-t-Statistik verwendet werden. Vgl. die Ausführungen auf S. 71.

[d]) Residualstatistik der jeweils erforderlichen Spezifikation. Q(s): Ljung/Box-Q-Statistik.

[e]) Ergebnisse bei einer Irrtumswahrscheinlichkeit von höchstens 5%.

[f]) Erforderliche Anzahl Verzögerungen nach NEWEY und WEST (1987). Falls nicht anders vermerkt, kam ein PP-Test mit Laglänge l zu dem gleichen Ergebnis.

[g]) *TC*: mit Konstante und Trend, *C*: mit Konstante, *N*: ohne Konstante und Trend.

Tabelle 4.3: ADF- und PP-Test für den Preisindex

Variable[a]	P	ΔP
ADF-Test mit Konstante und Trend: $\Delta y_t = c_0 + \delta tr_t + \gamma y_{t-1} + \sum_{i=1}^{l} \beta_i \Delta y_{t-i} + \epsilon_t$		
Laglänge l	12	
t-Wert		
$H_0: \gamma = 0$	-3.599**	
$H_0: \delta = 0$ bei $\gamma = 0$ [b]	3.487*	
Residualstatistik		
Q(1)	0.35	
Q(2)	0.37	
Q(4)	0.99	
Q(12)	8.35	
$\Rightarrow$	$P \sim I(0)$	
PP-Test (truncation lag = 4)		
Spezifikation	TC	C
PP-Testwert	-2.067	-9.191**
$\Rightarrow$	$P \sim I(1)$	

[a]) P: Preisindex der Lebenshaltung. Eine genaue Beschreibung der verwendeten Daten findet sich in Abschnitt 4.2.

[b]) Kritische Werte vgl. DICKEY und FULLER (1981, S. 1062, Tab. III). Kann H_0 abgelehnt werden, muss zur Überprüfung von $H_0: \gamma = 0$ die Standard-t-Statistik verwendet werden.

Weitere Erläuterungen siehe Tabelle 4.2.

Verdacht nahe (vgl. die Abbildung 4.2 auf S. 63). Eine Abwägung, welches Ergebnis angemessener ist, fällt schwer. Allerdings widerspricht der Befund der Trendstationarität allen sonstigen Ergebnissen bzgl. der Stationarität des Preisniveaus in Deutschland.[17]

Zusammenfassend lässt sich festhalten, dass alle in der Untersuchung verwendeten Variablen entweder bereits (trend)stationär sind oder durch einfache Differenzenbildung in einen (trend)stationären Prozess überführt werden können. Bei Output und Geldmenge ist zudem der Niveaubruch zum

[17]Die Diskussion dreht sich in den bisherigen Untersuchungen eher um die Frage, ob die *Inflationsrate* eine trendstationäre oder eine differenzstationäre Variable ist (vgl. z. B. GAAB 1996, S. 172 f., GAAB und MULLINEUX 1996, S 84 f. oder auch SCHARNAGL 1998, S. 362 f., welche allerdings jeweils den Deflator des Bruttosozialprodukts als Preisindex verwenden.).

Zeitpunkt der Wiedervereinigung zu berücksichtigen.

4.2.3 Die Berücksichtigung der Wiedervereinigung im Modell

Bevor das VAR-Modell näher spezifiziert werden kann, muss zunächst geklärt werden, wie die deutsche Wiedervereinigung behandelt werden soll. Ein Blick in die entsprechende Literatur zeigt eine Vielzahl von Möglichkeiten. So können die Effekte der Wiedervereinigung durch die Aufnahme von Stufen- bzw. Impulsdummies abgefangen werden. „Der Einfluss der Vereinigung lässt sich dabei statistisch durch eine Stufendummy S90.3, die ab 1990(3) den Wert eins annimmt und vorher null ist, und ihre zugehörige Impulsdummy $I90.3 = \Delta(S90.3)$, die den Wert eins nur in 1990(3) annimmt und ansonsten null ist ... erfassen." (WOLTERS und LÜTKEPOHL, 1997, S. 37)

Die Aufnahme derartiger Dummy-Variablen in ein multivariates Modell hat allerdings den Nachteil, dass die kritischen Werte der Teststatistiken zur Bestimmung des Kointegrationsranges[18] nicht mehr gültig sind, da sich die asymptotische Verteilung der Teststatistiken bei der Aufnahme dieser deterministischen Dummy-Variablen verändert.[19] HUBRICH (1998) reagiert auf dieses Problem, indem sie neue kritische Werte für ihre spezielle Modellspezifikation simuliert, während z. B. SCHARNAGL (1998) und NAUTZ (1997) sich mit dem pragmatischen Hinweis begnügen, dass die tabellierten kritischen Werte nunmehr lediglich Indikatorfunktion haben.

Andere Autoren beziehen die Strukturbruchvariablen nicht in das zu schätzende VAR-Modell ein. JUSELIUS (1998b) splittet ihren Beobachtungszeitraum in eine Periode vor und eine nach der Wiedervereinigung. GREENSLADE und HALL (1996) hingegen benutzen einen Kalman-Filter, um die

[18]Wie sie z. B. in OSTERWALD-LENUM (1992) tabelliert sind.

[19]Gleiches würde auch für die Aufnahme von Saisondummies in der üblichen Notation (Verwendung von null und eins) gelten. Die Verwendung von zentrierten Saisondummies vermeidet diese nachteilige Wirkung. Unter zentrierten Dummy-Variablen versteht man solche, die sich für den Zeitraum eines Jahres auf null addieren. Die Zeitreihe der deterministischen Saisondummies für ein VAR-Modell in Monatsdaten würde also aus dem Wert $11/12$ für den betreffenden Monat und aus dem Wert $-1/12$ für alle sonstigen Monate des Jahres bestehen. Vgl. hierzu JOHANSEN (1995, S. 84).

durch die Wiedervereinigung bedingten Änderungen des Systems explizit zu modellieren. Und WEBER (1996) schließlich bereinigt die betroffenen Zeitreihen in einem ersten Schritt um die Effekte der Wiedervereinigung, bevor er das VAR-Modell schätzt, welches dann ohne Interventionsdummies auskommt.

In der vorliegenden Untersuchung würde eine Teilung des Untersuchungszeitraumes einen Verlust an Freiheitsgraden bedeuten, der die gewählte Spezifikation stark belasten würde. Die Effekte der Wiedervereinigung stehen zudem nicht im Vordergrund der Untersuchung. Wie bereits auf Seite 67 f. dargelegt, ist die Wiedervereinigung meines Erachtens durch einen Niveausprung in Output und Geldmenge hinreichend charakterisiert. Aus diesem Grund wird sich in dieser Untersuchung der Vorgehensweise von WEBER (1996) angeschlossen. Der durch die Wiedervereinigung ausgelöste Niveaustrukturbruch, der bei der Geldmengenvariable $M3$ in 1990:06 und bei der Outputvariable BIP in 1991:01 zu beobachten ist, wird entfernt. Dies soll im Folgenden für die Geldmenge $M3$ kurz erläutert werden:[20]

Aufgrund der erstmaligen Erfassung der Neuen Bundesländer Ende Juni 1990 stieg die (logarithmierte) Geldmenge in diesem Monat im Vergleich zum Vormonat um 0.139693. Im Vorjahr hatte dieser Wert noch bei 0.001515 gelegen. In den folgenden sieben Jahren stieg der Wert von $M3$ im Juni durchschnittlich um lediglich 0.001635. Der sehr hohe, tatsächliche Wert des Juni 1990 wird nun durch den Durchschnittswert der Folgejahre ersetzt. Für die korrigierte Geldmenge $M3k$ bedeutet dies, dass sie bis 1990:05 mit $M3$ identisch ist und für den Zeitraum 1990:06 bis 1997:12 berechnet wird als

$$M3k = M3 - 0.139693 + 0.001635 \quad \text{(1990:06 bis 1997:12).} \tag{4.1}$$

Die Abbildung 4.6 zeigt die ursprüngliche und die korrigierte Geldmenge, die jeweils logarithmiert wurden.

Mit der Outputvariable BIP wurde analog verfahren. Zur Bereinigung wird dort wieder auf die originären Quartalsdaten zurückgegriffen. Das (logarithmierte) reale Bruttoinlandsprodukt weist im ersten Quartal 1991 eine

[20] Die Ermittlung der strukturbereinigten Zeitreihen erfolgt in Anlehnung an WEBER (1996, S. 589). Da beide Zeitreihen jedoch starken Saisonschwankungen unterliegen, musste das Verfahren abgewandelt werden.

Abbildung 4.6: Die korrigierte Geldmenge $M3k$

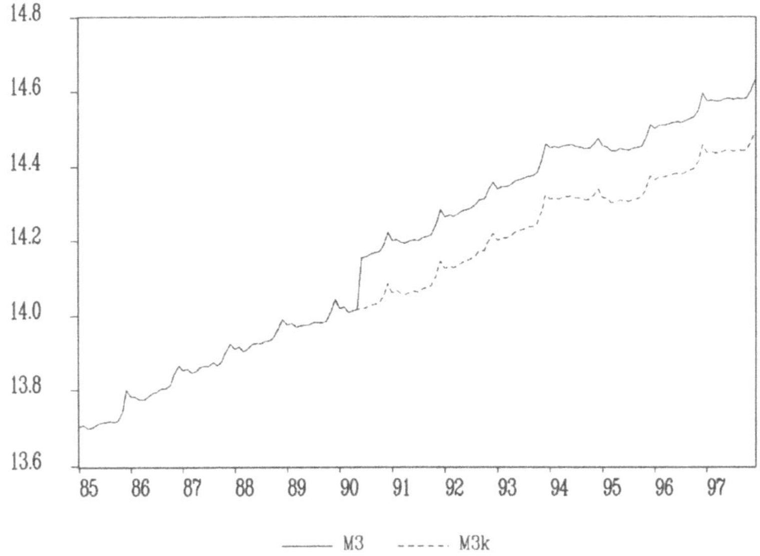

Erhöhung gegenüber dem letzten Quartal um 0.038669 auf, während in den Folgejahren im ersten Quartal eine Senkung von $BIPRQ$ um durchschnittlich 0.051496 zu beobachten war (vgl. auch Abbildung 4.4). Für den Zeitraum 1. Quartal 1991 bis 4. Quartal 1997 gilt somit

$$BIPRQk = BIPRQ - 0.038669 - 0.051496. \tag{4.2}$$

Die Variable wird sodann nach dem bereits auf Seite 64 beschriebenen Verfahren in Monatswerte transformiert. Abbildung 4.7 vergleicht die resultierende, bereinigte Outputvariable $BIPk$ mit der Zeitreihe BIP.

Einheitswurzeltests für die bereinigten Zeitreihen bestätigen die für die Ursprungsvariablen unter Berücksichtigung des Strukturbruchs gefundenen Ergebnisse. Bei $M3k$ handelt es sich um eine trendstationäre Variable, $BIPk$ kann durch einfache Differenzenbildung in einen stationären Prozess überführt werden.

Abbildung 4.7: Der korrigierte Output $BIPk$

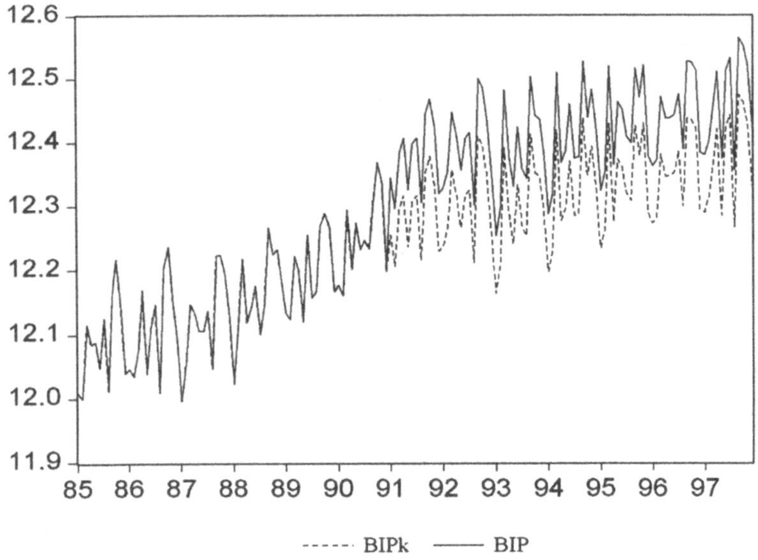

Das in der folgenden Untersuchung verwendete VAR-Modell beinhaltet in seiner Grundform vier Variablen: $BIPk$, P, $M3k$ und R_T. Da es sich bei allen verwendeten Variablen um I(0)- oder I(1)-Variablen handelt, kann die VAR-Analyse ohne besondere Berücksichtigung der Stationaritätseigenschaften der verwendeten Variablen erfolgen. Zu den Eigenschaften einer solchen Schätzung vgl. Kapitel 2.4.

4.3 VAR-Analyse

In diesem Abschnitt soll anhand eines VAR-Systems die kurzfristige Dynamik des Modells untersucht werden. Impuls-Antwort-Funktionen bilden die Reaktion der Variablen auf einen geldpolitischen Impuls ab. Als endogene Variablen werden folgende Variablen in das Modell aufgenommen: Output ($BIPk$), Preisniveau (P), Geldmenge ($M3k$) und Tagesgeldsatz (R_T). Ihre rekursive Ordnung im VAR-System soll der hier gewählten Reihenfolge entsprechen. Der folgende Abschnitt befasst sich zunächst mit der genauen Spezifikation der Modellstruktur.

4.3.1 Modellspezifikation

Am Anfang der Modellspezifikation steht die Frage nach der angemessenen Berücksichtigung deterministischer Variablen. Es werden deterministische Saisonkomponenten[21] und ein Konstantenvektor in das VAR-Modell aufgenommen. Die Geldmenge $M3k$ ist eine trendstationäre Variable. Möchte man in diesem VAR-Modell einen linearen Trend in der Geldmenge zulassen,[22] dann muss eine deterministische Trendvariable in das VAR-Modell aufgenommen werden. Das VAR-Modell hat die Gestalt

$$\begin{aligned} y_t &= c + \delta t + s_1 d_{t-1} + \cdots + s_{z-1} d_{t-z+1} \\ &\quad + \phi_1 y_{t-1} + \phi_2 y_{t-2} + \cdots + \phi_p y_{t-p} + \epsilon_t, \end{aligned} \tag{4.3}$$

wobei	c	einen (n x 1) Vektor der Konstanten,
	δt	einen (n x 1) Vektor der linearen Trends
	d_t	eine (1 x 1) Saisonvariable mit $d_t = (z-1)/z$ für $t/z = int(t/z)$, $d_t = -1/z$ für $t/z \neq int(t/z)$ (z: Anzahl der Beobachtungen pro Jahr)
und	s_i	einen (n x 1) Vektor der Koeffizienten der i-ten Saisondummy

darstellt.

Der Bestimmung der angemessenen Anzahl Verzögerungen p kommt im Rahmen von VAR-Systemen große Bedeutung zu. Wird p zu klein gewählt, dann ist das Modell fehlspezifiziert. Wählt man dagegen p zu groß, dann werden pro überflüssiger Verzögerung n Freiheitsgrade verschwendet (vgl. auch ENDERS, 1995, S. 312 ff.).

Es existieren alternative Ansätze zur Bestimmung der Ordnung eines VAR-Modells (vgl. hierzu insbesondere LÜTKEPOHL, 1993, Kap. 4). Auf der einen

[21] Es werden zentrierte, deterministische Monatsdummies verwendet.

[22] Dies erscheint nach dem Verlauf der Zeitreihe in Abbildung 4.6 angebracht.

Seite werden Informationskriterien wie das Akaike-Informationskriterium (AIC), das Hannan-Quinn-Kriterium (HQC) oder das Schwarz-Kriterium (SC) verwendet, um die optimale Anzahl Verzögerungen für das VAR-Modell zu bestimmen. Diese Informationskriterien optimieren die Ordnung des Modells in Bezug auf die Prognosegüte, welche z. B. durch den mittleren quadratischen Fehler (MSE) beurteilt werden kann.[23] In der vorliegenden Untersuchung stehen indes nicht möglichst gute Prognosen mit dem VAR-Modell im Vordergrund, sondern es soll versucht werden, die strukturellen Zusammenhänge zwischen den Variablen und die Ordnung des datenerzeugenden Prozesses möglichst exakt zu bestimmen. Für eine solche Fragestellung ist ein Likelihood-Ratio (LR)-Test das geeignete Instrument (vgl. LÜTKEPOHL, 1993, S. 128).

Die Testprozedur entspricht der allgemeingültigen Vorgehensweise eines LR-Tests: Soll überprüft werden, ob p Verzögerungen angebracht sind (das unrestringierte Modell), oder ob $p-1$ Verzögerungen ausreichend sind (das restringierte Modell), dann stellt die letztere Aussage die Nullhypothese des LR-Tests dar. Der Testwert bestimmt sich als

$$LR = T * (ln|\hat{\Omega}_r| - ln|\hat{\Omega}_{ur}|) \tag{4.4}$$

mit	T	Anzahl der verwendbaren Beobachtungen,
	$\hat{\Omega}_r$	die geschätzte Varianz-Kovarianzmatrix des restringierten
und	$\hat{\Omega}_{ur}$	die geschätzte Varianz-Kovarianzmatrix des unrestringierten Modells.

SIMS (1980b, S. 17) schlägt eine Modifikation dieses Testes vor:

$$LR_S = (T - C) * (ln|\hat{\Omega}_r| - ln|\hat{\Omega}_{ur}|) \tag{4.5}$$

mit	C	die Anzahl der zu schätzenden Parameter pro Gleichung des unrestringierten Modells.

Wenn sich die Anzahl der zu schätzenden Parameter pro Gleichung nicht sehr vom Stichprobenumfang unterscheidet, dann ist die übliche LR-Teststatistik verzerrt. Die oben dargestellte Korrektur behebt diese Verzerrung. Der Korrekturfaktor fällt hierbei umso höher aus, je geringer die

[23] Zur exakten Beschreibung der Berechnungsvorschriften für die Informationskriterien sowie deren spezielle Vorzüge und Nachteile vgl. LÜTKEPOHL (1993, S. 128 ff.).

Anzahl der Freiheitsgrade pro Schätzgleichung ist.[24] In der vorliegenden Untersuchung wird deshalb mit dieser Modifikation des LR-Tests gearbeitet. Die LR-Statistik ist asymptotisch χ^2-verteilt. Dies gilt auch für nicht-stationäre VAR-Systeme mit integrierten oder kointegrierten Variablen (vgl. HAMILTON 1994, S. 557 sowie LÜTKEPOHL und BREITUNG 1997, S. 311 f.).[25] Die Anzahl der Freiheitsgrade entspricht den gesetzten Restriktionen im gesamten Modell. Ist der LR_S-Testwert größer als der tabellierte χ^2-Wert bei dem entsprechenden Signifikanzniveau, dann kann die Nullhypothese bei einer Irrtumswahrscheinlichkeit, die geringer als das Signifikanzniveau ist, abgelehnt werden.

Die maximale Laglänge des VAR-Modells sollte auf jeden Fall so gewählt werden, dass der Vorjahreswert in der Spezifikation enthalten ist. Da es sich bei dem verwendeten System um ein Modell in Monatsdaten handelt, wurde hier als Startwert $p_{max} = 15$ als maximale Verzögerung gewählt. Die erste Testgleichung stellt somit die Hypothese auf, dass das VAR-Modell durch 14 Verzögerungen hinreichend beschrieben ist.[26] Kann die Nullhypothese nicht abgelehnt werden, wird die Laglänge um eins vermindert und der LR_S-Test wird erneut durchgeführt.

Die in Tabelle 4.4 festgehaltenen Ergebnisse zeigen, dass auf jeden Fall 12 Verzögerungen im VAR-Modell verwendet werden müssen. Allerdings kann auch die Hypothese, dass 13 Verzögerungen ausreichend zur korrekten Spezifikation des Modells sind, auf einem Signifikanzniveau von 5% abgelehnt werden. Deshalb wurde mithilfe eines weiteren LR_S-Tests überprüft, ob 12 Verzögerungen adäquat sind, oder ob alternativ 14 Verzögerungen verwendet werden müssen. Dieser Test kommt bei einem Signifikanzniveau von 5% zu dem Ergebnis, dass die Nullhypothese „12 Verzögerungen sind ausreichend" nicht abgelehnt werden kann ($LR_S = 47.13, \chi^2(32)$).

---

[24] SIMS (1980b) verwendet in seiner Untersuchung Quartalsdaten über einen Zeitraum von 26 Jahren und schätzt bei sechs Variablen ein VAR(4)-Modell. Statt $T = 104$ verwendet er also $(T - C) = 80$. Diese Relationen entsprechen in etwa denen der vorliegenden Untersuchung.

[25] Die Eigenschaften der Informationskriterien bei Schätzung nicht-stationärer VAR-Systeme untersucht LÜTKEPOHL (1993, S. 382 ff.).

[26] Während die Alternativhypothese besagt, dass ein VAR(15)-Modell erforderlich ist.

Tabelle 4.4: Bestimmung der Ordnung des VAR(p)-Modells

p	T [a]	C	$ln\|\hat{\Omega}\|$	LR_S [b]
15			-36.8605	
14	141	73	-36.6023	17.56
13	142	69	-36.1735	31.73*
12	143	65	-35.9092	21.15
11	144	61	-35.4727	37.54**

[a]) T = Gesamtbeobachtungen (156) abzüglich $(p+1)$. C = verzögerte Variablen pro Gleichung des unrestringierten Modells $((p+1)*4)$ + Saisondummies (11) + Konstante (1) + Trend (1). $\hat{\Omega}$ = geschätzte Varianz-Kovarianzmatrix.

[b]) H_0: p Verzögerungen ausreichend; H_1: $(p+1)$ Verzögerungen erforderlich.

*,**: Nullhypothese kann bei Irrtumswahrscheinlichkeit von höchstens 5%, 1% abgelehnt werden ($\chi^2(16)$).

Es wurde daraufhin ein VAR(12)-Modell als Spezifikation für das verwendete System benutzt:

$$\begin{aligned} y_t &= c + \delta t + s_1 d_{t-1} + \cdots + s_{11} d_{t-11} \\ &\quad + \phi_1 y_{t-1} + \phi_2 y_{t-2} + \cdots + \phi_{12} y_{t-12} + \epsilon_t. \end{aligned} \tag{4.6}$$

Tabelle B.4 im Anhang zeigt die geschätzten Koeffizienten und die zugehörigen t-Werte für das Modell.[27] Die Trendkomponente δt weist lediglich für die Geldmengengleichung ein signifikantes Ergebnis aus. Dieser Befund bestätigt die vorangegangenen Überlegungen, dass aufgrund der Stationaritätseigenschaften der Geldmenge die Einbeziehung eines deterministischen Trends in das VAR-Modell erforderlich ist. Auch ein LR_S-Test zur Überprüfung der Notwendigkeit einer Trendkomponente im VAR(12)-Modell bestätigt, dass auf diese nicht verzichtet werden sollte. Die Nullhypothese kann selbst bei 1 % Irrtumswahrscheinlichkeit abgelehnt werden ($LR_S = 16.20, \chi^2(4)$). Alle Eigenwerte des VAR-Systems sind kleiner bzw. gleich Eins, eine explosive Dynamik ist somit ausgeschlossen. Für die Residuen der Einzelgleichungen kann die Freiheit von Autokorrelation nicht abgelehnt werden (vgl. Tabelle 4.5).

[27] Die t-Werte der geschätzten Koeffizienten können mittels OLS-Schätzung der Einzelgleichungen des VAR auf die übliche Art ermittelt werden. Vgl. hierzu HAMILTON (1994, S. 298 f. sowie S. 557).

Tabelle 4.5: Residualanalyse des unrestringierten VAR(12)-Modells

	BIPk	*P*	*M3k*	R_T
Q(1)[a]	0.02	0.30	0.18	0.27
Q(2)	0.07	1.50	0.24	0.27
Q(4)	0.84	3.16	2.70	0.87
Q(12)	3.04	5.20	8.91	3.01

[a]) $Q(s)$: Ljung/Box-Q-Statistik; Nullhypothese „Keine signifikante Autokorrelation der Ordnung 1 bis s"; Q ist asymptotisch χ^2-verteilt mit s Freiheitsgraden.
*,**: Nullhypothese kann bei Irrtumswahrscheinlichkeit von höchstens 5%, 1% abgelehnt werden.

4.3.2 Die Impuls-Antwort-Funktionen des Modells

Die Tabelle 4.6 zeigt die geschätzte Varianz-Kovarianzmatrix sowie die hieraus resultierenden Korrelationskoeffizienten für das Modell. Diese haben ein unproblematisches Niveau.[28]

Die Matrix der kontemporären Beziehungen $\hat{A}_0^{-1}$ sowie die Varianz-Kovarianzmatrix der orthogonalen Residuen $\hat{D}$ können über eine reine Choleski-Zerlegung von $\hat{\Omega}$ ermittelt werden. Die Tabelle 4.7 enthält die entsprechenden Werte.

Die Geldpolitik der Zentralbank wird in diesem Modell über Innovationen des Tagesgeldsatzes abgebildet. Abbildung 4.8 zeigt die Reaktionsfunktionen auf eine autonome, nicht-antizipierte Erhöhung des Tagesgeldsatzes in Höhe einer Standardabweichung.[29] Betrachtet wurden jeweils die ersten zwanzig Monate nach einer Störung. Die gestrichelten Linien kennzeichnen ein Konfidenzintervall in Höhe von +/− einer Standardabweichung der jeweiligen Impuls-Antwort-Funktion.[30]

Die Reaktionsfunktion des Output in Abbildung 4.8 zeigt nur unbedeutende Effekte einer kontraktiven zinspolitischen Aktion der Zentralbank. Eine deutlich negative Reaktion findet sich nicht. Die Outputentwicklung kann am besten durch Schwankungen um den Nullpunkt beschrieben werden. Die-

[28]Vgl. hierzu auch die Ausführungen in Kap. 2.2.4.

[29]Diese beträgt $\sqrt{0.02157804} = 0.1469$ (vgl. Tabelle 4.7).

[30]Die Standardfehlerbänder wurden über numerische Simulation ermittelt (vgl. HAMILTON, 1994, Kap. 11.7).

Tabelle 4.6: Varianz-Kovarianzmatrix der Residuen des unrestringierten VAR(12)-Modells

Varianz-Kovarianzmatrix $\hat{\Omega}$				
	$BIPk$ [a]	P	$M3k$	R_T
$BIPk$	0.00043364			
P	-0.00000036	0.00000221		
$M3k$	-0.00001741	0.00000011	0.00001301	
R_T	0.00050006	-0.00001090	-0.00001896	0.02220464
Korrelationskoeffizienten				
	$BIPk$	P	$M3k$	R_T
$BIPk$	1.000			
P	-0.012	1.000		
$M3k$	-0.232	0.021	1.000	
R_T	0.161	-0.049	-0.035	1.000

[a]) $BIPk$: Output; P: Preisniveau; $M3k$: Geldmenge; R_T: Tagesgeldsatz. Eine genaue Beschreibung der verwendeten Daten befindet sich in Kapitel 4.2.

Tabelle 4.7: Matrix der kontemporären Beziehungen und Varianz-Kovarianzmatrix der orthogonalen Residuen des Standard-VAR-Modells

Matrix der kontemporären Beziehungen $\hat{A}_0^{-1}$				
	$BIPk$ [a]	P	$M3k$	R_T
$BIPk$	1.0000	0	0	0
P	-0.0008	1.0000	0	0
$M3k$	-0.0401	0.0432	1.0000	0
R_T	1.1532	-4.7449	0.1276	1.0000

Diagonalelemente der Varianz-Kovarianzmatrix $\hat{D}$				
	$BIPk$	P	$M3k$	R_T
	0.00043364	0.00000221	0.00001231	0.02157804

[a]) Variablen: siehe Tabelle 4.6.

Abbildung 4.8: Die Reaktion auf einen kontraktiven geldpolitischen Impuls im Standard-VAR-Modell (Innovation in R_T in Höhe einer Standardabweichung)

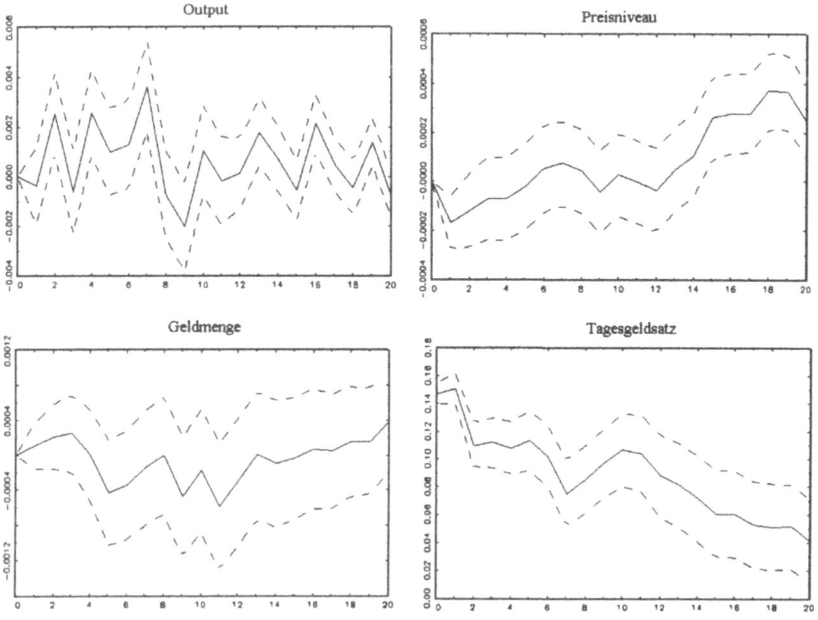

se Impuls-Antwort-Funktion unterstützt somit die Auffassung, dass selbst nicht-antizipierte Geldpolitik nicht in der Lage ist, die realen Variablen zu verändern.

Die Geldmenge sinkt, nach einem geringen Anstieg in den ersten zwei bis drei Monaten, erwartungsgemäß als Reaktion auf den kontraktiven Zinsimpuls der Bundesbank. Der Effekt erreicht nach circa einem Jahr sein Maximum und ebbt dann langsam wieder ab. Dieses Ergebnis bestätigt, dass es der Zentralbank möglich ist, durch geldpolitische Aktionen die Geldmenge in der von ihr gewünschten Art zu beeinflussen. Es ist jedoch zu beachten, dass dieser Effekt lediglich ein nicht signifikantes Ausmaß hat.

Das Preisniveau sinkt ebenfalls in den ersten vier Monaten nach einem kontraktiven Impuls. Dieser Rückgang fällt jedoch recht gering aus. Vom fünfzehnten Monat an ist gar eine signifikant positive Reaktion des Preisniveaus zu beobachten. Auch wenn es an dieser Stelle nicht gerechtfertigt ist, von einem „Preisrätsel“ zu sprechen,[31] so handelt es sich doch um eine unplausible Reaktion.

Im folgenden Abschnitt soll das hier verwendete Standard-VAR-Modell mit einem strukturellen, nicht-rekursiven Modell verglichen werden, welches sich ergibt, wenn man die tatsächliche Ausgestaltung der Geldpolitik durch die Bundesbank in das Standard-VAR-Modell mit einbezieht. Im folgenden Kapitel soll zunächst aus einer detaillierten Schilderung der Zentralbankpolitik eine alternative Variable zur Abbildung der geldpolitischen Maßnahmen entwickelt werden. Es kann auf diese Weise zwischen angebots- und nachfrageseitigen Störungen des Geldmarkttagessatzes und ihren Wirkungen unterschieden werden.

[31] Die Argumentation zur Existenz eines „Preisrätsels“ lautet, dass die Zentralbank andere als die im Modell verwendeten Variablen als Frühindikator der Preisentwicklung nutzt. Signalisieren diese einen beginnenden Preisdruck und reagiert die Zentralbank entsprechend, dann spiegelt die Reaktionsfunktion des Preisindex nicht die Reaktion auf diese Maßnahme, sondern die bereits eingeleitete, eventuell etwas abgeschwächte Entwicklung der Lebenshaltungskosten wider (vgl. SIMS, 1992, S. 988). Ein solches Phänomen sollte aber zu Beginn der Reaktionsfunktion auftauchen und nicht nach mehr als einem Jahr.

Kapitel 5

Der Wertpapierpensionssatz als Instrument der Bundesbank

5.1 Die Ausgestaltung der Geldpolitik durch die Bundesbank

Als Größe zur Abbildung der geldpolitischen Maßnahmen der Bundesbank bietet sich auf den ersten Blick der Geldmarkttagessatz an. Die Bundesbank bezeichnet ihn als „zentrale Größe, an der sie ihren zinspolitischen Hebel direkt ansetzt"(DEUTSCHE BUNDESBANK, 1994, S. 62). Dies lässt ihn als eine Variable erscheinen, die dem Einfluss der Bundesbank unterliegt. Innovationen des Geldmarkttagessatzes wären in dem Fall eine angemessene Variable autonomer geldpolitischer Aktionen. In empirischen Untersuchungen zu den Wirkungen der Geldpolitik findet sie dementsprechend oft Verwendung (vgl. den vorhergehenden Abschnitt).

Werden die Zusammenhänge jedoch etwas genauer betrachtet, lässt sich feststellen, dass auch bei Verwendung der Innovationen des Geldmarkttagessatzes ein Identifikationsproblem besteht: Veränderungen des Geldmarkttagessatzes können sowohl angebots- als auch nachfrageinduziert sein. So können z. B. Zinsänderungserwartungen der Geschäftsbanken dazu führen, dass sich die Nachfrage nach Tagesgeld und damit der Geldmarkttagessatz ändert. Sicherlich ist die Bundesbank in der Lage, durch ihre geldpolitischen Aktionen Einfluss auf den Zinssatz zu nehmen, es ist jedoch nicht gewährleistet, dass alle beobachtbaren Schocks des Zinssatzes ihren Ursprung in einer angebotsseitigen Aktion haben. Und somit stellen Reaktionen auf eine Innovation im Geldmarkttagessatz nicht notwendigerweise die Reaktionen auf eine geldpolitische Aktion der Zentralbank dar.

Das geldpolitische Instrument, mit dem die Bundesbank seit Mitte der achtziger Jahre ihre Politik betreibt, sind die Wertpapierpensionsgeschäfte. Die zunehmende Bedeutung dieses Feinsteuerungsinstrumentes im Verhältnis zu den traditionellen Instrumenten verdeutlicht Abbildung 5.1.

Ihre kurzfristige, geldpolitische Handlungsweise beschreibt die Bundesbank wie folgt:[1] In einem ersten Schritt ermittelt die Zentralbank den Zentralbankgeldbedarf der Banken. Davon werden die Maßnahmen der Zentralbank abgezogen, die tendenziell eine längerfristige Liquiditätswirkung haben. Hierzu gehören z. B. die Offenmarktoperationen in Liquiditätspapieren und, seit der Umgestaltung zum 1. Januar 1995, auch der Rückgriff auf unausgenutzte Refinanzierungslinien.[2] Als Saldo ergibt sich die kurzfristige Liquiditätslücke der Geschäftsbanken. Dieser zusätzliche Mittelbedarf wird durch die Bereitstellung von Zentralbankgeld über Wertpapierpensionsgeschäfte, sehr kurzfristige Ausgleichsoperationen[3] und eine Veränderung der Lombardkredite befriedigt. Hierbei ist zu beachten, dass es sich lediglich bei der letzten Position um eine nachfragedeterminierte Größe handelt,

---

[1]Vgl. DEUTSCHE BUNDESBANK (1995b) sowie Stellungnahmen zur monetären Entwicklung in den Monatsberichten, in denen der Abschnitt 'Geldmarktsteuerung und Zentralbankgeldbedarf' die jeweils aktuelle Politik dokumentiert.

[2]Die Bundesbank entschied sich für die Aufnahme dieser Position bei der längerfristigen Liquiditätsbereitstellung, da es sich bei den Rediskontkrediten um die günstigste Finanzierungsform der Geschäftsbanken handelt. Dementsprechend liegt ihre Ausnutzung im allgemeinen an der technischen Obergrenze und ist kurzfristig nicht variabel (vgl. DEUTSCHE BUNDESBANK, 1995b, S. 21). Eine Gegenüberstellung von bisheriger und neuer Form der Abgrenzung findet sich in DEUTSCHE BUNDESBANK (1995b, S. 20).

[3]Hierunter fasst die Bundesbank Schnelltender (seit 1988), Devisenpensions- und -swapgeschäfte, kurzfristige Schatzwechselabgaben sowie §17-Verlagerungen (bis 1994).

Abbildung 5.1: Die Refinanzierungsstruktur der Geschäftsbanken bei der Bundesbank (in Mio. DM)

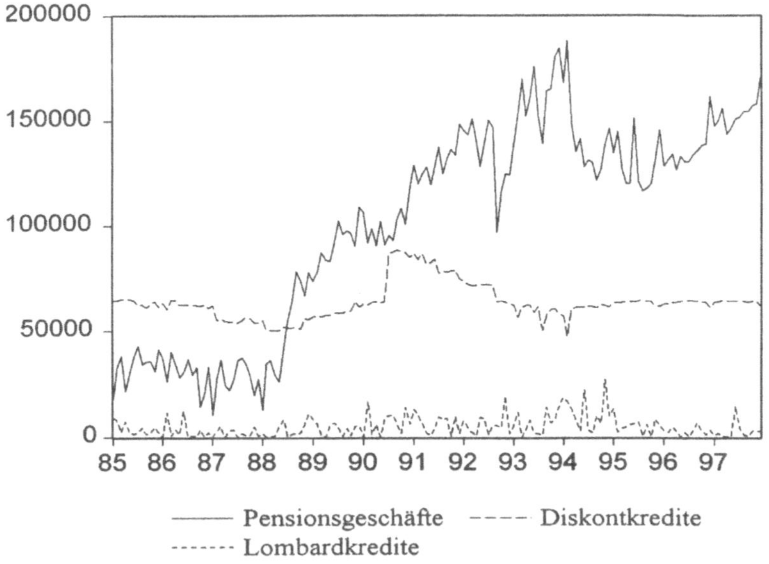

deren quantitative Bedeutung jedoch gering ist. Seit der Wiedervereinigung liegt ihr Anteil bei weniger als 2 Prozent. Wertpapierpensionsgeschäfte sind das entscheidende Instrument der Notenbank. Im Untersuchungszeitraum, mit Ausnahme des ersten Monats, wurde die kurzfristige Liquiditätslücke der Geschäftsbanken ständig zu mehr als 90 Prozent durch Wertpapierpensionsgeschäfte geschlossen. Die Deckung des kurzfristigen Liquiditätsbedarfs der Geschäftsbanken liegt also in den Händen der Zentralbank.

Die Bundesbank stellt jedoch klar heraus, dass die *Menge* angebotener Wertpapierpensionsgeschäfte für sie kein Politikinstrument darstellt. Ihre kurzfristige Mittelbereitstellung entspricht exakt dem ermittelten Liquiditätsbedarf. Ähnlich dem Ansatz von BERNANKE und BLINDER (1992) für die USA kann also die Annahme getroffen werden, dass das Angebot der Zentralbank an kurzfristiger Liquidität über die Wertpapierpensionsgeschäfte vollkommen elastisch auf Nachfrageänderungen reagiert.[4]

Im Eurosystem sind Hauptrefinanzierungsgeschäfte, die im wöchentlichen Abstand durchgeführt werden, das wesentliche Instrument zur kurzfristigen Liquiditätsbereitstellung. Sie entsprechen in ihrer gesamten Ausgestaltung den Wertpapierpensionsgeschäften. „Die Hauptrefinanzierungsgeschäfte sind die wichtigsten Offenmarktoperationen des Eurosystems. Sie spielen eine Schlüsselrolle in der Liquiditätssteuerung und bei der Signalisierung des geldpolitischen Kurses und werden zur Bereitstellung eines Großteils der Liquidität an den Finanzsektor verwendet" (EUROPÄISCHE ZENTRALBANK, 2000, S. 51). In Übereinstimmung mit der kurzfristigen geldpolitischen Strategie der Bundesbank führt die Europäische Zentralbank aus, dass „die Volumen der wöchentlichen Tender ... so bemessen (werden), dass sie die Liquiditätslücke des Bankensystems schließen" (EUROPÄISCHE ZENTRALBANK, 1999, S. 42 f.). Aus diesem Grund stellen die hier vorgestellten Ergebnisse auch mehr als ein Jahr nach Ende einer eigenständigen deutschen Geldpolitik einen wichtigen Befund dar, da angenommen werden kann, dass zukünftige Untersuchungen für das Eurosystem, die den Tagesgeldsatz als geldpolitische Variable nutzen, ebenfalls einem Identifikationsproblem und den hier aufgezeigten Folgen einer solchen Konstellation unterliegen werden.[5]

Wenn die Menge an Pensionsgeschäften, die angeboten wird, kein Politikinstrument der Zentralbank ist, dann verbleibt der Pensionssatz als die Größe, die von der Zentralbank im Sinne ihrer geldpolitischen Intention autonom gesteuert werden kann. Hier soll die Entwicklung einer geeigneten Variable zur Abbildung autonomer Geldpolitik im Rahmen der VAR-Analyse ansetzen.

5.2 Eine alternative Modellierung

Es soll die Annahme getroffen werden, dass die Zentralbank den Wertpapierpensionssatz unter Berücksichtigung des Geldmarkttagessatzes fest-

[4] Diese Größe findet ihre Entsprechung in den „nonborrowed reserves" der „Fed". Die „borrowed reserves" sind mit den Rediskontkrediten vergleichbar.

[5] Eine umfassende Darstellung der Geldpolitik der Europäischen Zentralbank findet sich u. a. in EUROPÄISCHE ZENTRALBANK (2000, S. 50 ff.).

setzt. Die Abbildung 4.1 auf Seite 62 zeigt, dass Wertpapierpensionssatz und Geldmarkttagessatz über den betrachteten Zeitraum eine sehr hohe Korrelation aufweisen.

Um zu einer operationalisierbaren Größe zu gelangen, soll als autonome kontraktive Aktion der Zentralbank ein Wertpapierpensionssatz gelten, der sich oberhalb des aktuellen Geldmarkttagessatzes befindet. Die zur Deckung des kurzfristigen Liquiditätsbedarfs erforderlichen Mittel werden in diesem Fall zu einem Pensionssatz zur Verfügung gestellt, der oberhalb des Geldmarkttagessatzes liegt. In der Folge steigt die Nachfrage am Interbankenmarkt und damit auch der Geldmarkttagessatz. Umgekehrt tritt eine geldpolitische Lockerung ein, wenn die Notenbank die benötigten Mittel günstiger zur Verfügung stellt, als sie am Tagesgeldmarkt zu bekommen wären.

Unproblematisch ist diese Annahme für die Wertpapierpensionsgeschäfte, die als Mengentender abgewickelt werden. Die Zentralbank setzt den Zinssatz, und den Geschäftsbanken bleibt lediglich die Entscheidung darüber, in welchem Umfang sie unter den vorgegebenen Bedingungen an diesem Geschäft teilnehmen möchten.

Etwas komplexer sind die Zusammenhänge beim Zinstender. Die Geschäftsbanken geben Gebote ab über Umfang und Zinssatz, den sie zu zahlen bereit sind. Die Höchstgebote werden bedient.[6] In der klassischen Version eines Zinstenders gibt die Zentralbank *vor* der Abgabe der Bankgebote bekannt, in welchem Umfang sie Wertpapierpensionsgeschäfte betreiben möchte. Die Höhe des Zinssatzes[7] würde so ausschließlich von der Nachfrage der Geschäftsbanken abhängen; von einer Zinssteuerung durch die Zentralbank könnte in diesem Fall nicht mehr gesprochen werden. Die Deutsche Bundesbank gibt deshalb das Volumen der Pensionsgeschäfte erst bekannt, *nachdem* die Geschäftsbanken ihre Gebote abgegeben haben. So liegt ihr faktisch eine Preis-Absatz-Funktion vor, aus der sie die angemessene Kombination wählen kann (vgl. BOFINGER et al., 1996, S. 433).

[6] Die Bundesbank teilte Zinstendergeschäfte bis zum Herbst 1988 nach dem holländischen Verfahren zu. Bis zu diesem Zeitpunkt gab sie auch einen Mindestzinssatz vor. Seit September 1988 vergab sie die Pensionsgeschäfte nach dem amerikanischen Verfahren. In dem hier behandelten Zusammenhang ist eine Unterscheidung der Zinstendergeschäfte nicht erforderlich. Eine detaillierte Darstellung der Feinsteuerung des Geldmarktes mit Hilfe der Wertpapierpensionsgeschäfte findet sich bei NAUTZ (1995).

[7] Beim holländischen Verfahren ist hiermit der einheitliche Satz, beim amerikanischen Verfahren der marginale Zuteilungssatz gemeint.

Die Zentralbank entscheidet frei, ob sie ein Mengen- oder Zinstendergeschäft durchführt. Nimmt man nun an, dass sie außerdem in der Lage ist, die liquiditätspolitische Situation der Geschäftsbanken korrekt einzuschätzen, dann kann die Wahl eines Zinstendergeschäftes, bei dem ein Pensionssatz zustandekommt, der zu einem steigenden Tagesgeldsatz führt, als autonome, kontraktive Aktion der Zentralbank interpretiert werden. Es scheint also legitim, bei der Untersuchung nicht zwischen Zins- und Mengentender zu unterscheiden, und in jedem der beschriebenen Fälle die Intention der Zentralbank an der Differenz von aktuellem Tagesgeldsatz und Wertpapierpensionssatz abzulesen.

Diese Überlegungen lassen jedoch die Tatsache unberücksichtigt, dass in derselben Periode auch der Tagesgeldsatz auf den Wertpapierpensionssatz reagiert. So schreibt die DEUTSCHE BUNDESBANK, dass sich dieser „normalerweise recht eng am Zinssatz des jeweils letzten Pensionsgeschäftes orientiert. Insofern ist der Pensionssatz der 'operative Leitzins'." (DEUTSCHE BUNDESBANK, 1994, S. 64) Da der Tagesgeldsatz innerhalb der betrachteten Periode von einem Monat zudem wesentlich flexibler als der Pensionssatz ist, kann davon ausgegangen werden, dass er sich an eine autonome Erhöhung des Pensionssatzes bereits innerhalb dieses Zeitraumes anpasst.

Aufgrund der wechselseitigen Beziehung beider Größen ist die sberführung des unrestringierten Modells in ein identifizierbares Modell ausschließlich über eine Choleski-Zerlegung nicht mehr zu rechtfertigen. Die Beziehungen zwischen den Variablen des Systems können nicht mehr in eine rekursive Ordnung gebracht werden, da davon ausgegangen werden muss, dass innerhalb der betrachteten Periode[8] sowohl der Tagesgeldsatz Einfluss auf den Wertpapierpensionssatz hat als auch umgekehrt. Es muss nach alternativen Koeffizientenrestriktionen für die Matrix der kontemporären Beziehungen $\boldsymbol{A}_0^{-1}$ gesucht werden, die ebenfalls eine exakte Identifikation des strukturellen VAR-Modells ermöglichen (vgl. hierzu Kap. 2.2.3). Diese sollen aus den vorab dargestellten ökonomischen Zusammenhängen abgeleitet werden.

[8]Bei der Verwendung von Daten höherer Frequenz, z. B. Wochendaten, wäre es möglich, eine einseitige Wirkungsrichtung zwischen Geldmarkttagessatz und Wertpapierpensionssatz zu modellieren: Da Wertpapierpensionsgeschäfte maximal einmal pro Woche stattfinden, würde innerhalb dieser Periode der Wertpapierpensionssatz nicht auf Änderungen des Tagesgeldsatzes reagieren. Daten dieser Frequenz stehen aber für die anderen Variablen des Systems nicht zur Verfügung.

Die Beziehung zwischen Output, Preisniveau, Geldmenge und Geldmarkt soll weiterhin der Wold-Ordnung entsprechen. Lediglich der Geldmarkt, hier beschrieben durch den Geldmarkttagessatz und den Wertpapierpensionssatz, soll einer nicht-rekursiven Ordnung unterliegen. Der Vektor der Störterme des unrestringierten VAR-Modells $\boldsymbol{\epsilon}_t = \boldsymbol{A}_0^{-1}\boldsymbol{v}_t$ hat nun folgende Gestalt:

$$\begin{pmatrix} \epsilon_t^{BIP} \\ \epsilon_t^{P} \\ \epsilon_t^{M3} \\ \epsilon_t^{R_T} \\ \epsilon_t^{R_P} \end{pmatrix} = \begin{pmatrix} 1 & 0 & 0 & 0 & 0 \\ \alpha_{21} & 1 & 0 & 0 & 0 \\ \alpha_{31} & \alpha_{32} & 1 & 0 & 0 \\ \alpha_{41} & \alpha_{42} & \alpha_{43} & 1 & \gamma_{12} \\ \alpha_{51} & \alpha_{52} & \alpha_{53} & \gamma_{21} & 1 \end{pmatrix} \begin{pmatrix} v_t^{BIP} \\ v_t^{P} \\ v_t^{M3} \\ v_t^{R_T} \\ v_t^{R_P} \end{pmatrix}. \quad (5.1)$$

Es sollen nun die bisherigen Ausführungen zu den kontemporären Beziehungen auf dem Geldmarkt formalisiert werden. Es wird die Annahme getroffen, dass Innovationen im Wertpapierpensionssatz innerhalb der Periode zu einer gleichartigen Veränderung des Tagesgeldsatzes führen, d. h. $\gamma_{12} = 1$. Der Geldmarkttagessatz reagiert mit noch zu bestimmenden Parametern α_{41} bis α_{43} unmittelbar auf Innovationen in den Variablen Output, Preisniveau und Geldmenge. Zudem verändert er sich aufgrund autonomer Innovationen $v_t^{R_T}$. Es gilt somit:

$$\epsilon_t^{R_T} = \alpha_{41}v_t^{BIP} + \alpha_{42}v_t^{P} + \alpha_{43}v_t^{M3} + v_t^{R_T} + v_t^{R_P}. \quad (5.2)$$

Die Reaktionsfunktion der Zentralbank lautet:

$$\epsilon_t^{R_P} = \alpha_{51}v_t^{BIP} + \alpha_{52}v_t^{P} + \alpha_{53}v_t^{M3} + \gamma_{21}v_t^{R_T} + v_t^{R_P}. \quad (5.3)$$

Der Wertpapierpensionssatz ändert sich aufgrund von Innovationen in Output, Preisniveau und Geldmenge, aufgrund von Innovationen in R_T und als Folge von Innovationen in R_P selbst. Letztere stellen die autonome geldpolitische Aktion der Zentralbank dar.

Mit der zusätzlichen Restriktion $\gamma_{12} = 1$ enthält $\boldsymbol{A}_0^{-1}$ nun genau die erforderliche Anzahl Restriktionen, die das unrestringierte VAR-Modell in ein identifizierbares Modell überführt. Nach erfolgter Ermittlung des strukturellen VAR(p)-Modells lassen sich die Reaktionen der Variablen auf einen orthogonalen Impuls in Form einer Impuls-Antwort-Funktion abbilden. Zur Ermittlung von Impuls-Antwort-Funktionen und der Herleitung der Prognosefehler-Varianzzerlegung sei auf die entsprechenden Abschnitte in Kapitel 2 verwiesen.

5.3 Vergleich mit dem Standard-VAR-Modell

Das fünfdimensionale VAR-System wird ebenfalls als VAR(12)-Modell für den Zeitraum Januar 1985 bis einschließlich Dezember 1997 geschätzt. Es enthält fünf endogene Variablen: Output ($BIPk$), Preisniveau (P), Geldmenge ($M3k$), Tagesgeldsatz (R_T) und Wertpapierpensionssatz (R_P). Als deterministische Variablen werden analog zum Standard-Modell des vorherigen Kapitels Konstante, Trend sowie Monatsdummies verwendet. Auch hier kann für die Residuen der Einzelgleichungen die Freiheit von Autokorrelation nicht abgelehnt werden (vgl. Tabelle 5.1).

Tabelle 5.1: Residualanalyse des unrestringierten VAR(12)-Modells

	$BIPk$	P	$M3k$	R_T	R_P
Q(1)[a]	0.00	0.01	0.07	0.14	0.16
Q(2)	0.13	0.08	0.09	0.15	0.86
Q(4)	0.65	5.00	1.56	0.67	1.71
Q(12)	2.57	10.20	6.26	4.89	3.73

[a]) $Q(s)$: Ljung/Box-Q-Statistik; Nullhypothese „Keine signifikante Autokorrelation der Ordnung 1 bis s"; Q ist asymptotisch χ^2-verteilt mit s Freiheitsgraden.
*,**: Nullhypothese kann bei Irrtumswahrscheinlichkeit von höchstens 5%, 1% abgelehnt werden.

Auf Seite 253 im Anhang finden sich die Ergebnisse für die Koeffizientenmatrizen $\hat{\phi}_1, \ldots, \hat{\phi}_p$. Die Tabelle 5.2 zeigt die geschätzte Varianz-Kovarianzmatrix und die Korrelationskoeffizienten für das Modell.

Lediglich in zwei Fällen hat der Korrelationskoeffizient ein problematisches Niveau. Zum einen fällt er zwischen dem Output $BIPk$ und der Geldmenge $M3k$ mit mehr als 0.3 relativ hoch aus. Ökonomische Überlegungen sprechen jedoch dagegen, eine andere Ordnung dieser beiden Variablen zu verwenden. Wenn es kontemporäre Beziehungen zwischen beiden Variablen gibt, dann muss man sicherlich davon ausgehen, dass die monetäre Variable $M3k$ schneller auf Änderungen der realen Variable $BIPk$ reagiert als umgekehrt. Die Geldmenge sollte also im VAR-Modell nach der Outputvariable erscheinen. Zwischen Tagesgeld- und Wertpapierpensionssatz existiert ein Korrelationskoeffizient von 0.8. Dieser Koeffizient führt jedoch nicht zu einer Umgruppierung und erneuten Schätzung des Modells, da die Bezie-

Tabelle 5.2: Varianz-Kovarianzmatrix der Residuen des unrestringierten VAR(12)-Modells

Varianz-Kovarianzmatrix $\hat{\boldsymbol{\Omega}}$					
	$BIPk$ [a]	P	$M3k$	R_T	R_P
$BIPk$	0.00032060				
P	-0.00000029	0.00000160			
$M3k$	-0.00001918	-0.00000009	0.00001158		
R_T	0.00047404	-0.00001489	-0.00002934	0.02016222	
R_P	0.00035167	-0.00002914	-0.00002845	0.01157244	0.01038046
Korrelationskoeffizienten					
	$BIPk$	P	$M3k$	R_T	R_P
$BIPk$	1.000				
P	-0.013	1.000			
$M3k$	-0.315	-0.021	1.000		
R_T	0.186	-0.083	-0.061	1.000	
R_P	0.193	-0.226	-0.082	0.800	1.000

[a]) $BIPk$: Output; P: Preisniveau; $M3k$: Geldmenge; R_T: Tagesgeldsatz R_P: Wertpapierpensionssatz. Eine genaue Beschreibung der verwendeten Daten befindet sich in Kapitel 4.2.

hung zwischen den beiden Variablen strukturell modelliert werden soll und die Reihenfolge ihres Auftretens im unrestringierten VAR-Modell deshalb unbedeutend ist.

Die Varianz-Kovarianzmatrix $\hat{\boldsymbol{\Omega}}$ soll nun so zerlegt werden, dass die Matrix der kontemporären Beziehungen $\hat{\boldsymbol{A}}_0^{-1}$ sowie die Varianz-Kovarianzmatrix $\hat{\boldsymbol{D}}$ der orthogonalen Residuen bestimmt werden kann. Bereits in Kapitel 2 wurde gezeigt, dass gilt:

$$\hat{\boldsymbol{\Omega}} = \hat{\boldsymbol{A}}_0^{-1}\hat{\boldsymbol{D}}(\hat{\boldsymbol{A}}_0^{-1})'. \tag{5.4}$$

Im vorliegenden Fall ist die Matrix $\hat{\boldsymbol{A}}_0^{-1}$ allerdings keine untere Dreiecksmatrix.[9] Konkret haben die Matrizen folgende Gestalt:

[9]Diese Form erhält $\hat{\boldsymbol{A}}_0^{-1}$ nur dann, wenn die Variablen des Modells eine rein rekursive Ordnung aufweisen. Vgl. auch Kap. 2.2.3.

$$\hat{A}_0^{-1} = \begin{pmatrix} 1 & 0 & 0 & 0 & 0 \\ \hat{\alpha}_{21} & 1 & 0 & 0 & 0 \\ \hat{\alpha}_{31} & \hat{\alpha}_{32} & 1 & 0 & 0 \\ \hat{\alpha}_{41} & \hat{\alpha}_{42} & \hat{\alpha}_{43} & 1 & 1 \\ \hat{\alpha}_{51} & \hat{\alpha}_{52} & \hat{\alpha}_{53} & \hat{\gamma}_{21} & 1 \end{pmatrix}$$

$$\hat{D} = \begin{pmatrix} \hat{d_{11}} & 0 & 0 & 0 & 0 \\ 0 & \hat{d_{22}} & 0 & 0 & 0 \\ 0 & 0 & \hat{d_{33}} & 0 & 0 \\ 0 & 0 & 0 & \hat{d_{44}} & 0 \\ 0 & 0 & 0 & 0 & \hat{d_{55}} \end{pmatrix}.$$

Über die schrittweise trianguläre Faktorisierung der Matrix $\hat{\Omega}$[10] erhält man die ersten drei Spalten von $\hat{A}_0^{-1}$ (die $\hat{\alpha}$-Koeffizienten) sowie die Varianzen der ersten drei orthogonalen Residuen ($\hat{d_{11}}$,$\hat{d_{22}}$ und $\hat{d_{33}}$). Die Berechnung der Werte für die Varianz der orthogonalen Residuen $v_t^{R_T}$ und $v_t^{R_P}$ ($\hat{d_{44}}$ und $\hat{d_{55}}$) sowie des Reaktionskoeffizienten $\hat{\gamma}_{21}$ erfolgt über die nicht-rekursiven Beziehungen, die sich durch Ausmultiplizieren und elementweiser Betrachtung des Gleichungssystems (5.4) ergeben:

$$\begin{aligned} \hat{\Omega}_{44} &= \hat{\alpha}_{41}^2\hat{d}_{11} + \hat{\alpha}_{42}^2\hat{d}_{22} + \hat{\alpha}_{43}^2\hat{d}_{33} + \hat{d}_{44} + \hat{d}_{55} \\ \hat{\Omega}_{45} = \hat{\Omega}_{54} &= \hat{\alpha}_{41}\hat{\alpha}_{51}\hat{d}_{11} + \hat{\alpha}_{42}\hat{\alpha}_{52}\hat{d}_{22} + \hat{\alpha}_{43}\hat{\alpha}_{53}\hat{d}_{33} + \hat{\gamma}_{21}\hat{d}_{44} + \hat{d}_{55} \\ \hat{\Omega}_{55} &= \hat{\alpha}_{51}^2\hat{d}_{11} + \hat{\alpha}_{52}^2\hat{d}_{22} + \hat{\alpha}_{53}^2\hat{d}_{33} + \hat{\gamma}_{21}^2\hat{d}_{44} + \hat{d}_{55}. \end{aligned} \tag{5.5}$$

Das Einsetzen der Werte der bereits ermittelten Parameter führt zu folgendem Gleichungssystem:

$$\begin{aligned} 0.01933019 &= \hat{d}_{44} + \hat{d}_{55} \\ 0.01079013 &= \hat{\gamma}_{21}\hat{d}_{44} + \hat{d}_{55} \\ 0.00946697 &= \hat{\gamma}_{21}^2\hat{d}_{44} + \hat{d}_{55}, \end{aligned} \tag{5.6}$$

welches nach den unbekannten Werten $\hat{\gamma}_{21}$, $\hat{d}_{44}$ und $\hat{d}_{55}$ aufgelöst werden kann. Tabelle 5.3 bildet die Matrix der kontemporären Beziehungen $\hat{A}_0^{-1}$

[10] Vgl. hierzu HAMILTON (1994, S. 87 ff.).

und die Varianz-Kovarianzmatrix $\hat{D}$ der orthogonalen Residuen ab. Hiermit sind alle Parameter bekannt, die zur Ermittlung der Impuls-Antwort-Funktionen benötigt werden.[11]

Tabelle 5.3: Matrix der kontemporären Beziehungen und Varianz-Kovarianzmatrix der orthogonalen Residuen

Matrix der kontemporären Beziehungen $\hat{A}_0^{-1}$					
	$BIPk$ [a]	P	$M3k$	R_T	R_P
$BIPk$	1.0000	0	0	0	0
P	-0.0009	1.0000	0	0	0
$M3k$	-0.0598	-0.0671	1.0000	0	0
R_T	1.4786	-9.0397	-0.1871	1.0000	1.0000
R_P	1.0969	-18.0166	-0.8964	0.1549	1.0000

Diagonalelemente der Varianz-Kovarianzmatrix $\hat{D}$					
	$BIPk$	P	$M3k$	R_T	R_P
	0.00032060	0.00000160	0.00001043	0.01010581	0.00946697

[a]) Variablen: siehe Tabelle 5.2.

Das vorliegende Modell erlaubt die Zerlegung in angebotsseitige und nachfrageseitige Störungen. Die Geldpolitik der Zentralbank wird über Innovationen des Wertpapierpensionssatzes abgebildet. Die Standardabweichung beträgt in diesem Fall 0.0973.[12] Die Abbildung 5.2 zeigt die Reaktionen auf eine autonome, nicht-antizipierte Erhöhung des Wertpapierpensionssatzes in Höhe einer Standardabweichung, während Abbildung 5.3 die Reaktionen darstellt, die auf eine nicht-antizipierte Erhöhung des Tagesgeldsatzes in Höhe einer Standardabweichung erfolgen.[13] Dies sind die nachfrageindu-

[11] Impuls-Antwort-Funktionen aus strukturellen VAR-Modellen, deren Variablen nicht der Wold-Ordnung unterliegen, ließen sich zum Zeitpunkt der Untersuchung nicht mittels Standard-Ökonometriesoftware ermitteln. Gleiches gilt für die Standardfehlerbänder für diese Funktionen und für die später folgende Prognosefehler-Varianzzerlegung. Die erforderlichen Programme wurden deshalb in GAUSS angefertigt. Sie befinden sich in Anhang B.6.

[12] Es handelt sich also bei diesem Impuls im Vergleich zu der Innovation im Standard-Modell des letzten Abschnitts um einen etwas geringeren Schock.

[13] Die Standardabweichung für Innovationen des Tagesgeldsatzes beträgt 0.1005.

Abbildung 5.2: Die Reaktion auf einen kontraktiven geldpolitischen Impuls (Positive Innovation in R_P in Höhe einer Standardabweichung)

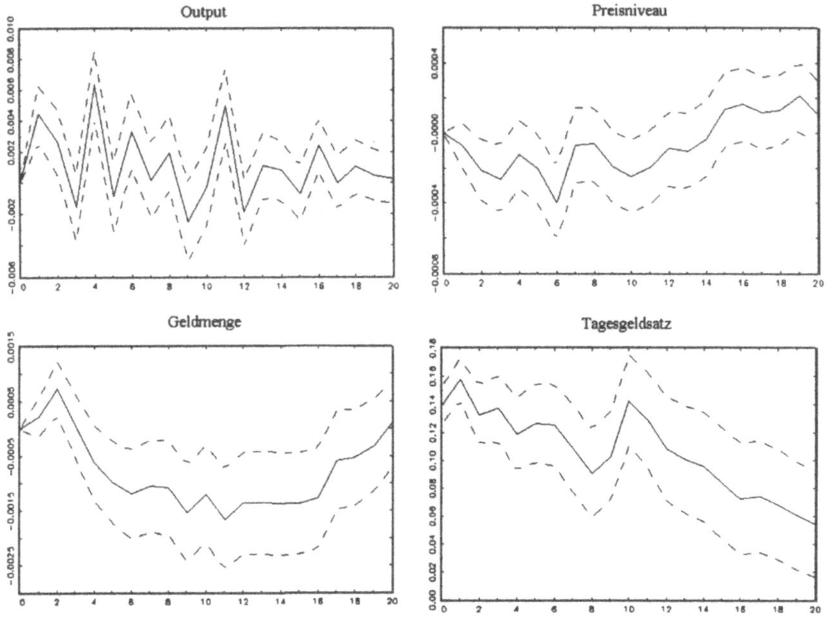

zierten Impulse auf den Zinssatz. Die Ermittlung der Standardfehlerbänder erfolgte über die numerische Simulation gemäß den Ausführungen in HAMILTON (1994, Kap. 11.7).[14]

Die Reaktionsfunktion des Output in Abbildung 5.2 zeigt wie im Fall des Standard-Modells nur unbedeutende Effekte einer kontraktiven zinspolitischen Aktion der Zentralbank. Auch ein nachfrageinduzierter Zinsschock (Abbildung 5.3) führt nicht zu bedeutsamen Veränderungen in der Outputvariable. Allerdings hat die negative Outputreaktion in den ersten zwei Monaten nach dem zinserhöhenden Impuls ein signifikantes Niveau.

Die Geldmenge sinkt, nach einem geringen Anstieg in den ersten zwei bis drei Monaten, ebenfalls erwartungsgemäß als Reaktion auf den kontraktiven Zinsimpuls der Bundesbank (vgl. Abbildung 5.2). Das Sinken der Geldmenge im Anschluss an eine kontraktive geldpolitische Aktion fällt in diesem

[14]Das dazu in GAUSS erstellte Programm befindet sich ebenfalls im Anhang B.6.

Abbildung 5.3: Die Reaktion auf einen nachfrageinduzierten Impuls (Positive Innovation in R_T in Höhe einer Standardabweichung)

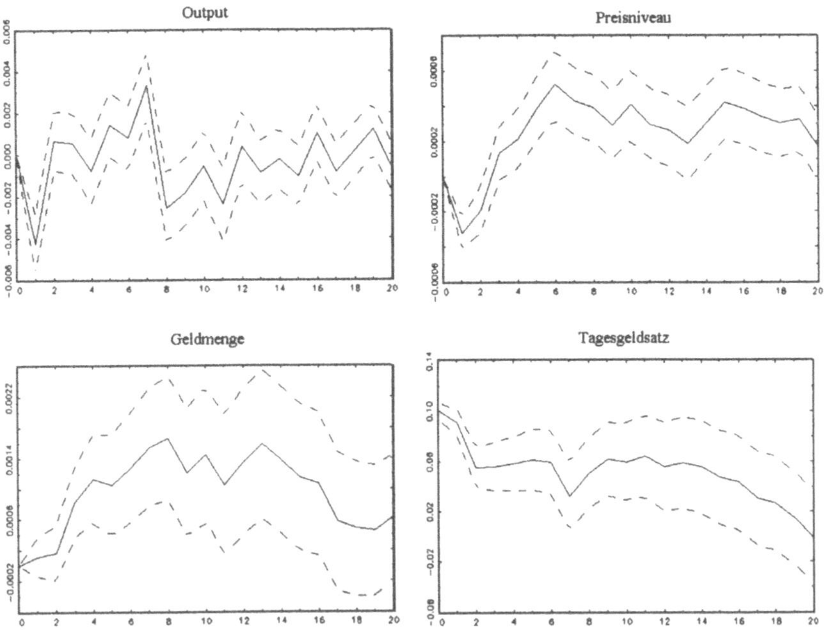

Modell jedoch wesentlich stärker aus als im Standard-Modell (vgl. Abbildung 4.8). So erreicht die Geldmenge im Standard-Modell ihre maximale Veränderung im elften Monat mit 0.000589, während die maximale Reaktion auf einen Impuls in Höhe einer Standardabweichung im erweiterten Modell bei 0.001667 ebenfalls im elften Monat liegt.

Eine nachfrageseitige Erhöhung des Zinssatzes führt hingegen zu einer Erhöhung der Geldmenge (vgl. Abbildung 5.3). Diese Beobachtungen stimmen mit den Ausführungen der Bundesbank, dass sie eine erhöhte Nachfrage nach liquiden Mitteln durch Ausweitung der Geldmenge befriedigt, überein. Steigen Wertpapierpensions- und Tagesgeldsatz dagegen im Rahmen einer geldpolitischen Maßnahme, so führt dies zu einer sinkenden Geldmenge. Dieser Befund erklärt auch die unterschiedliche Höhe der Reaktion auf eine kontraktive Maßnahme im erweiterten und im Standard-Modell. Das Standard-Modell vermischt die Effekte von angebots- und nachfrageinduzierten Veränderungen des Tagesgeldsatzes. Da die Geldmenge auf nachfrageseitige Schocks mit einer Erhöhung reagiert, müssen die Reaktionen im Standardmodell zwangsläufig geringer ausfallen als bei Betrachtung eines reinen, isolierten Angebotsschocks. Die übliche Art der VAR-Analyse unterschätzt also die tatsächliche Wirkung geldpolitischer Maßnahmen auf die Geldmenge.

Auch bei der Reaktion des Preisniveaus führt die isolierte Betrachtung von angebots- und nachfrageinduzierten Zinsimpulsen zu interessanten Ergebnissen. Der rein angebotsseitige Schock führt zu einer deutlich negativen Reaktion des Preisniveaus. Die nachfolgende Erhöhung erreicht im Gegensatz zum Standard-Modell kein signifikantes Niveau. Durch kontraktive Geldpolitik kann das Preisniveau gesenkt werden. Erst die Betrachtung der Folgen eines nachfrageinduzierten kontraktiven Schocks führt zu einer Reaktionsfunktion, wie sie als sog. „Preisrätsel" hinlänglich bekannt ist. Für einen nachfrageseitigen Zinsimpuls ist dies allerdings eine schlüssige Reaktion, da eine Verknappung der Mittel am Tagesgeldmarkt aufgrund verstärkter Nachfrage auf eine zunehmende wirtschaftliche Tätigkeit und damit möglicherweise auf Preissteigerungstendenzen hinweist. Es wäre also möglich, dass das Phänomen „Preisrätsel" zumindest zum Teil auf die Vermischung von nachfrage- und angebotsseitigen Störungen in den betroffenen Untersuchungen zurückzuführen ist und nicht ausschließlich auf die Existenz von unberücksichtigten Frühindikatoren. Auch die beobachtete Reaktion des Preisniveaus im Standard-VAR-Modell kann somit auf eine Vermischung von angebots- und nachfrageseitigen Störungen zurückgeführt werden.

Insgesamt belegt der Vergleich von Standard-VAR-Modell und erweitertem Ansatz die Notwendigkeit, das Identifikationsproblem, welches der alleinigen Verwendung des Tagesgeldsatzes innewohnt, zu lösen, um zwischen angebots- und nachfrageseitigen Störungen diskriminieren zu können. *Das Standard-VAR-Modell mit alleiniger Verwendung des Tagesgeldsatzes als geldpolitischer Variable unterschätzt die tatsächlichen Wirkungen geldpolitischer Eingriffe, da die Effekte von angebots- und nachfrageseitigen Impulsen vermischt werden.* Allerdings gilt dies nur für die monetären Variablen des Systems. Die Outputvariable zeigte auch im erweiterten Modell nur unbedeutende Reaktionen auf einen geldpolitischen Impuls.

Im Rahmen des erweiterten, strukturellen Modells kann quantifiziert wer-

Tabelle 5.4: Prognosefehler-Varianzzerlegung des Geldmarkttagessatzes

Prognosefehler-varianz von	nach ... Perioden	erklärt durch Innovationen in $BIPk^a$	P	$M3k$	R_T	R_P
		zu ... %				
R_T	1	4.24	0.49	0.31	27.89	67.08
	2	7.50	0.77	0.32	23.54	67.86
	5	15.23	0.43	1.04	18.54	64.76
	10	27.53	0.69	1.02	14.61	56.15
	15	37.34	0.65	1.88	12.71	47.42
	20	43.17	1.09	1.89	11.09	42.76

[a]Variablen: siehe Tabelle 5.2.

den, wie hoch der Anteil der Angebots- und der Nachfrageschocks an der Entwicklung des Tagesgeldsatzes ist. Dies geschieht mit Hilfe der Prognosefehler-Varianzzerlegung des Geldmarkttagessatzes.[15] Sie sagt aus, wie viel Prozent der Prognosefehler-Varianz der betrachteten Variable nach s Perioden durch nicht-antizipierte Störungen in den anderen endogenen Variablen des Systems verursacht wurde.[16]

Wie Tabelle 5.4 zeigt, sind orthogonale Innovationen des Output zu mehr als 40 Prozent für die Prognosefehler-Varianz des Tagesgeldsatzes nach zwanzig Monaten verantwortlich, Innovationen des Preisniveau zu lediglich 1 Prozent und Innovationen der Geldmenge zu etwa 2 Prozent. Die verbleibenden 53.85 Prozent werden durch Innovationen in Wertpapierpensionssatz und Tagesgeldsatz selbst erklärt. Hierbei sind Innovationen des Wertpapierpensionssatzes zu 42.76 Prozent und Innovationen des Tagesgeldsatzes zu 11.09 Prozent für die Prognosefehler-Varianz des Tagesgeldsatzes verantwortlich.

Bei der Interpretation dieser Zahlen muss wieder auf das zugrunde liegende Modell verwiesen werden. Innovationen im Wertpapierpensionssatz bilden

[15]Zur Methodik vgl. Kapitel 2.2.5. Das verwendete Programm befindet sich im Anhang B.6.

[16]Allerdings gilt es zu beachten, dass es sich bei dem untersuchten Modell nicht um ein kovarianz-stationäres VAR-Modell handelt. Der mittlere quadratische Fehler wird also für $s \to \infty$ nicht gegen die unbedingte Varianz der Variablen konvergieren (vgl. Kap. 2.4). Trotzdem bietet die Zerlegung eine gute Einschätzung der Bedeutung verschiedener Schocks auf die Prognosefehler-Varianz der betrachteten Variablen.

die angebotsseitigen Störungen ab, demzufolge beschreiben die Innovationen im Geldmarkttagessatz die Störungen, die nicht aufgrund der Entwicklung von Output, Preisniveau, Geldmenge und nicht aufgrund angebotsseitiger Einflüsse zustandekommen. Es handelt sich bei den Innovationen des Geldmarkttagessatzes in diesem Modell um die nachfrageseitig induzierten Bewegungen dieses Zinssatzes. Hieraus lässt sich jedoch folgern, dass die Innovationen des Geldmarkttagessatzes, die in den Standard-VAR-Modellen zur Abbildung autonomer geldpolitischer Aktionen genutzt werden, bei genauerer Betrachtung zu circa 80 Prozent tatsächlich von angebotsseitigen Störungen beeinflusst werden, dass etwa 20 Prozent allerdings nachfrageinduzierte Störungen sind. Bei der alleinigen Verwendung des Tagesgeldsatzes im Rahmen einer Impuls-Antwort-Analyse muss deshalb berücksichtigt werden, dass durch die Vermischung von angebots- und nachfrageseitigen Störungen eine Tendenz zur Unterschätzung der Wirksamkeit geldpolitischer Maßnahmen der Bundesbank besteht.

Kapitel 6

Der traditionelle zinstheoretische Transmissionsmechanismus monetärer Impulse: Eine kritische Analyse

In den vorangegangenen Kapiteln wurde untersucht, inwieweit es Wirkungen der Geldpolitik gibt, die durch den Transmissionsprozess eines Zinskanals zu erklären sind. Dieser traditionelle Ansatz enthält jedoch einige problematische Annahmen, die kritisch zu diskutieren sind. Die folgenden Kapitel beschäftigen sich aus diesem Grund mit der Theorie des Kreditkanals als Alternative bzw. Erweiterung zum Zinskanal. Es wird insbesondere zu prüfen sein, ob die Konzentration auf den traditionellen Ansatz, der eine aggregierte Betrachtung der Zusammenhänge ausreichend erscheinen lässt, nicht bedeutende Effekte geldpolitischer Maßnahmen überdeckt.

6.1 Wirkungsweise der Geldpolitik

Als Einführung in eine Arbeit über alternative monetäre Transmissionsmechanismen bietet es sich an, die übliche Sichtweise des Zusammenhangs zwischen monetärer Sphäre und Realwirtschaft darzustellen und zu diskutieren. Der traditionelle Zinskanal ist Bestandteil des keynesianischen IS/LM-Modells und somit sicherlich der bekannteste monetäre Transmissionsmechanismus der ökonomischen Theorie. Seine detaillierte Darstellung erlaubt zudem Erweiterungen und Abgrenzungen, die für spätere Erläuterungen bedeutsam sind. Die folgenden Ausführungen sollen insbesondere deutlich machen, welche Annahmen diesem Transmissionsprozess implizit zugrunde liegen (vgl. hierzu auch HUBBARD 1995, S. 2 ff., MISHKIN 1996, S. 2 ff. sowie CECCHETTI 1995, S. 84 f.).

Voraussetzung für die Durchführung von Geldpolitik ist eine Institution, die monopolistische Anbieterin eines Assets (=Vermögenswert) ist, für das *Nachfrage besteht* und welches *nicht perfekt durch ein anderes Asset substituierbar* ist. Im Falle der Bundesrepublik Deutschland ist die Deutsche Bundesbank diese Institution. Ist diese Voraussetzung erfüllt, so kann eine autonome Steuerung des Außengeldes[1] durch die Zentralbank Wirkungen zeigen.

Die monetäre Basis ist eine Variable, die diese Anforderungen erfüllen kann. Sie ist definiert als Summe der Zentralbankgeldbestände der Kreditinstitute und des Bargeldbestandes der Nichtbanken. Die notwendige Voraussetzung für die Möglichkeit einer geldpolitischen Einflussnahme durch die Zentral-

[1] Man unterscheidet bei den Arten der Geldschöpfung zwischen Innen- und Außengeld: Bei Innengeld erfolgt die Geldschöpfung durch eine gleichzeitige Verschuldung innerhalb des privaten Sektors. Bedeutsamstes Beispiel für Innengeld ist das Giralgeld. Verändert sich durch Preisniveauvariation der Realwert des Innengeldes, so hat dies keine Veränderung des privaten, volkswirtschaftlichen Nettovermögens zur Folge, da sich Forderungen und Verbindlichkeiten innerhalb des privaten Sektors, der als homogen angenommen wird, kompensieren.

Außengeldschöpfung findet ohne eine zusätzliche Verschuldung der Nichtbanken statt. Eine Erhöhung des nominalen Geldangebotes durch die Zentralbank (z. B. durch den Ankauf von Offenmarktpapieren oder Devisen oder durch Verringerung der Reserveverpflichtung) erfüllt diese Bedingung. Verändert sich der Realwert des Außengeldes, so ändert sich die reale Vermögenssituation des privaten Sektors und es können Vermögenseffekte auftreten. (Vgl. zu der Abgrenzung auch GURLEY und SHAW 1960, S. 72 ff. sowie ISSING 1994, S. 146 f.)

bank sei durch die Existenz einer Reserveverpflichtung der Geschäftsbanken in Einheiten des Zentralbankgeldes sichergestellt.[2] Zur Vereinfachung soll außerdem von der Betrachtung von Bargeld abgesehen werden, die monetäre Basis reduziert sich dann auf die Reserven.

Die Geschäftsbanken halten Reserven und festverzinsliche Wertpapiere auf der Aktivseite ihrer Bilanz, auf der Passivseite räumen sie den Nichtbanken Sichteinlagen ein und schaffen dadurch Giralgeld.

Die Nichtbanken halten auf der Aktivseite ein Portfolio aus Sichteinlagen und Wertpapieren. Die Aufteilung entspreche einem Optimierungskalkül. Eine Spezifikation der Verbindlichkeiten im Nichtbankensektor ist für die Darstellung des traditionellen Wirkungsmechanismus überflüssig, implizit geht dieser von einer Invarianz der Kapitalstruktur des Nichtbankensektors aus.[3] Abbildung 6.1 stellt die relevanten Bilanzgrößen im traditionellen Modell zusammen.

Die Zentralbank betreibt Geldpolitik über eine Änderung des nominalen Angebotes an Außengeld. Unter den genannten Annahmen bedeutet kontraktive Geldpolitik eine autonome Reduktion der monetären Basis. Auf welche Weise dies geschieht, ist für den traditionellen Transmissionsmechanismus unerheblich. Die Geschäftsbanken sind gezwungen, die Menge der von ihnen benötigten Reserven zu reduzieren. Bei Existenz einer Mindestreserveverpflichtung führt dies zwangsläufig dazu, dass sie den Nichtbanken weniger Sichteinlagen einräumen können.[4] Die nominale Geldmenge, die bei Vernachlässigung des Bargeldbestandes der Nichtbanken nur aus den Sicht-

---

[2] Es sind auch andere Möglichkeiten denkbar, z. B. die Notwendigkeit, bestimmte Bankgeschäfte in Außengeld abzuwickeln.

Es wurde diese Form gewählt, um bereits zu diesem Zeitpunkt den Geschäftsbankensektor einbeziehen zu können. Es soll jedoch betont werden, dass der zinstheoretische Transmissionsmechanismus der traditionellen Ausprägung keiner Einbeziehung dieses Sektors oder anderer Finanzintermediäre zur Sicherstellung seiner Funktionsfähigkeit bedarf: Ließe man den Geschäftsbankensektor unbeachtet, so reduziert sich die monetäre Basis auf den Bargeldbestand der Nichtbanken. Gibt es zu diesem kein vollkommenes Substitut und besteht Nachfrage nach Bargeld, so lassen sich analoge Ergebnisse zu der hier gewählten Betrachtungsweise ableiten. Die Einzigartigkeit des Geschäftsbankensektors besteht in der traditionellen Sichtweise lediglich in seiner Fähigkeit, Giralgeld zu schöpfen (vgl. ALEXANDER und CARAMAZZA, 1994, S. 401).

[3] Vgl. hierzu auch Kap. 6.4.1.

[4] Es soll angenommen werden, dass Überschussreserven nur in sehr geringem Maße gehalten werden, da sie unverzinslich sind.

Abbildung 6.1: Relevante Bilanzgrößen im traditionellen Modell

Zentralbank	
Forderungen	Reserven (R)

Geschäftsbanken	
Reserven (R) Wertpapiere (B^d)	Sicht- einlagen (D)

konsolidierte Bankbilanz	
Forderungen Wertpapiere (B^d)	Sicht- einlagen (D)

Nichtbanken	
Sicht- einlagen (D) Wertpapiere (B^d)	(Finanzierung)

einlagen besteht, nimmt ab.

Die zweite Voraussetzung für die Wirksamkeit der Geldpolitik ist die Reaktion der Preise. Hierbei ist es notwendig, dass sich die Preise nicht sofort und vollständig anpassen. Gründe für eine solche Preisträgheit lassen sich in der aktuellen Literatur ausreichend finden. Neokeynesianer argumentieren, dass menu-costs, d. h. die Kosten einer Preisänderung, zu dieser Rigidität der Preise führen können. Die Unternehmen vergleichen bei einer Nachfrageveränderung die Kosten einer Preisanpassung mit denen des Konstanthaltens der Preise. Es kann für das Unternehmen effizient sein, auf eine Anpassung der Preise zu verzichten.[5] MELTZER (1995) betont dagegen die Unsicherheit über die zukünftige Entwicklung und die Kosten der Informationsbeschaffung als Ursachen für die Trägheit der Preise.[6]

Passen sich die Preise nicht sofort und vollständig an und war die vorherige Portfolioaufteilung für die Nichtbanken optimal, dann entsteht ein Ungleichgewicht auf dem Geldmarkt. Das Angebot an realer Geldmenge ist

[5] MANKIW (1985), AKERLOF und YELLEN (1985) und BLANCHARD und KIYOTAKI (1987) entwickeln das Konzept der menu-costs und modellieren die gesamtwirtschaftliche Wirkung des zugrunde liegenden individuellen Entscheidungsverhaltens.

[6] Vgl. auch LIEDTKE (1997) für einen umfassenden Überblick über neuere Entwicklungen der Theorien des Preissetzungsverhaltens.

geringer als die Nachfrage nach Realkasse.

Die privaten Wirtschaftssubjekte bieten Wertpapiere an, um ihr Portfolio zu optimieren, die Kurse sinken und die reale Verzinsung der Wertpapiere erhöht sich. Hierbei sind die Zinswirkungen umso höher, je geringer die Substituierbarkeit von Wertpapieren und Geld für die Nichtbanken ist.

Die Erhöhung der realen Verzinsung der Wertpapiere bewirkt, dass die Opportunitätskosten geplanter Investitionen steigen.[7] Der Gegenwartswert der geplanten Investitionsprojekte verringert sich, ein Teil von ihnen wird unter diesen Umständen unrentabel. Die Investitionsgüternachfrage sinkt und in der Folge sinkt der gesamtwirtschaftliche Output.

Ein wesentlicher Aspekt dieses Transmissionsprozesses ist der, dass es lediglich die unrentabelsten (marginalen) Investitionsprojekte sind, die in der Folge der Zinserhöhung nicht mehr realisiert werden. Das aggregierte Einkommen sinkt somit ohne direkte, gesamtwirtschaftliche Effizienzverluste.

Weiterhin wird bereits deutlich, dass der traditionelle Wirkungsmechanismus vollkommene Märkte voraussetzt. Inwieweit eine solche Annahme zur Abbildung realer Wirkungsmechanismen benutzt werden kann, soll in Kap. 6.4 diskutiert werden. Zuerst sollen im folgenden Abschnitt die hier dargestellten Zusammenhänge mit Hilfe der komparativen Statik formalisiert werden.

---

[7] Es handelt sich um ein stark vereinfachtes Modell mit lediglich zwei Assets: Geld und Wertpapieren. Eine weitere notwendige Voraussetzung für die Existenz von traditionellen Wirkungen der Geldpolitik wird erst in komplexeren Modellen deutlich. Geldpolitik kann in diesem Modell nur dann wirksam sein, wenn sie die Investitionsentscheidungen beeinflussen kann. Direkten Einfluss hat sie nur auf die kurzfristigen Zinssätze. Es muss jedoch stark bezweifelt werden, dass diese Zinsen die entscheidende Determinante der Investitionsentscheidungen sind. Diese Problematik wird in Kap. 6.3.2.2 noch ausführlich diskutiert.

Zudem vernachlässigt der Ansatz die mögliche Zinsabhängigkeit einiger anderer Komponenten der gesamtwirtschaftlichen Güternachfrage, wie z. B. Wohnungsbauausgaben oder die Ausgaben für dauerhafte Konsumgüter. Diese zusätzlichen, zinsabhängigen Nachfragekomponenten sind u.U. eine Erklärung für die Tatsache, dass sehr geringe Zinsänderungen oftmals erhebliche Auswirkungen auf die Nachfrage haben. Ihre Bedeutung für den Transmissionsprozess wird jedoch kontrovers diskutiert. Vgl. z. B. BERNANKE und GERTLER (1995, S. 44 ff.).

6.2 Formale Darstellung

Die Analyse des traditionellen zinstheoretischen Transmissionsmechanismus wird zunächst im Rahmen des keynesianischen IS/LM-Modells erfolgen. Abweichend vom Grundmodell wird allerdings ein zinselastisches Geldangebot angenommen, um den Geschäftsbankensektor einzubeziehen.

In der Ausgangssituation liege ein gesamtwirtschaftliches Gleichgewicht in einer geschlossenen Volkswirtschaft vor. Das Güterpreisniveau sei konstant und wird auf den Wert 1 normiert. Es werden drei Märkte betrachtet: Gütermarkt, Geldmarkt und Wertpapiermarkt. Infolge der Gültigkeit des Walras'schen Gesetzes kann auf die explizite Modellierung des Wertpapiermarktes verzichtet werden. Die betrachtete Volkswirtschaft sei stationär. Relevanter Zins in der Volkswirtschaft ist der Wertpapierzins (r_B), da lediglich Geld und Wertpapiere betrachtet werden. Das Gütermarktgleichgewicht bestimmt sich als:

$$i(r_B) + \bar{g} = s(y) \qquad \text{(IS)} \tag{6.1}$$

mit $i = i(r_B)$: Investitionsfunktion, mit $i_{r_B} \leq 0$,
$g = \bar{g}$: Staatsnachfragefunktion (exogen),
$s = s(y)$: Sparfunktion, mit $0 \leq s_y \leq 1$.

Die reale Nachfrage nach Geld (M^d/P mit $P = 1$) wird über das Transaktions- und das Spekulationsmotiv begründet:

$$M^d = l(y, r_B) \quad \text{mit} \quad l_y \geq 0 \quad \text{und} \quad l_{r_B} \leq 0. \tag{6.2}$$

Die Zinsreagibilität der Geldnachfrage (l_{r_B}) ist ein Maß für die Substituierbarkeit von Geld und Wertpapieren. Je geringer die Zinselastizität, desto geringer ist die Reaktion der Geldnachfrage auf eine Veränderung des Wertpapierzinssatzes, und umso geringer ist somit die Substituierbarkeit von Wertpapieren und Geld für die Nichtbanken.

Da der Bargeldbestand der Nichtbanken annahmegemäß gleich Null ist, reduziert sich die monetäre Basis (MB) auf die Summe aus Mindestreserven (MR) und Überschussreserven ($\ddot{U}R$):

$$MB = R = MR + \ddot{U}R. \tag{6.3}$$

Die Geldmenge (M) in diesem Modell besteht lediglich aus den Sichteinlagen (D). Auf diese wird ein konstanter Mindestreservesatz r^* erhoben:

$$MR = r^* D. \tag{6.4}$$

Nach der Geschäftsbankenbilanz in Abbildung 6.1 berechnet sich das frei verfügbare Portfolio der Geschäftsbanken als Summe aus Überschussreserven und Wertpapieren:

$$\ddot{U}R + B^d = D - MR = (1 - r^*)D. \tag{6.5}$$

Der Anteil der Überschussreserven (u)an diesem frei verfügbaren Portfolio ist von den Opportunitätskosten des Haltens von Überschussreserven, dem Wertpapierzinssatz $r_{\mathcal{B}}$ abhängig:

$$\ddot{U}R = u(r_{\mathcal{B}})\,(1 - r^*)\,D \quad \text{mit} \quad u_{r_{\mathcal{B}}} \leq 0. \tag{6.6}$$

Einsetzen von Gleichung (6.4) und (6.6) in Gleichung (6.3) führt zu

$$MB = R = (r^* + u(r_{\mathcal{B}})\,(1 - r^*))\;D. \tag{6.7}$$

Da die Geldmenge lediglich aus den Sichteinlagen besteht, ergibt sich:

$$M^s = \frac{1}{r^* + u(r_{\mathcal{B}})\,(1 - r^*)}\,R. \tag{6.8}$$

Das nominale Angebot an Geld ist das Produkt aus den Reserven R und dem Geldschöpfungsmultiplikator m, welcher positiv vom Zinssatz abhängt:[8]

$$M^s = m(r_{\mathcal{B}})\,R \quad \text{mit} \quad m_{r_{\mathcal{B}}} \geq 0. \tag{6.9}$$

Das Preisniveau sei konstant.[9] Es folgt für das Geldmarktgleichgewicht:

$$\frac{M(r_{\mathcal{B}})}{P_0} = m(r_{\mathcal{B}})\,R = l(y, r_{\mathcal{B}}). \qquad \text{(LM)} \tag{6.10}$$

[8]Die hier gewählte Darstellung lehnt sich stark an das von BRUNNER und MELTZER entwickelte Modell eines zinsabhängigen Geldangebotes an (vgl. BRUNNER und MELTZER, 1968), wenngleich dort der Kreditmarkt ebenfalls berücksichtigt wird. Für eine einführende Erläuterung dieses Ansatzes vgl. JARCHOW (1993, S. 123 ff.) oder SIEBKE und WILLMS (1974, S. 132 ff.). Das Kapitel 6.4.1 erläutert, warum unter den Annahmen des traditionellen Transmissionsmodells die Einführung eines Kreditmarktes nicht erforderlich ist.

[9]Diese Annahme erfüllt die zweite Voraussetzung für die Wirksamkeit von Geldpolitik (vgl. Abschnitt 6.1).

Die Multiplikatoren für die Wirkung geldpolitischer Maßnahmen auf Einkommen und Zinssatz bestimmen sich folgendermaßen:

$$\frac{dy}{dR} = \frac{i_{r_B}\, m}{s_y(l_{r_B} - m_{r_B}\, R) + i_{r_B}\, l_y} \geq 0 \qquad (6.11)$$

$$\frac{dr_B}{dR} = \frac{s_y\, m}{s_y(l_{r_B} - m_{r_B}\, R) + i_{r_B}\, l_y} \leq 0. \qquad (6.12)$$

Geldpolitische Maßnahmen bleiben im vorliegenden Modell in zwei Fällen ohne Einkommenswirkungen. Bei zinsunabhängigen Investitionen ($i_{r_B} \rightarrow 0$, die Investitionsfalle) erfolgt zwar eine Zinsänderung, dies bleibt jedoch ohne Auswirkung auf die reale Volkswirtschaft. Auch im Bereich der Liquiditätsfalle ($l_{r_B} \rightarrow -\infty$) hat die Geldpolitik keine Wirkung. Die Nachfrage nach Geld ist unendlich zinselastisch. Bedeutsam für die späteren Ausführungen ist es, dass dieser zweite Fall nur dann eintreten kann, wenn Geld und Wertpapiere perfekte Substitute sind und keine Transaktionskosten der Umwandlung von Geld in Wertpapiere und umgekehrt anfallen. Nur unter diesen Annahmen führen selbst minimale Zinsänderungen sofort zu einer Umschichtung des, nun nicht mehr optimalen, Portefeuilles.

In den folgenden Abschnitten sollen zunächst die Defizite des hier beschriebenen Modells ausführlich diskutiert werden. Die Kritikpunkte lassen sich zwei Hauptrichtungen zuordnen: Auf der einen Seite wird überprüft, inwieweit die empirischen Befunde bezüglich der Wirkung geldpolitischer Maßnahmen konsistent mit den Erklärungsansätzen des Zinskanals sind. Zum anderen stellt die fehlende Mikrofundierung des traditionellen Ansatzes einen Mangel dar. Es ist insbesondere zu untersuchen, welche Bedeutung möglicherweise existierende Informationsasymmetrien auf dem Kapitalmarkt für den monetären Transmissionsprozess haben. In Kapitel 7 wird dann mit dem Ansatz des Kreditkanals eine theoretische Erweiterung vorgestellt, die einige der aufzuzeigenden Schwächen ausräumen kann.

6.3 Vergleich mit empirischen Befunden

6.3.1 Der Einfluss der Zentralbank auf den realen Output

Um über geldpolitische Aktionen auf die reale Volkswirtschaft einwirken zu können, muss die Zentralbank zuallererst in der Lage sein, die Menge an realem Außengeld in der Volkswirtschaft, und damit auch die Konditionen, zu denen dieses gehandelt wird, zu steuern. Die meisten Theorien gehen von dieser Exogenität des Geldes aus. Es existieren jedoch auch Ansätze, die von der Endogenität der Geldmenge ausgehen: So vertreten KING und PLOSSER (1984) als Anhänger der Theorie realer Konjunkturzyklen die These, dass die empirisch nachweisbare, positive Korrelation zwischen Geldmenge und Output als endogene Reaktion des Geldmengenaggregates auf Outputveränderungen aufgefasst werden muss.[10] Die beobachtbare kausale Struktur der Beziehung, nach der Änderungen der Geldmenge den Outputveränderungen zeitlich vorlaufen, erklären sie folgendermaßen: Erwartungen über die zukünftige Entwicklung der Volkswirtschaft beeinflussen sowohl die Produktion von Gütern als auch die Bereitstellung von Finanzdienstleistungen. Letztere sind Teil der Geldmenge und können schneller bereitgestellt werden als reale Produkte. Man beobachtet also eine Erhöhung der Geldmenge, die von einer Erhöhung des Output *gefolgt* wird, obwohl die Zentralbank tatsächlich endogen auf die Outputerhöhung und die damit einhergehende zunehmende Nachfrage nach Zentralbankgeld reagiert.[11] Auch

---

[10] Eine Einführung in die Theorie der realen Konjunkturzyklen geben PLOSSER (1989) und MANKIW (1989).

[11] Bestätigung erhielt diese Theorie durch Untersuchungen über die Eignung der Geldmenge als Indikator geldpolitischer Maßnahmen von SIMS (1980a) und LITTERMAN und WEISS (1985). Diese stellten für die bis dahin üblichen weiten Geldmengenaggregate im Rahmen von VAR-Untersuchungen fest, dass die Geldmenge ihre kausale Bedeutung für den Output bei der Einbeziehung von (kurzfristigen) Zinssätzen in das Modell verliert. Dies spricht zumindest für ein Identifikationsproblem in Bezug auf das Geldmengenaggregat. Es existieren jedoch jüngere Untersuchungen, bei denen die weite Geldmengenabgrenzung durch ein enges Aggregat ersetzt wird (vgl. z. B. CHRISTIANO und EICHENBAUM, 1992). Hier ergibt sich trotz Einbeziehung des Zinssatzes eine Kausalstruktur von der Geldmenge hin zum Output. Dies steht m.E. nicht mehr im Einklang mit den Vorstellungen der Theorie realer Konjunkturzyklen. Auch in der engen Geldmengenabgrenzung existiert allerdings noch ein Identifikationsproblem. Vgl. hierzu auch die Ausführungen in Kapitel 3 der vorliegenden Arbeit.

wenn jedoch ein großer Teil der monetären Basis unter Umständen als endogen angesehen würde, so existieren doch in der Regel Bestimmungen, die die Finanzintermediäre zwingen, für gewisse Transaktionen Außengeld zu verwenden, so z. B. die bereits angesprochene Existenz einer Reserveverpflichtung. Somit ist die Annahme der exogenen Steuerbarkeit durch die Zentralbank auch in diesem Fall erfüllt.

Diskutiert wird in diesem Zusammenhang, welche Größe sich als Indikator geldpolitischer Maßnahmen am besten eignet. An dieser Stelle soll angenommen werden, dass der kurzfristige Zinssatz die Größe ist, die die Geldpolitik der Zentralbank optimal abbildet. Zur Diskussion um die Problematik dieser Größe als Indikator und „Operating Target" der Geldpolitik und mögliche Alternativen zu ihrer Verwendung sei auf die Kapitel 3, 4 und 5 der vorliegenden Arbeit verwiesen.

Weiterhin soll gelten, dass die Zentralbank den kurzfristigen, realen Zinssatz beeinflussen kann und dass nicht-antizipierte geldpolitische Maßnahmen den realen Output, zumindest in der kurzen Frist, verändern. Hierin befindet sich diese Transmisssionstheorie in Übereinstimmung mit den empirischen Befunden. Problematisch wird der zinstheoretische Ansatz, wenn es um die Vorstellung geht, wie diese Veränderung ausgelöst wird. Diese Fragestellung wird in den meisten Untersuchungen zur Wirksamkeit der Geldpolitik ausgeklammert.

> „To a great extent, empirical analysis of the effects of monetary policy has treated the monetary transmission mechanism itself as a 'black box'."(BERNANKE und GERTLER, 1995, S. 27)

6.3.2 Der Zinssatz als entscheidende Transmissionsvariable

Im Rahmen des traditionellen Modells kommt dem Zinssatz, wie bereits erläutert, entscheidende Bedeutung für die Transmission monetärer Impulse zu. Eine Erhöhung des Zinssatzes führt zu einer Erhöhung der Kapitalkosten der privaten Wirtschaftssubjekte. Diese senken ihre Ausgaben, insbesondere diejenigen für Investitionsgüter. Der gesamtwirtschaftliche Output sinkt.

6.3.2.1 Kurz- und langfristiger Zinssatz

Der traditionelle Ansatz unterstellt lediglich *einen* Zinssatz für die Volkswirtschaft. Unterscheidet man zwischen kurz- und langfristigen Zinsen, so muss ein Mechanismus existieren, der gewährleistet, dass die Einflussnahme der Zentralbank, die sich auf den kurzfristigen Zins bezieht, übertragen wird auf den langfristigen Zins, von dem man annimmt, dass er für die längerfristigen Ausgabeentscheidungen der Wirtschaftssubjekte relevant ist.

In der Finanzmarkttheorie wird dieser Zusammenhang im allgemeinen über die Erwartungstheorie der (zeitlichen) Zinsstruktur erklärt.[12] In ihrer einfachsten Form besagt diese, dass der langfristige Zinssatz durch die während der Laufzeit des langfristigen Wertpapieres erwarteten kurzfristigen Zinssätze determiniert wird.[13] Empirische Untersuchungen zur Erwartungstheorie der Zinsstruktur wählen üblicherweise folgendes Vorgehen: Der langfristige Zinssatz bestimmt sich als gewogener Durchschnitt des gegenwärtigen und der zukünftig (während der Laufzeit des langfristigen Wertpapieres) erwarteten kurzfristigen Zinssätze. Wenn sich die Differenz zwischen gegenwärtigem kurz- und langfristigem Zinssatz vergrößert, bedeutet das, dass die Wirtschaftssubjekte für die Zukunft steigende kurzfristige Zinssätze erwarten. Bei korrekter Erwartungsbildung der Wirtschaftssubjekte (bzw. korrekter Modellierung der Erwartungsbildungshypothese durch die Untersuchenden) würde somit die Zinsdifferenz positiv korrelieren mit einer darauf folgenden Veränderung des kurzfristigen Zinssatzes. Sie müsste somit als Prädiktor für die Entwicklung des kurzfristigen Zinssatzes nutzbar sein. Die Erwartungstheorie der Zinsstruktur muss verworfen werden, wenn die verzögerten Zinsdifferenzen keinen Erklärungsbeitrag zur Höhe des kurzfristigen Zinssatzes liefern (vgl. HARDOUVELIS 1994, S. 255 f. sowie KUGLER 1987, S. 335 ff.).[14]

Eine ausführliche Diskussion der Erwartungstheorie der Zinsstruktur und die Abschätzung ihrer empirischen Relevanz würde den Rahmen der vor-

[12] Ein Vergleich alternativer Modellierungen findet sich bei KÖNIG et al. (1980).

[13] Diese Form beinhaltet eine Reihe problematischer Annahmen, wie z. B. die der Risikoneutralität der Wirtschaftssubjekte sowie die Abstraktion von Transaktionskosten jeglicher Art.

[14] Es existieren auch Ansätze, die den Informationsgehalt der Zinsdifferenz für andere Variablen, z. B. die Entwicklung der Inflationsrate, überprüfen. Relevante Literatur nennt LEVIN (1996, Kap. 5).

liegenden Arbeit sprengen. Der interessierte Leser sei deshalb auf weitere Literatur zu diesem Thema verwiesen: Einen guten Überblick über die Zinsstrukturtheorie liefert SHILLER (1990). FAVERO et al. (1996) vergleichen die Auswirkungen geldpolitischer Maßnahmen auf die Zinsstruktur für die USA und Deutschland. Ihrer Untersuchung zufolge reagieren die langfristigen Zinsen in Deutschland weder auf antizipierte noch auf überraschende geldpolitische Aktionen. Internationale Faktoren scheinen bedeutsamere Einflussfaktoren für die langfristigen Zinsen zu sein. LEVIN (1996) stellt in einer empirischen Untersuchung für die Bundesrepublik fest, dass der verwendeten Erwartungsbildungshypothese entscheidende Bedeutung bei der Beurteilung der Gültigkeit der Zinsstrukturtheorie zukommt. HARDOUVELIS (1994, Abschnitt 1) gibt einen einführenden Überblick über die Vorgehensweise vorliegender empirischer Untersuchungen zur Zinsstrukturtheorie.

6.3.2.2 Determinanten der Investitionsgüternachfrage

Übergehen lässt sich die Kontroverse um die Reaktion der langfristigen Zinsen auf eine geldpolitische Aktion, indem man direkt fragt, ob eine solche Maßnahme und damit eine Veränderung des (kurzfristigen) Zinssatzes auf die Ausgabeentscheidungen der privaten Wirtschaftssubjekte wirkt. Der traditionelle Ansatz geht davon aus, dass die Zinsabhängigkeit der Investitionsgüternachfrage der zentrale Übertragungsmechanismus von der monetären Sphäre in den realen Teil der Volkswirtschaft ist.[15] Wenn man also feststellt, dass nicht-antizipierte, geldpolitische Maßnahmen starke Wirkungen auf den realen Output haben und unterstellt, dass die Zinsabhängigkeit der Investitionen das entscheidende Glied in der Transmissionskette ist, so müsste eine starke Reaktion der Investitionen auf Zinsänderungen nachweisbar sein. In diesem Abschnitt wird daher alternativen Theorien zur Bestimmung des Investitionsniveaus nachgegangen.

Im zinstheoretischen Modell führt eine Reduktion des Zinssatzes zu einer Erhöhung der Investitionsgüternachfrage. Die traditionelle neoklassische Investitionstheorie argumentiert, dass eine Zinssenkung die (Gebrauchs-) Ko-

---

[15] Empirische Untersuchungen zeigen, dass auch andere Komponenten der privaten Ausgaben, wie z. B. die Ausgaben für dauerhafte Konsumgüter, auf einen monetären Schock reagieren (vgl. z. B. BERNANKE und GERTLER, 1995, S. 33). Diese Tatsache lässt sich im Rahmen des zinstheoretischen Ansatzes nicht erklären.

sten des Kapitals (user costs of capital) vermindert. Die Kosten der Inanspruchnahme des Kapitals werden durch drei Komponenten bestimmt: (i) Die entgangenen Zinsgewinne, die sich aus dem Produkt von Zinssatz und eingesetztem Kapital ergeben, (ii) die Abschreibung des Kapitals mit einer bestimmten Rate und (iii) die mögliche Preisänderung des Kapitals, d. h. die erwartete Inflationsrate (vgl. ROMER, 1996, S. 346 f.). Die Unternehmen vergleichen die Kosten mit dem erzielbaren Ertrag des Kapitals. Sind die Kapitalkosten geringer als das Wertgrenzprodukt des Kapitals, so strebt ein gewinnmaximierendes Unternehmen eine Kapitalstockerhöhung an. Es wird solange investieren, bis die Kapitalkosten dem Wertgrenzprodukt entsprechen. Sinken die Zinsen, so sinken die Kapitalkosten und die Investitionsnachfrage steigt.

Es existieren jedoch im Bereich der Investitionstheorie auch Ansätze, die andere Determinanten der Investitionsentscheidungen betonen. Insbesondere Veränderungen der Nachfrage werden als Determinante des Investitionsniveaus diskutiert. Solche Modelle sind als Akzelerator-Modelle bekannt. Bezieht man z. B. Tobin's q - den Marktwert des Kapitals in Relation zu den aktuellen Wiederbeschaffungs- bzw. Produktionskosten dieses Kapitals (vgl. TOBIN, 1969) - in diese Modelle ein, so ergibt sich folgender Zusammenhang: Bei einer Erhöhung der Nachfrage, die nicht sofort befriedigt werden kann, kommt es bei gegebenem Kapitalstock zu einer Erhöhung der Profite. Der Marktwert des eingesetzten Kapitals erhöht sich, damit steigt Tobin's q und Investitionen zur Erhöhung des Kapitalstocks werden attraktiver.[16]

Hebt man die Annahme eines vollkommenen Kapitalmarktes auf und geht von asymmetrischer Information auf dem Kapitalmarkt aus, so erhalten Variablen wie z. B. das Vermögen oder unternehmensbezogene Rentabilitätsgrößen eine Bedeutung als Determinante der Investitionsentscheidungen. Hierbei wird in erster Linie der Cash-Flow eines Unternehmens herangezogen.[17] Investitionen werden bei vollkommenem Kapitalmarkt nach

[16] Tobin's q widerspricht der neoklassischen Investitionstheorie nicht, denn es stellt den gewohnten Zusammenhang zwischen Zinsen und Investitionen her. Steigende Zinsen erhöhen die Kapitalkosten und senken damit den Marktwert des Kapitals, in der Folge sinkt Tobin's q und die Investitionen werden eingeschränkt. Bei einer Differenzierung in lang- und kurzfristige Zinssätze lässt sich zeigen, dass dies für die kurzfristigen und die erwarteten kurzfristigen Zinsen gilt. Bei Gültigkeit der Erwartungstheorie der Zinsstruktur erhält man also eine inverse Beziehung zwischen langfristigem Zinssatz und Investitionen.

[17] Obwohl dieser Aspekt in Kap. 6.4 noch ausführlich diskutiert wird, sei hier zu einem

ihren erwarteten Erträgen und ihrem Risiko beurteilt. Implizit unterstellt ein solcher Ansatz, dass die Unternehmen sich benötigtes Kapital unbeschränkt zum gültigen Marktzinssatz beschaffen können. Davon kann im Allgemeinen aber nicht ausgegangen werden. Richtet man das Augenmerk auf mögliche Unvollkommenheiten des Kapitalmarktes, so zeigt sich etwa, dass Unternehmen einen Informationsvorsprung gegenüber ihren Kreditgebern haben.[18] Dieser Informationsvorsprung kann z. B. dazu führen, dass die Risiken des Projektes einseitig zu Lasten des Kreditgebers gehen und das Unternehmen somit einen Anreiz hat, riskantere Projekte fremd finanzieren zu lassen. Der Kreditgeber wird also entweder einen Risikoaufschlag vornehmen oder aber Mittel zur Überwachung des Unternehmens aufwenden. Beides erhöht die Kosten einer externen Finanzierung im Vergleich zu einer internen Mittelbeschaffung. Ein Teil der Investitionsprojekte ist also unrentabel aus dem einzigen Grund, dass das potentiell investierende Unternehmen auf eine externe Finanzierung angewiesen ist. Unternehmen, die in der Lage sind, ihre Investitionsprojekte intern zu finanzieren, werden mehr investieren als solche, die nicht in der Lage dazu sind. Variablen wie Vermögen oder Cash-Flow eines Unternehmens zeigen dabei an, ob und in welchem Maße Unternehmen auf eigene Mittel zurückgreifen können.

Die Darstellung alternativer Investitionstheorien soll hier nicht vertieft werden. Es sei hierzu verwiesen auf ROMER (1996, Kap. 8) sowie ABEL (1990, Kap. 7). Festzuhalten bleibt an dieser Stelle, dass eine Vielzahl von Variablen potentiellen Einfluss auf die Investitionsentscheidungen eines Unternehmen hat. Ist der traditionelle Zinskanal eine zutreffende und ausreichende Beschreibung des monetären Transmissionsmechanismus, so müsste sich in empirischen Untersuchungen zu den Determinanten von Investitionsentscheidungen die Bedeutung der user costs of capital klar herausstellen.

Aber bereits ohne die Betrachtung möglicher Informationsasymmetrien stellt sich bei empirischen Untersuchungen das nach traditioneller Sicht zu erwartende Ergebnis einer Dominanz der user costs of capital als Determinante der Investitionsentscheidungen nicht ein. NICKELL (1978) fasst am Ende seines Kapitels über empirische Untersuchungen zu Determinanten

besseren Verständnis der grundsätzliche Zusammenhang kurz skizziert.

[18]Dies gilt sowohl gegenüber privaten Investoren als auch gegenüber Banken. Die Existenz von Banken kann allerdings dazu beitragen, die Informationsasymmetrien zu verringern. Mehr hierzu unter Punkt 6.4.2.

der Investitionsentscheidungen zusammen:

> „Simply including a cost of capital of the Modigliani-Miller type in the definition of desired capital stock does not adequately capture the influence of financial variables on investment decisions." (NICKELL, 1978, S. 304)

Auch neuere Untersuchungen kommen zu dem Ergebnis, dass Akzelerator-Variablen wie z. B. Outputveränderungen einen größeren Einfluss auf die Investitionsausgaben haben.[19]

Wird von der Existenz von Kapitalmarktunvollkommenheiten ausgegangen, so ist zu prüfen, welche Bedeutung unternehmensbezogene Rentabilitätsgrößen als Determinante der Investitionsentscheidungen eines Unternehmens haben. Dabei wird üblicherweise der Zusammenhang unterstellt, dass bei Existenz von Finanzmarktunvollkommenheiten die interne Finanzierung weniger kostspielig sein müsste als die externe Finanzierung. Bei gegebenem Zinssatz investieren Unternehmen mit einem höheren Profit mehr, da sie über mehr interne Mittel verfügen. Regressiert man nun Investitionen auf die in Frage kommenden Determinanten aus Modellen des perfekten Kapitalmarktes und auf den Cash-Flow, so müsste sich bei Existenz von Finanzmarktunvollkommenheiten ein Einfluss des Cash-Flow auf die Investitionshöhe zeigen. Alle Untersuchungen dieser Art finden einen solchen Einfluss (vgl. ROMER, 1996, S. 381 ff.).

MAYER (1994, S. 8) weist auf das Problem empirischer Untersuchungen hin, dass jede Variable, die als Maß für die Abweichung von einem Modell des perfekten Kapitalmarktes in die Schätzgleichung einbezogen wird,

[19] BERNANKE und GERTLER (1995, S. 28) und HUBBARD (1995, S. 5) geben einen Überblick über empirische Untersuchungen zur Bedeutung unterschiedlicher Investitionsdeterminanten in den USA, die sich allerdings größtenteils auf die USA beziehen. Sie alle lassen auf eine relativ unbedeutende Rolle der user costs of capital als Investitionsdeterminante schließen. Eine Gegenposition zu diesen Befunden nimmt TAYLOR (1993, 1995) ein. Er kommt zu dem Ergebnis, dass der reale Zinssatz Determinante von Investitionsentscheidungen in den G-7-Staaten ist (vgl. TAYLOR, 1993, S. 88 ff.). Auch Taylor bezeichnet die user costs of capital aber nicht als entscheidende Determinanten der Investitionsentscheidungen. Er stellt lediglich fest, dass sie eine Bedeutung für die Investitionsnachfrage besitzen. Von „substantial effects", wie MISHKIN (1996, S. 4) es behauptet, spricht TAYLOR selbst nicht.

wie z. B. der Cash-Flow, auch von einem potentiellen Kreditgeber beobachtet werden kann. Damit ist eine andere Erklärung der Bedeutung dieser Größen für die Investitionsentscheidungen denkbar. Stellt man nämlich anhand dieser Größen fest, dass die Investitionen eines Unternehmens auf ein nicht optimales Niveau beschränkt sind, so wäre es für einen Kreditgeber profitabel, die Finanzierung des Unternehmens in Zukunft auszuweiten. Der Zusammenhang zwischen Cash-Flow und Investitionen entstünde aus dieser Reaktion. MAYER (1994) hält es aus diesem Grund für problematisch, die Bedeutung des Cash-Flow für Investitionsentscheidungen als Evidenz für das Vorliegen von Informations asymmetrien zwischen Kreditgebern und -nehmern zu interpretieren. Hierbei muss m. E. allerdings beachtet werden, dass Informationsasymmetrie nicht nur dann vorliegt, wenn die Information für die eine Seite nicht verfügbar ist, sondern auch dann, wenn ihr Erwerb mit unterschiedlichen Kosten für beide Seiten verbunden ist. Dies ist in dem von MAYER vorgestellten Szenario mit Sicherheit der Fall. Auch wenn der Zusammenhang zwischen Cash-Flow und Investitionen der beschriebenen Reaktion zu verdanken wäre, spräche dies somit nicht gegen die Existenz von Finanzmarktunvollkommenheiten.

Wesentlich problematischer ist die Tatsache, dass der Befund eines Einflusses des Cash-Flow auf die Investitionsentscheidungen nicht notwendigerweise ein Beleg für die Existenz unvollkommener Kapitalmärkte ist. Diese Beziehung kann auch bei vollkommenem Kapitalmarkt auftreten. Ein hoher Cash-Flow entsteht in einem Unternehmen bei gegebener Nachfrage durch profitable Produkte, durch geringe Kosten oder auch durch Marktmacht. Eine solche Konstellation bietet dem Unternehmen natürlich einen starken Anreiz zu expandieren. Cash-Flow und Investitionen sind somit *auch bei vollkommenem Kapitalmarkt* positiv miteinander verknüpft.

Untersuchungen dieser Art sind also nicht adäquat zur Überprüfung der These der Unvollkommenheit des Kapitalmarktes. Da davon ausgegangen wird, dass die Investitionen umso stärker von Rentabilitätsgrößen abhängen, je schwieriger für die Unternehmen der Zugang zu externer Finanzierung und je größer also die Lücke zwischen externer und interner Finanzierung ist, muss man für eine Überprüfung der Unvollkommenheitshypothese die Unternehmen in zwei Klassen einteilen, die sich dahingehend unterscheiden, ob es für die Unternehmen Beschränkungen hinsichtlich der Finanzierung gibt oder nicht. Stellt man fest, dass für die beiden Klassen ein unterschiedlicher Einfluss vom Cash-Flow auf die Investitionsnachfrage ausgeht, so ist dies Evidenz für das Vorliegen von Kapitalmarktunvollkommenheiten.[20]

Insgesamt bleibt festzustellen, dass fast alle Untersuchungen eine relativ geringe Bedeutung der user costs of capital als Determinante der Investitionsentscheidungen belegen.[21]

Wenn aber geldpolitische Innovationen zu Veränderungen des realen Output führen, gleichzeitig aber die Investitionen nicht oder nur in geringem Maße auf Zinsvariationen reagieren, dann kann das Ausmaß der Outputschwankungen nicht durch den traditionellen Transmissionsmechanismus erklärt werden.

6.4 Mangelnde Mikrofundierung des traditionellen Ansatzes

Nachdem in den letzten Abschnitten überprüft wurde, inwiefern der traditionelle, zinstheoretische Transmissionskanal mit den empirischen Befunden zur Wirkung von Geldpolitik in Einklang gebracht werden kann, soll nun gezeigt werden, welche Folgen die Annahme der Existenz eines vollkommenen Kapitalmarktes, die dem zinstheoretischen Ansatz zugrunde liegt, auf die Transmissionstheorie hat. Weiterhin soll überprüft werden, ob und in welcher Art der Zinskanal unter Berücksichtigung mikroökonomischer Ansätze zur Informationsasymmetrie auf den Kapitalmärkten revidiert werden muss.

---

[20] Eine Darstellung empirischer Untersuchungen, die sich mit der Frage unvollkommener Information auf den Kapitalmärkten und ihrer Bedeutung für die Investitionsentscheidungen beschäftigen, findet sich u.a. bei ROMER (1996, S. 383), MAYER (1994, S. 5 f.) sowie DIMSDALE (1994, S. 44 f.). ELSTON und ALBACH (1995) stellen für die Bundesrepublik fest, dass Kapitalmarktunvollkommenheiten die Investitionen beeinflussen und dass Unternehmen, die eine enge Beziehung zum Bankensektor haben, in geringerem Maße unter Beschränkungen ihrer Investitionstätigkeit zu leiden haben als Unternehmen, für die das nicht gilt. BOND et al. (1997) sowie WINKER (1996) weisen ebenfalls die Bedeutung von Finanzfaktoren für die Investitionsentscheidungen in Deutschland nach.

[21] Allerdings nennt ABEL (1990, S. 761 f.) auch methodische Gründe, warum es schwieriger ist, einen signifikanten Effekt der user costs of capital auf die Investitionsentscheidungen nachzuweisen als einen Effekt, der sich auf Outputvariationen zurückführen lässt.

6.4.1 Vollkommener Kapitalmarkt

Liegt ein vollkommener Kapitalmarkt vor, so existieren keine Transaktions- und Informationskosten, die Finanzierungstitel sind beliebig teilbar und Restriktionen des Marktes, wie z. B. die Ungleichbehandlung von Unternehmen und privaten Wirtschaftssubjekten bei der Emission von Eigenkapitaltiteln oder der Aufnahme von Fremdkapital, sind nicht gegeben. Desweiteren wird davon ausgegangen, dass die Informationen homogen sind, d. h. allen Marktteilnehmern in gleichem Maße zur Verfügung stehen. In einem Unternehmen werden die Entscheidungen der übrigen Bereiche nicht durch Finanzentscheidungen beeinflusst. Es liegen also keine Principal-Agent-Beziehungen vor und die Investitionsentscheidungen sind unabhängig von der Finanzierungsform. In einer solchen Modellwelt hat das Modigliani/Miller-Theorem Gültigkeit: Wenn ein Unternehmen investieren will, hat es mehrere Finanzierungsmöglichkeiten, z. B. durch Kreditaufnahme, die Ausgabe von Aktien oder die Einbehaltung und Verwendung erzielter Gewinne. MODIGLIANI und MILLER (1958) zeigten, dass unter den Bedingungen eines perfekten Kapitalmarktes die Wahl der Finanzierungsform unbedeutend für die Höhe der Kapitalkosten ist.

Somit muss sich auch eine Transmissionstheorie, die auf der Annahme eines perfekten Kapitalmarktes aufbaut, nicht mit der Finanzierungsseite der Unternehmen beschäftigen. Geldpolitik hat reale Wirkungen durch ihren Einfluss auf die Aktivseite der Unternehmensbilanz. Hierbei betrachtet der traditionelle Zinskanal lediglich die Investitionen. Eine Verknappung des Außengeldes führt zu Zinssteigerungen, diese wiederum zu einem Rückgang der Investitionen (vgl. die ausführliche Darstellung in Kap. 6.1). Falls sich in der Folge bei den anderen Aktivposten eine Veränderung ergibt, so gilt dies für alle in gleichem Maße. Eine differenzierte Betrachtung der anderen Assets ist also überflüssig. Dies hat dem traditionellen Kanal Kritik seitens der Theorie der relativen Preise eingebracht. Diese sieht durch geldpolitische Aktionen das gesamte Portfolio der Investoren verändert.[22] Gemeinsam ist beiden Ansätzen jedoch, dass sie das Kapitalstrukturinvarianztheorem nicht antasten und somit die Finanzierungsseite und damit auch die Wirkungen der Geldpolitik auf die Entscheidungen der Investoren außer acht lassen.

[22] Vgl. z. B. die Darstellung zu den Auswirkungen eines expansiven geldpolitischen Impulses in BRUNNER (1970, S. 8 ff.).

Diese Sichtweise blieb auch dann unverändert, als der Geschäftsbankensektor (allgemeiner: der intermediäre Finanzsektor) in die Betrachtung einbezogen wurde.[23] FAMA (1980) zeigt, dass das Modigliani/Miller-Theorem auch unter Einbeziehung eines Bankensektors seine Gültigkeit behält.

> „The basic constraints on portfolio opportunities are defined by the real production - investment decisions of firms. The way firms finance these decisions, or the way they are refinanced by intermediaries, including banks, neither expands nor contracts the set of portfolio opportunities available to investors." (FAMA, 1980, S. 45)

Die Existenz eines intermediären Finanzsektors wird begründet über dessen Transformationsfunktion. Finanzintermediäre koordinieren die unterschiedlichen Wünsche von Kreditnehmern und -gebern bezüglich der Laufzeit der zur Verfügung gestellten Mittel. Hierbei können Finanzintermediäre gegenüber einer direkten Kreditgeber-Kreditnehmer-Beziehung Kostenvorteile realisieren. Als Gründe für diese Kostenvorteile werden z. B. economies of scale bei Transaktionen auf den Finanzmärkten, ein Erfahrungsvorsprung der Banken bei der Koordination und Vergabe von Krediten und, hier speziell für Geschäftsbanken, die Risikobeschränkung aufgrund der Funktion der Zentralbank als lender-of-last-resort genannt (vgl. TOBIN und BRAINARD, 1963, S. 385). Obwohl dieses Begründungsmuster implizit bereits von der Existenz von Transaktionskosten im Finanzsektor ausgeht, wird dieses Argument nicht weitergeführt. Die Tatsache, dass somit ein Kredit von Finan-

---

[23] GURLEY und SHAW (1955) erweitern in ihren Betrachtungen erstmals die direkte Beziehung zwischen Mittelgeber und -nehmer um Finanzintermediäre. Hierbei billigen sie dem Bankensektor nur insoweit eine spezielle Rolle innerhalb der Finanzintermediäre zu, als die Nichtbanken Einlagen bei den Geschäftsbanken gegenüber anderen Finanzassets präferieren. Die Möglichkeit des Bankensektors, Darlehen in Form von Einlagen aufzunehmen und damit Kredite zu vergeben, steht prinzipiell auch anderen Finanzintermediären offen. Es sind die *Nichtbanken*, die sich für Einlagen bei den Geschäftsbanken entscheiden und diesen so die Möglichkeit zur Kreditvergabe erst geben. „Whether it is the banks or others which create credit in any period depends not on the banks' role in administering the payments machinery but instead on the preference of spending units for deposits and currency to hold as against other financial assets to hold." (GURLEY und SHAW, 1955, S. 521 f.)

Anlehnend an diese Sichtweise sollen in diesem Abschnitt die Begriffe Finanzintermediär und Bank synonym benutzt werden.

zintermediären günstiger vergeben werden kann als bei einem direkten Kontakt zwischen Kreditgebern und -nehmern wird lediglich zur Begründung der Existenz der Finanzintermediäre angeführt. Das Kapitalstrukturinvarianztheorem wird von den Autoren nicht angegriffen.[24]

Als bedeutende Ausnahme dieser Sichtweise muss der Aufsatz von TOBIN und BRAINARD (1963) genannt werden. Die Verfasser stellen zum einen deutlich heraus, dass Geldpolitik über die Passivseite der Bilanz der Finanzintermediäre Wirkungen auf das Portfolio der Investoren hat. Dieses besteht aus Bargeld, Realkapital und den Verbindlichkeiten verschiedener Finanzintermediäre. Sie nehmen an, dass diese Assets unvollkommene Substitute sind. Eine Veränderung des Angebotes an Geld führt zu Zinsveränderungen, welche wiederum eine Umschichtung des Portfolios nach sich ziehen (vgl. TOBIN und BRAINARD, 1963, S. 286). Bis zu diesem Punkt entspricht die Darstellung dem Ansatz des traditionellen Zinskanals.[25]

Zusätzlich weisen TOBIN und BRAINARD aber auf die Wirkung geldpolitischer Aktionen über die Forderungen der Finanzintermediäre auf die Verbindlichkeitenseite der Unternehmensbilanz hin. Unternehmen können auf der Verbindlichkeitenseite ein Portfolio aus Krediten bei verschiedenen Finanzintermediären halten. Geldpolitik verändert die Zinssätze für Kredite ebenfalls, und da angenommen wird, dass die Kredite der unterschiedlichen Finanzintermediäre imperfekte Substitute für die Unternehmen sind, wird sie zu einer Umschichtung zwischen den Positionen der Passivseite der Unternehmensbilanz führen (vgl. TOBIN und BRAINARD, 1963, S. 386 sowie S. 391). Hier wird erstmals die Annahme der perfekten Substituierbarkeit der Finanzierungsarten aufgehoben und dargestellt, dass die Verfügbarkeit von Bankkrediten durch geldpolitische Maßnahmen beeinflusst wird.[26]

---

[24]Man erkennt, dass der traditionelle Transmissionsmechanismus durch die Existenz eines intermediären Finanzsektors nicht in seiner grundsätzlichen Wirkungsannahme beeinträchtigt wird.

[25]TOBIN und BRAINARD weisen bereits hier auf die Bedeutung des gesamten Portfolios hin. Man könnte den Ansatz aus diesem Grunde bereits als Vorläufer der Theorie der relativen Preise bezeichnen. Eine weitergehende Interpretation ist jedoch m.E. nicht gerechtfertigt, denn es wird an keiner Stelle explizit darauf hingewiesen, dass sich die anderen Vermögenswerte nicht, wie der traditionelle Ansatz es annimmt, in genau dem selben Ausmaß verändern, sondern es wird lediglich gesagt, dass sie sich verändern. Erst eine differenzierte Reaktion der anderen Assets auf eine Veränderung der Investitionen ist aber die entscheidende Annahme der Relativpreistheorie.

[26]Der Vollständigkeit halber muss an dieser Stelle erwähnt werden, dass bereits von

Im Rahmen der Theorie der relativen Preise ist es die Arbeit von BRUNNER und MELTZER (1976), die die Verfügbarkeit der Bankkredite, und somit die Aktivseite der Bankbilanz in den Transmissionsprozess einbezieht.

Auch wenn die genannten Arbeiten den traditionellen Kanal um die Bedeutung der Finanzierungsform erweitern, so ist nochmals darauf hinzuweisen, dass sie ansonsten die Annahmen des vollkommenen Kapitalmarktes nicht verlassen. Die gesamtwirtschaftliche Effizienz der Anpassungsprozesse wird nicht angezweifelt.

6.4.2 Finanzmarktunvollkommenheiten

Erst mit der Entwicklung der Theorie asymmetrischer Information und ihrer Anwendung auf die Finanzmärkte erlangt die Finanzierungsart der Unternehmen Bedeutung für den Transmissionsmechanismus. Das Modigliani/Miller-Theorem verliert seine Gültigkeit, wenn die Grundannahme der vollkommenen Kapitalmärkte aufgegeben werden muss.

Populärstes Beispiel für die Anwendung mikroökonomischer Ansätze zur Informationsunvollkommenheit ist sicherlich das von AKERLOF (1970) erstmalig beschriebene Phänomen der adversen Selektion und seine Übertragung auf den Kreditmarkt durch JAFFEE und RUSSELL (1976) und STIGLITZ und WEISS (1981). Diese zeigten, dass es zu Kreditrationierung bei gewinnmaximierenden Banken kommen kann. STIGLITZ und WEISS gehen davon aus, dass zwischen Kreditgeber und Kreditnehmer eine Informationsasymmetrie bezüglich der Qualität des geplanten Investitionsprojektes besteht.[27] Mit steigendem Kreditzinssatz werden die geringen, und damit für die Kreditgeber „guten“ Risiken aus dem Markt gedrängt, da der erwartete Profit eines Investitionsprojektes in der Regel mit seinem Risiko steigt.[28] Es findet adverse Selektion statt. Für die Banken - sie stehen stellvertretend für die Kreditgeber - wird der erwartete Kreditrückfluss pro vergebener Einheit

ROSA (1951) auf die Tatsache hingewiesen wurde, dass die Zentralbank mit ihrer Geldpolitik die Möglichkeit der Geschäftsbanken, Kredite zu vergeben, beeinflusst. ROSA stellte diesen Aspekt als bedeutsame Wirkung der Geldpolitik heraus. Der Ansatz wurde aber zu der damaligen Zeit nicht weiter verfolgt.

[27] JAFFEE und RUSSELL unterstellen Informationsasymmetrie bezüglich der charakterlichen Eigenschaften der Kreditnehmer.

[28] Der Kreditzinssatz, den der Kreditnehmer zu zahlen bereit ist, ist somit für den Kreditgeber ein Indikator für das Projektrisiko.

Kredit ab einer bestimmten Zinsobergrenze fallen. Zinserträge und Verluste durch Ausfall des Rückflusses müssen abgewägt werden. Die Bank wird ihr Kreditvolumen zu dem Zins anbieten, der ihren erwarteten Gewinn maximiert. Liegt dieser unterhalb des markträumenden Zinses, so ist die Kreditnachfrage größer als das Kreditangebot, es kommt zu Rationierung durch die Banken, wobei diese versuchen werden, Selektionskriterien anzuwenden, die gewährleisten, dass ihr Kreditangebot an die 'guten Risiken' vergeben wird.

STIGLITZ und WEISS (1981) vertreten die Auffassung, dass Kreditmärkte eher durch Rationierung denn durch Markträumung beschrieben werden können. JAFFEE und STIGLITZ (1990) schließen aufgrund der Existenz von Kreditrationierung, dass die Kreditverfügbarkeit für Unternehmen bedeutsamer ist als die Kreditkosten.

Liegen Informationsasymmetrien auf den Finanzmärkten vor, so tritt eine weitere Funktion der Finanzintermediäre in den Vordergrund: Die Kontrolle und Beobachtung der Kreditnehmer, in der Literatur als *Monitoring* bezeichnet. Kreditnehmer haben bessere Informationen über ihre zukünftigen Pläne als ihre potentiellen Kreditgeber. Ist die Informationslücke zu groß, wird sich kein Kreditgeber für das geplante Investitionsprojekt finden. In dieser Situation kann das Unternehmen versuchen, durch *Signaling*, d. h. durch die Bereitstellung (glaubwürdiger) Information, diese Lücke zu verringern. Alternativ überprüft der potentielle Kreditgeber das Unternehmen. Auch hier haben Finanzintermediäre Vorteile gegenüber privaten Kreditgebern. So können sie in dieser Situation economies of scale und Erfahrungsvorsprünge bei der Informationsbeschaffung nutzen.[29] Das Informations- und Glaubwürdigkeitsproblem läßt sich auf diese Weise lösen oder doch zumindest reduzieren.

Informationsasymmetrien können nicht nur vor Durchführung eines Investitionsprojektes entstehen. Kreditnehmer sind auch nach Vertragsabschluss besser informiert über den Verlauf und Ertrag eines Projektes. Hier ergeben sich zwei weitere Informationsprobleme: Zum einen ein Moral-Hazard-Problem. Der Investor trägt das „moralische Wagnis", dass das Unternehmen die zur Verfügung gestellten Mittel tatsächlich in vereinbarter Weise

[29] „An intermediary ... has a gross cost advantage in collecting this information because the alternative is either duplication of effort if each lender monitors directly, or a free-rider problem, in which case no lender monitors." (DIAMOND, 1984, S. 393)

und für das geplante Projekt nutzt und z. B. nicht in ein Projekt lenkt, welches riskanter, aber mit einem höheren Nutzen für das Unternehmen behaftet ist. Weiterhin stellt sich das Problem der ex-post-Beobachtbarkeit. Der Investor ist nicht sicher, dass das Unternehmen bei einem erfolgreichen Projekt tatsächlich die Mittel zurückzahlt bzw. eine entsprechende Dividende ausschüttet. Da alle Mittel, die nicht ausgezahlt werden, im Unternehmen verbleiben, hat dieses einen Anreiz, sein Projekt weniger erfolgreich wirken zu lassen als es tatsächlich der Fall ist (vgl. VAN DAMME, 1994, S. 17 ff.). Auch aufgrund dieser Probleme ist eine Kontrolle und Beobachtung der Kreditnehmer effizient.

Wenn die direkte Beziehung zwischen Kreditgeber und -nehmer allerdings durch eine indirekte Beziehung ersetzt wird, bei der ein Finanzintermediär eingeschaltet wird, dann stellt sich die Frage, welcher Mechanismus jetzt gewährleistet, dass nicht die Finanzintermediäre in ihrer Beziehung zu den Kreditgebern, den Depositoren, den genannten Anreizproblemen unterliegen. Wie lässt sich verhindern, dass diese das Geld der Investoren für riskante, ihren Eigennutz maximierende Projekte nutzen?

> „Who monitors the delegated monitor?“ (KASHYAP und STEIN, 1994, S. 227)

DIAMOND (1984) zeigt, dass dieses Problem gelöst werden kann, wenn der Intermediär ein diversifiziertes Kreditportfolio hält und sich hauptsächlich über eine Verschuldung gegenüber privaten Wirtschaftssubjekten finanziert.[30]

Zusammenfassend kann festgehalten werden, dass die Einbeziehung von Informationsasymmetrien in den Transmissionsprozess monetärer Impulse zu zwei wesentlichen Modifikationen führt. Zum einen wird bei unvollkommenem Kapitalmarkt die Kreditverfügbarkeit Determinante der Ausgabeent-

[30] Eine ausführliche Darstellung des Diamond-Modells findet sich bei BALTENSPERGER (1996, S. 272 ff.). In der Darstellung von DIAMOND (1984) löst dieser Ansatz lediglich das Problem der ex-post-Verifikation, er ist aber laut BALTENSPERGER (1996, S. 273) „mit grundsätzlich vergleichbaren Konsequenzen“ auch auf das adverse Selektions- und das Moral-Hazard-Problem anwendbar.

Es ist zu beachten, dass auch der Diamond-Ansatz noch nicht erklärt, warum Banken als Finanzintermediäre auftreten. Alle Institutionen, die die Anforderungen erfüllen, sind gleich gut geeignet.

scheidungen. Die gesamtwirtschaftliche Effizienz der realisierten Investitionsprojekte ist so nicht mehr gewährleistet. Zweitens sind unter dieser Annahme die verschiedenen Finanzierungsmöglichkeiten nicht mehr vollkommen substituierbar. Das Ausmaß der Substituierbarkeit hängt von der Informationslücke zwischen Kreditnehmer und -geber bzw. von den Kosten ab, die ihre Schließung verursacht. Die Aktivseite der Bankbilanz erhält somit Bedeutung für den Transmissionsprozess. Die Theorie des Kreditkanals erweitert den traditionellen Transmissionsmechanismus geldpolitischer Maßnahmen dahingehend, dass sie die Annahme eines vollkommenen Kapitalmarktes aufgibt. Sie ist somit in der Lage, den hier aufgezeigten Mängeln Rechnung zu tragen.

Kapitel 7

Der Kreditkanal als Erweiterung des traditionellen Ansatzes

7.1 Grundsätzlicher Wirkungsansatz

Der Kreditkanal ist eine Erweiterung des traditionellen Ansatzes zu den Wirkungen geldpolitischer Maßnahmen. Bei dieser Erweiterung wird die Annahme eines vollkommenen Kapitalmarktes aufgegeben. Die Finanzierungsstruktur ist somit nicht mehr ohne Bedeutung für den Transmissionsprozess monetärer Impulse. Insbesondere muss zwischen externer und interner Finanzierung der Unternehmen unterschieden werden.[1] Die in Kapitel 6.4.2

[1]Die Unterscheidung zwischen externer und interner Finanzierung folgt im Wesentlichen der Abgrenzung der Finanzierungsarten nach dem Kriterium der Mittelherkunft in Außen- und Innenfinanzierung. Die Innenfinanzierung besteht aus den Bereichen Selbstfinanzierung, Finanzierung durch Kapitalfreisetzung und Finanzierung aus Rückstellungen. Diese Bereiche sind zweifelsfrei der internen Finanzierung zuzurechnen. Eindeutig ist auch die Zugehörigkeit der Kreditfinanzierung, die Teil der Außenfinanzierung ist, zur externen Finanzierung. Problematisch ist lediglich die Zuordnung der zweiten Komponente der Außenfinanzierung, der Beteiligungs- oder auch Einlagenfinanzierung. Bei Unternehmen ohne Börsenzugang tauchen im Zusammenhang mit der Beteiligungsfinanzierung

diskutierten Informationsasymmetrien und die Existenz von Transaktionskosten führen zu einer Lücke zwischen den Kosten externer und interner Finanzierung, die in der Literatur als „external finance premium“ bezeichnet wird (vgl. hierzu HUBBARD 1995, CECCHETTI 1995 sowie MISHKIN 1996). Auf dem Markt für externe Finanzierungsmittel, d. h. zwischen Kreditgeber und Kreditnehmer, besteht typischerweise ein Principal-Agent-Problem. Der Kreditnehmer (Agent) verfügt über private Informationen bezüglich seiner Kreditwürdigkeit, die dem Kreditgeber (Principal) zumindest zu Beginn der Beziehungen nicht zugänglich sind. Der Kreditgeber berücksichtigt diese Tatsache, indem er eine zusätzliche Risikoprämie erhebt. Weiterhin fallen für den Kreditgeber Kosten der Kontrolle und Beobachtung der Kreditnehmer an, die so zu einer weiteren Komponente der Prämie werden, die vom Kreditgeber erhoben wird. Die Kosten der Kontrolle werden umso geringer sein, je mehr es dem Kreditnehmer gelingt, durch für den Kreditgeber kostengünstige Maßnahmen seine Glaubwürdigkeit bzw. Zuverlässigkeit zu signalisieren. Die Bereitschaft, Sicherheiten zu hinterlegen oder Bürgschaften vorzulegen sind ein gutes Beispiel hierfür. In jedem Fall entstehen jedoch Kosten, die bei der internen Finanzierung eines Investitionsvorhabens nicht anfallen. Diese wird also günstiger für den Investor sein als eine externe Finanzierung.

Geht man an dieser Stelle davon aus, dass es die Geschäftsbanken sind, die die Kredite an die Nichtbanken zur Verfügung stellen,[2] dann stehen in diesem Modell drei Assets zur Verfügung: Geld, Wertpapiere und die Bankkredite. Weiterhin soll angenommen werden, dass den Geschäftsbanken als Alternative zur Vergabe von Bankkrediten das Halten von Wertpapieren

---

genau die Probleme asymmetrischer Information zwischen Mittelgebern und Unternehmen auf, die als typisch für eine externe Finanzierung anzusehen sind. Unternehmen mit Börsenzugang steht allerdings mit den Wertpapierbörsen ein Sekundärmarkt zur Verfügung, auf dem, sieht man von dem Problem der Insiderinformation ab, Informationssymmetrie besteht (vgl. PERRIDON und STEINER, 1995, S. 333). Die Emission von Aktien ist als mögliche Alternative börsenfähiger Unternehmen zu einer externen Finanzierung über eine Kreditaufnahme zu sehen. Hier müsste die Beteiligungsfinanzierung als Form der internen Finanzierung bewertet werden. Der Alternativenraum bei einer anstehenden Finanzierung kann somit bei verschiedenen Unternehmen unterschiedlich ausfallen. Zu den Alternativen der Aufbringung von Kapital vgl. auch PERRIDON und STEINER (1995, Kap. D).

[2]Wie später noch zu zeigen ist, ist dies nur bei einer der beiden Ausprägungen des Kreditkanals eine notwendige Bedingung. Diese Annahme stellt jedoch auch für den zweiten Mechanismus keinen Widerspruch dar.

Abbildung 7.1: Relevante Bilanzgrößen im erweiterten Modell

Zentralbank	
Forderungen	Reserven (R)

Geschäftsbanken	
Reserven (R) Wertpapiere (B^d) **Kredite** (L^s)	Sicht- einlagen (D)

konsolidierte Bankbilanz	
Forderungen Wertpapiere (B^d) **Kredite** (L^s)	Sicht- einlagen (D)

Nichtbanken	
Sicht- einlagen (D) Wertpapiere (B^d)	**Kredite** (L^d) (sonstige Finanzierung)

offen steht. Abbildung 6.1 der relevanten Bilanzgrößen muss für den unvollkommenen Kapitalmarkt, wie in Abbildung 7.1 dargestellt, erweitert werden.

Die Theorie des Kreditkanals nimmt nun an, dass sich die Kosten der externen Finanzierung, und damit auch die Prämie für externe Finanzierung, als Folge geldpolitischer Maßnahmen verändern und dass dies für unterschiedliche Gruppen von Kreditnehmern in unterschiedlichem Maße zutrifft. Dies ist eine bedeutende Erweiterung gegenüber dem traditionellen Ansatz. Es muss nun unterschieden werden zwischen Unternehmen, die in der Lage sind, sich intern zu finanzieren und denen, die auf externe Mittel zurückgreifen müssen. Letztere haben höhere Kosten der Finanzierung für ihre Investitionsprojekte zu tragen. Zusätzlich spielt bei der externen Mittelbeschaffung die finanzielle Situation des Kreditnehmers eine Rolle für die Höhe der Differenz zu den Kosten einer internen Finanzierung. Geldpolitische Maßnahmen haben somit distributive Wirkungen. Dies ist ein wesentlicher Unterschied zu den Vorstellungen des traditionellen Zinskanals, der sich auch in der empirischen Überprüfung bestätigt (vgl. hierzu die Seiten 133 ff. und das Kapitel 7.3.5).

Geldpolitik beeinflusst nicht mehr lediglich die reale Verzinsung und damit die zinsabhängigen Ausgaben. Es kann unter diesen Annahmen zu gesamtwirtschaftlichen Effizienzverlusten kommen, da nicht mehr gewährleistet ist, dass gerade die marginalen Investitionsprojekte als Folge kontraktiver Geldpolitik vom Markt verschwinden. Der Kreditkanal zeigt, auf welche Weise es zu diesem zentralen Ergebnis kommen kann. Es sind zwei Mechanismen, die üblicherweise unter der Bezeichnung Kreditkanal zusammengefasst werden. Der Bilanzkanal („balance sheet channel") unterstellt, dass die Veränderung der Kreditwürdigkeit der Kreditnehmer die Ursache für die Veränderung der Kosten externer Finanzierung ist. Unterschiedliche Gruppen von Kreditnehmern sind in unterschiedlichem Maße betroffen. Der Bilanzkanal verstärkt die zinstheoretischen Wirkungen der Geldpolitik. Der Bankkreditkanal („bank lending channel") zeigt einen alternativen Transmissionsmechanismus auf, der nicht an den traditionellen Effekt der Geldpolitik gebunden ist. Geldpolitik verändert das Kreditangebot der Geschäftsbanken. Bankabhängige Unternehmen sind stärker betroffen als nicht-bankabhängige Unternehmen. Beide Mechanismen sollen im Folgenden ausführlich erläutert werden.

7.2 Der Bilanzkanal

Die Höhe der Prämie für externe Finanzierung hängt diesem Ansatz zufolge von der finanziellen Situation des Kreditnehmers ab. Sie ist umso geringer, je höher das Nettofirmenvermögen des Unternehmens ist. Durch eine solide Finanzausstattung des Kreditnehmers reduzieren sich die Kosten, die aus der Informationsasymmetrie am Finanzmarkt resultieren. Ein solches Unternehmen ist in der Lage, einen größeren Teil des Investitionsprojektes selbst zu finanzieren oder kann zumindest höhere Sicherheiten für seine Verbindlichkeiten vorweisen als ein Unternehmen, dessen Nettovermögen geringer ist. Es wird einen günstigeren Kredit bekommen als ein Unternehmen, welches ein höheres Risiko darstellt. Veränderungen der finanziellen Situation eines Unternehmens werden somit über die anfallenden Finanzierungskosten dessen Investitions- und Ausgabeentscheidungen mit beeinflussen.

Geldpolitische Maßnahmen beeinflussen die Investitionsentscheidungen der Unternehmen nicht mehr nur aufgrund einer direkten Veränderung der Kosten des Kapitals, wie es im traditionellen Modell geschildert wird. Die Zinsänderungen haben auch Einfluss auf die Kreditwürdigkeit der Investoren. Hierbei lassen sich direkte und indirekte Wirkungen unterscheiden.

In dem Maße, in dem die Unternehmen kurzfristige oder zinsvariable Kreditvereinbarungen eingegangen sind, sind sie direkt von einer Zinssatzerhöhung als Folge einer kontraktiven geldpolitischen Maßnahme betroffen. Die Zinsaufwendungen für die Unternehmen steigen, hierdurch reduzieren sich ihre Gewinne und der Netto-Cash-Flow.[3] Die finanzielle Situation der Kreditnehmer verschlechtert sich. In den USA kommt diesem Aspekt große Bedeutung zu, da die Unternehmen in hohem Maße auf kurzfristige Kredite zurückgreifen (vgl. BERNANKE und GERTLER, 1995, S. 36). Die Situation in Deutschland stellt sich anders dar. Während des Untersuchungszeitraumes bevorzugten die Unternehmen Bankkredite mit einer langen Laufzeit. Der Anteil der langfristigen Kredite am gesamten Bankkreditvolumen dieser Schuldnergruppe betrug zwischen 60 und 70 Prozent. Bis auf die Phase der Wiedervereinigung, in der mittel- und auch kurzfristige Kredite leicht an Bedeutung gewannen, muss sogar festgestellt werden, dass der Anteil langfristiger Kredite zunahm. Der Anteil der kurzfristigen Kredite (zwischen 25 und 30 Prozent des Gesamtvolumens) und der mittelfristigen Kredite (zwischen 5 und 10 Prozent) nahm leicht ab.[4] Auch wenn die Zinsaufwendungen der Unternehmen in Deutschland auf eine kontraktive Geldpolitik nicht so stark reagieren, wie das in den USA der Fall ist, werden sich jedoch auch hier Wirkungen ergeben. Weiterhin führen Zinserhöhungen in der Regel unmittelbar zu einer Reduktion der Vermögenswerte.[5] Auch auf diese Weise vermindert sich das Nettovermögen der Unternehmen und ihre Kreditwürdigkeit nimmt ab.

---

[3]Der Netto-Cash-Flow ist der Nettobetrag an Geld, der einem Unternehmen in einer bestimmten Periode zufließt. Die Höhe dieses Cash-Flow gibt Auskunft über die Bonität eines Unternehmens.

[4]Diese Angaben wurden aus der Tabelle „IV. Kreditinstitute 7. Kredite an inländische Unternehmen und Privatpersonen" des Statistischen Teils der Monatsberichte der DEUTSCHEN BUNDESBANK (verschiedene Jahrgänge) berechnet. Als kurzfristige Kredite werden Vereinbarungen mit einer Laufzeit von bis zu einem Jahr bezeichnet, mittelfristige Kredite haben eine Laufzeit von mehr als einem Jahr bis unter vier Jahren. Über diesen Zeitraum hinaus spricht man von langfristigen Krediten. Bezugsdatum ist jeweils der Stand am Jahresende.

[5]In dem hier verwendeten Modell würden z. B. die Wertpapierkurse als Folge der Zinserhöhung fallen.

Indirekt wirkt die kontraktive Geldpolitik über die Handelspartner auf die Kreditwürdigkeit der Unternehmen. Wenn diese ihrerseits ihre Ausgaben reduzieren, dann sinken die Einnahmen der Unternehmen bei kurzfristig weitgehend konstanten Ausgaben. Das Nettovermögen sinkt aufgrund dieser Lücke. Desweiteren führt diese Situation zu positiven Lagerbestandsveränderungen. Diese müssen, falls die Unternehmen nicht aufgrund der Situation zu einer Reduktion der Produktion gezwungen werden, finanziert werden. Die Unternehmen sind noch stärker gezwungen, auf die teurer gewordenen kurzfristigen Kredite zurückzugreifen. Die Zinszahlungen erhöhen sich nochmals.

Dieser letzte Aspekt trägt zur Klärung eines auf den ersten Blick kontraintuitiven empirischen Befundes bei. Einige Untersuchungen, so z. B. CHRISTIANO et al. (1994) oder FRIEDMAN und KUTTNER (1993b), finden heraus, dass sich die Kreditaufnahme des Unternehmenssektors im ersten Jahr nach einem kontraktiven geldpolitischen Schock erhöht. Eine solche Reaktion kann über den traditionellen Transmissionsansatz nicht erklärt werden, wohl aber über die hier dargestellten Zusammenhänge.

Bilanzkanal und traditioneller Zinseffekt sind gleichgerichtet. Die Wirkung geldpolitischer Maßnahmen wird durch den hier vorgestellten Mechanismus verstärkt. Der Bilanzkanal wird aus diesem Grund auch als „financial accelerator" bezeichnet. Mit seiner Hilfe kann erklärt werden, warum geldpolitische Maßnahmen, obwohl sie nur geringe Zinsänderungen zur Folge haben, trotzdem starke realwirtschaftliche Wirkungen nach sich ziehen können (vgl. hierzu auch BERNANKE et al., 1996). Desweiteren gilt, dass der beschriebene Mechanismus eine stärkere Wirkung in Phasen des konjunkturellen Abschwungs als in einer Hochphase zeigt. In einer Rezession ist die Kreditwürdigkeit der Unternehmen bereits vermindert, ein weiterer kontraktiver Impuls hat stärkere Wirkungen als in einer gesamtwirtschaftlich expansiven Konjunkturphase. Es ist jedoch zu beachten, dass der Bilanzkanal nicht unabhängig vom traditionellen Transmissionsmechanismus existiert. Ruft eine geldpolitische Maßnahme keine Zinsänderung hervor, was z. B. bei vollkommen zinselastischer Geldnachfrage der Fall ist, dann gibt es auch keine Wirkungen auf die Bilanz der Unternehmen.

Die empirischen Untersuchungen zur Existenz eines Bilanzkanals kommen durchweg zu dem Ergebnis, dass es eine Abhängigkeit der Kosten externer

Finanzierung von der Kreditwürdigkeit der Unternehmen gibt, und dass diese Tatsache zu einer Verstärkung der Wirkung von Geldpolitik führt (vgl. z. B. GERTLER und GILCHRIST 1993, 1994 oder BERNANKE et al. 1996). Wie in Kapitel 6.3.2.2 gezeigt wurde, können bei unvollkommenem Kapitalmarkt unternehmensbezogene Rentabilitätsgrößen wie der Cash-Flow zu einer Determinante der Investitionsentscheidungen werden. Der Bilanzkanal behauptet nun, dass diesen Größen in Abhängigkeit von der finanziellen Situation des Unternehmens unterschiedliches Gewicht zukommt. Je geringer die Kreditwürdigkeit eines Unternehmens ist, umso höher fällt die Prämie für externe Finanzierung aus und umso stärker wird eine Größe, die Auskunft über die Kreditwürdigkeit des Unternehmens gibt, nämlich der Cash-Flow, die Investitionsentscheidungen des Unternehmens beeinflussen.

Eine empirische Überprüfung dieses Zusammenhangs anhand der Zinssätze ist jedoch nur sehr schwer umzusetzen. Die wahren „Preise" der Kredite äußern sich nicht nur in den offiziellen Zinssätzen der Kreditinstitute, sondern in zahlreichen anderen Parametern, wie z. B. den erforderlichen Sicherheiten oder zusätzlichen Verpflichtungen der Kreditnehmer. Diese Komponenten lassen sich nicht erfassen. Zudem können nur durchschnittliche Kreditzinsen der einzelnen Banken betrachtet werden. Dies führt zu Problemen, da nicht angenommen werden kann, dass die Kreditrisiken, denen sich eine Geschäftsbank gegenübersieht, über die Zeit konstant sind. Wenn aber z. B. aufgrund einer geldpolitischen Maßnahme die Kreditvergabe eingeschränkt wird und dadurch einige Unternehmen mit hohen Risiken nicht mehr als Kreditnehmer auftauchen, dann sinkt der durchschnittliche Zinssatz für Kredite bei dieser Bank, obwohl die Zinsen für einen Kreditnehmer konstanter Qualität vielleicht sogar gestiegen sind (vgl. BERNANKE, 1993, S. 58). Aus diesen Gründen erweist sich die Verwendung von Mengenvariablen als geeigneter.

Die Ausführungen in Kapitel 6.3.2.2 machten bereits deutlich, dass es für einen Nachweis der Unvollkommenheit des Kapitalmarktes notwendig ist, auf eine disaggregierte Datenbasis zurückzugreifen. Der folgende Überblick über Untersuchungen zum Bilanzkanal richtet deshalb sein Hauptaugenmerk auf Untersuchungen, die mittels Disaggregation bzw. Gruppenbildung versuchen, die Existenz eines Bilanzkanals zu belegen.

FAZZARI et al. (1988) untersuchten als erste die Gültigkeit dieses Zusammenhangs, indem sie Daten auf Unternehmensebene von börsennotierten Unternehmen verwendeten und in Abhängigkeit von der Dividendenpolitik der Unternehmen in eine Gruppe mit relativ geringer Kreditwürdigkeit und eine mit relativ hoher Kreditwürdigkeit aufteilten. Ihr Argument ist, dass schnell wachsende Firmen, die auf Dividendenzahlungen verzichten, als risikoreicher eingestuft werden müssen als solche Unternehmen, die langsamer wachsen und Dividenden ausschütten. Letztere werden eine geringere Prämie für externe Finanzierung zu zahlen haben. Sie finden heraus, dass für die Unternehmen mit hoher Prämie für externe Finanzierung der Cash-Flow eine Determinante der Investitionsentscheidungen ist. Bei der anderen Gruppe findet sich dieses Ergebnis nicht.

Eine Anzahl von Untersuchungen wählte in der Folge eine ähnliche Vorgehensweise. Sie überprüfen den Ansatz für andere Länder oder wählen andere Gruppierungskriterien (vgl. BERNANKE et al. 1996, S. 9 f. sowie GERTLER und GILCHRIST 1993, S. 48 ff.). Die Aufteilung der Unternehmen nach der Firmengröße ist ein beliebtes Klassifikationskriterium. Kleine Unternehmen müssen höhere Prämien für externe Finanzierung zahlen. Ein Grund ist, dass es sich bei den Kosten des Monitoring zu einem Teil um fixe Kosten handelt. Zudem unterliegen große Unternehmen aufgrund ihrer Rechtsform oftmals einer Berichtspflicht, was für die Kreditgeber die Kosten der Kontrolle im Vergleich zu denen bei kleinen Unternehmen reduziert. In Relation zu den von ihnen benötigten Finanzmitteln müssen kleine Unternehmen also hohe Prämien zahlen. Weitere Gründe für die höhere Prämie externer Finanzierung bei kleinen Unternehmen nennen GERTLER und GILCHRIST (1993, S. 48).

Die Klassifikation der vorhandenen Daten zur Bildung zweier Gruppen ist nicht unproblematisch (vgl. SCHIANTARELLI, 1996, S. 78 ff.). CECCHETTI (1995, S. 93) weist darauf hin, dass die zur Trennung der Gruppen verwendeten Charakteristika wie Firmengröße oder Art der Dividendenpolitik exogen in Bezug auf die Finanzierungsentscheidungen sein müssen. Wenn dies nicht der Fall ist, dann muss die Diskriminierung einer Gruppe nicht zwangsläufig Konsequenz der asymmetrischen Information auf dem Kreditmarkt sein, sondern sie kann Folge des Klassifikationskriteriums sein. Die Unterteilung in kleine und große Unternehmen könnte ein Beispiel für ein zweifelhaftes Klassifikationskriterium sein. Es existiert eine Reihe von mikroökonomischen Ansätzen, die aufzeigen, dass Unternehmen aufgrund ihrer

Größe Vorteile aufweisen (z. B. aufgrund von economies of scale oder economies of scope). So kann ein großes Unternehmen z. B. zu geringeren Kosten produzieren, weil es innovative Produktionsverfahren verwendet, die aber erst bei bestimmten Stückzahlen sinnvoll werden. Damit wird sein Investitionsvorhaben aber eine höhere Rendite aufweisen als die des vergleichbaren kleineren Unternehmens. Es wird nun argumentiert, dass infolge einer Zinserhöhung das kleinere Unternehmen vom Markt verschwindet, ohne dass die Gründe hierfür in Kapitalmarktunvollkommenheiten gesucht werden müssten. Es besteht die Gefahr, dass die effiziente Wirkung einer Zinserhöhung als distributive Wirkung fehlinterpretiert wird.[6]

Diese Argumentation ist meiner Meinung nach jedoch fehlerhaft. Zwar kann ein großes Unternehmen bei Existenz von Skalenerträgen profitabler arbeiten als ein kleines Unternehmen. Dies setzt aber zum einen eine gewisse mindestoptimale Betriebsgröße für den betrachteten Markt voraus. Wenn die mindestoptimale Betriebsgröße klein genug ist, können auch kleine Unternehmen effizient produzieren und mögliche Innovationen der großen Unternehmen haben keinen wesentlichen Einfluss auf die Kostenstruktur. Zudem ist bezüglich der produzierten Güter ein relevanter Markt festzulegen, innerhalb dessen die Unternehmen in Konkurrenz zueinander stehen. An einem solchen Markt, der sich durch economies of scale auszeichnet, können sich durchaus große Unternehmen gegenüberstehen, die nur geringe Gewinne machen, während ein kleines Unternehmen, das sich in einem verwandten, aber doch abgegrenzten Markt befindet, hohe Profite realisiert. Schließlich besteht eine bedeutsame, dynamische Determinante von Unternehmensgewinnen darin, dass sich zusätzliche Gewinne realisieren lassen, weil Unternehmen einen zeitlichen Vorsprung gegenüber Mitkonkurrenten realisieren können. Auch hier besteht aber a priori keine Regel, die besagt, dass große Unternehmen profitabler sind als kleine Unternehmen. Berücksichtigt man diesen Sachverhalt, dann lässt sich die Vorstellung, eine Klassifikation nach der Firmengröße bedeute bereits zwangsläufig eine Klassifikation nach der Rentabilität der Unternehmen, nicht aufrechterhalten. Es kann also davon ausgegangen werden, dass die Firmengröße in Bezug auf die Finanzierungsentscheidungen durchaus einen hohen Grad an Exogenität aufweist.

[6] Lindern lässt sich dieses Problem laut CECCHETTI, indem man institutionelle Charakteristika, wie z. B. die Zugehörigkeit zu einem Verband, als Klassifikationskriterium zur Gruppenbildung verwendet.

Auch andere Variablen als die Anlageinvestitionen können von der finanziellen Situation der Unternehmen abhängen.[7] So zeigen KASHYAP et al. (1994) für den Bereich der Lagerbestandsinvestitionen, dass diese für Unternehmen mit geringem Nettovermögen von ihrer Kreditwürdigkeit abhängen, für Unternehmen mit besserer Finanzausstattung dagegen nicht.[8] Interessant ist dieser Punkt, weil er eine Erklärung für den empirischen Widerspruch liefert, dass gerade Lagerbestandsinvestitionen sehr sensibel auf monetäre Schocks reagieren, andererseits aber nicht stark von realen Zinssätzen abhängen.

Insgesamt bestätigen alle der hier vorgestellten Untersuchungen einen Einfluss der Finanzsituation auf die Investitionsentscheidungen bei Unternehmen, die eine geringere Kreditwürdigkeit aufweisen als ihre Vergleichsgruppe. Auf diese Weise kann die Existenz eines Bilanzkanals, welcher die traditionell beschriebenen Wirkungen der Geldpolitik verstärkt, belegt werden.

Einen anderen Weg für diesen Nachweis gehen die Untersuchungen, die auf den Arbeiten von GERTLER und GILCHRIST (1993, 1994) aufbauen. Diese untersuchen anhand von Daten des *Quarterly Financial Report of Manufacturing Firms (QFR)* direkt die Wirkungen kontraktiver geldpolitischer Maßnahmen auf große und kleine Unternehmen. Hierzu verwenden sie Impuls-Antwort-Funktionen im Rahmen von VAR-Modellen. Im Ergebnis bestätigen sie die distributive Wirkung der Geldpolitik. Die beiden Gruppen von Unternehmen reagieren unterschiedlich auf einen nicht-antizipierten geldpolitischen Schock. So zeigen GERTLER und GILCHRIST (1994), dass sich die Lagerbestände von großen Unternehmen als Folge kontraktiver Geldpolitik erhöhen. Das heißt aber, dass diese Unternehmen in der Lage sind, zumindest temporär ihr Produktionsniveau aufrecht zu erhalten und das trotz höherer Zinskosten und sinkender Gewinne. Kleine Unternehmen dagegen können ihre kurzfristigen Verbindlichkeiten nicht mehr erhöhen. Sie schränken ihre Produktion ein (vgl. GERTLER und GILCHRIST, 1994, S. 325 ff.). Auch die Untersuchung von BERNANKE et al. (1996) bestätigt diese Ergebnisse.[9]

[7] Neben den Investitions- und Ausgabeentscheidungen der Unternehmen können auch die Haushalte über eine Veränderung ihrer Kreditwürdigkeit von der Existenz des Bilanzkanals betroffen sein. Vgl. hierzu BERNANKE und GERTLER (1995, S. 44 f.).

[8] Dieser Effekt zeigt sich lediglich in konjunkturellen Abschwüngen, was aber durchaus konsistent mit den Ausführungen zum Bilanzkanal ist. Vgl. S. 132 dieses Abschnittes.

[9] GERTLER und GILCHRIST (1993, 1994) verwenden die Daten des *QFR* in ihrer üblichen Veröffentlichungsform, der Aufteilung der zugrunde liegenden Unternehmensdaten

GANLEY und SALMON (1997) untersuchen für Großbritannien, wie ein kontraktiver geldpolitischer Impuls im Rahmen eines VAR-Systems auf verschiedene Sektoren des Verarbeitenden Gewerbes wirkt. Sie weisen eine unterschiedliche Reaktion des Outputs der 14 disaggregierten Sektoren nach. Anhand von Konzentrationsdaten und durchschnittlicher Firmengröße innerhalb dieser Sektoren können sie zeigen, dass eine hohe Korrelation zwischen den Reaktionen des Output und der Firmengröße existiert (vgl. GANLEY und SALMON, 1997, S. 26). Sektoren mit überwiegend großen Unternehmen reagieren nicht so stark auf die geldpolitische Aktion wie Sektoren, die stärker von kleinen Unternehmen geprägt sind. [10]

Wie bedeutend sind nun diese Ergebnisse für einen makroökonomischen Transmissionsmechanismus? Man könnte der Überzeugung sein, dass es sich um relativ unbedeutende Effekte handelt, da es ja die kleinen Unternehmen sind, die betroffen sind. Es stellt sich die Frage, ob die zweifelsfrei vorhandenen distributiven Wirkungen, die zu einer verstärkten Betroffenheit der kleinen Unternehmen von geldpolitischen Maßnahmen führen, ein gesamtwirtschaftlich relevantes Ausmaß annehmen können. GERTLER und GILCHRIST (1994, S. 327 ff.) nehmen dazu Stellung. Ihre Untersuchung bezieht sich auf das Verarbeitende Gewerbe. Der Anteil der kleinen Unternehmen am gesamten Absatz liegt dort bei dreißig Prozent. Für den Rückgang des Absatzes in der Folge eines kontraktiven geldpolitischen Schocks können die kleinen Unternehmen dagegen zu ungefähr sechzig Prozent verantwortlich gemacht werden. Bei den Lagerbestandsinvestitionen führt der starke Rückgang bei den kleinen Unternehmen dazu, dass die Entwicklung der gesamten Lagerbestandsinvestitionen wesentlich gedämpfter verläuft als bei den großen Unternehmen allein. Auch BERNANKE et al. (1996) sind der Ansicht, dass die gruppenspezifischen Unterschiede groß genug sind, um Konsequenzen für die aggregierten ökonomischen Aktivitäten zu haben. Zusätzlich weisen sie darauf hin, dass die Bedeutung kleiner Firmen außerhalb des Verarbeitenden Gewerbes noch wesentlich höher ist. So lag z. B. laut BERNANKE

in Größenklassen. Ihr Klassifikationskriterium ist zwangsläufig die Größe der Unternehmen. BERNANKE et al. (1996) verwenden die Daten auf Unternehmensebene. Dies bietet vielfältigere Klassifizierungsmöglichkeiten, z. B. die bereits erwähnte Zugehörigkeit zu Verbänden. Die Existenz eines Bilanzkanals bestätigt sich auch bei diesen Variationen.

[10] Dieser Ansatz einer sektoralen Disaggregation der Datenbasis wird in der empirischen Untersuchung des Kapitels 8 aufgegriffen und dort zur Überprüfung der Existenz eines Bilanzkanals in Deutschland verwendet.

et al. (1996) für die USA im Jahre 1984 der Anteil der kleinen Unternehmen im Dienstleistungssektor bei 87.6 %.[11] Eine genaue Darstellung der Zusammensetzung der Sektoren und der Bedeutung kleiner Unternehmen in Deutschland wird in Kapitel 8.2 vorgenommen.

7.3 Der Bankkreditkanal

7.3.1 Funktionsweise

Der Bankkreditkanal beschreibt eine zusätzliche Wirkung geldpolitischer Maßnahmen, die im Gegensatz zum Bilanzkanal vollkommen unabhängig von dem traditionellen Zinsmechanismus sein kann. Gemeinsam mit dem Bilanzkanal ist diesem Ansatz jedoch, dass auch er in der Prämie für externe Finanzierung den Grund für weitere, vom traditionellen Transmissionskanal nicht beachtete, Wirkungen der Geldpolitik sieht.

Die Aktivseite der Geschäftsbankenbilanz erhält bei Existenz eines Bankkreditkanals eine besondere Bedeutung für die Transmission monetärer Impulse. Um diese zu verdeutlichen, muss das traditionelle Modell aus Kapitel 6.1 erweitert werden.[12] Die Geschäftsbanken können auf der Aktivseite ihrer Bilanz zwischen der Vergabe von Bankkrediten und dem Halten von Wertpapieren wählen. Es soll angenommen werden, dass sie weiterhin einer Reserveverpflichtung unterliegen und dass ihre Verbindlichkeiten unverändert aus den eingeräumten Sichteinlagen der Nichtbanken bestehen. Für die Nichtbanken wird bei möglicher Existenz eines Kreditkanals die Wahl der Finanzierungsform bedeutend. Es soll deshalb zwischen Bankkrediten und sonstigen Finanzierungsformen der Nichtbanken unterschieden werden.

Kontraktive Geldpolitik der Zentralbank bedeutet eine Reduktion der Reserven für die Geschäftsbanken. Ein solcher Impuls kann im erweiterten Transmissionsmodell dazu führen, dass die Geschäftsbanken ihr Kreditangebot einschränken. Kommt es zu den traditionellen Wirkungen einer Erhöhung der Wertpapierverzinsung, so wird die Nachfrage nach Bankkredi-

[11] Allerdings muss beachtet werden, dass die Autoren ein Unternehmen mit einem Vermögenswert bis $ 250 Millionen als kleines Unternehmen bezeichnen.

[12] Vgl. hierzu auch die Abbildung 7.1 dieses Kapitels.

ten noch steigen, da die Opportunitätskosten einer Eigenfinanzierung gestiegen sind. In jedem Fall entsteht ein Nachfrageüberschuss nach Bankkrediten und in der Folge steigen die Kosten externer Finanzierung. Unternehmen, die von einer Finanzierung durch Bankkredite abhängig sind, werden ihre Investitionen einschränken müssen. Nicht-bankabhängige Unternehmen greifen verstärkt auf eine andere Finanzierungsart zurück.

Auf diese Weise kann eine geldpolitische Maßnahme bedeutende reale Wirkungen haben, ohne dass dies mit einer entsprechenden Änderung des realen Marktzinses, welcher in dem hier gewählten Modell der realen Verzinsung der Wertpapiere entspricht, einhergehen muss. Der Bankkreditkanal kann selbst bei vollkommen zinselastischer Geldnachfrage, wenn also Geld und Wertpapiere perfekte Substitute für die Nichtbanken sind und Geldpolitik deshalb nicht zu einer Änderung der realen Verzinsung der Wertpapiere führt, eine reale Veränderung des gesamtwirtschaftlichen Output erzeugen. Möglich wird dies durch die distributive Wirkung der geldpolitischen Maßnahme, die über die Reduzierung des Angebotes an Bankkrediten die bankabhängigen Unternehmen zu einer Reduktion ihrer Ausgaben zwingt. Diese Verringerung des Output muss gesamtwirtschaftlich nicht mehr effizient sein. Gibt es Wirkungen der Geldpolitik im Sinne des traditionellen Zinskanals, so trägt der hier beschriebene Mechanismus zu einer Verstärkung ihrer Effekte bei.

Welche Voraussetzungen sind notwendig, damit dieser kredittheoretische Transmissionsmechanismus des Bankkreditkanals wirksam wird? Auch für ihn gilt, analog zum traditionellen Zinsmechanismus, dass Preisrigiditäten in irgendeiner Form vorliegen müssen, die verhindern, dass ein geldpolitischer Schock realwirtschaftlich neutral bleibt (vgl. die Ausführungen in Kapitel 6.1). Erfolgt auf eine Änderung der Reservebestände der Geschäftsbanken durch die Zentralbank eine unmittelbare und proportionale Veränderung des Preisniveaus, dann verändern sich die realen Größen im Banken- und im Unternehmenssektor nicht. In diesem Fall gibt es weder reale Wirkungen aufgrund des Zinskanals noch solche aufgrund des Bankkreditkanals.

Wesentliche Bedingung für die Existenz eines Bankkreditkanals ist es, dass Bankkredite und Wertpapiere weder für die Geschäftsbanken noch für die Kreditnehmer perfekte Substitute sein dürfen. Sind sie nämlich für die *Nichtbanken* perfekt substituierbar, dann erlangt das

Kapitalstrukturinvarianz-Theorem wieder Gültigkeit. Externe und interne Finanzierung unterliegen derselben Verzinsung. Die Unternehmen sind unabhängig von den Krediten der Geschäftsbanken. Auf eine Verminderung des Angebotes an Bankkrediten reagieren sie mit einer entsprechenden Erhöhung der internen Finanzierung oder mit der Aufnahme von Mitteln aus dem Nichtbankensektor.[13] Sind Bankkredite und Wertpapiere für die *Geschäftsbanken* vollkommen substituierbar, dann ist die Zentralbank nicht in der Lage, das Kreditangebot des intermediären Sektors zu beeinflussen. Auf eine Erhöhung der Reserveverpflichtung können die Geschäftsbanken dann mit dem Verkauf von Wertpapieren statt mit einer Reduktion des Kreditangebotes an die Nichtbanken reagieren. Der Bankkreditkanal bleibt auch in diesem Fall wirkungslos.

Die Existenz eines Kreditkanals ist nicht notwendigerweise an das Vorliegen von Kreditrationierung gebunden. Es mag wohl in der Realität so aussehen, dass Änderungen des Kreditangebotes zu Änderungen des Grades der Kreditrationierung führen, aber diese Tatsache ist keine notwendige Bedingung für einen Kreditkanal (vgl. KASHYAP und STEIN, 1994, S. 222). Es ist denkbar, dass der neue Zinssatz ein markträumender Zinssatz ist. Der kredittheoretische Transmissionsmechanismus macht hierzu keine Angaben. Deshalb ist auch der Nachweis des Vorliegens von Kreditrationierung kein ausreichender Beleg für die Existenz eines Kreditkanals.

Die notwendigen Bedingungen der Existenz eines Bankkreditkanals sollen im Folgenden genauer untersucht werden. Es ist wichtig, sich deren Implikationen deutlich zu machen, um abschätzen zu können, ob es Evidenz für die gesamtwirtschaftliche Bedeutung eines Bankkreditkanals gibt. Zuvor soll jedoch das formale Modell des Kapitels 6.2 um die entsprechenden Variablen erweitert werden. Die Erweiterung entspricht dem von BERNANKE und BLINDER (1988) entwickelten Modell. Diese behandeln erstmalig explizit die Bedeutung des Bankkreditkanals in einem formalen Modell. Das Ziel ihrer Untersuchung ist eine Abschätzung der Indikatorqualitäten von Geld- und Kreditmenge in diesem erweiterten Rahmen. Aus diesem Modell lassen sich jedoch ebenfalls die notwendigen Bedingungen der Existenz eines Bankkreditkanals ableiten.

[13] Die Möglichkeit einer Finanzierung im Nichtbankensektor wird in dem verwendeten Modell nicht explizit behandelt, doch auch sie ist eine Alternative, die die Existenz eines Bankkreditkanals in Frage stellen kann. Vgl. hierzu Kapitel 7.3.3.1.

7.3.2 Ein erweitertes IS/LM-Modell

In diesem Abschnitt soll das traditionelle IS/LM-Modell, dem die Gleichgewichtsbedingungen auf Güter- und Geldmarkt zugrundeliegen, zu einem Modell erweitert werden, welches es ermöglicht, zusätzlich die Gleichgewichtsbedingung auf dem Kreditmarkt zu beachten. Das traditionelle Modell wurde bereits in Kapitel 6.2 abgeleitet. Indem man die Annahmen herausarbeitet, unter denen sich das hier zu entwickelnde Modell auf die traditionelle Darstellung verkürzt, erhält man im Umkehrschluss die Bedingungen, unter denen von der Existenz eines Kreditkanals ausgegangen werden kann. Der Darstellung liegt das Modell von BERNANKE und BLINDER (1988) zugrunde.

Der Markt für Bankkredite befindet sich im Gleichgewicht, wenn das Angebot an Krediten der Nachfrage entspricht. Die *Nachfrage nach Bankkrediten* durch die Nichtbanken hängt von den Bankkreditzinsen ($r_{\mathcal{L}}$), vom Wertpapierzinssatz ($r_{\mathcal{B}}$) und vom Volkseinkommen (y) ab:

$$L^d = L(r_{\mathcal{L}}, r_{\mathcal{B}}, y) \quad \text{mit} \quad L_{r_{\mathcal{L}}} \leq 0, \quad L_{r_{\mathcal{B}}} \geq 0 \quad \text{und} \quad L_y \geq 0. \qquad (7.1)$$

Wenn der Zinssatz für Bankkredite steigt, werden die Kreditnehmer versuchen, auf andere Finanzierungsformen umzusteigen. Die Nachfrage nach Bankkrediten wird sinken. Steigt die Verzinsung der Wertpapiere, dann erhöhen sich für die Kreditnehmer die Opportunitätskosten einer Eigenfinanzierung, die auf der Verbindlichkeitenseite der Nichtbankenbilanz die Alternative zu den Bankkrediten darstellt. Die Unternehmen werden in diesem Fall verstärkt auf die andere Finanzierungsform, die Bankkredite, zurückgreifen. Schließlich wird angenommen, dass die Kreditnachfrage mit steigender wirtschaftlicher Aktivität ebenfalls steigt.

Das *Angebot an Bankkrediten* ist ableitbar aus der Geschäftsbankenbilanz (vgl. Abb. 7.1):

$$R + B^d + L^s = D. \qquad (7.2)$$

Die Reserven bestehen, wie bereits erwähnt, aus Mindestreserven (MR) und Überschussreserven ($\ddot{U}R$), wobei erstere einen bestimmten Prozentsatz der Sichteinlagen ausmachen:

$$\ddot{U}R + B^d + L^s = (1 - r^*)D \qquad (7.3)$$

Die gewünschte Portfolioaufteilung der Geschäftsbanken zwischen Überschussreserven, Wertpapieren und Kreditvergabe sei von der Verzinsung der Komponenten abhängig.[14] Der Anteil λ der Bankkredite an dem frei verfügbaren Portfolio erhöht sich mit steigendem Zinssatz für Bankkredite und mit fallender Verzinsung der Wertpapiere, deren Halten in diesem Modell die Alternative der Geschäftsbanken zur Vergabe von Bankkrediten darstellt:

$$L^s = \lambda(r_\mathcal{L}, r_\mathcal{B})(1 - r^*)D \quad \text{mit} \quad \lambda_{r_\mathcal{L}} \geq 0 \quad \text{und} \quad \lambda_{r_\mathcal{B}} \leq 0. \tag{7.4}$$

Die *Gleichgewichtsbedingung für den Bankkreditmarkt* lautet:

$$\begin{aligned} L^d &= L^s \\ L(\overset{-}{r_\mathcal{L}}, \overset{+}{r_\mathcal{B}}, \overset{+}{y}) &= \lambda(\overset{+}{r_\mathcal{L}}, \overset{-}{r_\mathcal{B}})(1 - r^*)D. \end{aligned} \tag{7.5}$$

Der Geldmarkt sei auf traditionelle Weise beschrieben. Die *Nachfrage nach Geld* wurde bereits in Gleichung (6.2) des Kapitels 6.2 dargestellt. Das *Geldangebot* bestimmt sich gemäß Gleichung (6.8). Die *Gleichgewichtsbedingung für den Geldmarkt* lautet dementsprechend:

$$\begin{aligned} M^s &= M^d \\ m(\overset{+}{r_\mathcal{B}})R &= l(\overset{-}{r_\mathcal{B}}, \overset{+}{y}). \end{aligned} \tag{7.6}$$

Es verbleibt die Gleichgewichtsbedingung des Gütermarktes. Die Höhe der Investitionsgüternachfrage hängt nicht mehr nur vom Zinssatz auf dem Wertpapiermarkt, sondern auch vom Zinssatz auf dem Markt für Bankkredite ab:

$$i(r_\mathcal{B}, r_\mathcal{L}) + \bar{g} = s(y) \quad \text{mit} \quad i_{r_\mathcal{B}} \leq 0, \quad i_{r_\mathcal{L}} \leq 0 \quad \text{und} \quad 0 \leq s_y \leq 1. \tag{7.7}$$

Der Bankkreditzinssatz wiederum lässt sich aus der Gleichgewichtsbedingung für den Bankkreditmarkt, Gleichung (7.5), ermitteln. Hierzu ersetzt man in einem ersten Schritt in Gleichung (7.5) die Variable D durch $m(r_\mathcal{B})R$ und löst diesen Ausdruck dann nach $r_\mathcal{L}$ auf. Man erhält:

$$r_\mathcal{L} = r_\mathcal{L}(r_\mathcal{B}, y, R) \quad \text{mit} \quad {r_\mathcal{L}}_{r_\mathcal{B}} \geq 0, \quad {r_\mathcal{L}}_y \geq 0 \quad \text{und} \quad {r_\mathcal{L}}_R \leq 0. \tag{7.8}$$

[14] Für die Überschussreserven gilt eine Verzinsung von Null. Desweiteren sei aus Vereinfachungsgründen angenommen, dass der Anteil der Überschussreserven am frei verfügbaren Portfolio nur vom Wertpapierzinssatz $r_\mathcal{B}$ abhängt.

Eine Erhöhung des Wertpapierzinssatzes und eine Erhöhung des Einkommens führen zu einer Erhöhung der Nachfrage nach Bankkrediten. Der gleichgewichtige Zinssatz auf dem Markt für Bankkredite wird steigen. Die Erhöhung der Reserven durch eine expansive geldpolitische Maßnahme erhöht das Angebot an Bankkrediten, der Zinssatz sinkt.

Unter Beachtung dieses Zusammenhangs wird Gleichung (7.7) zu

$$i\left(\overset{-}{r_{\mathcal{B}}}, \overset{-}{r_{\mathcal{L}}}\left(\overset{+}{r_{\mathcal{B}}}, \overset{+}{y}, \overset{-}{R}\right)\right) + \bar{g} = s(\overset{+}{y}). \tag{7.9}$$

Man bezeichnet diese Funktion als CC-Kurve (commodities and credit). Sie beschreibt das *Gleichgewicht am Gütermarkt bei gleichzeitiger Beachtung der Gleichgewichtsbedingung für den Bankkreditmarkt.* Bereits an dieser Stelle erkennt man, dass diese, im Gegensatz zur IS-Funktion, durch Variation von R beeinflusst wird.

Zusammenfassend erhält man ein Modell mit folgenden Gleichgewichtsbedingungen:

$$i\left(\overset{-}{r_{\mathcal{B}}}, \overset{-}{r_{\mathcal{L}}}\left(\overset{+}{r_{\mathcal{B}}}, \overset{+}{y}, \overset{-}{R}\right)\right) + \bar{g} = s(\overset{+}{y}) \qquad (CC) \tag{7.10}$$

$$m(\overset{+}{r_{\mathcal{B}}})R = l(\overset{+}{y}, \overset{-}{r_{\mathcal{B}}}) \qquad (LM) \tag{7.11}$$

wobei die Determinanten von $r_{\mathcal{L}}$ aus der Gleichgewichtsbedingung

$$L(\overset{-}{r_{\mathcal{L}}}, \overset{+}{r_{\mathcal{B}}}, \overset{+}{y}) = \lambda(\overset{+}{r_{\mathcal{L}}}, \overset{-}{r_{\mathcal{B}}})(1 - r^*)m(\overset{+}{r_{\mathcal{B}}})R \tag{7.12}$$

abgeleitet werden.

Die Bildung des totalen Differentials der CC-Funktion führt zu:

$$i_{r_{\mathcal{B}}}\, dr_{\mathcal{B}} + i_{r_{\mathcal{L}}}\, dr_{\mathcal{L}}(r_{\mathcal{B}}, y, R) + d\bar{g} = s_y\, dy. \tag{7.13}$$

Einen Ausdruck für $dr_{\mathcal{L}}(r_{\mathcal{B}}, y, R)$ erhält man aus dem totalen Differential der Gleichgewichtsbedingung für den Bankkreditmarkt, Gleichung (7.12):

$$\begin{aligned}
L_{r_{\mathcal{L}}} dr_{\mathcal{L}} + L_{r_{\mathcal{B}}} dr_{\mathcal{B}} + L_y dy &= (\lambda_{r_{\mathcal{L}}} dr_{\mathcal{L}} + \lambda_{r_{\mathcal{B}}} dr_{\mathcal{B}})(1 - r^*)mR \\
&\quad + \lambda(1 - r^*)(m_{r_{\mathcal{B}}} dr_{\mathcal{B}} R + m dR) \\
\Leftrightarrow L_{r_{\mathcal{L}}} dr_{\mathcal{L}} - \lambda_{r_{\mathcal{L}}}(1 - r^*)mR dr_{\mathcal{L}} &= \lambda_{r_{\mathcal{B}}} dr_{\mathcal{B}}(1 - r^*)mR \\
&\quad + \lambda(1 - r^*)(m_{r_{\mathcal{B}}} dr_{\mathcal{B}} R + m dR) \\
&\quad - L_{r_{\mathcal{B}}} dr_{\mathcal{B}} - L_y dy.
\end{aligned}$$

Dieses wird nach $dr_{\mathcal{L}}$ aufgelöst:

$$dr_{\mathcal{L}} = \tag{7.14}$$
$$\frac{(\lambda_{r_{\mathcal{B}}}(1-r^*)mR + \lambda(1-r^*)m_{r_{\mathcal{B}}}R - L_{r_{\mathcal{B}}})dr_{\mathcal{B}} + \lambda(1-r^*)mdR - L_y dy}{L_{r_{\mathcal{L}}} - \lambda_{r_{\mathcal{L}}}(1-r^*)mR}.$$

Eingesetzt in Gleichung (7.13) ergibt sich nach einigen Umformungen:

$$\frac{s_y(L_{r_{\mathcal{L}}} - \lambda_{r_{\mathcal{L}}}(1-r^*)mR) + i_{r_{\mathcal{L}}}L_y}{L_{r_{\mathcal{L}}} - \lambda_{r_{\mathcal{L}}}(1-r^*)mR}\,dy \tag{7.15}$$
$$- \quad \frac{i_{r_{\mathcal{B}}}(L_{r_{\mathcal{L}}} - \lambda_{r_{\mathcal{L}}}(1-r^*)mR) + i_{r_{\mathcal{L}}}((\lambda_{r_{\mathcal{B}}}m + \lambda m_{r_{\mathcal{B}}})(1-r^*)R - L_{r_{\mathcal{B}}})}{L_{r_{\mathcal{L}}} - \lambda_{r_{\mathcal{L}}}(1-r^*)mR}\,dr_{\mathcal{B}}$$
$$= \quad d\bar{g} + \frac{i_{r_{\mathcal{L}}}\lambda(1-r^*)m}{L_{r_{\mathcal{L}}} - \lambda_{r_{\mathcal{L}}}(1-r^*)mR}\,dR.$$

Die Reserven R sind Lageparameter der CC-Funktion. Eine autonome Erhöhung der Reserven durch die Zentralbank führt zu einer Rechtsverschiebung der CC-Funktion:

$$\frac{dy}{dR}|_{CC} \quad = \quad \frac{i_{r_{\mathcal{L}}}\lambda(1-r^*)m}{s_y(L_{r_{\mathcal{L}}} - \lambda_{r_{\mathcal{L}}}(1-r^*)mR) + i_{r_L}L_y} \geq 0. \tag{7.16}$$

Die Abbildung 7.2 zeigt die Wirkung einer expansiven geldpolitischen Maßnahme bei einer Erweiterung des traditionellen IS/LM-Modells um den Bankkreditmarkt. Ausgangspunkt sei das Gleichgewicht in Punkt A. Betrachtet man lediglich den zinstheoretischen Transmissionsmechanismus, so wäre als Folge der geldpolitischen Maßnahme ein neues Gleichgewicht in Punkt B erreicht worden. Unter Beachtung des Bankkreditkanals wird das neue Gleichgewicht C realisiert. Die Transmission des geldpolitischen Impulses über den Kreditmarkt verstärkt die Beschäftigungswirkung im Vergleich zum traditionellen Modell. Der Zinseffekt wird abgeschwächt.

Man erkennt, dass es in diesem Modell selbst bei Vorliegen einer vollkommen zinselastischen Geldnachfrage ($l_{r_{\mathcal{B}}} \rightarrow -\infty$) zu Wirkungen der Geldpolitik kommt. Interessant ist dieser Aspekt gerade in der aktuellen Diskussion über die zunehmende Bedeutung von Finanzinnovationen. Diese führen zu einer zunehmenden Substituierbarkeit von Geld und alternativen Assets,

Abbildung 7.2: Expansive Geldpolitik im erweiterten Modell

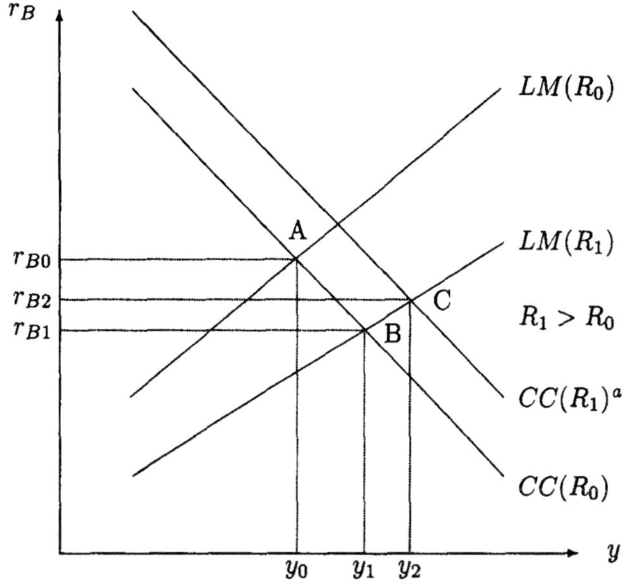

[a]) Die Veränderung der Reserven beeinflusst auch die Steigung der CC-Funktion. Da dieser Effekt aber nicht eindeutig ist, wird er hier vernachlässigt.

die hier als Wertpapiere zusammengefasst werden. Da hierdurch die Geldnachfrage immer zinselastischer reagiert, wird oftmals argumentiert, dass die Wirksamkeit geldpolitischer Eingriffe abnimmt bzw. im Extremfall gar nicht mehr gegeben ist. Die Existenz eines Bankkreditkanals hingegen verhilft der Geldpolitik selbst bei vollkommen zinselastischer Geldnachfrage zu Wirksamkeit.

Welche Bedingungen begründen nun einen eigenständigen Bankkreditkanal? Um diese Frage zu beantworten, muss auf die Unterschiede zwischen beiden Modellen eingegangen werden. Das Geldmarktgleichgewicht ist in beiden Modellen identisch definiert. Es genügt also eine Analyse des Güter- und Kreditmarktgleichgewichtes, um die Unterschiede zwischen traditionellem und erweitertem Modell aufzuzeigen. Anhand der Gleichung (7.16) lassen sich die Bedingungen ableiten, unter denen sich die CC-Funktion zu einer Funktion reduziert, die der IS-Funktion des traditionellen Modells entspricht. Ist dieser Ausdruck gleich Null, dann reduziert sich das Modell auf das traditionelle Modell, ein eigenständiger Kreditkanal existiert nicht. Hierbei sind insbesondere die Zinselastizitäten in Bezug auf den Bankkreditzins von Bedeutung. Der Ausdruck in Gleichung (7.16) nimmt z. B. den Wert Null an, wenn die Geschäftsbanken keine Bankkredite vergeben ($\lambda = 0$). Ein derartiges Ergebnis ist aber weniger interessant. Es gilt vielmehr zu klären, welche Bedingungen auf einem existierenden Bankkreditmarkt herrschen müssen, um den Kreditkanal unbedeutend werden zu lassen. Darüber geben die in Ausdruck (7.16) enthaltenen Bankkreditzinselastizitäten Auskunft.

Aus Gleichung (7.16) sind drei Bedingungen ableitbar, unter denen *kein eigenständiger Bankkreditkanal* die Reaktion des Output auf eine geldpolitische Maßnahme beeinflusst:

1. Die Investitionsgüternachfrage ist nicht bankkreditzinsreagibel ($i_{r\mathcal{L}} \rightarrow 0$). In diesem Fall verbleibt als Transmissionskanal nur die Wertpapierzinselastizität der Investitionen (vgl. die Gleichgewichtsbedingung (7.10)). Dies entspricht dem Ansatz des traditionellen Modells.

2. Die Nachfrage nach Bankkrediten reagiert unendlich zinselastisch auf eine Änderung des Zinssatzes für Bankkredite ($L_{r\mathcal{L}} \rightarrow -\infty$). Das ist genau dann der Fall, wenn für die Kreditnehmer ein perfektes Substitut zu den Bankkrediten existiert. Da die Eigenfinanzierung die bedeutendste Alternative zu einer Finanzierung über Bankkredite darstellt und der Wertpapierzinssatz die Opportunitätskosten einer Eigenfinanzierung quantifiziert, spricht man auch davon, dass in diesem Fall Bankkredite und Wertpapiere für die Kreditnehmer vollkommene Substitute darstellen.

3. Die Bankkredite und die Wertpapiere sind für die Anbieter am Kreditmarkt perfekte Substitute ($\lambda_{r\mathcal{L}} \rightarrow \infty$).

Im Umkehrschluss entsprechen die Bedingungen 2. und 3. aber genau der schon in Abschnitt 7.3.1 abgeleiteten *notwendigen Bedingung für die Exi-*

stenz eines Bankkreditkanals: Bankkredite und Wertpapiere dürfen weder für die Geschäftsbanken noch für die Nichtbanken perfekte Substitute sein. Hier erhält man auf formalem Weg die Bestätigung für diese Bedingung. Ist für eine der beiden Seiten ein Bankkredit perfekt substituierbar, dann ergeben sich keine zusätzlichen Einkommenswirkungen als Folge geldpolitischer Maßnahmen. Ein eigenständiger Bankkreditkanal existiert nicht. Erst unter der Annahme, dass diese beiden Assets keine vollkommenen Substitute sind, ergibt sich Raum für Wirkungen der Geldpolitik, die über den traditionellen Zinskanal hinausgehen.[15]

Im folgenden Abschnitt soll untersucht werden, welche mikroökonomischen Annahmen gesetzt werden müssen, um zu gewährleisten, dass Bankkredite und Wertpapiere weder für Kreditnehmer noch für Kreditgeber perfekt substituierbar sind. Es soll ebenfalls diskutiert werden, ob in Deutschland diese notwendigen Bedingungen für die Existenz eines Bankkreditkanals erfüllt sind.

7.3.3 Mikrofundierung der notwendigen Bedingungen

7.3.3.1 Alternativen der Kreditnehmer

In Kapitel 6.4.2 wurde bereits aufgezeigt, dass es bei Existenz von Informationsasymmetrien auf den Finanzmärkten für die Anbieter der Finanzmittel effizient ist, Kosten für die Kontrolle der Kreditnehmer aufzuwenden. Finanzintermediäre können hierbei Kostenvorteile gegenüber privaten Anbietern realisieren und damit dem Kreditnehmer die benötigten Mittel günstiger zur Verfügung stellen. Wenn Informationsasymmetrien existieren, werden Kontrollkosten anfallen und die Kosten einer externen Finanzierung werden höher als die Kosten einer internen Finanzierung sein. Die Bedeutung der Innenfinanzierung für die Produktionsunternehmen in Deutschland zeigt die Tabelle 7.1 anhand der Innenfinanzierungsquoten für den Untersuchungszeitraum.[16]

---

[15] Dies gilt selbstverständlich lediglich für den Bankkreditkanal. Der Bilanzkanal bedarf dieser Bedingungen nicht. Demgegenüber muss es zu Marktzinsänderungen kommen, damit der Bilanzkanal Wirkung zeigt.

[16] Die Daten wurden den jährlich in den Monatsberichten der Deutschen Bundesbank veröffentlichten Statistiken über die gesamtwirtschaftlichen Finanzierungsströme in Deutschland entnommen. In der Literatur wird der Verwendung dieser Flussgrößen

Tabelle 7.1: Anteil der Innenfinanzierung an der Gesamtfinanzierung der Produktionsunternehmen (in %)

Westdeutschland							
Jahr	1985	1986	1987	1988	1989	1990	1991
Anteil	68.04	77.46	76.45	71.45	63.47	61.86	61.28

Deutschland (einschließlich Neue Bundesländer)							
Jahr	1991	1992	1993	1994	1995	1996	1997
Anteil	54.28	54.61	57.94	60.12	66.79	68.67	73.66

Der Anteil der Innenfinanzierung betrug während des Beobachtungszeitraumes zwischen fünfzig und achtzig Prozent. Die geringe Eigenkapitalquote in den Jahren 1991 bis 1994 ist jedoch Folge der Wiedervereinigung und muss deshalb als Ausnahmezustand angesehen werden. Man kann unter Ausschluss dieser Periode davon ausgehen, dass zwanzig bis vierzig Prozent der Finanzierung bei den Produktionsunternehmen in Deutschland nicht aus eigenen Mitteln bestritten werden kann und deshalb über externe Kapitalgeber beschafft werden muss.[17]

Keiner der in Kapitel 6.4.2 beschriebenen Ansätze zu Informationsasymmetrien auf den Finanzmärkten impliziert jedoch, dass es sich bei den Finanzintermediären um Institutionen handeln muss, die ihr Kreditvergabepotential aus dem Einlagengeschäft beziehen und damit von der Zentralbank, z. B. über eine Mindestreserveverpflichtung, kontrollierbar sind. JA-

der Vorzug gegenüber der Verwendung von bilanzstatistischen Daten gegeben. Dies liegt insbesondere daran, dass sich bei der Verwendung von Bestandsgrößen aus den Bilanzstatistiken aufgrund der unterschiedlichen Bewertungs- und Abschreibungsrichtlinien Probleme bezüglich der Vergleichbarkeit verschiedener Länder ergeben. Zu der Diskussion vgl. MAYER (1990) sowie EDWARDS und FISCHER (1994, S. 50 ff.). Bei Untersuchungen auf Unternehmensebene zur Erklärung des Bankkreditangebotes tritt ein weiteres Problem zutage. Theoretische Modelle gehen zumeist davon aus, dass der Wert der *neu* vergebenen Kredite Bedeutung für den Angebotsprozess hat. Daten auf Unternehmensebene sind in der Regel aber lediglich als Bilanzdaten verfügbar. SEVESTRE (1997) zeigt die methodischen Schwierigkeiten auf, die sich aus diesem Dilemma ergeben.

[17] Hierbei muss allerdings beachtet werden, dass diese Zahl alle Arten der Außenfinanzierung enthält, also auch die Aktienemission, die in der für Kreditkanäle relevanten Abgrenzung der internen Finanzierung zugerechnet werden soll. Vgl. die Ausführungen in Abschnitt 7.1.

MES (1987) oder LUMMER und MCCONNELL (1989) finden zwar heraus, dass die Bekanntgabe von Bankkreditvereinbarungen börsennotierter Unternehmen von der Börse wie eine „gute Nachricht" verarbeitet wird. Obwohl dies auf eine spezielle Rolle der Banken als Träger von Information über die finanzielle Position der Unternehmen schließen lässt, liefert auch dieses Ergebnis keinen Beweis dafür, dass auf Nichtbanken als Finanzintermediäre nicht ebenso reagiert worden wäre. Falls auf dem intermediären Sektor die Nichtbanken großen Einfluss haben, ist die Kontrolle der Zentralbank über die Kreditvergabe in der Volkswirtschaft entsprechend geschwächt. Für die Wirksamkeit eines Bankkreditkanals ist der Einfluss der Zentralbank auf die Kreditvergabe existentiell. Es muss deshalb überprüft werden, welche Rolle die Geschäftsbanken bzw. die Bankkredite bei der externen Finanzierung der Unternehmen spielen.

Das Modell von DIAMOND und DYBVIG (1983) liefert einen theoretischen Ansatz, der begründet, warum den Geschäftsbanken der traditionellen Ausprägung eine besondere Rolle unter den Finanzintermediären bei der Bereitstellung der Mittel zukommt. Sie zeigen, dass Geschäftsbanken die zu finanzierenden Investitionsprojekte besser vor individuellen Liquiditätsrisiken schützen als andere Anbieter von Krediten.

Ausgangspunkt des Modells ist eine direkte Beziehung zwischen Mittelgebern und Kreditnehmern (vgl. DIAMOND und DYBVIG, 1983, S. 405 ff.). Die Anleger investieren in $T = 0$ in Höhe einer Währungseinheit in ein Investitionsprojekt, welches in $T = 2$ vollendet ist. Zu diesem Zeitpunkt erhalten die Mittelgeber einen Bruttoertrag B aus diesem Projekt, der größer ist als der eingesetzte Betrag: $B > 1$. Die Anleger sind individuellen Risiken ausgesetzt, welche sie zu einem vorzeitigen Abbruch des Investitionsprojektes veranlassen könnten. Da ein vorzeitiger Abbruch einer Anlageinvestition mit Kosten verbunden ist, bzw. die Investition bis zu einem gewissen Grad sogar irreversibel ist, soll angenommen werden, dass die Anleger, die in $T = 1$ abbrechen, lediglich ihren Einsatz von 1 zurück erhalten. Erst in $T = 1$ entscheidet sich für den einzelnen Anleger, ob er zu der Gruppe gehört, die aufgrund von individuellen Ereignissen aus dem Investitionsprojekt aussteigt (Typ 1) oder zu denen, die ihre Mittel bis zum Zeitpunkt $T = 2$ im Investitionsprojekt belassen können. Somit wird auch erst in $T = 1$ über die Zurücknahme des Einsatzes[18] oder die Weiterführung des Investitionsprojektes entschieden. Typ 1 erhält in $T = 1$ den Einsatz in Höhe von 1 zurück, Typ 2 erhält in $T = 2$ einen Betrag in Höhe von B.

Würde in $T = 1$ symmetrische Information bezüglich der Typenzugehörigkeit der Spieler herrschen, dann könnten alle Anleger in $T = 0$ Versicherungskontrakte gegen das individuelle „Pech“ zum Typ 1 zu gehören abschließen. Diese Kontrakte garantieren den Typ-1-Anlegern eine Auszahlung $c_1 > 1$ bei der Aufgabe des Investitionsprojektes in $T = 1$. Finanziert wird dies durch Zahlung einer Prämie in $T = 0$, so dass die Typ-2-Anleger entsprechend in $T = 2$ einen Betrag $c_2 < B$ realisieren. Es kommt zu einem Risikoausgleich zwischen Typ 1 und Typ 2. DIAMOND und DYBVIG (1983, S. 406 f.) zeigen, dass unter bestimmten Annahmen bezüglich Nutzen- und auch Produktionsfunktion dieses Ergebnis eine für alle Gruppen optimale Lösung darstellt.

Diese Lösung ist jedoch in dem Moment nicht mehr optimal, wenn aufgrund von Informationsasymmetrien die Typenzugehörigkeit in der Spielphase $T = 1$ nicht mehr öffentlich beobachtbar ist. Da im Falle des vorzeitigen Abbruchs eine Bruttoauszahlung $c_1 > 1$ realisiert werden kann, haben auch diejenigen Anleger, die dem Typ 2 angehören, einen Anreiz zu behaupten, sie gehörten der Gruppe des Typ 1 an. Sie erhalten in diesem Fall nämlich $c_1 > 1$ und können ihre Anlage trotzdem bis $T = 2$ aufrecht erhalten. Daher kann bei Informationsasymmetrie auf direktem Weg keine optimale Lösung mehr erzielt werden. DIAMOND und DYBVIG (1983, S. 407) zeigen nun, dass Geschäftsbanken auch bei Vorliegen von Informationsasymmetrie durch Depositenkontrakte dieselbe optimale Lösung realisieren können, die bei Informationssymmetrie durch Versicherungskontrakte zustande gekommen wäre. Wesentliches Merkmal eines Depositenkontraktes ist es, dass der Anleger den Anspruch auf Auszahlung eines Betrages D in $T = 1$ erhält. Dieser Betrag ist niedriger als der, den er bei Liquidierung des Kontraktes in $T = 2$ erhalten würde: $R > D$. Mit einer Auszahlung des Betrages D in $T = 1$ verliert der Anleger den Anspruch auf eine Fortführung des Kontraktes. In $T = 1$ anfallende Rücknahmen des Einsatzes werden von der Bank sequentiell nach ihrem Eintreffen bedient, solange die Bank über Mittel verfügt.

[18]Die Zurücknahme des Einsatzes wird als w: withdrawal bezeichnet.

Vereinfacht lässt sich die strategische Situation, die DIAMOND und DYBVIG vor Augen haben, wie folgt darstellen:[19] Es sei von zwei Anlegern ausgegangen, die beide mit einer Bank einen Depositenkontrakt D abgeschlossen haben, d. h. in $T = 0$ wurde von jedem Mittelgeber ein Betrag zur Verfügung gestellt, der einen Auszahlungsanspruch in $T = 1$ in Höhe von D zur Folge hat. Das Geld wurde von der Bank genutzt, um ein längerfristiges Investitionsprojekt zu finanzieren, welches in $T = 2$ vollendet ist. Der Zeitpunkt $T = 1$ beschreibt wieder die Situation, in der das Investitionsprojekt noch nicht zur Reife gelangt ist. Wenn die Bank zu diesem Zeitpunkt zu einer frühzeitigen Liquidation gezwungen ist,[20] kann sie eine Summe von $2r$ realisieren. In $T = 2$ ist das Investitionsprojekt ausgereift und die Bank kann eine Auszahlung in Höhe von $2R$ vornehmen. Das (gemeinsame) Festhalten am Investitionsprojekt führt für die Anleger zu einem zusätzlichen Ertrag: $R > D$. Wesentliches Element bei der beschriebenen Situation ist die Tatsache, dass die Geschäftsbank einen Betrag $D > r$ für den Fall einer vorzeitigen Liquidation in Aussicht stellt. Erst hierüber ergibt sich für den Anleger ein Grund, sein Geld bei der Geschäftsbank anzulegen. Gälte $D = r$ so würde der Anleger keine Geschäftsbank aufsuchen, sondern direkt investieren. Während also einerseits die Bank ihre Transformationsfunktion erst aufgrund dieser höheren Prämie wahrnehmen kann, liegt andererseits genau hierin auch die Anfälligkeit von Geschäftsbanken für Bank Runs begründet (vgl. hierzu insbesondere DIAMOND und DYBVIG 1983, S. 409 oder auch BALTENSPERGER 1996, S. 281). Dies soll das folgende Szenario veranschaulichen.

Es sollen die folgenden Umweltzustände unterschieden werden: i) Steigt ein Anleger in $T = 1$ aus, so erhält dieser seine Einlage D zurück, während der andere Investor $2r - D$ erhält, das Spiel endet hier; ii) Steigen beide Anleger zum Zeitpunkt $T = 1$ aus, so erhält jeder r und das Spiel endet wiederum; iii) Keiner der beiden Mittelgeber tritt in $T = 1$ von der Investition zurück. Das Investitionsprojekt kommt in die zweite Phase. Beide Investoren erhalten zum Zeitpunkt $T = 2$ eine Auszahlung von R und das Spiel endet.

Abbildung 7.3 stellt die Situation in der extensiven Form (Spielbaum) dar,

[19] Das Beispiel wurde GIBBONS (1992, Kap. 2.2.B) entnommen und modifiziert.

[20] Der Ausstieg eines der beiden Mittelgeber soll in diesem Modell dazu führen, dass die Bank das Investitionsprojekt abbrechen muss.

Abbildung 7.3: Darstellung der Spielsituation in extensiver Form[a]

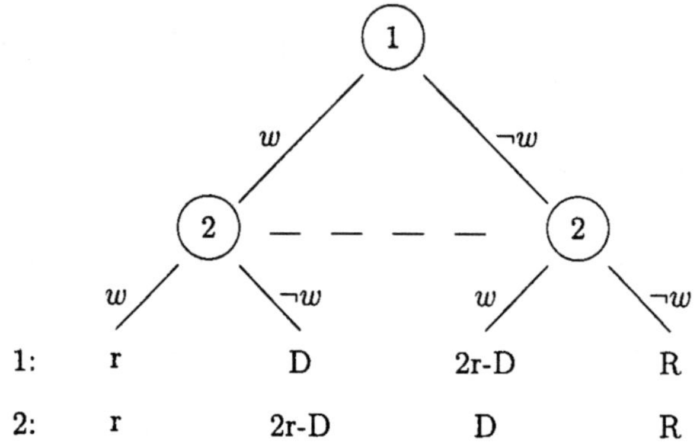

[a]) w: Auflösung des Kontraktes, $\neg w$: Fortführung des Kontraktes. Die letzten beiden Zeilen enthalten die Auszahlungen in den verschiedenen Konstellationen für Spieler 1 und Spieler 2. Es gilt $r < D < R$.

während die Abbildung 7.4 das eigentliche Zwei-Perioden-Spiel als Ein-Perioden-Spiel in der sogenannten Strategienormalform abbildet.[21]

Nach dieser Umwandlung lässt sich leicht erkennen, dass das Spiel zwei teilspielperfekte Nash-Gleichgewichte besitzt. Verbal lässt sich ein Nash-Gleichgewicht als eine Situation definieren, in der keiner der Spieler einen unilateralen Anreiz besitzt, eine andere Strategie zu spielen, d. h. sämtliche Spieler spielen die „besten Antworten“ jeweils bezogen auf die Strategien der anderen Spieler. In der Abbildung 7.4 ist (r,r) ein Nash-Gleichgewicht, weil weder Spieler 1 noch Spieler 2 sich durch einen *einseitigen* Wechsel von w auf $\neg w$ verbessern könnten, da $r > 2r - D$ gilt. Die Situation (R,R) ist ebenfalls ein Nash-Gleichgewicht, da ein Spieler bei einem einseitigen Abweichen von $\neg w$ auf w lediglich $D < R$ realisieren würde. In ihrem Aufsatz bezeichnen DIAMOND und DYBVIG (R,R) als „gutes Gleichgewicht“, was unmittelbar einleuchtet, da aufgrund der Relation $r < R$ in (R,R) jeder Spieler eine höhere Auszahlung realisiert als in (r,r). Trotz dieser Auszah-

[21]Eine solche Umwandlung ist möglich, weil in der gesamten Spielkonstruktion von dem Problem der Diskontierung abstrahiert wurde.

Abbildung 7.4: Darstellung der Spielsituation in Strategienormalform[a]

		2: w	2: $\neg w$
1	w	r,r	D,2r-D
1	$\neg w$	2r-D,D	R,R

[a]) w: Auflösung des Kontraktes, $\neg w$: Fortführung des Kontraktes. 1,2: Spieler 1 bzw. Spieler 2. Es gilt $r < D < R$.

lungsüberlegenheit besteht in dem obigen Zwei-Investoren-Beispiel die Gefahr eines Bank Run (r,r), sobald einer der Investoren Grund zur Annahme hat, dass der andere Investor den Vertrag vorzeitig auflösen wird. Sobald diese Situation eintritt, wird (r,r) zur Gleichgewichtslösung. Das obige Spiel sagt also nicht voraus, wann ein Bank Run eintreten wird, es zeigt aber deutlich, dass ein solches Verhalten eine gleichgewichtige Lösung darstellen kann. Um dieses „schlechte Gleichgewicht“ zu verhindern, diskutieren DIAMOND und DYBVIG verschiedene Lösungen, von denen ihnen jedoch die Einrichtung einer Depositenversicherung bei einer unabhängigen Institution als die günstigste erscheint. Eine solche Versicherung hätte die Gestalt, dass die Investoren die für $T = 1$ versprochene Zahlung garantiert erhalten, egal, welche Position in der Warteschlange sie einnehmen. Eine solche Funktion könnte von einer Zentralbank in ihrer Rolle als Lender-of-Last-Resort wahrgenommen werden. Auch Formen der direkten Einlagenversicherung, wie z.B eine staatliche Einlagengarantie oder ein von den Banken selbst organisiertes Einlagensicherungssystem sind denkbar. Obwohl eine optimale Depositenversicherung ihrerseits mit Problemen aufwartet, die im Modell von DIAMOND und DYBVIG nicht berücksichtigt werden (vgl. BALTENSPERGER, 1996, S. 282), liefert das Modell damit auch eine Begründung für ein Aufgabengebiet der Zentralbanken.

Das Modell von DIAMOND und DYBVIG zeigt, wie die spezielle Kombination von Aktiv- und Passivgeschäften der Geschäftsbanken - Kredit- und Einlagengeschäfte in einer Hand - zu einem Effizienzvorteil gegenüber anderen

Finanzintermediären führt.[22] Dieser Effizienzvorteil begründet die Existenz von Geschäftsbanken.

In Deutschland können die Kreditbanken an dem Einlagensicherungsfonds des Bundesverbands deutscher Banken auf freiwilliger Basis teilnehmen. Finanziert wird dieser Fonds durch die Beiträge der mitwirkenden Institute. Im Insolvenzfall sichert er die unverbrieften Verbindlichkeiten gegenüber Nichtbanken bis zur Höhe von 30 Prozent des haftenden Eigenkapitals der betroffenen Bank. Im internationalen Vergleich ist der Deckungsgrad der Einlagen damit sehr hoch, die Einleger haben allerdings keinen Rechtsanspruch auf eine Leistung. Die öffentlich-rechtlichen Sparkassen sind aufgrund ihrer Haftungsbedingungen verpflichtet, für die Einlagen zu haften, zusätzlich haben die regionalen Verbände Stützungsfonds eingerichtet. Bei den genossenschaftlichen Kreditinstituten besteht eine begrenzte Nachschusspflicht der Mitglieder. Zusätzlich zu den genannten Organisationen gründeten die Bundesbank und das Kreditgewerbe 1974 die Liquiditäts-Konsortialbank. Diese gewährt den Kreditinstituten unter bestimmten Bedingungen Liquiditätshilfe. Insgesamt scheint das Einlagensicherungssystem in Deutschland ausreichend, um die im vorherigen Absatz beschriebene, negative Situation zu vermeiden.[23]

Der vorgestellte Ansatz von DIAMOND und DYBVIG (1983) betont die Liquiditätstransformations-Funktion der Banken. Sie sind in der Lage, die fundamentale Lücke zwischen dem Wunsch der Kreditnehmer nach möglichst langfristiger Mittelbereitstellung und dem der Mittelgeber nach einer möglichst liquiden Anlageform zu schließen. KASHYAP und STEIN (1994, S. 232 f.) kritisieren jedoch die Annahme des Modells, dass Investitionsprojekte immer langfristig ausgerichtet sind und dass Investoren ihre gesamten Vermögenswerte möglichst liquide anlegen möchten. Sie sind der Ansicht, dass es in der Realität in den Präferenzen der Anleger bezüglich der Verfügbarkeit ihrer Mittel eine ähnliche Schwankungsbreite zu verzeichnen

[22] Vgl. DIAMOND und DYBVIG (1983) sowie BALTENSPERGER (1996, S. 277 ff.) für eine detaillierte, formale Darstellung des Modells. LUCAS und MCDONALD (1992) sowie STEIN (1995) untersuchen in entsprechenden Modellen, wie diese Ergebnisse modifiziert werden müssen, falls die Banken sich nicht ausschließlich über gesicherte Depositen finanzieren.

[23] Zu weiteren Details der Einlagensicherung in Deutschland vgl. SZAGUNN und WOHLSCHIESS (1993, S. 198 f.) sowie ZIMMER (1993, S. 241 f.). Letzterer diskutiert auf S. 225 ff. ausführlich die Vor- und Nachteile staatlicher Einlagengarantien unter Effizienzgesichtspunkten.

gibt wie in der Fristigkeit, und damit der Liquiditätsnähe, der Investitionsprojekte. Wäre dies der Fall, dann wäre mit der speziellen Ausgestaltung von Geschäftsbanken hinsichtlich der Liquiditätstransformation kein Synergieeffekt verbunden und es bliebe weiterhin offen, worin eine spezielle Rolle der Geschäftsbanken bestehen könnte.

Möglicherweise liefern die individuellen Bankbeziehungen der Unternehmen einen überzeugenderen Ansatz für eine spezielle Rolle der Banken. In den bisherigen Ausführungen zur Notwendigkeit der Überwachung der Unternehmen durch die Banken stand die Abhängigkeit der Unternehmen von einem intermediären Sektor im Vordergrund. Das Monitoring durch die Finanzintermediäre führt jedoch auch dazu, dass Unternehmen von einem *bestimmten* Intermediär abhängen. Mit der Beschaffung von Information über den Kreditnehmer erlangt die spezielle Bank einen Informationsvorsprung bezüglich der finanziellen Situation des Unternehmens gegenüber anderen potentiellen Kreditgebern und hat damit einen komparativen Vorteil. Dieser Lock-in-Effekt macht es für die Unternehmen kostspielig den Kreditgeber zu wechseln, da dann abermals die Kontrollkosten anfallen würden.[24] Je länger ein Unternehmen bereits in Beziehung zu einem festen Kreditgeber steht, umso geringer werden für diesen die anfallenden Kontrollkosten bei einem weiteren Finanzierungswunsch des Unternehmens und umso stärker ist der Lock-in-Effekt.

Berücksichtigt man nun, dass es in Deutschland traditionell die Geschäftsbanken sind, die Kreditbeziehungen zu den Unternehmen unterhalten, und dass es überdies im internationalen Vergleich sehr enge und lang andauernde Bankverbindungen sind,[25] dann scheint dieses Argument besonders geeignet, eine spezielle, nicht perfekt substituierbare Rolle der Bankkredite unter den Finanzierungsmöglichkeiten deutscher Produktionsunternehmen zu begründen.

Im Folgenden soll nun anhand des vorliegenden Datenmaterials eine

---

[24] Wenn es sich um Informationen handelt, von denen das Unternehmen nicht wünscht, dass sie publik gemacht werden, z. B. Informationen über strategische Unternehmensziele, so erlangt die Bank möglicherweise sogar ein Informationsmonopol bezüglich dieses Unternehmens (vgl. MAYER, 1994, S. 8).

[25] Die institutionellen Besonderheiten der deutschen Bankbeziehungen und ein Vergleich mit den Kreditbeziehungen der Unternehmen in anderen Ländern sollen in Abschnitt 7.3.4 dargestellt werden.

Tabelle 7.2: Finanzierungsquellen der deutschen Produktionsunternehmen (Durchschnitt 1980 - 1989) (Anteile in %)

Finanzierungsart	Anteil in %
Interne Mittel	61.7
Pensionsrückstellungen	3.8
Kapitaltransfers des Staates	6.9
Bankkredite	15.7
langfristig	*4.7*
kurzfristig	*11.0*
Mittel von Versicherungen	0.6
Wertpapiere	1.1
Aktien	2.5
Sonstige	7.8

Quelle: EDWARDS und FISCHER (1994, S. 55)

Einschätzung der tatsächlichen Bedeutung der Geschäftsbanken als Kreditgeber für die Unternehmen in Deutschland vorgenommen werden. EDWARDS und FISCHER (1994, S. 55) liefern eine Durchschnittsbetrachtung der Finanzierungsquellen deutscher Produktionsunternehmen für die Jahre 1980 bis 1989 (vgl. Tabelle 7.2).

Auch diese Tabelle zeigt, dass der Rückgriff auf die internen Mittel, d. h. die Finanzierung aus Gewinn und aus Abschreibungen, die dominante Finanzierungsquelle der Produktionsunternehmen ist. Gemeinsam mit den Pensionsrückstellungen, die für die Unternehmen eine weitere Innenfinanzierungsquelle für Investitionsprojekte darstellen,[26] werden im Zeitraum 1980 bis 1989 fast 65 Prozent des Finanzierungsbedarfs der Unternehmen über Innenfinanzierung beschafft. Die verbleibenden 35 Prozent entstammen der Außenfinanzierung. Bankkredite machen 15.7 Prozent der benötigten Mittel aus. Versicherungen stellen lediglich einen Anteil von 0.6 Prozent des Finanzierungsbedarfs der Unternehmen. Der Anteil der Wertpapiere liegt im Durchschnitt dieses Zeitraums bei 1.1 Prozent und der Anteil der Aktien bei 2.5 Prozent. Die Finanzierung im Ausland[27] nimmt 7.8 Prozent der

[26] Eine detaillierte Analyse der Bedeutung von Pensionsrückstellungen als Finanzierungsquelle der Unternehmen nehmen EDWARDS und FISCHER (1994, S. 53 ff.) vor.

[27] Sie wird in der Tabelle 7.2 als „Sonstige“ bezeichnet (vgl. auch EDWARDS und FISCHER, 1994, S. 63).

gesamten Finanzierung ein.

Es wird hier bereits deutlich, dass den Bankkrediten eine dominante Rolle innerhalb der Außenfinanzierung zukommt. Um die Bedeutung der Bankkredite im verwendeten Untersuchungszeitraum besser einschätzen zu können, ist es notwendig, die Entwicklung der Außenfinanzierungskomponenten für die Produktionsunternehmen in Deutschland innerhalb des Untersuchungszeitraum detaillierter zu betrachten. Die Tabelle 7.3 zeigt die jährliche Entwicklung dieser Komponenten für den Zeitraum 1985 bis 1997.

Der Außenfinanzierungsbedarf der Produktionsunternehmen fällt zunächst in den Jahren 1986/87 sowohl absolut als auch relativ auf ein sehr niedriges Niveau. Der Anteil der Außenfinanzierung am gesamten Finanzierungsbedarf lag in beiden Jahren unter 25 Prozent. Diese Phase muss jedoch als Ausnahme betrachtet werden. Es kam zu starken ölpreis- und wechselkursbedingten Kostenentlastungen der Unternehmen, die deshalb einen höheren Teil ihres Finanzbedarfs aus eigenen Mitteln bestreiten konnten. In den Jahren bis zur Wiedervereinigung stieg der Außenfinanzierungsbedarf wieder. Aufgrund der konjunkturellen Entwicklung nahm in dieser Zeit der Finanzierungsbedarf so stark zu, dass die Innenfinanzierungsquote mit dieser Entwicklung nicht Schritt halten konnte. So lag die Außenfinanzierungsquote 1989/90 bereits wieder bei circa 38 Prozent. Der Außenfinanzierungsbedarf erreichte im Jahr 1991 als Folge der Wiedervereinigung sowohl absolut als auch in Relation zum gesamten Finanzierungsbedarf sein Maximum. In den Folgejahren sank er leicht, blieb aber bis 1995 auf einem relativ hohen Niveau. Mit dem sinkenden Bedarf an Außenfinanzierungsmitteln erhöhte sich auch die Innenfinanzierungsquote wieder. In den letzten beiden Jahren des Untersuchungszeitraumes scheinen die Effekte der Wiedervereinigung überwunden, der Außenfinanzierungsbedarf bewegt sich, auch relativ, auf dem Niveau der Zeit unmittelbar vor der Wiedervereinigung.

Tabelle 7.3: Der Außenfinanzierungsbedarf der Produktionsunternehmen in Deutschland (in Mrd. DM)

Westdeutschland							
Jahr	1985	1986	1987	1988	1989	1990	1991
Außenfinanzierungsbedarf	85.5	61.3	66.6	94.8	147.2	176.9	184.7
Beschaffung der Mittel[a]							
bei Banken	38.5	23.3	27.3	55.1	89.8	102.6	136.0
kurzfristig	7.6	-13.3	-11.7	15.2	36.2	46.2	56.2
längerfristig	30.9	36.6	39.1	39.8	53.6	56.4	79.8
am Wertpapiermarkt	5.4	6.8	10.3	2.7	-0.4	5.7	8.5
am Aktienmarkt	6.7	12.3	8.9	5.3	13.4	21.9	9.2
bei Sonstigen	34.9	19.0	20.0	31.7	44.4	46.7	31.1

Deutschland (einschließlich Neue Bundesländer)							
Jahr	1991	1992	1993	1994	1995	1996	1997
Außenfinanzierungsbedarf	240.8	239.1	225.7	205.6	194.0	171.5	141.4
Beschaffung der Mittel							
bei Banken	172.8	137.8	97.6	50.9	143.2	95.1	97.9
kurzfristig	81.6	20.8	-18.5	13.0	70.3	24.8	24.8
längerfristig	91.2	117.0	116.1	37.9	72.9	70.3	73.1
am Wertpapiermarkt	7.5	41.8	91.8	90.5	-6.4	-8.6	-5.8
am Aktienmarkt	11.4	14.6	15.9	28.7	40.1	40.3	20.8
bei Sonstigen	49.0	45.0	20.5	35.4	16.9	46.6	39.0

[a]) *Banken:* Darlehen der Versicherungen sind nur für einzelne Jahre getrennt von den Bankkrediten ausgewiesen. Aufgrund ihrer geringen Bedeutung als Finanzierungsquelle (vgl. Tab. 7.2) wurden sie deshalb generell den Bankkrediten zugeschlagen. *Wertpapiermarkt:* Absatz von Geldmarktpapieren und Rentenwerten. *Aktienmarkt:* Aktien und sonstige ausländische Beteiligungen. *Sonstige:* Diese Position umfasst im wesentlichen Darlehen öffentlicher Haushalte und Handelskredite.

Quelle: DEUTSCHE BUNDESBANK (*Monatsbericht Mai,* versch. Jahrgänge)

Abbildung 7.5: Anteile von Bankkrediten, Wertpapieren und Aktien an der Außenfinanzierung der Produktionsunternehmen

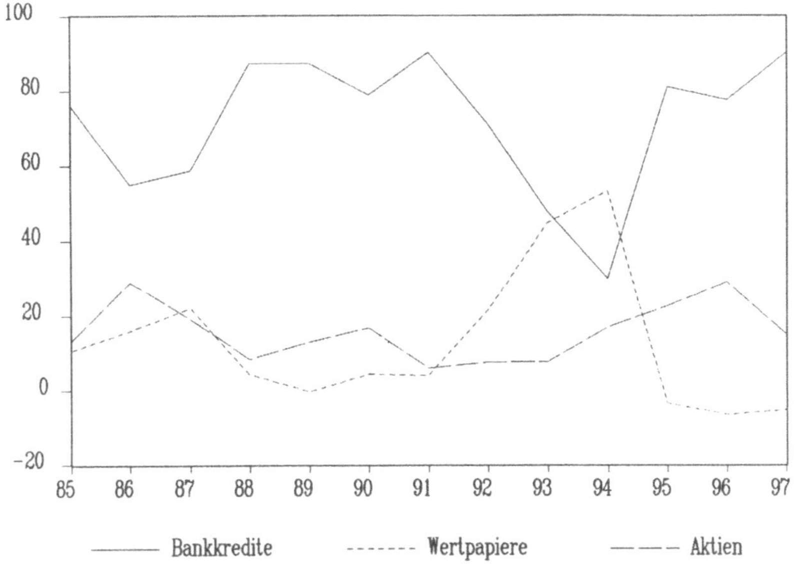

Quelle: Eigene Berechnungen. Vgl. Tabelle 7.3.

Die Abbildung 7.5 zeigt den Anteil von Bankkrediten, Wertpapieren und Aktien an den benötigten Außenfinanzierungsmitteln.[28]

In den Jahren 1986/87 sank aufgrund des geringen Außenfinanzierungsbedarfs auch die Summe aufgenommener Bankkredite. Da gleichzeitig Wertpapier- und Aktienmarkt eine verstärkte Inanspruchnahme zu ver-

[28] Die Position „Sonstige" wird im Folgenden nicht mehr berücksichtigt. Sie umfasst im wesentlichen Darlehn der öffentlichen Haushalte und Handelskredite. Damit ist sie aber nur sehr eingeschränkt als alternative Finanzierungsform zu den Bankkrediten zu betrachten, da diese Komponenten von investierenden Unternehmen nicht frei wählbar sind, sondern bestimmten Erfordernissen unterliegen (z. B. Güterverkehr mit dem Ausland, Zugehörigkeit zu einem subventionierten Bereich der Volkswirtschaft). Es verbleiben Bankkredite, Wertpapiere und Aktien als wählbare Alternativen für die Unternehmen. Inwieweit diese tatsächlich allen Unternehmen offen stehen, soll diskutiert werden.

zeichnen hatten,[29] war der Anteil der Bankkredite in dieser Zeit mit 50 bis 60 Prozent auffällig niedrig. Dies änderte sich im Verlauf des Jahres 1987. Ein Börsenkrach führte zu einem deutlichen Rückgang der Aktienemissionen und Bundesbahn und Bundespost schränkten die Emission von Anleihen ein. In der Folge nahm die Bedeutung des Aktienmarktes zwar wieder zu,[30] bis zur Wiedervereinigung lag aber der Anteil der Bankkredite an den betrachteten Komponenten der Außenfinanzierung im Durchschnitt bei 80 Prozent. Mit der Wiedervereinigung sank der Anteil der Bankkredite an der Außenfinanzierung zeitweise auf unter 50 Prozent.[31] Hierfür sind mehrere Ursachen zu nennen. Die Treuhandanstalt verschuldete sich in den Jahren 1992 bis 1994 am Rentenmarkt.[32] Dadurch stieg der Anteil der Wertpapiere an der Außenfinanzierung zeitweise auf über 50 Prozent. Der Aktienanteil entwickelte sich bis 1995 stetig aufwärts, diese Entwicklung verlief jedoch sehr moderat. Der Anteil der Bankkredite sackte in dieser Phase jedoch nicht nur aufgrund der gestiegenen Bedeutung des Wertpapiermarktes, auch in absoluten Zahlen sanken die Bankkredite dramatisch ab. Die Konjunktur im Westen Deutschlands schwächte deutlich ab, es wurde erheblich weniger investiert. Und im Osten erfolgte ein großer Teil der Finanzierung von Investitionsprojekten über die Treuhandanstalt. Mit der Einstellung der Arbeit der Treuhandanstalt im Jahr 1995 normalisierte sich die Struktur der Außenfinanzierung der Produktionsunternehmen wieder. Am Wertpapiermarkt überwogen seit dieser Zeit die Tilgungen. Die Bedeutung des Aktienmarktes stieg nochmals deutlich an, diese Entwicklung ist jedoch größtenteils auf die Umwandlung von Bundesbahn und Bundespost in Aktiengesellschaften in den Jahren 1994 und 1995 sowie den Börsengang der Telekom im Jahr 1996 zurückzuführen. Die Bankkredite erhielten ihre dominante Stellung unter den Außenfinanzierungsformen zurück. In den Jahren 1995 bis 1997 betrug ihr Anteil zwischen 77 und 90 Prozent. Die Bundesbank nimmt in ihrem Monatsbericht vom Mai 1997 zur Finanzierung der Produktionsunternehmen in Deutschland wie folgt Stellung:

---

[29] Die Entwicklung auf dem Wertpapiermarkt in der Zeit vor der Wiedervereinigung ist fast ausschließlich auf die Verschuldung von Bundesbahn und Bundespost zurückzuführen. Beide zählen in der vorliegenden Abgrenzung zu den Produktionsunternehmen.

[30] Der Anteil der Aktien war in dieser Zeit höher als der Anteil der Wertpapiere.

[31] Dies geschah in den Jahren 1993/94, wobei 1994 der Anteil sogar weniger als 30 Prozent betrug.

[32] Nach dem Wegfall der Treuhandanstalt überwogen auf dem Wertpapiermarkt die Tilgungen.

> „Die Beschaffung von Risikokapital über die organisierten Kapitalmärkte konzentriert sich meist auf wenige größere Unternehmen, während das Gros der deutschen Firmen traditionell den Bankkredit als Finanzierungsquelle nutzt.“ (DEUTSCHE BUNDESBANK, 1997b, S. 27)

Für die Entwicklung der kurz- und längerfristigen Bankkredite im Vergleich zum gesamten Bankkreditvolumen existieren zwei Haupteinflussfaktoren. Zum einen spielt die konjunkturelle Entwicklung eine Rolle. In einer Aufschwungphase benötigen die Unternehmen über langfristige Investitionsprojekte hinaus in hohem Maße Mittel für Absatz- und Lagerfinanzierungen. Da es sich hierbei um kurzfristigen Bedarf handelt, wählen sie in der Regel auch kurzfristige Finanzierungsquellen. In den Jahren 1989 bis 1991 nahm aus diesem Grund der Anteil der kurzfristigen Kredite stark zu. Umgekehrt sinkt in einer Schwächeperiode die Nachfrage nach kurzfristigen Fremdmitteln. Dies war in den Jahren 1992/93 zu beobachten, in denen im Westen Deutschlands eine Rezession herrschte. Der zweite Bestimmungsgrund für die Aufteilung in lang- und kurzfristige Bankkredite ist das Zinsniveau. Bei einem relativ niedrigen Zinsniveau werden die Unternehmen ihre kurzfristigen Kredite in langfristige Verträge umwandeln. So sank in den Jahren 1995 bis 1997 der Anteil der kurzfristigen Bankkredite bei einem relativ niedrigen Zinsniveau. Bei steigenden Zinsen greifen die Unternehmen, selbst bei längerfristigen Investitionsprojekten, auf kurzfristige Vorfinanzierungen zurück, in der Erwartung, diese durch eigene Mittel ablösen zu können oder sie bei einem Umschlag des Zinstrends in langfristige Verträge umzuwandeln.

Zwei Aspekte bleiben bei einer abschließenden Beurteilung der Bedeutung der Bankkredite als Finanzierungsform der deutschen Produktionsunternehmen festzuhalten:

1. Bankkredite sind die bedeutendste Außenfinanzierungsquelle der Unternehmen. Sieht man von der Ausnahmephase in den Jahren nach der deutschen Wiedervereinigung ab, dann liegt der Anteil der Bankkredite an den Arten der Außenfinanzierung bei ca. 80 Prozent.

2. Aktienemissionen und die Verschuldung auf dem Wertpapiermarkt,[33]

[33]Hierzu werden ebenfalls Commercial Paper, Geldmarktpapiere und Investmentzerti-

die Alternativen zu den Bankkrediten, sind in Deutschland nach wie vor zu einem großen Teil ein Privileg der großen und/oder der staatlichen bzw. ehemals staatlichen Unternehmen.[34] Für kleine Unternehmen existiert im Bereich der Außenfinanzierung keine bedeutsame Alternative zu den Bankkrediten.

Die notwendige Bedingung für die Existenz eines Bankkreditkanals, nach der keine vollkommenen Substitute für die Bankkredite existieren dürfen, ist somit auf der Seite der Kreditnehmer für die Produktionsunternehmen in Deutschland während des Untersuchungszeitraumes erfüllt.

7.3.3.2 Alternativen der Geschäftsbanken

In diesem Abschnitt soll die Frage geklärt werden, ob es für die Anbieter der Bankkredite, die Geschäftsbanken, ein perfektes Substitut zu der Kreditvergabe an die Nichtbanken gibt. Der Bankkreditkanal zeigt nur in dem Fall Wirkung, in dem die Banken bei einer Veränderung ihrer Liquidität durch eine geldpolitische Maßnahme mit einer Veränderung des Angebotes an Bankkrediten reagieren. Kontraktive Geldpolitik würde zu einer Reduktion der Bankkredite führen und die in Abschnitt 7.3 beschriebenen Wirkungen auslösen. Gäbe es für die Geschäftsbanken andere, gleichwertige Reaktionsmöglichkeiten auf eine solche Maßnahme, dann wäre der Bankkreditkanal wirkungslos. Welche Alternativen haben Geschäftsbanken zu einer Veränderung des Bankkreditangebotes? Die Tabelle 7.4 gibt hierüber Auskunft. Es handelt sich um die Bilanz des gesamten Geschäftsbankensektors in Deutschland für das Jahr 1993.

Wenn z. B. eine kontraktive geldpolitische Maßnahme dazu führt, dass die Wertpapierpensionsgeschäfte eingeschränkt werden, dann verliert die Position „Einlagen und aufgenommene Kredite von Kreditinstituten“ an Höhe.[35] Der Geschäftsbankensektor könnte durch Reduktion seiner Aktivgeschäfte oder durch entsprechende Ausweitung anderer Passivgeschäfte für einen

---

fikate gezählt.

[34] Vgl. hierzu auch DEUTSCHE BUNDESBANK (1997a, S. 32 f.).

[35] Die Verbindlichkeiten aus den im Offenmarktgeschäft mit Rücknahmeverpflichtung an die Bundesbank verkauften Wertpapiere werden unter der Rubrik „Termineinlagen“ der Position „Einlagen und aufgenommene Kredite von Kreditinstituten“ erfasst (vgl. Tabelle 7.4).

Tabelle 7.4: Die Bilanz der Kreditinstitute (1993, in Mrd. DM)[a]

AKTIVA		PASSIVA	
Kasse	27.8	Einlagen von Kreditinstituten	1723.3
Guthaben bei Zentralbanken	75.3	davon · Sichteinlagen 463.1	
Kredite an Kreditinstitute	2130.6	· Termineinlagen 1154.0	
davon · Buchkredite 1574.2		Einlagen von Nichtbanken	2950.9
· Wertpapiere 517.5		davon · Sichteinlagen 530.5	
Kredite an Nichtbanken	4088.9	· Termineinlagen 1238.9	
davon · Buchkredite 3473.6		· Spareinlagen 877.2	
· Wertpapiere 390.7		· Sparbriefe 225.2	
Beteiligungen	89.6	Schuldverschreibungen	1312.0
Sonst. Aktiva	180.0	Kapital	266.3
		Sonst. Passiva	339.7
Geschäftsvolumen	6592.2		

[a]) AKTIVA: *Buchkredite an Kreditinstitute:* Guthaben und Buchkredite an Kreditinstitute. *Sonst. Aktiva:* Mobilisierungs- und Liquiditätspapiere, Schuldverschreibungen eigener Emissionen, Sachanlagen, sonstige Aktiva. PASSIVA: *Einlagen:* Einlagen und aufgenommene Kredite. *Schuldverschreibungen:* Inhaberschuldverschreibungen im Umlauf. *Sonst. Passiva:* Rückstellungen, Wertberichtigungen, sonstige Passiva.

Quelle: DEUTSCHE BUNDESBANK (verschiedene Jahrgänge) *Monatsbericht, Statistischer Teil,* Tabelle IV Kreditinstitute 1. Aktiva 2. Passiva.

Ausgleich der Bilanz sorgen. Der Bankkreditkanal unterstellt, dass ein solcher Ausgleich in nicht unerheblichem Umfang durch eine Reduktion des Angebotes an Bankkrediten stattfindet. Es muss nun diskutiert werden, inwieweit alternative Reaktionsmöglichkeiten die Anpassung der Bankkredite vollständig vermeiden könnten.

Auf der Aktivseite stellt das Halten von Wertpapieren nicht nur in der theoretischen Betrachtung (vgl. Abschnitt 7.1) sondern auch mit Blick auf die Bilanz des Geschäftsbankensektors die bedeutsamste Alternative zu der Vergabe von Bankkrediten dar. In Deutschland hielten die Kreditinstitute am Ende des Jahres 1993 Wertpapiere im Wert von 908.2 Mrd. DM, das sind knapp 14 Prozent des Geschäftsvolumens. Dem steht, ohne Wechseldiskont- und Treuhandkredite, eine Kreditvergabe in Höhe von 5047.8 Mrd. DM gegenüber, wovon circa 70 Prozent an die Nichtbanken vergeben wird. Vergabe von Bankkrediten und das Halten von Wertpapieren machen zusammen 90 Prozent der Summe der Aktiva aus.

Geschäftsbanken sind jedoch nicht indifferent in Bezug auf die Aufteilung ihrer Aktiva in Bankkredite und Wertpapiere. Bei den Bankkrediten handelt es sich um unverbriefte, nicht handelbare Forderungen. Wertpapiere hingegen stellen verbriefte Forderungen dar und sind am Markt veräußerbar. Die Geschäftsbanken, die sich im Wesentlichen über das Einlagengeschäft finanzieren, müssen damit rechnen, dass es zu einem kurzfristigen Abzug von Einlagen kommen kann, und dass sie in diesem Fall über liquide Mittel verfügen müssen. Wertpapiere sind wesentlich kostengünstiger liquidierbar als Bankkredite. Ihr Besitz bietet somit Schutz vor den Kosten der Illiquidität. Die Vergabe von Bankkrediten wirft demgegenüber eine wesentlich höhere Rendite für die Geschäftsbanken ab als das Halten von Wertpapieren. Die beiden Aktiva erfüllen somit völlig unterschiedliche Funktionen. Es existiert bei gegebener Rendite der Alternativen eine optimale Aufteilung des Bankportfolios, welche abhängig ist von den Liquiditätsbedürfnissen der Banken (vgl. KASHYAP und STEIN, 1994, S. 234).

Die Abhängigkeit des Anteils der Wertpapiere am Gesamtportfolio von dem Liquiditätsbedürfnis der Banken lässt sich für den Untersuchungszeitraum durch eine disaggregierte Betrachtung belegen.[36] Hierzu wird der Anteil der Wertpapiere am Geschäftsvolumen zum einen für alle Bankengruppen, andererseits für Großbanken sowie Sparkassen und Kreditgenossenschaften separat errechnet.[37] Große Banken, die einen plötzlichen Liquiditätsbedarf ihrer Einleger besser verkraften können als kleine Banken, müssten demzufolge einen geringeren Anteil ihrer Aktiva in Form von Wertpapieren halten als kleine Banken.

Die Ergebnisse der Tabelle 7.5 bestätigen diese Hypothese eindrucksvoll.[38] Wenn aber der Anteil der Wertpapiere am Geschäftsvolumen nicht belie-

---

[36] Vgl. hierzu auch KASHYAP und STEIN (1994, S. 235), die diesen Zusammenhang für die amerikanischen Banken ebenfalls nachweisen können.

[37] Diese Einteilung folgt bereits der späteren Vorgehensweise bei der empirischen Untersuchung. Sparkassen und Kreditgenossenschaften bilden die Gruppe der kleinen Banken.

[38] Zudem wird aus der Tabelle deutlich, dass kleine und große Banken sich in ihrer Geschäftsstruktur beträchtlich unterscheiden. Es ist deshalb wahrscheinlich, dass Banken unterschiedlicher Größenordnung auch unterschiedlich auf Geldpolitik reagieren. Eine empirische Untersuchung über die Wirksamkeit eines Kreditkanals sollte dies berücksichtigen. Vgl. hierzu Kapitel 8.

Tabelle 7.5: Der Anteil der Wertpapiere an den Gesamtaktiva (in %)

Jahr	Alle Bankengruppen	Großbanken	Kleine Banken[a]
1985	11.68	6.87	17.77
1986	11.97	6.85	18.86
1987	12.51	9.65	20.82
1988	12.60	9.24	21.48
1989	12.11	9.15	19.98
1990	11.58	8.24	19.02
1991	11.66	8.96	18.86
1992	12.43	9.36	19.94
1993	13.78	11.57	22.10
1994	14.92	11.62	24.39
1995	14.52	12.21	22.91
1996	14.83	13.30	23.36
1997	15.54	13.69	23.60

[a]) Sparkassen und Kreditgenossenschaften.

Quelle: DEUTSCHE BUNDESBANK (verschiedene Jahrgänge) *Bankenstatistik*, verschiedene Tabellen. Eigene Berechnungen.

big ist, sondern einem Kosten-Nutzen-Kalkül der Banken entspringt, dann ist eine vollkommene Substituierbarkeit von Bankkrediten und Wertpapieren nicht gegeben. Bei einer Anpassungsreaktion auf der Aktivseite werden sowohl Bankkredite als auch Wertpapiere reagieren. Die notwendige Voraussetzung für die Wirksamkeit des Bankkreditkanals ist gegeben.

Alternativ könnten die Geschäftsbanken auf eine Senkung der Einlagen von Kreditinstituten mit einer Ausweitung ihrer anderen Passivgeschäfte reagieren. Gelänge dies, dann könnte eine Reaktion auf der Aktivseite unterbleiben. Auch in einer solchen Situation wäre der Bankkreditkanal wirkungslos. Die Tabelle 7.4 zeigt, dass auf der Passivseite Einlagen und aufgenommene Kredite von Kreditinstituten im Jahr 1993 26.14 Prozent des Geschäftsvolumens ausmachten. Die Einlagen der Nichtbanken stellen 44.76 Prozent und Inhaberschuldverschreibungen der Geschäftsbanken 19.90 Prozent der Passiva. Die Hereinnahme von Einlagen ist von den Geschäftsbanken nur indirekt beeinflussbar. Es ist Wesen der Einlagengeschäfte, dass bei ihnen die Initiative von den Einlegern ausgeht, die über die Höhe ihrer Einlagen entscheiden. Die Geschäftsbanken mögen zwar individuell in der Lage sein, durch Werbemaßnahmen und günstige Konditionen ihr Einlagengeschäft mit den Nichtbanken auszuweiten, bei Betrachtung eines aggregierten Geschäftsbankensektors muss die Höhe der Einlagen jedoch als Datum für die Geschäftsbanken betrachtet werden. Als einzige Möglichkeit der Banken, einer Straffung der Geldpolitik ohne Anpassung der Aktivgeschäfte zu begegnen, verbleibt die erhöhte Ausgabe von Schuldverschreibungen.

Bei den üblicherweise von den deutschen Banken emittierten, börsenfähigen Inhaberschuldverschreibungen handelt es sich um langfristige, durch die Gläubiger nicht vorzeitig kündbare Papiere. Diese stellen den Großteil der von Geschäftsbanken begebenen Schuldtitel. Die Deutsche Bundesbank hält in einer Untersuchung über die Bedeutung der Verbriefung im deutschen Finanzsystem fest:

> Im geldmarktnahen Bereich unterjähriger Laufzeiten ist die Verbriefung in Deutschland bisher wenig ausgeprägt. Der Umlauf von inländischen Schuldverschreibungen mit einer vereinbarten Laufzeit bis einschließlich einem Jahr erreichte Ende 1994 insgesamt nur 66 Mrd DM. Knapp zwei Drittel hiervon entfielen mit 41 Mrd DM auf Titel von Banken, wobei es sich überwiegend um kurzlaufende Schuldverschreibungen und Sparbriefe handelt; handelbare Einlagenzertifikate deutscher Institute sind nur von untergeordneter Bedeutung.“ (DEUTSCHE BUNDESBANK, 1995c)

Die Tabelle 7.6 soll nochmals die Bilanz der Kreditinstitute für das Jahr 1993 ausweisen. Diesmal erfolgt die Abgrenzung jedoch nach Fristigkeiten.[39] Man erkennt deutlich, dass die Schuldverschreibungen nur eine marginale Rolle unter den kurzfristigen Finanzmitteln spielen.

In den angelsächsischen Ländern haben Certificates of Deposits (CD's)[40] inzwischen einen hohen Stellenwert bei der Versorgung mit Fremdmitteln für die Banken eingenommen. Dementsprechend wird dort die Frage dis-

[39] Es ist zu beachten, dass die Fristigkeiten sich jeweils auf die vereinbarte Laufzeit bzw. Kündigungsfrist beziehen und nicht auf die Restlaufzeit der Positionen. Bilanzdaten werden erst seit dem Geschäftsjahr 1998 in Restlaufzeiten ausgewiesen. Vgl. auch S. 169.

[40] CD's sind handelbare Einlagenzertifikate, in der Regel mit einer Laufzeit von drei bis sechs Monaten, die von den Banken begeben werden.

Tabelle 7.6: Die Bilanz der Kreditinstitute (1993, nach Fristigkeiten)[a]

AKTIVA		PASSIVA	
kurzfristig	1520.7	kurzfristig	2346.2
· Kasse 27.8		· Sichteinlagen 993.6	
· Guthaben bei Zentralbank 75.3		· Termineinlagen 748.7	
· Kred. an Kreditinstitute 806.1		· Spareinlagen 587.4	
· Kred. an Nichtbanken 611.5		· Schuldverschreibungen 16.5	
mittelfristig	440.9	mittelfristig	504.1
· Kred. an Kreditinstitute 106.6		· Termineinlagen 5.8	
· Kred. an Nichtbanken 334.3		· Spareinlagen, -briefe 238.7	
langfristig	3667.0	· Schuldverschr. 259.6	
· Kred. an Kreditinstitute 524.0		langfristig	1793.4
· Kred. an Nichtbanken 3143.0		· Termineinlagen 530.7	
Rest	963.6	· Spareinlagen, -briefe 252.4	
		· Schuldverschr. 1010.3	
		Rest	1948.3
Geschäftsvolumen	6592.2		

[a]) *kurzfristig:* täglich fällig bis zu einer vereinbarten Laufzeit bzw. Kündigungsfrist von 1 Jahr. *mittelfristig:* 1 bis 4 Jahre. *langfristig:* 4 Jahre und mehr. *Rest:* keine Angaben zur Fristigkeit. Weitere Erläuterungen: vgl. Tabelle 7.4.

Quelle: DEUTSCHE BUNDESBANK (verschiedene Jahrgänge) *Monatsbericht, Statistischer Teil,* sowie *Bankenstatistik,* verschiedene Tabellen. Eigene Berechnungen.

kutiert, ob die verstärkte Ausgabe von CD's durch die Banken ein vollkommenes Substitut für eine Einschränkung des Bankkreditangebotes sein kann (vgl. unter anderen ROMER und ROMER 1990, LUCAS und MCDONALD 1992, KASHYAP und STEIN 1994). Diese Ansätze sind nur sehr begrenzt auf die deutschen Gegebenheiten übertragbar, da die Fristigkeit der begebenen Schuldtitel eine völlig andere Struktur aufweist. Der Vergleich macht jedoch deutlich, dass es für die Geschäftsbanken, in Abhängigkeit auch von institutionellen oder historischen Faktoren, eine optimale Aufteilung in Fremdmittel unterschiedlicher Fristigkeiten gibt. Damit ist es jedoch unwahrscheinlich, dass die deutschen Geschäftsbanken auf eine Verknappung ihrer kurzfristigen Fremdmittel (in Form von nicht zustande gekommenen Wertpapierpensionsgeschäften) mit einer Ausweitung ihrer langfristigen

Schuldtitel reagieren.[41]

Aus den bisherigen Schilderungen lassen sich keine Hinweise dafür entnehmen, dass für die Geschäftsbanken auch nur annäherungsweise ein vollkommenes Substitut zu einer Anpassung der Bankkredite als Folge geldpolitischer Maßnahmen existiert. Es muss nun noch untersucht werden, ob es rechtliche Bestimmungen gibt, die den Anpassungsprozess der Banken an eine geänderte Liquiditätssituation, und damit eine Reaktion der Bankkredite, behindern können. Das von der Bank gewählte Portfolio muss nicht nur unter Ertragsgesichtspunkten optimal sein, sondern es existieren auch Vorschriften, die den Geschäftsbanken eine bestimmte Aufteilung ihrer Aktiva und Passiva auferlegen. Rechtliche Grundlage dieser Auflagen ist das Gesetz über das Kreditwesen (KWG) (vgl. DEUTSCHE BUNDESBANK, 1998). Um die Funktionsfähigkeit des Finanzsektors zu sichern, werden in diesem Gesetz die Rahmenbedingungen für die Tätigkeit der Kreditinstitute[42] gesetzt. Aussagen zur Gestaltung des Bankportfolios finden sich im zweiten Abschnitt des KWG, und zwar unter Punkt 1. Eigenmittel und Liquidität, §10 und 11 (vgl. DEUTSCHE BUNDESBANK, 1998, S. 48-65).

Das Kreditwesengesetz verweist bezüglich der Erfordernisse an Eigenkapital und Liquidität auf die „Grundsätze über das Eigenkapital und die Liquidität der Institute“ (vgl. BUNDESAUFSICHTSAMT FÜR DAS KREDITWESEN 1997, 1998a). So heißt es z. B. in §10 Abs (1) Satz 1 und 2 KWG: „ Die Institute müssen im Interesse der Erfüllung ihrer Verpflichtungen gegenüber ihren Gläubigern, insbesondere zur Sicherheit der ihnen anvertrauten Vermögenswerte, angemessene Eigenmittel haben. Das Bundesaufsichtsamt stellt im Einvernehmen mit der Deutschen Bundesbank Grundsätze auf, nach denen

[41] Es muss allerdings noch geklärt werden, aus welchem Grund die Geschäftsbanken in Deutschland kaum kurzfristige Einlagenzertifikate begeben. Diese würden ihnen die Möglichkeit eröffnen, in einem sehr ähnlichen Fristigkeitsbereich zu reagieren, ohne die Aktivgeschäfte zu reduzieren. Allerdings kommen die meisten angelsächsischen Untersuchungen zu dem Schluss, dass auch die verstärkte Ausgabe von CD's kein vollkommenes Substitut zu einer Einschränkung der Bankkredite darstellt. Auch hierbei entstehen Kontrollprobleme aufgrund asymmetrischer Information (vgl. KASHYAP und STEIN, 1994, S. 234 ff.).

[42] Im Zuge der Harmonisierung der Bankenaufsicht im europäischen Wirtschaftsraum werden mit der Sechsten KWG-Novelle, die zum 1. Januar 1998 in Kraft trat, Finanzdienstleistungsinstitute in die Regelungen des KWG einbezogen. In den entsprechenden Texten wird nunmehr nur noch von „Instituten“ gesprochen. Vgl. hierzu die Begriffsbestimmungen in §1 KWG.

es für den Regelfall beurteilt, ob die Anforderungen des Satzes 1 erfüllt sind" (DEUTSCHE BUNDESBANK, 1998, S. 48).[43] Diese Grundsätze werden vom Bundesaufsichtsamt für das Kreditwesen im Bundesanzeiger veröffentlicht.

Grundsatz I (vgl. BUNDESAUFSICHTSAMT FÜR DAS KREDITWESEN, 1997, Grundsatz I) legt fest, dass die Risikoaktiva eines Instituts zu mindestens acht Prozent mit haftendem Eigenkapital zu unterlegen sind. Zur Abdeckung von Marktpreisrisiken müssen die Institute ebenfalls in Abhängigkeit vom Risikogehalt entsprechende Eigenmittel halten.[44] Da dieser Grundsatz dem Verhältnis von gewichteten Risikoaktiva und haftendem Eigenkapital eine Obergrenze setzt, kann hierdurch die Wirksamkeit des Bankkreditkanals lediglich bei expansiver Geldpolitik beeinflusst werden. Bankkredite an Unternehmen gehören zu den Risikoaktiva, die mit einem Bonitätsgewicht von 100 Prozent in die Berechnung eingehen (vgl. BUNDESAUFSICHTSAMT FÜR DAS KREDITWESEN, 1997, Grundsatz I, §13). Befindet sich die Geschäftsbank bereits an der Obergrenze der Risikoaktiva im Verhältnis zum Eigenkapital, so wird sie ihr Angebot an Bankkrediten an die Unternehmen trotz erhöhter Liquidität nicht ausweiten können.[45] Die Existenz der Regulierungsvorschrift verhindert in diesem Fall die Wirksamkeit eines Bankkreditkanals.

Der Liquiditätsgrundsatz II (vgl. BUNDESAUFSICHTSAMT FÜR DAS KREDITWESEN, 1998a, Grundsatz II) gibt dem Bundesaufsichtsamt für das Kreditwesen Regeln an die Hand, wann die Liquidität eines Instituts als ausreichend zu beurteilen ist.[46] Es werden vier Laufzeitbänder unterschiedli-

[43]Entsprechend wird in §11 die Gewährleistung einer jederzeit ausreichenden Zahlungsbereitschaft angemahnt.

[44]Für eine exakte Abgrenzung der Begrifflichkeiten vgl. die jeweiligen Gesetzes- und Grundsatztexte. In den hier vorliegenden Ausführungen soll auf spezielle Abgrenzungen nur dann eingegangen werden, wenn dies einen Beitrag zum Verständnis der Bedeutung der Vorschriften für einen gesamtwirtschaftlichen, monetären Transmissionsprozess leistet.

[45]Im Gegensatz hierzu werden z. B. Kredite an den Bund oder andere inländische juristische Personen des öffentlichen Rechts (ohne Kreditinstitute) als risikolos angesehen und gehen mit einem Bonitätsgewicht von 0 Prozent in die Berechnung der Risikoaktiva ein.

[46] Der Grundsatz II, der ab dem 1. Januar 1999 gilt, ersetzt die früheren Grundsätze II (langfristige Aktiva und Finanzierungsmittel) und III (kurz- und mittelfristige Aktiva und Finanzierungsmittel) (vgl. SZAGUNN und WOHLSCHIESS 1993, S. 272 ff. für einen Überblick über die alte Fassung der Liquiditätsgrundsätze). Ab dem Geschäftsjahr 1998 erfolgte die Umstellung des Bilanzausweises auf Restlaufzeiten statt wie bisher Ursprungs-

cher Fristigkeiten gebildet. Für das erste Laufzeitband, es umfasst Restlaufzeiten bis zu einem Monat, wird monatlich aus dem Verhältnis von den im Laufzeitband verfügbaren Zahlungsmitteln und den abrufbaren Zahlungsverpflichtungen eine Liquiditätskennzahl gebildet. „Die Liquidität des Instituts gilt als ausreichend, sofern dessen Liquiditätskennzahl den Wert eins nicht unterschreitet.“ (Bundesaufsichtsamt für das Kreditwesen, 1998a, Grundsatz II, §2 Abs 2 Satz 3) Für die anderen Laufzeitbänder werden entsprechende Beobachtungskennzahlen ermittelt.

Die Liquidität, die den Kreditinstituten aus den Refinanzierungsgeschäften mit der Deutschen Bundesbank zufließt, wird im ersten Laufzeitband des Grundsatz II als zusätzliche Zahlungsmittel erfasst. Dem Liquiditätszufluss steht eine Zahlungsverpflichtung gegenüber, die entsprechend der Fristigkeit des Refinanzierungsgeschäftes zu berücksichtigen ist (vgl. Bundesaufsichtsamt für das Kreditwesen, 1998b, S. 4). Da die Wertpapierpensionsgeschäfte üblicherweise eine Laufzeit von ein bis zwei Wochen aufweisen, würden sie sich neutral auf die Differenz zwischen Zahlungsmitteln und -verpflichtungen auswirken, was allerdings bei noch ausreichender Liquidität, d. h. einer Liquiditätskennzahl größer eins, zu einer Verschlechterung der Beurteilung der Liquidität im Rahmen des Grundsatz II führen würde.

Die von den Geschäftsbanken vergebenen Kredite werden ebenfalls nach ihrer Restlaufzeit im jeweiligen Laufzeitband erfasst. Sie gelten als Zahlungsmittel, welches nach Ablauf der Laufzeit zur Verfügung steht. Hier entsteht möglicherweise ein Problem, welches die Kreditvergabe an Unternehmen durch die Geschäftsbanken behindert. Wird die zufließende Liquidität aus den Wertpapierpensionsgeschäften von den Banken dazu benutzt, Kredite zu vergeben, die eine Laufzeit von mehr als einem Monat haben, dann werden die Zahlungsmittel im ersten Laufzeitband weniger, ohne dass sich die Zahlungsverpflichtungen entsprechend reduzieren. Die Liquiditätsbeurteilung der Geschäftsbank nach Grundsatz II verschlechtert sich.[47] Für

laufzeiten. Der neue Grundsatz II berücksichtigt dies und nennt nunmehr nur noch Restlaufzeitbänder für die Finanzaktiva und die Verbindlichkeiten.

[47]Mit der Umstellung des Liquiditätsgrundsatzes auf die Restlaufzeiten der Positionen hat sich die Situation für die Geschäftsbanken insofern verbessert, als dass nun vergebene Kredite, die sich ihrem Rückzahlungsdatum nähern, in Höhe des noch nicht getilgten Betrages als Zahlungsmittel des ersten Laufzeitbandes für eine Verbesserung der Liquiditätskennzahl sorgen. Die Geschäftsbanken können in stärkerem Maße als bisher längerfristige Mittel vergeben, ohne den Grundsatz für die kurze Frist zu verletzen.

Banken, die sich bereits an der Grenze befinden, kann das bedeuten, dass sie die kurzfristig wieder fällig werdenden Mittel der Zentralbank nicht für die längerfristige Kreditvergabe nutzen können. Börsennotierte Wertpapiere werden dagegen als Zahlungsmittel im ersten Laufzeitband erfasst. Ihr Erwerb verändert die Liquiditätskennzahl nicht. Auch aus diesem Grund kann also expansive Geldpolitik, die ja zunehmend über sehr kurzfristige Refinanzierungsgeschäfte abgewickelt wird (vgl. die Abbildung 5.1 in Kapitel 5.1), ohne Wirkung auf die Bankkredite bleiben.

Kontraktive Geldpolitik über die kurzfristigen Wertpapierpensionsgeschäfte schränkt sowohl die Zahlungsmittel als auch die Zahlungsverpflichtungen im ersten Laufzeitband ein. Lag die Liquiditätskennzahl vor der kontraktiven Maßnahme noch über eins, so verbessert sie sich nun. Den Geschäftsbanken stehen weniger liquide Mittel zur Verfügung, sie werden ihre Aktivgeschäfte einschränken (vgl. hierzu die Seite 164). Somit besteht in dieser Situation die Möglichkeit, die Bankkredite unterproportional einzuschränken. Im Gegensatz zu der Wirkung des Liquiditätsgrundsatzes bei expansiver Geldpolitik handelt es sich hier jedoch lediglich um eine Möglichkeit. Eine Behinderung des Bankkreditkanals ergibt sich bei kontraktiver Geldpolitik nicht.

Versucht man, die Bedeutung der bankenrechtlichen Bestimmungen für die Wirksamkeit des Bankkreditkanals abschließend zu beurteilen, so lässt sich festhalten, dass kein Mechanismus existiert, der verhindern könnte, dass die Banken ihr Kreditangebot als Folge einer kontraktiven geldpolitischen Maßnahme reduzieren. Umgekehrt existieren Faktoren, die einer entsprechenden Ausweitung der Bankkredite als Reaktion auf eine geldpolitische Lockerung im Wege stehen könnten. Dies ist immer dann möglich, wenn die Geschäftsbanken sich bereits an den Obergrenzen der Eigenkapital- und Liquiditätserfordernisse befinden. Dieser Punkt deutet auf eine weitere Benachteiligung der bankabhängigen Unternehmen hin.

Es ist eine fundamentale Asymmetrie zu beobachten:

Während kontraktive Maßnahmen aufgrund des Bankkreditkanals überproportional auf die bankabhängigen Unternehmen durchschlagen, verhindern regulatorische Maßnahmen eine entsprechende Umkehrung in Zeiten einer geldpolitischen Lockerung.

Insgesamt kann auf der regulatorischen Ebene kein Indiz dafür gefunden werden, dass Vorschriften existieren, die eine Reaktion der Bankkredite auf geldpolitische Maßnahmen verhindern. Die notwendige Bedingung für die Existenz eines Bankkreditkanals ist auch auf der Seite der Anbieter erfüllt.

7.3.4 Bedeutung institutioneller Gegebenheiten

In diesem Abschnitt soll untersucht werden, inwieweit die Rolle der Finanzmärkte und die institutionelle Ausgestaltung des Bankensektors das Finanzierungsverhalten der Unternehmen beeinflussen. Es sollen die wesentlichen Charakteristika des deutschen Finanzsystems kurz vorgestellt und mit denen anderer Länder (insbesondere USA, UK und Japan) verglichen werden. Dieser Vergleich ermöglicht eine Beurteilung der verschiedenen Studien zur Existenz alternativer Transmissionsmechanismen dahingehend, ob die jeweiligen Ergebnisse auf Deutschland übertragbar sind. Weiterhin soll eine Aussage darüber getroffen werden, inwieweit die institutionellen Gegebenheiten die Existenz eines Bankkreditkanals wahrscheinlicher machen oder behindern.

Nach der institutionellen Ausgestaltung des Bankensektors unterscheidet man zwischen Universalbanken- und Trennbankensystemen. In einigen Ländern sind direkte und indirekte Finanzierung institutionell getrennt.[48] So ist in den USA die Trennung von Kredit- bzw. Einlagengeschäft und Effektengeschäft gesetzlich vorgeschrieben. In Japan war diese strikte Trennung bis Anfang der 90er Jahre ebenfalls Gesetz, darüberhinaus existierte dort eine Trennung nach der Fristigkeit der Bankgeschäfte. Die Gesetze wurden jedoch reformiert, inzwischen ist den japanischen „commercial banks" das Effektengeschäft erlaubt.[49] In Großbritannien gab es keine gesetzlichen Regelungen, das Trennbankensystem galt jedoch lange Zeit als eine Art ungeschriebenes Gesetz. Die Entwicklung in den letzten Jahren führte jedoch

[48] Bei der direkten Finanzierung verlaufen die Finanzströme direkt zwischen Mittelgebern und -nehmern. Bei der indirekten Finanzierung sind Mittler, die Finanzintermediäre, eingeschaltet, die von den Mittelgebern Einlagen hereinnehmen oder ihnen eigene Effekten verkaufen, und dafür im Gegenzug Kredite an die Mittelnehmer vergeben. Die indirekte Finanzierung umfasst bei den Banken also das Kredit- und Einlagengeschäft („commercial banking"), ihre Einschaltung in die direkte Finanzierung zwischen Mittelgebern und -nehmern findet im Effektengeschäft der Banken („investment banking") ihren Niederschlag. Vgl. HEIN (1993, S. 288 f.).

[49] BONN (1998) liefert eine detaillierte Beschreibung des japanischen Finanzsystems und analysiert die dortige Bankenkrise, die bereits seit Beginn der 90er Jahre spürbar war und noch heute andauert.

auch dort zu einer Aufweichung der Trennlinie. In einem Universalbankensystem betätigen sich die Finanzinstitute gleichzeitig im Kredit- bzw. Einlagengeschäft und im Wertpapiergeschäft. Deutschland gilt als der typischste Vertreter des Universalbankensystems. Auch Österreich und die Schweiz haben ihren Finanzsektor nach diesem Prinzip ausgestaltet.

Hinsichtlich des Finanzierungsverhaltens der Unternehmen hat diese Abgrenzung jedoch keinen Erklärungsgehalt. Die Finanzierungsstruktur unterscheidet sich in verschiedenen Ländern erheblich voneinander, wie bereits ein Vergleich der Eigenkapitalquoten deutlich macht. Deutsche und japanische Unternehmen müssen in erheblich stärkerem Maße auf Fremdfinanzierungsmittel zurückgreifen als Unternehmen in den USA oder Großbritannien, wobei den Bankkrediten die entscheidende Rolle unter den Fremdfinanzierungsalternativen zukommt (vgl. SCHWIETE und WEIGAND, 1997, S. 7).

Mit Bezug auf die in dieser Arbeit diskutierte Problematik ist es daher sinnvoller, die Finanzsysteme der verschiedenen Länder nach der relativen Bedeutung der Banken in *bankorientierte* und *marktorientierte* Systeme zu klassifizieren. Als wesentliche Merkmale eines bankorientierten Finanzsystems gelten die langfristigen Beziehungen zwischen Banken und Unternehmen, der geringe Anteil börsennotierter Unternehmen, eine hohe Konzentration von Eigentümern sowie der bereits erwähnte hohe Verschuldungsgrad der Unternehmen. Die marktorientierten Systeme werden hingegen charakterisiert als Volkswirtschaften mit kurzfristigen Unternehmens-Bank-Beziehungen, einem hohem Anteil an börsennotierten Unternehmen, geringer Konzentration der Eigentümer und einem deutlich geringeren Verschuldungsgrad der Unternehmen (zu den Abgrenzungen vgl. MAYER, 1994, S. 4). ALLEN und GALE (1995) vergleichen in ihrem Beitrag die Finanzsysteme von USA und Deutschland, die als typische Vertreter eines marktorientierten bzw. bankorientierten Systems gelten. Über die genannten Punkte hinaus werten sie den geringen Wettbewerb zwischen dem Bankensektor und anderen Finanzintermediären sowie die Tatsache, dass Informationen über Unternehmen in Deutschland für die Öffentlichkeit nur sehr schlecht zugänglich sind, als weitere Merkmale des bankorientierten deutschen Finanzsystems (vgl. ALLEN und GALE, 1995, Tabelle 4, S. 188).

Wie wirken sich nun diese Besonderheiten eines bankorientierten Finanzsystems auf die Unternehmen aus? Die Meinungen hierüber und die

Einschätzungen der quantitativen Bedeutung der Unterschiede gehen stark auseinander. Traditionell wird davon ausgegangen, dass bankorientierte Finanzsysteme den marktorientierten Systemen in Bezug auf eine gesamtwirtschaftliche Effizienz des Bankensektors und seiner Funktionen überlegen seien. Zwei Hauptgründe für die Überlegenheit des deutschen Finanzsystems werden angeführt (vgl. EDWARDS und FISCHER, 1994, S. 7 ff.). Zum einen wird argumentiert, dass die Banken in bankorientierten Systemen die benötigten Investitionsmittel kostengünstiger zur Verfügung stellen können als in einem marktorientierten System. Durch die engen und langfristigen Kreditbeziehungen zwischen Banken und Unternehmen - in der Literatur findet sich hierfür die Bezeichnung *Hausbankbeziehungen* - und die Anwesenheit in den Aufsichtsräten der großen Unternehmen haben die Banken bessere Informationen über die speziellen Risiken einer Kreditvergabe. Sie können ihre Mittel in die vielversprechensten Projekte leiten. Die Hausbankbeziehungen bewirken zwar auf der einen Seite eine Wettbewerbsbeschränkung, da die Hausbank mit wachsender Beziehung zum Unternehmen quasi zum monopolistischen Anbieter der Unternehmenskredite wird,[50] andererseits wird eine solche Bank eher langfristige Verträge mit dem Unternehmen abschließen und auch bei vorübergehenden finanziellen Schwierigkeiten des Unternehmens als Investor erhalten bleiben (vgl. EDWARDS und FISCHER 1994, S. 9 sowie MAYER 1994, S. 8).

Die Möglichkeit der Unternehmen, eine langfristige Finanzierung ihrer Investitionsprojekte durchzuführen, wird auch durch den zweiten Aspekt beeinflusst: Die Banken in Deutschland sind nicht nur Hauptfinanzierungsquelle, sondern auch Anteilseigner der Unternehmen. Sie halten einen beträchtlichen Anteil an den Stimmrechten in großen deutschen Aktiengesellschaften, zum einen aufgrund selbst gehaltener Aktien, zum anderen aber auch dadurch, daß sie für ihre Kunden das Vollmachtsstimmrecht ausüben. Die Tabelle 7.7 zeigt die Verteilung des Aktienbesitzes auf die einzelnen Wirtschaftssektoren im internationalen Vergleich. Ende 1995 hielten die deutschen Banken 10.3 Prozent des gesamten Aktienumlaufs selbst. In Japan war der Anteil mit 13.3 Prozent noch höher. In den USA verbieten gesetzliche Bestimmungen den commercial banks weitgehend das Halten von Wertpapieren. Diese Zahlen berücksichtigen noch nicht den vergrößerten Einfluss der Banken aufgrund des Vollmachtsstimmrechts. So schätzt die

[50] Vgl. dazu die Ausführungen in Kapitel 7.3.3.

Tabelle 7.7: Aktienbesitz im internationalen Vergleich (Ende 1995, Anteile am Gesamtumlauf in %)

	USA	UK	Japan	Deutschland
Private Haushalte	36.4	29.6	22.2	14.6
Unternehmen	15.0	4.1	31.2	42.1
öffentliche Haushalte	0.0	0.2	0.5	4.3
Banken	0.2	2.3	13.3	10.3
Versicherungen[a]	31.3	39.7	10.8	12.4
Investmentfonds[b]	13.0	10.4	11.7	7.6
übrige Welt	4.2	13.7	10.3	8.7

[a]) Versicherungen und Pensionsfonds.
[b]) Investmentfonds und sonstige finanzielle Institutionen.
Quelle: DEUTSCHE BUNDESBANK (1997a, S. 29).

Monopolkommission den Gesamteinfluss der Banken in den 100 größten Unternehmen in Deutschland auf 36 Prozent, in den größten 10 Unternehmen sogar auf über 50 Prozent (vgl. ELSTON und ALBACH, 1995, S. 5).

MAYER (1994) sieht in den Eigentumsverhältnissen an den Unternehmen das Hauptabgrenzungskriterium zwischen den vorzufindenden Finanzstrukturen. Langfristige Beziehungen können seiner Meinung nach nur in privaten Unternehmen oder bei börsennotierten Unternehmen mit hoher Konzentration der Eigentümer aufrechterhalten werden. Bei hoher Streuung der Eigentumsverhältnisse ist es für den einzelnen Anteilseigner, der nur einen sehr geringen Anteil an dem Unternehmen hält und es zudem kaum kennt, nicht rational, Zeit für die Informationsbeschaffung aufzuwenden. Für ihn steht die kurzfristige Profitabilität seiner Anlage im Vordergrund. In Kombination mit den typischen Principal-Agent-Problemen einer Eigentümer-Management-Beziehung[51] führt dieses Informationsdefizit dazu, dass es in solchen Unternehmen eine Tendenz zu kurzfristigen Investitionsprojekten gibt. Die Durchführung eines profitableren, aber langfristigen Investitionsprojektes, welches in der kurzen Frist eine geringere Rendite abwirft, ist für das Management riskant. Es bevorzugt die kurzfristigen Projekte, was zu

[51] Einen umfassenden Überblick über die Probleme, die aus der Trennung von Eigentum und Kontrolle in den Unternehmen entstehen, geben HOLMSTROM und TIROLE (1989, Kap. 4).

gesamtwirtschaftlichen Effizienzverlusten führen kann (vgl. EDWARDS und FISCHER, 1994, S. 10 f.).[52]

Ob diese Vorteile des bankorientierten Finanzsystems tatsächlich Auswirkungen für die Unternehmen haben ist umstritten. MAYER (1994, S. 9 f.) und auch EDWARDS und FISCHER (1994) stellen fest, dass in empirischen Untersuchungen keine signifikanten Unterschiede in dem Verhalten der Banken in Deutschland und Japan zu dem in den USA und Großbritannien festzumachen sind. Das Verhalten der Banken scheint nicht von der institutionellen Ausgestaltung des Bankensektors abzuhängen. ELSTON (1993) sowie ELSTON und ALBACH (1995) prüfen mittels Daten auf Unternehmensebene, inwieweit es unterschiedliche Reaktionen von Aktiengesellschaften mit engen Bankbeziehungen und unabhängigen Aktiengesellschaften auf Liquiditätsbeschränkungen gibt.[53] Sie finden heraus, dass Unternehmen, die sich zum Teil in Bankbesitz befinden, weniger starken Einschränkungen ihrer Investitionen unterliegen als Unternehmen, die nicht im Bankbesitz sind.[54] Dieses Ergebnis kann als Beleg dafür gewertet werden, dass die aus der Informationsasymmetrie zwischen Mittelgeber und -nehmer resultierenden Probleme und Kosten durch Mittelgeber reduziert werden können, die gleichzeitig Aktionäre sind. SCHWIETE und WEIGAND (1997, S. 13 f.) bezweifeln diesen Zusammenhang. Ihrer Meinung nach sind die Informationsmöglichkeiten eines Aktionärs nicht besser als die eines Großkreditgebers. Die Aufsichtsratmandate der Banken seien hingegen tatsächlich geeignet, einen Informationsvorsprung zu generieren. Hier ist dann allerdings der Vorstand die einzige Informationsquelle, es entstehen neue Anreizprobleme.[55]

---

[52] In diesem Zusammenhang ist weiterhin erwähnenswert, dass in bankorientierten Systemen die Unternehmenskontrolle von der Marktentwicklung der Unternehmen abgekoppelt ist. Dies drückt sich u.a. darin aus, dass feindliche Übernahmen fast unbekannt sind. Ob dies in Bezug auf die gesamtwirtschaftliche Effizienz vorteilhaft ist oder nicht, wird ebenfalls kontrovers diskutiert (vgl. hierzu den Überblick in ALLEN und GALE, 1995, S. 203 f.).

[53] Es wird von Liquiditätsbeschränkungen gesprochen, wenn sich herausstellt, dass der Cash-Flow eines Unternehmens Einfluss auf die Investitionsentscheidungen hat (vgl. ELSTON und ALBACH, 1995, S. 8 f.). Zur Bedeutung des Cash-Flow für Investitionsentscheidungen siehe auch Kapitel 6.3.2.2.

[54] ELSTON (1995, S. 476) nennt weitere Untersuchungen, die diese Abhängigkeit untermauern.

[55] Zu der Bedeutung der Anwesenheit von Banken im Aufsichtsrat der Unternehmen vgl. EDWARDS und FISCHER (1994, Kap. 6).

Ein Punkt, der meines Erachtens in der Diskussion um die Vor- und Nachteile bankorientierter Finanzsysteme zu kurz kommt, ist die Frage nach der Existenz verschiedener Finanzinstrumente und der Bedeutung von Finanzinnovationen für die gesamtwirtschaftliche Effizienz. Lediglich ALLEN und GALE (1995, S. 187 f.) weisen in ihrer Gegenüberstellung darauf hin, dass Deutschland durch eine starke Unterentwicklung der Finanzmärkte gekennzeichnet ist und dass dies ein typisches Merkmal bankorientierter Finanzsysteme ist. Die geringe Auswahl an Finanzinstrumenten für potentielle Investoren, der Mangel an Alternativen für investitionswillige Unternehmen und die damit einhergehende Vormachtstellung der Banken auf den Finanzmärkten können jedoch zu X-Ineffizienzen[56] führen. Analog zur Diskussion um optimale Unternehmensgrößen, die economies of scale und X-Ineffizienzen gegenüberstellt,[57] müsste hier abgeschätzt werden, welche Effekte überwiegen und in welchem Finanzsystem die Netto-Effizienzverluste gravierender sind. Erst dann könnte eine abschließende Beurteilung der Finanzsysteme erfolgen. Eine solche Aufgabe würde jedoch den Rahmen der vorliegenden Arbeit sprengen.

Auch die Existenz eines Bankkreditkanals birgt die Gefahr gesamtwirtschaftlicher Effizienzverluste in sich. In einem bankorientierten Finanzsystem müsste der Bankkreditkanal wirksamer sein als in einem marktorientierten System, da nicht nur die kleinsten Unternehmen, sondern ein hoher Prozentsatz der gesamten Unternehmen bankabhängig ist. Eine Reduktion der Bankkredite als Folge einer kontraktiven geldpolitischen Maßnahme würde also eine wesentlich breitere Wirkung auf den Unternehmenssektor zeigen. Wenn aber der Kreditkanal auf viel breiterem Niveau wirkt als in einem marktorientierten Finanzsystem, dann würde sich seine distributive Wirkung zwangsläufig abschwächen. Stärkere Wirksamkeit des Bankkreditkanals bei gleichzeitigem geringerem Effizienzverlust kennzeichnen die bank-

---

[56] Vgl. LEIBENSTEIN (1966).

[57] Der sogenannte Williamson-Trade-Off bezeichnet in diesem Zusammenhang den Tatbestand, dass es bei horizontaler Konzentration einen Zielkonflikt zwischen den gesamtwirtschaftlichen Wohlfahrtsgewinnen aufgrund der economies of scale und Wohlfahrtsverlusten durch die Monopolisierung gibt (WILLIAMSON, 1968). Während LEIBENSTEIN die Wohlfahrtsverluste auf Ineffizienzen zurückführt, unterstellt der Transaktionskostenansatz, dass es sich um effiziente Handlungen handelt, die die Wohlfahrtsverluste auslösen. Vgl. zu dieser Diskussion auch den Beitrag von DE ALESSI (1983) und die Erwiderung von LEIBENSTEIN (1983).

orientierten Finanzsysteme in der theoretischen Betrachtung. Allerdings ist anzunehmen, dass es auch in bankorientierten Volkswirtschaften eher die kleinen Unternehmen sind, die nicht auf alternative Finanzierungsformen ausweichen können. Die empirische Untersuchung in Kapitel 8 wird diese Hypothese überprüfen.

7.3.5 Empirische Untersuchungen zum Bankkreditkanal

Die empirischen Untersuchungen, die sich mit der Frage nach der Existenz eines Bankkreditkanals beschäftigen, lassen sich in Arbeiten aufteilen, die aggregierte volkswirtschaftliche Daten zugrundelegen und in Arbeiten, die eine Differenzierung der Kreditnehmer (oder auch der Kreditgeber) nach bestimmten Kriterien als Ausgangspunkt wählen. Die folgenden Ausführungen geben einen Überblick über vorhandene empirische Untersuchungen zur Existenz eines Bankkreditkanals. Zusammenfassende Darstellungen über die Literatur zu diesem Thema finden sich ebenfalls z. B. in HUBBARD (1995, S. 67 ff.), GILCHRIST und ZAKRAJSEK (1995, S. 137 ff.), GERTLER und GILCHRIST (1993, S. 50 ff.) oder auch in STÖSS (1996, S. 11 ff.).

Ein Teil der Studien, wie z. B. die Arbeiten von ROMER und ROMER (1990), RAMEY (1993) oder PEREZ (1998) benutzt aggregierte Daten.[58] Sie untersuchen z. B. inwieweit Veränderungen der Bankkredite Prognosequalität für die Entwicklung realer Variablen haben oder ob kontraktive geldpolitische Maßnahmen die vermuteten Effekte auf die Bankkredite zeigen. Falls ein Bankkreditkanal existiert, sollte es aufgrund kontraktiver Geldpolitik zu einem Rückgang des Kreditangebotes kommen. Als Folge dieses Rückgangs müssten die Werte der Outputvariablen ebenfalls sinken. Auch BERNANKE und BLINDER (1992) benutzen aggregierte Daten. Sie analysieren im Rahmen eines VAR-Systems, wie Geldpolitik auf verschiedene reale und auch finanzielle Variablen wirkt. Eine ähnliche Vorgehensweise wählen WALSH und WILCOX (1995). BARRAN et al. (1996) und BACCHETTA und BALLABRIGA (2000) vergleichen die Reaktion von Geld und Kredit auf eine kontraktive

[58] Auch einige Untersuchungen für Deutschland verwenden aggregierte Daten, so z. B. GUENDER und MOERSCH (1997) oder BARRAN et al. (1996). Die Studien für Deutschland sollen jedoch gemeinsam zu Beginn des Kapitels 8 diskutiert werden. Sie werden deshalb in den folgenden Ausführungen nicht berücksichtigt.

geldpolitische Aktion in Ländern des europäischen Währungsraumes. Die genannten Studien finden nach Meinung der jeweiligen Autoren keinen Beleg für die Existenz eines Bankkreditkanals, können das Vorhandensein eines Bilanzkanals allerdings nicht ausschließen.

All diese Untersuchungen haben jedoch ein entscheidendes Problem: Günstigstenfalls können sie das Vorhandensein eines Bilanzkanals nicht ausschließen. Evidenz für die Existenz eines Bankkreditkanals kann auf diese Art nicht gefunden werden. Keine dieser Studien kann zudem nachweisen, dass die beobachteten Anpassungsreaktionen nicht ausschließlich auf dem traditionellen Transmissionsweg über den Zinskanal zustande kommen.

> ... the evidence is generally consistent with the broad credit view in European countries, but cannot be distinguished from the money channel ... (BACCHETTA und BALLABRIGA, 2000, S. 24)

Mittels aggregierter Daten ist es nicht möglich, eine Reaktion des Kredit*angebotes* nachzuweisen. Es kann lediglich festgestellt werden ob sich das Niveau der Bankkredite verändert. Ob dies aber aufgrund eines veränderten Angebotes geschieht, oder ob die Nachfrage variiert hat, bleibt bei der aggregierten Betrachtung unklar. Somit ist eine aggregierte Vorgehensweise weder zum Nachweis eines Bilanzkanals, noch bei der empirischen Überprüfung der Existenz eines Bankkreditkanals die angemessene Vorgehensweise. OLINER (1995, S. 167) fasst die Kritik an der aggregierten Vorgehensweise in deutlichen Worten zusammen:[59]

> ... aggregate data are useless for assessing the existence or importance of either version of the credit channel.... The basic problem is that aggregate data cannot distinguish shifts in loan supply from shifts in loan demand. Evidence that both output and borrowing drop after a monetary contraction does not identify whether the decline in loan volume reflects a constriction of loan supply or a dampening of loan demand through the traditional interest rate mechanism. (OLINER, 1995, S. 167)

[59] Vgl. hierzu u.a. auch BERNANKE (1993, S. 57), HUBBARD (1995, S. 67) oder GILCHRIST und ZAKRAJSEK (1995, S. 137).

Als Ausnahme von dieser Kritik muss die Arbeit von KASHYAP et al. (1993) gelten. Die Verfasser verwenden zwar aggregierte Daten, können jedoch anhand ihrer Untersuchung einen Beleg für die Existenz eines Bankkreditkanals liefern. Da diese Studie Ausgangspunkt für zahlreiche Untersuchungen ist, die nach einem ähnlichen Muster verfahren, soll sie hier etwas näher erläutert werden. KASHYAP et al. (1993) setzen die Reaktionen der Bankkredite in Relation zu den Reaktionen einer bedeutenden alternativen Finanzierungsquelle, den Commercial Papers. Sie stellen fest, dass sich das Verhältnis von Bankkrediten zu Commercial Papers in der Folge eines kontraktiven geldpolitischen Schocks verschlechtert. Während Bankkredite eingeschränkt werden, wird die Ausgabe von Commercial Papers ausgeweitet. Dieser Befund stimmt mit den theoretischen Überlegungen zu einem Bankkreditkanal überein. Wäre der Rückgang der Bankkredite auf eine Veränderung der Nachfrageseite zurückzuführen gewesen, dann würde sich parallel dazu die Ausgabe von Commercial Papers ebenfalls verringern. So muss aber davon ausgegangen werden, dass es sich um eine Reduktion des Bankkreditangebotes als Folge der kontraktiven Geldpolitik handelt. Es wird daraufhin verstärkt auf das - zumindest für einen Teil der Kreditnehmer - enge Substitut der Commercial Papers zurückgegriffen. Wie bereits im theoretischen Teil (Kapitel 7) ausführlich erläutert, sind damit die Unternehmen, die auf Bankkredite angewiesen sind, stärker von einer geldpolitischen Maßnahme betroffen als solche, die Zugang zu alternativen Finanzierungsformen haben.

LOPEZ ITTURIAGA (2000) führt eine vergleichbare Analyse durch. Er untersucht für 12 OECD-Länder, wie sich die Relation der Bankkredite zu allen existierenden Finanzierungsalternativen verändert, wenn ein kontraktiver geldpolitischer Impuls wirksam wird.[60] Es stellt sich heraus, dass die wesentlichen Unterschiede bei der Reaktion auf eine geldpolitische Aktion auf das im jeweiligen Land vorherrschende Finanzsystem zurückgeführt werden können. In Staaten, die durch ein marktorientiertes Finanzsystem gekennzeichnet sind, zeigen sich durchweg geringere Reaktionen auf den geldpolitischen Schock als in Ländern mit bankorientiertem System (vgl. LOPEZ ITTURIAGA, 2000, S. 431 f.). Diese Ergebnisse decken sich exakt mit den

[60]Deutschland wird von der Untersuchung ausgenommen, da keine Daten über alternative Finanzierungsquellen vorliegen. Vgl. LOPEZ ITTURIAGA (2000, S. 426). Dieses Problem erschwerte auch die eigene empirische Untersuchung zur Existenz eines Kreditkanals.

theoretischen Überlegungen zur Bedeutung institutioneller Gegebenheiten in Kapitel 7.3.4.

GERTLER und GILCHRIST (1993) greifen ebenfalls die Vorgehensweise von KASHYAP et al. (1993) auf, differenzieren ihre Datenbasis aber nach kleinen und großen Unternehmen des Verarbeitenden Gewerbes.[61] Sie stellen fest, dass die steigende Ausgabe von Commercial Papers fast ausschließlich auf das Konto großer Unternehmen geht. Überraschender als dieser Befund ist jedoch die Tatsache, dass die großen Unternehmen nicht nur die Ausgabe von Commercial Papers ausdehnen, sondern gleichzeitig verstärkt auf Bankkredite zurückgreifen. Im Gegensatz dazu verringert sich bei den kleinen Unternehmen als Folge einer kontraktiven geldpolitischen Maßnahme sowohl die Ausgabe von Commercial Papers[62] als auch die Aufnahme von Bankkrediten. Während die kleinen Unternehmen ihre Finanzierung einschränken müssen, weiten die großen Unternehmen ihre Finanzbestände noch aus.

Dieses Ergebnis wird von mehreren anderen Studien bestätigt, so z. B. von OLINER und RUDEBUSCH (1993). Sie finden heraus, dass die Relation der alternativen Finanzierungsquellen[63] auch nach geldpolitischen Impulsen weitgehend konstant bleibt, wenn man nach den Größenklassen der Unternehmen differenziert.

Solche Ergebnisse erlauben aber eine ganz andere Interpretation des Befundes der Studie von KASHYAP et al. (1993): Die unterschiedliche Reaktion kleiner und großer Unternehmen auf die Geldpolitik kann ausschließlich über den Bilanzkanal erklärt werden. Für einen eigenständigen Bankkreditkanal ist die heterogene Reaktion unterschiedlicher Kreditnehmer zwar eine notwendige, aber keine hinreichende Bedingung. Zusammen mit der Tatsache, dass sich kleine Unternehmen überdurchschnittlich über Bankkredite finanzieren und ihnen Alternativen wie die Commercial Papers nicht im selben Maße offen stehen wie den großen Unternehmen, ergibt sich aber aus dieser Konstellation genau der von KASHYAP et al. (1993) geschilderte Befund. Es muss also bezweifelt werden, ob die Ergebnisse von KASHYAP et al. (1993)

[61] Vgl. Kapitel 7.2 für eine Diskussion der möglichen Probleme einer solchen Vorgehensweise.

[62] Diese Form der Finanzierung wird allerdings nur in sehr geringem Maße von kleinen Firmen wahrgenommen.

[63] Sie beziehen die Handelskredite ebenfalls in die Untersuchung mit ein.

tatsächlich die Existenz eines Bankkreditkanals belegen können.[64]

Eine Disaggregation der Kreditnehmer macht die Existenz eines Bilanzkanals und damit die Bedeutung der Kredite für die Transmission geldpolitischer Impulse empirisch nachweisbar. Sie kann aber nur sehr schwer einen Beitrag zum Nachweis eines Bankkreditkanals leisten.

> Both approaches would predict a larger impact on small borrowers. A key prediction of the credit view, though, is that monetary policy can alter the flow of bank credit relative to other forms of credit. (GERTLER und GILCHRIST, 1993, S. 50)

Diese Argumentation verwenden auch OLINER und RUDEBUSCH (1996) bei ihrer Kritik an KASHYAP et al. (1993). Diese erweitern ihre Studie daraufhin (vgl. KASHYAP et al., 1996) und weisen nach, dass in der Klasse der großen Unternehmen zwar eine Ausweitung von Commercial Papers und von Bankkrediten stattfindet, dass sich aber trotzdem auch hier das Verhältnis von Bankkrediten zu Commercial Papers als Folge restriktiver Geldpolitik verschlechtert. Somit können sie schließlich doch noch die Existenz eines Kreditkanals nachweisen.

Einen ähnlichen Weg verfolgen DALE und HALDANE (1993, 1995) für Großbritannien. Sie differenzieren die Gesamtheit der Kreditnehmer nach Unternehmen und Privatpersonen und untersuchen für beide Gruppen, wie diese ihre Bankkredite und Einlagen als Reaktion auf einen geldpolitischen Impuls verändern. Im Unternehmenssektor kommt es kurzfristig zu einer Erhöhung der Bankkredite,[65] bevor diese reduziert werden. Die Einlagen werden dagegen von den Unternehmen sofort eingeschränkt. Privatpersonen erhöhen im Gegensatz hierzu ihre Einlagen sofort und schränken ihre Bankkredite ein. DALE und HALDANE (1995) werten dies als Evidenz für das Vorliegen eines Bankkreditkanals. Problematisch an dieser Vorgehensweise ist sicherlich, dass es sich bei den untersuchten Kreditnehmern um Gruppen handelt, die aus recht unterschiedlichen Motiven am Kreditmarkt vorstellig werden

[64] Vgl. in diesem Zusammenhang auch die Darstellung in BERNANKE et al. (1996, S. 7). In dieser Studie steht der Bilanzkanal im Vordergrund. Die Verfasser weisen folgerichtig darauf hin, dass die unterschiedlichen Interpretationsmöglichkeiten des Befundes von KASHYAP et al. (1993) für ihren Untersuchungsgegenstand bedeutungslos sind, da beide die Existenz eines Bilanzkanals bejahen.

[65] Zu den möglichen Gründen vgl. die Ausführungen in Kapitel 7.2.

und Einlagen im Bankensektor halten. So kann z. B. bei den Privatpersonen der aus den Einlagen erzielbare Zinsgewinn bereits das Motiv der Handlung sein. Es erscheint somit nicht verwunderlich, dass diese bei einer Zinssteigerung vermehrt Einlagen bilden. Bei Unternehmen, die im nicht-finanziellen Sektor tätig sind, spielen eventuelle Einlagen im Bankensektor allenfalls bei vorübergehenden Liquiditätsüberschüssen eine Rolle. Diese werden bei knapper werdender Liquidität aufgelöst. Es erscheint mir problematisch, die Reaktion zweier Gruppen, die im Marktgeschehen so unterschiedliche Rollen spielen, als Beleg für die Existenz eines Bankkreditkanals zu verwenden.

Ein vielversprechender Weg zum Nachweis eines Bankkreditkanals zeichnet sich durch die Untersuchungen ab, die explizit das Verhalten des Kreditbankensektors als Ansatzpunkt wählen. KASHYAP und STEIN (1995) stellen fest, dass große Banken mit ihrer Kreditvergabe weniger stark auf einen kontraktiven geldpolitischen Impuls reagieren als kleine Banken.[66] Dieses Ergebnis wurde von ihnen zunächst als Evidenz für das Vorliegen eines Bankkreditkanals gewertet. Allerdings ergibt sich auch hier die Möglichkeit einer alternativen Interpretation: Da nach den Ergebnissen von PEEK und ROSENGREN (1995b) kleine Unternehmen typischerweise bei kleinen Banken Kredite aufnehmen, und große Banken überwiegend große Unternehmen finanzieren,[67] könnte der beobachtete Effekt auch hier über den Bilanzkanal und über eine Reduktion der Nachfrage nach Bankkrediten erklärt werden.[68]

In der Arbeit von DE BONDT (1999) existiert diese Möglichkeit einer alternativen Interpretation ebenfalls. Der Autor verwendet individuelle Bankendaten des Zeitraums 1990 bis 1995 für sechs Mitgliedsstaaten der Europäischen

[66] ANGELONI et al. (1995) führen eine vergleichbare Untersuchung für Italien durch. Sie analysieren allerdings die Reaktion der Kreditzinsen. Zu den Problemen einer solchen Vorgehensweise vgl. Abschnitt 7.2.

[67] BERGER und UDELL (1995) untersuchen für die USA die Konzentrationstendenzen am Bankenmarkt. Sie beobachten einen Trend zu größeren, komplexeren Banken und zeigen, dass diese mit zunehmender Konzentration die Kredite an kleine Unternehmen einschränken. (Zu den Gründen hierfür vgl. BERGER und UDELL, 1995, S. 5 f.) Allerdings vertreten sie die Ansicht, dass dies für die kleinen Unternehmen ohne dramatische Auswirkungen bleiben wird, da andere, z. B. stärker regional ausgerichtete Institutionen diese Aufgabe übernehmen werden. Auch PEEK und ROSENGREN (1995c) beschäftigen sich mit den Übernahmetendenzen im Bankensektor und ihren Auswirkungen auf die Bankkredite an kleine Unternehmen. Für Deutschland beobachten LANG und WELZEL (1997) ebenfalls starke Konzentrationsprozesse.

[68] Vgl. PEEK und ROSENGREN (1995a, S. 51) sowie KASHYAP und STEIN (1997, S. 9).

Union, darunter auch Deutschland. Er versucht, den Einfluss verschiedener Variablen auf die Entwicklung des Anteils der Bankkredite an den gesamten Assets für die einzelnen Banken mit Hilfe einer OLS-Panel-Schätzung zu bestimmen. Für Deutschland findet er heraus, dass der Anteil der Bankkredite an den gesamten Assets bei Erhöhung des Tagesgeldsatzes sinkt und dass dieser Effekt bei kleinen und weniger liquiden Banken ausgeprägter ist als bei Banken, auf die das nicht zutrifft (vgl. DE BONDT, 1999, S. 158). Dieses Ergebnis wird als Beleg für das Vorliegen eines Bankkreditkanals verwendet.

Die festgestellten Reaktionen kleiner Banken könnten allerdings ebenfalls dadurch zustande kommen, dass die kontraktive Geldpolitik die finanzielle Situation kleiner Unternehmen besonders belastet, und dass kleine Unternehmen überproportional durch die kleinen Banken versorgt werden. Die Aufteilung in kleine und große Banken eignet sich nur dann als Ansatzpunkt zum Nachweis eines Bankkreditkanals, wenn in der verwendeten Schätzgleichung ein möglicher Einfluss aufgrund der Unternehmensgröße kontrolliert wird. Wenn sich ein Einfluss der Bankengröße feststellen ließe, der unabhängig von der Unternehmensgröße ist, dann würde diese alternative Interpretationsmöglichkeit ausgeräumt sein. Ansonsten wird eine Aufteilung in kleine und große Unternehmen immer dieser Kritik ausgesetzt sein. Eine Aufteilung der Banken nach ihrer Liquidität hingegen scheint diesem Verdacht nicht zu unterliegen. Wendet man allerdings die Argumente des Bilanzkanals einmal nicht auf produzierende Unternehmen, sondern auf Banken an, dann muss man davon ausgehen, dass kleine Banken, gerade in Zeiten restriktiver Geldpolitik, häufiger in Liquiditätsschwierigkeiten geraten als große Banken. Und damit wäre auch hier wieder eine Korrelation zwischen der gewählten Abgrenzung im Bankensektor und der Unternehmensgröße vorhanden. Eine Kontrolle der Unternehmensgröße wäre somit auch in diesem Fall angebracht.

Auch PEEK und ROSENGREN (1995a) differenzieren ihre Datenbasis nach Banken, die aufgrund ihrer Liquiditätssituation als gefährdet angesehen werden müssen und solche, auf die das nicht zutrifft. Sie können nachweisen, dass sich diese beiden Gruppen deutlich unterschiedlich in der Reaktion auf einen geldpolitischen Schock verhalten. MORGAN (1998) unterscheidet zwischen Krediten, denen spezielle, langfristige Vereinbarungen zwischen Bank und Kreditnehmer zugrunde liegen, und Krediten, die ad hoc und zum aktuell gültigen Zinssatz abgeschlossen werden.[69] Diese Unterschiede in den Krediten erlauben die Analyse von Effekten der Geldpolitik auf dem Kreditmarkt. Falls ein Bankkreditkanal existiert, sollten sich nach einer kontraktiven geldpolitischen Aktion die Kredite, deren Ausmaß die Geschäftsbanken bestimmen können, in Relation zu den Krediten, bei denen allein die Kreditnehmer entscheiden, sinken. Die Verfasser beobachten genau diese Reaktion, es taucht allerdings auch hier das altbekannte Problem auf, dass kleine und risikoreichere Unternehmen erheblich seltener in den Genuss von Kreditvereinbarungen kommen als große Unternehmen, die in ihrer Existenz gefestigt sind (vgl. MORGAN, 1998, S. 114 f.).

KASHYAP und STEIN (1997) schließlich verwenden Daten auf Individualebene und untersuchen nur die kleinen Banken. Sie finden Bestätigung für die Hypothese, dass innerhalb dieser Klasse der kleinen Banken diejenigen Institute, die eine schlechtere Liquidität aufweisen als die anderen Banken, eine stärkere Reaktion auf kontraktive Geldpolitik zeigen.[70] Dieses Ergebnis ist jedoch über den traditionellen Zinskanal oder den Bilanzkanal nicht mehr plausibel zu erklären. Somit ist hier eine Bestätigung für die Existenz eines Bankkreditkanals in den USA gefunden.

---

[69] In solchen Kreditvereinbarungen verpflichten sich die Banken, Kredite an ein Unternehmen für einen bestimmten Zeitraum, einen festgelegten Zinssatz und bis zu einer bestimmten Höhe anzubieten. Die Unternehmen haben die Option zur Kreditaufnahme während der gesamten Laufzeit der Vereinbarung. Im Gegenzug fallen in der Regel auch für nicht genutzte Kreditspielräume Gebühren an (vgl. MORGAN, 1998, S. 106). In den USA wurden Mitte der 90er Jahre bereits 75 Prozent der Bankkredite im Unternehmenssektor im Rahmen von Kreditvereinbarungen vergeben. Vgl. hierzu MORRIS und SELLON (1995, S. 62).

[70] Als Proxy-Variable für die Liquidität einer Bank benutzen sie das Verhältnis von Kasse und Wertpapieren zu der gesamten Bilanzsumme. Vgl. KASHYAP und STEIN (1997, S. 7 f.).

Kapitel 8

Empirische Überprüfung der Existenz eines Kreditkanals

8.1 Existierende empirische Untersuchungen für Deutschland

In diesem Anschnitt sollen existierende Untersuchungen zur Existenz eines Kreditkanals in Deutschland vorgestellt werden. Es erfolgt eine Einschätzung, inwieweit diese Arbeiten tatsächlich geeignet sind, Evidenz für einen Bilanzkanal oder sogar einen Bankkreditkanal für Deutschland zu finden. Dabei wird, mit Blick auf die eigene Untersuchung, besonderes Augenmerk auf die Aussagefähigkeit der verwendeten Datenbasis und das Aggregationsniveau der Daten gerichtet.

In den vergleichsweise jungen Beiträgen von GUENDER und MOERSCH (1997) und GONZÁLEZ MINGUEZ (1997) wird auf hoch aggregierte Daten zurückgegriffen. Die letztgenannte Studie enthält Daten der gesamtwirtschaftlichen Finanzierungsrechnung für Deutschland und Spanien. Es wird auf rein deskriptivem Wege versucht, strukturelle Unterschiede in den gesamtwirtschaftlichen Daten für Haushalte und für Unternehmen nachzuweisen, die auf die Existenz eines Bilanzkanals hinweisen könnten. Die Darstellung bleibt sehr vage. Auch der Autor selbst scheint nicht überzeugt von seiner Vorgehensweise zu sein. Er urteilt über seine Arbeit: „Consequently, as no attempt is made to quantify the relevance of the balance-sheet channel ... and as the qualitative analysis is, moreover, rather limited, the conclusions drawn must be regarded as rather tentative." (GONZÁLEZ MINGUEZ, 1997, S. 44)

GUENDER und MOERSCH (1997) untersuchen die Reaktion von Geldmenge und Kreditvolumen auf einen geldpolitischen Impuls. In ihrem VAR-Modell führt ein geldpolitischer Impuls zu einer Erhöhung des realen Output, einer Erhöhung der Geldmenge und zu einer nicht-signifikanten Variation des Kreditvolumens (vgl. GUENDER und MOERSCH, 1997, S. 178). Sie fassen ihre Ergebnisse wie folgt zusammen: „Relying on a number of tests based on aggregate data, we find very little evidence for the existence of a separate credit channel of monetary policy in Germany." (GUENDER und MOERSCH, 1997, S. 173 f.) An dieser Stelle kann auf Kapitel 7.3.5 verwiesen werden. Es wird dort ausführlich erläutert, warum die hier gewählte Vorgehensweise gar keinen Beleg für die Existenz eines eigenständigen Kreditkanals liefern kann. Hierzu bedarf es zwingend der Disaggregation der Datenbasis.

BARRAN et al. (1996) führen eine solche Disaggregation durch. Zunächst untersuchen sie anhand aggregierter Daten die Transmissionsmechanismen in den Ländern der Europäischen Union auf Gemeinsamkeiten und Unterschiede. In der aggregierten Betrachtung stellen sie fest, dass die Kredite stärker auf einen kontraktiven geldpolitischen Impuls reagieren als das Geldmengenaggregat. Dies könnte ein Hinweis auf einen Kreditkanals sein. Für Deutschland und Frankreich wird deshalb eine sektorale Disaggregation in die 3 Sektoren Unternehmen, Haushalte und Immobiliensektor vorgenommen. Die Ergebnisse zeigen ähnliche Reaktionen in beiden Ländern und in den verschiedenen Sektoren. Sowohl die Kredite als auch die Endnachfrage sinken als Folge der Geldpolitik (vgl. BARRAN et al., 1996, S. 17).[1] Aus der gleichgerichteten Reaktion des Kreditvolumens in allen 3 Sektoren folgern die Verfasser, dass keine Kapitalmarktunvollkommenheiten vorliegen und

[1] Für Großbritannien finden DALE und HALDANE (1995) bei Unternehmen und Haushalten entgegengesetzte Reaktionen des Kreditvolumens als Folge eines geldpolitischen Impulses. Vgl. auch die Diskussion dieser Studie im vorhergehenden Kapitel.

damit die Existenz eines Kreditkanals verneint werden kann. Die Theorie des Bilanzkanals besagt jedoch nicht, dass die Reaktionen in verschiedenen disaggregierten Einheiten ein unterschiedliches Vorzeichen haben müssen, sondern lediglich, dass die Reaktionen bei unvollkommenem Kapitalmarkt in den einzelnen Sektoren unterschiedlich stark ausfallen müssten. Es hätte deshalb in einem relativen Vergleich überprüft werden sollen, ob der Grad der Betroffenheit durch die geldpolitische Maßnahme unterschiedlich ist. Zudem ist es fraglich, ob die Splittung in derart unterschiedliche Sektoren der Volkswirtschaft eine geeignete Vorgehensweise zum Nachweis eines Kreditkanals darstellt. Die Determinanten der Kreditnachfrage in diesen Sektoren werden sicherlich stark voneinander abweichen, so dass schwer sicherzustellen ist, dass die beobachteten Reaktionen tatsächlich auf die geldpolitische Maßnahme zurückzuführen sind.

STÖß (1996) differenziert auf der Basis der Unternehmensbilanzstatistik der Bundesbank in Unternehmen unterschiedlicher Größe und Rechtsform. Er untersucht für zwei restriktive Phasen der deutschen Geldpolitik,[2] wie die Unternehmen hinsichtlich ihrer Investitionen und der von ihnen in Anspruch genommenen Bankkredite auf diese restriktive Geldpolitik reagieren. Er stellt fest, dass die Investitionen der kleinen Unternehmen in einer solchen restriktiven Phase stärker zurückgehen als die Investitionen der großen Unternehmen. Hier findet sich ein erster Hinweis auf Marktunvollkommenheiten. Bei den Bankkrediten hingegen kann er keine größenspezifische Diskriminierung beobachten. Aus zwei Gründen kann hieraus jedoch nicht unmittelbar gefolgert werden, dass kein Bankkreditkanal existiert. Zum einen beschränkt sich STÖß (1996) auf eine rein deskriptive Analyse der Reaktionen. Bei dieser Vorgehensweise bleibt aber unklar, ob tatsächlich die restriktive Geldpolitik der Zentralbank die beobachteten Reaktionen von Investitionen und Bankkrediten ausgelöst hat oder ob diese nicht vielmehr die Summe verschiedenster Einflüsse darstellen. Um sicherzustellen, dass die beobachteten Entwicklungen auf die kontraktive Geldpolitik zurückzuführen sind, ist eine multivariate Analyse geeigneter.

Zum anderen verwendet STÖß (1996) als Datenquelle die Unternehmensbilanzstatistik der Bundesbank. Diese weist Jahresdaten für die Unternehmen aus, bei denen die Handelswechsel ein wichtiges Finanzierungsinstrument

[2] Genauere Angaben zur Auswahl dieser Perioden finden sich bei STÖß (1996, S. 19).

sind.[3] Der Repräsentationsgrad der Daten ist mit 3 Prozent der Unternehmen, die in der Umsatzsteuerstatistik erfasst werden, sehr gering.[4] Zum anderen entfallen auf diese 3 Prozent Unternehmen fast 50 Prozent der Umsätze. Die Datenbasis wird also von Großunternehmen dominiert, die sich zudem in zufriedenstellender wirtschaftlicher Lage befinden, denn ansonsten hätten ihnen die verantwortlichen Geschäftsbanken keinen Wechselkredit gewährt. Die Bonität der Unternehmen wird von den Geschäftsbanken als ausreichend angesehen. Damit sind aber die Unternehmen, die nach der Theorie in stärkerem Maße von kontraktiver Geldpolitik betroffen sind, in dieser Datenbasis nicht erfasst. Es kann deshalb aus der Tatsache, dass die hier untersuchten Unternehmen hinsichtlich ihrer Bankkredite nicht unterschiedlich reagieren, noch nicht gefolgert werden, dass kein Bankkreditkanal existiert.

FRISSE et al. (1993) verwenden die Daten von 80 großen, börsennotierten Aktiengesellschaften über den Zeitraum 1983 bis 1987. Sie führen eine Panel-Schätzung eines q-Modells durch (vgl. hierzu die Ausführungen auf Seite 115). Dieses Modell erweitern sie, indem sie eine Maßzahl für die Solvenz des jeweiligen Unternehmens als Determinante der Investitionshöhe mit in die Schätzgleichung aufnehmen (vgl. FRISSE et al., 1993, S. 581). Insofern stellt diese Studie die bundesdeutsche Analogie zu der Untersuchung von FAZZARI et al. (1988) dar. Es zeigt sich, dass diese finanzielle Variable ein signifikanter Einflussfaktor der Investitionsentscheidungen ist. Der Kapitalmarkt ist nicht vollkommen. Berücksichtigt man außerdem, dass in der verwendeten Datenbasis die stark betroffenen kleineren Unternehmen gar nicht erfasst sind, so erhöht sich die Bedeutung dieses Ergebnisses nochmals.

Die Untersuchungen von WINKER (1996) und EHRMANN (2000) verwenden Daten des IFO-Konjunkturtests. Diese haben den großen Vorteil, dass sie monatlich erhoben werden, und damit eine Datenbasis darstellen, de-

---

[3] § 19 Abs. (1) Nr.1 Bundesbankgesetz sieht vor, dass die Bundesbank lediglich Wechsel rediskontiert, „aus denen drei als zahlungsfähig bekannte Verpflichtete haften." Die Bundesbank muss also in der Lage sein, die Zahlungsfähigkeit der Wechselverpflichteten zu beurteilen. Sie lässt sich diese durch Jahresabschlüsse belegen. Diese bilden die Grundlage der Unternehmensbilanzstatistik, welche jeweils im November des Folgejahres in den Monatsberichten veröffentlicht wird.

[4] Vgl. STÖẞ (1996, S. 21 f.). Diese Zahl gilt für die erfassten Unternehmen des Verarbeitenden Gewerbes für das Jahr 1988.

ren Frequenz einer Analyse der kurzfristigen Wirkungen von Geldpolitik wesentlich angemessener ist. Der Untersuchungsgegenstand von WINKER (1996) ist die Frage nach der Existenz von Kreditrationierung auf dem bundesdeutschen Bankenmarkt. In diesem Zusammenhang liefert seine Untersuchung auch wertvolle Hinweise auf die Existenz eines Bilanzkanals. Im Rahmen des IFO-Konjunkturtests werden unter anderem mögliche Behinderungen der Innovationstätigkeit der Unternehmen abgefragt. Zwei mögliche Nennungen hierbei sind „fehlende externe Mittel“ und „fehlende interne Mittel“. WINKER (1996) konstruiert aus diesen Möglichkeiten eine Dummy-Variable, welche die finanzielle Behinderung der Unternehmen abbilden soll, und die immer dann den Wert 1 annimmt, wenn eine dieser beiden möglichen Innovationsbeschränkungen genannt wird. Über eine Probit-Schätzung ermittelt er, wie die Wahrscheinlichkeit für das Auftreten von finanziellen Beschränkungen von Variablen wie der Firmengröße oder den Erwartungen über die zukünftige Geschäftsentwicklung beeinflusst wird. Die Firmengröße stellt sich hierbei als hoch signifikanter Einflussfaktor mit negativem Vorzeichen heraus. Je größer ein Unternehmen ist, umso weniger ist es finanziellen Restriktionen ausgesetzt (vgl. WINKER, 1996, S. 13). Damit ist ein wichtiger Nachweis für die Unvollkommenheit des Kapitalmarktes erbracht. Über Ausmaß und Wirkungsrichtung der Effekte geldpolitischer Maßnahmen, und speziell der Reaktion der Bankkredite, wird hier jedoch keine Aussage gemacht.

EHRMANN (2000) untersucht anhand der Daten des IFO-Konjunkturtests die Reaktionen der Unternehmen auf einen kontraktiven geldpolitischen Impuls mittels einer VEC-Analyse. Als Maß für die wirtschaftliche Situation der Unternehmen verwendet er den Index der Geschäftslage, der auch bei der Erstellung des IFO-Konjunkturbarometer Verwendung findet. Die Unternehmen werden zur aktuellen Geschäftslage befragt. Sie können jeweils zwischen drei Zuständen entscheiden: „gut“, „üblich“ und „schlecht“. Der Anteil der Nennungen der Kategorie „schlecht“ wird vom Anteil der Bewertungen der Kategorie „gut“ subtrahiert und bildet so eine Indexvariablen, die Werte zwischen -1 und 1 annehmen kann und die umso höher ist, je mehr Unternehmen ihre Geschäftslage als „gut“ bezeichnen. Innerhalb verschiedener Größenklassen untersucht der Autor zunächst, wie dieser Index auf geldpolitische Impulse reagiert. Es stellt sich heraus, dass alle Unternehmen die Geschäftslage in der Folge schlechter beurteilen, dass aber die kleineren Unternehmen eine noch deutlich schlechtere Einschätzung vornehmen als die großen Unternehmen (vgl. EHRMANN, 2000, S. 14). Es gelingt hier der Nachweis von distributiven Effekten der Geldpolitik. Über die mögliche Stärke eines solchen Effektes sagt dieses Ergebnis jedoch nichts aus.

EHRMANN (2000, S. 15 ff.) verwendet weiterhin die Frage des IFO-Konjunkturtests nach der Beurteilung der Nachfrageentwicklung durch die beteiligten Unternehmen.[5] Er stellt fest, dass auch die Nachfrage als Folge eines restriktiven geldpolitischen Schocks sinkt, und dass auch hier die kleinen Unternehmen stärker betroffen sind. Diese Interpretation ist aber wenig exakt. Es sinkt nicht die Nachfrage, sondern die Anzahl der Unternehmen, die eine günstige Nachfrageentwicklung konstatieren. Wenn das aber z. B. im Hinblick auf die Umsatzzahlen relativ unbedeutende Unternehmen sind, dann könnte es passieren, dass zwar die Mehrzahl der Unternehmen eine ungünstige Nachfrageentwicklung meldet, dass die absolute Nachfrage aber sogar steigt. Die in der Studie gewählte Interpretation wäre in diesem Fall falsch.

Weiterhin vergleicht EHRMANN (2000, S. 17) die Reaktionen des Index der Geschäftslage mit der des Nachfrageindex. Es ist festzustellen, dass es als Folge eines kontraktiven geldpolitischen Schocks eine steigende Anzahl Unternehmen gibt, welche die Geschäftslage ungünstig bewerten. Diese Zahl übersteigt sogar die Anzahl der Unternehmen, die die Nachfrageentwicklung negativ beurteilt. Dieser Befund wird in der Studie als Indiz dafür gewertet, dass es bedeutende Angebotseffekte geben muss, die diese Differenz erklären. Bei einer weitergehenden Interpretation der Zahlen sollte aber berücksichtigt werden, dass es sich bei beiden Indizes um nicht-finanzielle Faktoren handelt. Ohne die Berücksichtigung der finanziellen Situation von Kreditnehmern und/oder Kreditgebern kann aber zum Vorliegen eines Bankkreditkanals keine Aussage getroffen werden.

Obwohl die hohe Frequenz der Daten die Verwendung des IFO-Konjunkturtests reizvoll macht, ist dieser wegen des Fehlens von Variablen zur finanziellen Situation der Unternehmen für eine Überprüfung der Existenz eines Bankkreditkanals weniger geeignet als die hier gewählte Vorgehensweise. Eine Disaggregation der Unternehmen nach der Firmengröße

[5] Auch dort können die Unternehmen lediglich zwischen „gestiegen", „gleich" und „gesunken" wählen.

scheint ein angemessener Ansatz zum Nachweis der Existenz eines Kreditkanals zu sein. Allerdings ist die Datenlage in der Bundesrepublik Deutschland zu diesem Bereich recht schlecht. Jede der vorgestellten Untersuchungen versucht auf ihre Weise, mit diesem Mangel umzugehen. Auch in der vorliegenden Arbeit gelingt es nur auf indirektem Wege, eine disaggregierte Datenbasis zu generieren. Der Zugang zu reichhaltigeren Daten wäre wünschenswert gewesen. Wie sich zeigen wird, war die Güte der Schätzgleichungen jedoch trotz geringer Beobachtungszahlen durchaus zufriedenstellend. Dies kann als eine nachträgliche Bestätigung des eingeschlagenen Weges gewertet werden. Im folgenden Abschnitt wird zunächst die Generierung der Datenbasis beschrieben. Daran anschließend werden zwei unterschiedliche Schätzansätze präsentiert, die beide zu dem Ergebnis kommen, dass für den Zeitraum 1985 bis 1994 die Existenz eines Bankkreditkanals in Deutschland nicht verneint werden kann.

8.2 Sektorale Disaggregation - Datenbasis

Im Unterschied zu bisherigen Untersuchungen wird in der vorliegenden Arbeit eine Differenzierung nach den Sektoren des Verarbeitenden Gewerbes gewählt, ähnlich dem Ansatz, den GANLEY und SALMON (1997) für Großbritannien verfolgen (vgl. Kapitel 7.2). Der gesamtwirtschaftliche Output der Volkswirtschaft und die Kreditvergabe der Geschäftsbanken sind in Sektoren bzw. Wirtschaftsbereichen unterschiedlicher Disaggregationstiefe erfasst. Da sich die Sektoren einer Volkswirtschaft typischerweise durch unterschiedliche Unternehmensstrukturen der im jeweiligen Sektor ansässigen Unternehmen auszeichnen, sollen diese Unterschiede genutzt werden, um dem möglichen Phänomen eines Kreditkanals empirisch nachzugehen.

In diesem Abschnitt wird die Entwicklung einer geeigneten Datenbasis beschrieben. In den folgenden Kapiteln wird überprüft, ob sich die so klassifizierten Sektoren in der Folge geldpolitischer Maßnahmen unterschiedlich verhalten, und ob die Ergebnisse mit den theoretischen Vorstellungen des Kreditkanals übereinstimmen.

Möchte man die finanzielle Situation der Unternehmen - insbesondere die Entwicklung der Bankkredite - in eine solche sektorale Untersuchung mit einbeziehen, dann kann man auf die Daten der Deutschen Bundesbank zur

Tabelle 8.1: Abgrenzung der Sektoren

Sektor	**Bundesbank-Abgrenzung**	**SYPRO**
VG	Verarbeitendes Gewerbe	
CHEMIE	Chemische Industrie, Mineralölverarbeitung, Herstellung und Verarbeitung von Spalt- und Brutstoffen	40, 22, 24
GUMMI	Herstellung von Gummi- und Kunststoffwaren	58, 59
GLAS	Glasgewerbe, Feinkeramik, Gewinnung und Verarbeitung von Steinen und Erden	25, 51, 52
METALL	Metallerzeugung und -bearbeitung	27, 28, 29, 30
MASCHINEN	Stahl-, Maschinen-, Fahrzeugbau; Herstellung von Büromaschinen, Datenverarbeitungsgeräten und -einrichtungen	31, 32, 33, 34, 35, 50
ELEKTRO	Elektrotechnik, Feinmechanik, Optik; Herstellung von Eisen-, Blech- und Metallwaren	36, 37, 38
HOLZ	Holzgewerbe; Papier- und Druckgewerbe	53, 54, 55, 56, 57
TEXTIL	Textil- und Bekleidungsgewerbe, Ledergewerbe	61, 62, 63, 64
NAHRUNG	Ernährungsgewerbe und Tabakverarbeitung	68, 69

Quellen: DEUTSCHE BUNDESBANK, „Kredite und Einlagen der Bankengruppen", Tabelle F. c). STATISTISCHES BUNDESAMT, Fachserie 4, Reihe 4.1.1, Tabelle 5.2.

Kreditvergabe der Geschäftsbanken an den Unternehmenssektor zurückgreifen. Die Bankenstatistik der Deutschen Bundesbank weist vierteljährlich die Kredite an inländische Unternehmen für das Verarbeitende Gewerbe nach Bankengruppen und für 9 Wirtschaftsbereiche disaggregiert aus.[6] Diese 9 Wirtschaftsbereiche, die zusammen das Verarbeitende Gewerbe bilden, sollen die Basis für die folgenden Untersuchungen bilden. Für den Zeitraum 1985 bis 1994 werden die Sektoren in Anlehnung an die „Systematik der Wirtschaftszweige, Fassung für die Statistik im Produzierenden Gewerbe (SYPRO)" gebildet. Die Tabelle 8.1 benennt die 9 Sektoren der Bankenstatistik und weist ihnen die entsprechende SYPRO-Kennung zu.

Ab 1995 erfolgt die Abgrenzung der Wirtschaftsbereiche nach der „Klassifikation der Wirtschaftszweige, Ausgabe 1993 (WZ93)". Da die Daten bei der Bundesbank lediglich in aggregierter Form vorliegen,[7] ist eine nachträgliche Umrechnung zwischen diesen beiden Systematiken nicht durchführbar. Die Daten sind daher nicht kompatibel. Aus diesem Grund muss der Beobachtungszeitraum für die folgenden Untersuchungen auf die Phase zwischen dem ersten Quartal 1985 und dem vierten Quartal 1994 verkürzt werden.

Für die Sektoren des Verarbeitenden Gewerbes wird zum einen das gesamte Kreditvolumen ausgewiesen. Darüberhinaus liegen die Daten nach Bankengruppen differenziert vor. Die Tabelle 8.2 gliedert das Kreditvolumen, welches am Jahresende 1991 an das Verarbeitende Gewerbe vergeben wurde, nach den vorliegenden Bankengruppen auf.

Die wesentliche Rolle bei der Kreditvergabe an das Verarbeitende Gewerbe spielen Kreditbanken, die mehr als die Hälfte aller Kredite stellen, sowie Sparkassen und Kreditgenossenschaften. Die beiden letztgenannten Gruppen bestehen typischerweise aus den eher kleinen Banken. Sie werden im folgenden zu dieser Kategorie zusammengefasst. Die sonstigen Bankengruppen sind für die Kreditvergabe an das Verarbeitende Gewerbe eher unwichtig. Sie werden in der empirischen Untersuchung nicht mehr berücksichtigt.

[6] Vgl. DEUTSCHE BUNDESBANK, „Kredite und Einlagen der Bankengruppen" (Beilage zu „Statistische Beihefte zu den Monatsberichten der Deutschen Bundesbank", Reihe 1, Bankenstatistik nach Bankengruppen), Tabelle F. Kredite der Bankengruppen an inländische Unternehmen und Privatpersonen nach Kreditnehmern, c) Kredite an das Verarbeitende Gewerbe nach Branchen.

[7] Die Geschäftsbanken melden laut telefonischer Auskunft der Bundesbank die Kredite lediglich unter Nennung des jeweils gültigen Wirtschaftsbereiches.

Tabelle 8.2: Kredite an das Verarbeitende Gewerbe nach Bankengruppen (Stand am Jahresende 1991)

Bankengruppe	Kredite in Mio. DM	Kredite in %
Kreditbanken	188107	52.27
- davon Großbanken	*80755*	*22.44*
Girozentralen	23766	6.60
Sparkassen	66673	18.53
Genossenschaftliche Zentralbanken	8980	2.49
Kreditgenossenschaften	42679	11.86
Realkreditinstitute	6976	1.94
Sonstige	22721	6.31
Summe	359902	100.00

Quelle: DEUTSCHE BUNDESBANK, „Kredite und Einlagen der Bankengruppen im Dezember 1991", Tabelle F. c).

Die folgende Tabelle 8.3 veranschaulicht nochmals die Größenverhältnisse in den verwendeten Bankengruppen. Es zeigt sich, dass Kreditbanken ein durchschnittliches Geschäftsvolumen haben, das fast 10 mal so hoch ist wie das Geschäftsvolumen der kleinen Banken.

Am Ende des Jahres 1991 werden die wesentlichen Kredite an das Verarbeitende Gewerbe in Höhe von fast 300 Mrd. DM zu 63 Prozent von den Kreditbanken und zu 37 Prozent von den kleinen Banken vergeben. Betrachtet man nun die Daten, die für die 9 Sektoren des Verarbeitenden Gewerbes vorliegen, so stellt man große Unterschiede hinsichtlich des Anteils an den Krediten des gesamten Verarbeitenden Gewerbes, aber auch in der intra-sektoralen Aufteilung nach den verwendeten Bankengruppen fest (vgl. Tabelle 8.4).

MASCHINEN und ELEKTRO sind die Sektoren mit dem höchsten Kreditvolumen im Verarbeitenden Gewerbe. Relativ unbedeutend sind GUMMI und GLAS. Diese Zahlen stehen natürlich in einem engen Zusammenhang zur wirtschaftlichen Bedeutung der Sektoren innerhalb des Verarbeitenden Gewerbes. Auf der Seite 203 wird diese Beziehung nochmals aufgegriffen.

Während für das gesamte Verarbeitende Gewerbe der Anteil der kleinen

Tabelle 8.3: Die Größenverhältnisse in den relevanten Bankengruppen (Stand am Jahresende 1991)

Bankengruppe	Anzahl Institute	Geschäfts- volumen (Mio. DM)	∅ Geschäfts- volumen (Mio. DM)
Kreditbanken	346	1453532	4201
- davon Großbanken	3	524412	174804
Kleine Banken	3900	1802613	462
- davon Sparkassen	746	1164731	1561
- davon Kreditgenossenschaften	3154	637882	202
Summe	4246	3256145	767

Quelle: DEUTSCHE BUNDESBANK, „Bankenstatistik", (Statistisches Beiheft zu den Monatsberichten der Deutschen Bundesbank, Reihe 1), Tabelle 3. Aktiva und Passiva nach Bankengruppen.

Banken bei 37 Prozent liegt, schwankt er bei sektoraler Betrachtung zwischen 10 Prozent im Sektor CHEMIE und mehr als 50 Prozent in den Sektoren NAHRUNG und HOLZ. Definitionsgemäß wird die jeweilige Differenz bis 100 Prozent von den Kreditbanken abgedeckt. Der durchschnittliche Anteil der 3 Großbanken an der Kreditvergabe der Kreditbanken beläuft sich auf 43 Prozent.

Die Abbildungen 8.1 und 8.2 zeigen die Entwicklung der Bankkredite für die 9 Sektoren und für das gesamte Verarbeitende Gewerbe.

Es ist deutlich zu erkennen, wie im Zuge der Wiedervereinigung das Kreditvolumen des Verarbeitenden Gewerbes sprunghaft ansteigt. Nach zwei Jahren auf hohem Niveau sinkt das Kreditvolumen Mitte 1992 wieder ab. Die meisten der 9 Sektoren weisen ebenfalls dieses Muster auf. Allerdings unterscheidet sich das Ausmaß der Erhöhung aufgrund der Wiedervereinigung, und auch die Reduktion des Kreditvolumens fällt in den Sektoren unterschiedlich aus. Ein sehr interessanter Aspekt hinsichtlich der Fragestellung der vorliegenden Untersuchung tritt zutage, wenn der Verlauf des Bankkreditvolumens im Verarbeitenden Gewerbe nach kleinen und großen Banken separiert wird. Die Abbildung 8.3 zeigt die Entwicklung.

Tabelle 8.4: Kredite an die Sektoren des Verarbeitenden Gewerbes nach Bankengruppen (Stand am Jahresende 1991)

Sektor[a]		in Mio. DM	in %	in % des VG
CHEMIE	Kredite gesamt	24577		8.26
	Kreditbanken	22017	89.58	11.71
	Kleine Banken	2560	10.42	2.34
GUMMI	Kredite gesamt	11908		4.00
	Kreditbanken	6795	57.06	3.61
	Kleine Banken	5113	42.94	4.68
GLAS	Kredite gesamt	12596		4.23
	Kreditbanken	7307	58.01	3.88
	Kleine Banken	5289	41.99	4.84
METALL	Kredite gesamt	26329		8.85
	Kreditbanken	16109	61.18	8.56
	Kleine Banken	10220	38.82	9.35
MASCHINEN	Kredite gesamt	73205		24.61
	Kreditbanken	51894	70.89	27.59
	Kleine Banken	21311	29.11	19.49
ELEKTRO	Kredite gesamt	53671		18.05
	Kreditbanken	35150	65.49	18.69
	Kleine Banken	18521	34.51	16.94
HOLZ	Kredite gesamt	35405		11.90
	Kreditbanken	16517	46.65	8.78
	Kleine Banken	18888	53.35	17.28
TEXTIL	Kredite gesamt	25969		8.73
	Kreditbanken	17647	67.95	9.38
	Kleine Banken	8322	32.05	7.61
NAHRUNG	Kredite gesamt	33768		11.35
	Kreditbanken	14660	43.41	7.79
	Kleine Banken	19108	56.59	17.48
VG	Kredite gesamt	297428		100.00
	Kreditbanken	188096	63.24	100.00
	Kleine Banken	109332	36.76	100.00

[a]) Sektoren: vgl. Tabelle 8.1.

Quelle: DEUTSCHE BUNDESBANK, „Kredite und Einlagen der Bankengruppen im Dezember 1991", Tabelle F. c).

Abbildung 8.1: Die Entwicklung der Bankkredite der verwendeten Sektoren von 1985 bis 1995 (in Mrd. DM)

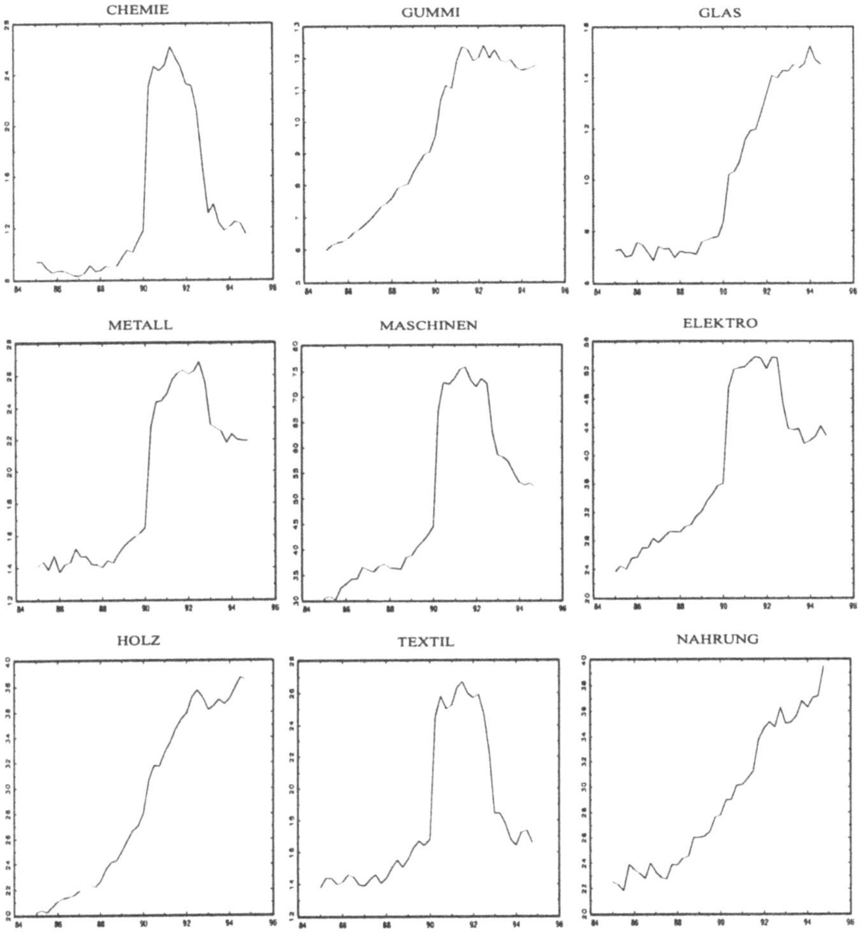

Abbildung 8.2: Die Entwicklung der Bankkredite des Verarbeitenden Gewerbes von 1985 bis 1995 (in Mrd. DM)

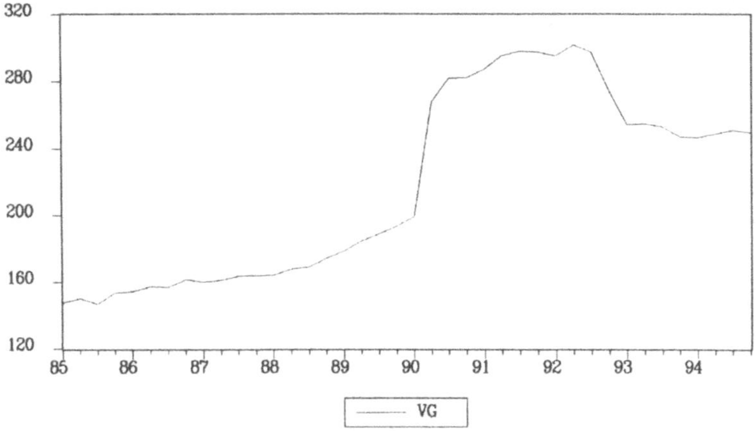

Abbildung 8.3: Die Entwicklung der Bankkredite bei kleinen Banken und bei Kreditbanken von 1985 bis 1995 (in Mrd. DM)

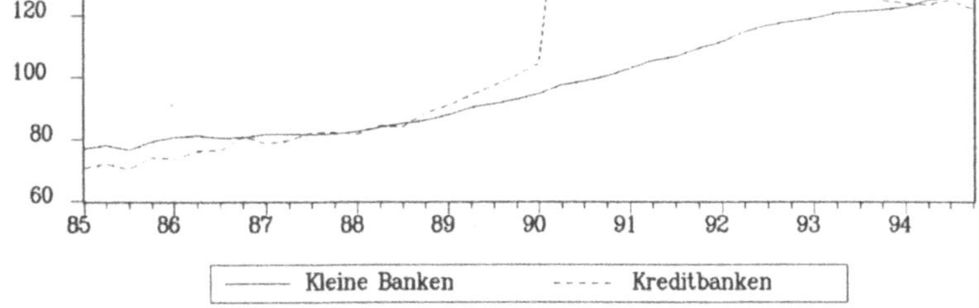

Während bis 1989 der Anteil kleiner Banken und Kreditbanken an der Kreditvergabe für das Verarbeitende Gewerbe etwa gleich hoch war, kommt es mit der Wiedervereinigung zu einem enormen Anstieg der Kreditvolumens bei den Kreditbanken. Diese verdoppeln ihre Kreditvergabe innerhalb eines Jahres. Anhand der zeitlichen Entwicklung der Kreditvergabe bei den kleinen Banken kann dagegen fast keine Reaktion auf diesen Schock festgestellt werden. Dies zeigt deutlich die unterschiedlichen Möglichkeiten der Reaktion auf nachfragebedingte Schocks bei den unterschiedlichen Bankengruppen. Die kleinen Banken sind augenscheinlich nicht in der Lage, auf die geänderte Nachfragesituation zu reagieren. Der Anteil der kleinen Banken an der Kreditvergabe für das Verarbeitende Gewerbe sinkt in dieser Phase bis auf 35 Prozent zu Beginn des Jahres 1991. Zudem stellt man auch bei einer sektoralen Betrachtung (hierzu wird die Abbildung 8.1 mit der Tabelle 8.4 verglichen) fest, dass die Sektoren HOLZ und NAHRUNG, die einen stark überdurchschnittlichen Anteil kleiner Banken zu verzeichnen haben, die Kreditentwicklung des Verarbeitenden Gewerbes nicht aufgreifen. Ihr hoher Anteil an kleinen Banken verhindert möglicherweise eine Ausdehnung der Bankkredite, wie er aufgrund der geänderten Nachfragesituation angemessen wäre.

Beachtet man weiterhin, dass die Zentralbank in diesem Zeitraum einen klar restriktiven geldpolitischen Kurs verfolgte (vgl. die Abbildung 4.1), dann ergeben sich hier bereits erste Anhaltspunkte auf die Existenz eines Kreditkanals. Wie PEEK und ROSENGREN (1995b) bereits in einem ähnlichen Zusammenhang bemerkten,[8] muss ein solcher Befund - der hier zudem ein rein deskriptiver erster Schritt sein soll - jedoch nicht notwendigerweise einen Bankkreditkanal belegen. Wenn kleine Banken vorzugsweise kleine Unternehmen mit externen Mitteln versorgen, dann kann dieser Effekt genauso gut durch einen Bilanzkanal zustande kommen. Weitere Untersuchungen sind hier vonnöten.

Es gilt nun, eine Datenbasis aufzubauen, die anhand der 9 Sektoren der Bankenstatistik eine multivariate Analyse zur Existenz eines Kreditkanals in Deutschland erlaubt. Das Problem besteht darin, nicht-finanzielle Variablen, wie die Umsätze und den Anteil großer und kleiner Unternehmen in diesen 9 Sektoren, die für die weitere Analyse benötigt werden, aus dem vorhandenen

[8] Vgl. die Diskussion in Kapitel 7.3.5.

statistischen Datenmaterial zu generieren.

Die wirtschaftliche Entwicklung der Sektoren im Beobachtungszeitraum lässt sich anhand der Umsatzdaten beschreiben. Die entsprechenden Tabellen des Statistischen Bundesamtes[9] weisen die monatlichen Umsätze der SYPRO-Zweisteller aus. Diese werden zu Quartalsdaten zusammengefasst und entsprechend der Tabelle 8.1 zu den Sektoren summiert.

Der Beobachtungszeitraum umfasst das erste Quartal 1985 bis zum vierten Quartal 1994. Bis auf einzelne Ausnahmen lagen die Daten bis Ende 1991 für das Frühere Bundesgebiet und ab dem zweiten Quartal 1991 für Gesamtdeutschland vor. Die Bundesbankstatistik hingegen weist bereits ab dem zweiten Quartal 1990 nur noch die Daten für Gesamtdeutschland aus. Um hier Übereinstimmung zu erzielen, wurden die Umsatzdaten so umgerechnet, dass auch sie sich ab dem zweiten Quartal 1990 auf Gesamtdeutschland beziehen. Hierzu wurden folgende Hypothesen verwendet:

1. Anhand des zweiten bis vierten Quartals 1991 wird deutlich, dass der Anteil des Quartalsumsatzes am Jahresumsatz in Gesamtdeutschland (D) und im Früheren Bundesgebiet (FBG) weitgehend identisch ist. Es wurde angenommen, dass dies auch für das erste Quartal 1991 zutrifft:

$$Ums^{D}_{1.1991} = Ums^{FBG}_{1.1991} * Ums^{D}_{1991} / Ums^{FBG}_{1991}.$$

2. Bezüglich des fehlenden Jahresumsatzes 1990 für Gesamtdeutschland wurde angenommen, dass die Jahreswachstumsrate in Gesamtdeutschland und im Früheren Bundesgebiet identisch ist:

$$Ums^{D}_{1990} = Ums^{FBG}_{1990} * Ums^{D}_{1991} / Ums^{FBG}_{1991}.$$

3. Schließlich wurde für die fehlenden Quartalsdaten des Jahres 1990 für Gesamtdeutschland wieder die Hypothese aufgestellt, dass die Aufteilung der Jahresumsätze auf die Quartale in Gesamtdeutschland dieselbe ist wie im früheren Bundesgebiet.

[9] STATISTISCHES BUNDESAMT, Fachserie 4: Produzierendes Gewerbe, Reihe 4.1.1 Beschäftigung, Umsatz und Energieversorgung der Unternehmen und Betriebe des Verarbeitenden Gewerbes sowie des Bergbaus und der Gewinnung von Steinen und Erden, Tabelle 5.2 Fachliche Betriebsteile.

Die Abbildungen 8.4 und 8.5 zeigen den Umsatzverlauf des gesamten Verarbeitenden Gewerbes und die Entwicklung der Sektoren.[10] Der Umsatz des Verarbeitenden Gewerbes zeigt Ende der achtziger Jahre in Zusammenhang mit der Wiedervereinigung einen deutlichen Anstieg. Die Kurve verharrt auf hohem Niveau, bevor im Jahr 1993 ein relativ drastischer Umsatzrückgang zu verzeichnen ist. Die einzelnen Sektoren sind durch eine stark unterschiedliche Umsatzentwicklung gekennzeichnet. Bei einigen, wie z. B. dem Ernährungsgewerbe, ist der Sprung von West- zu Gesamtdeutschland deutlich sichtbar. Beim Sektor GLAS hingegen ist anhand des Umsatzverlaufes nicht auszumachen, wann die Wiedervereinigung stattfand. Der Umsatzrückgang Anfang 1993 ist insbesondere auf die Entwicklung der Sektoren METALL, MASCHINEN und TEXTIL zurückzuführen, wenngleich bei allen Sektoren (bis auf das Ernährungsgewerbe) ein temporärer Rückgang der Umsätze zu diesem Zeitpunkt zu verzeichnen ist.

Für das gesamte Verarbeitende Gewerbe ist festzustellen, dass Umsatzentwicklung und Aufnahme von Bankkrediten einen sehr ähnlichen Verlauf zeigen (vgl. hierzu die Abbildungen 8.4 und 8.2). Der visuelle Eindruck bestätigt sich durch den Korrelationskoeffizienten in Höhe von 0.96, der zwischen diesen beiden Zeitreihen berechnet wurde. Die wirtschaftliche Entwicklung ist - wie es auch nicht anders zu erwarten war - ein bedeutender Einflussfaktor auf den Verlauf des Bankkreditvolumens und darf deshalb in einer multivariaten Untersuchung nicht fehlen. Es ist allerdings auch festzustellen, dass der enge Zusammenhang zwischen Bankkrediten und Umsatz nicht für alle Sektoren derart deutlich zutage tritt. Bei den Sektoren HOLZ und NAHRUNG, die einen hohen Anteil kleiner Banken als Kreditgeber aufweisen, ist ein deutlich höherer Korrelationskoeffizient zwischen Umsatz und Bankkrediten anzutreffen (0.95 bzw. 0.94) als im Sektor CHEMIE (0.68). Hier scheint ein Zusammenhang zwischen Bankengröße, Kreditvolumen und Umsatzentwicklung innerhalb der Sektoren ins Spiel zu kommen, der später noch genauer beleuchtet werden muss.

Informationen über die Größenordnungen innerhalb der Sektoren liefert das Statistische Bundesamt. In der SYPRO-Abgrenzung werden die Anzahl der Unternehmen des Sektors, der Umsatz sowie die Umsatzanteile der 6, 10, 25,

[10] Aufgetretene Probleme mit der Verfügbarkeit der Daten für einzelne Sektoren und ihre Lösung werden in Anhang C.1 beschrieben.

Abbildung 8.4: Die Umsatzentwicklung des Verarbeitenden Gewerbes von 1985 bis 1995 (in Mrd. DM)

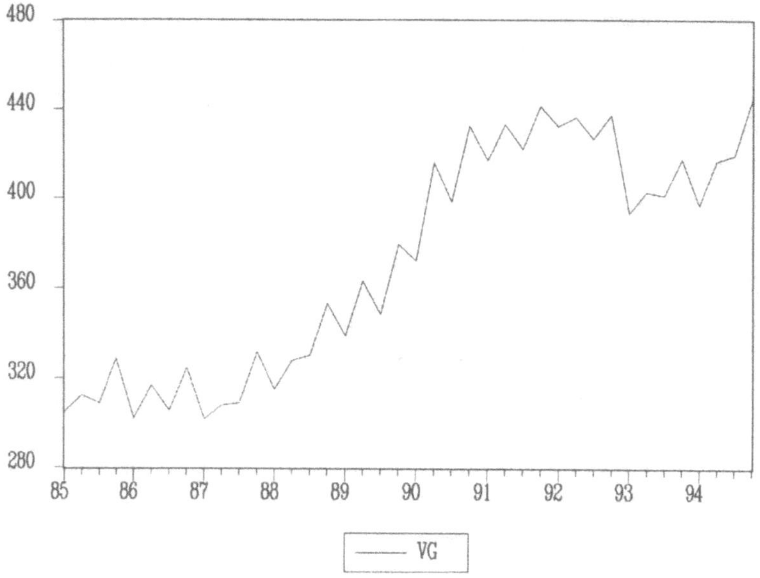

50 und 100 größten Unternehmen der Sektoren für jedes Jahr ausgewiesen.[11] Es werden Unternehmen mit mehr als 20 Beschäftigten erfasst. Ab 1991 liegen diese Daten sowohl für Westdeutschem als auch für Gesamtdeutschland vor. In den Zeitreihen werden ab 1991 die Angaben für Gesamtdeutschland verwendet.

Die Ermittlung der Konzentrationsdaten für die hier verwendeten Sektoren aus den SYPRO-Angaben des Statistischen Bundesamtes soll exemplarisch am Sektor GLAS für das Jahr 1991 dargestellt werden. Er setzt sich aus den SYPRO-Sektoren 25, 51 und 52 zusammen. Insgesamt 2390 Unternehmen erwirtschafteten einen Umsatz von 62762,1 Mill. DM, davon 1834 Unter-

[11] Vgl. STATISTISCHES BUNDESAMT, Fachserie 4: Produzierendes Gewerbe, Reihe 4.2.3 Konzentrationsstatistische Daten für das Verarbeitende Gewerbe, den Bergbau und die Gewinnung von Steinen und Erden sowie das Baugewerbe, Tabelle 1.1 Konzentration der Unternehmen nach Wirtschaftszweigen, gemessen am Umsatz.

Abbildung 8.5: Die Umsatzentwicklung der verwendeten Sektoren von 1985 bis 1995 (in Mrd. DM)

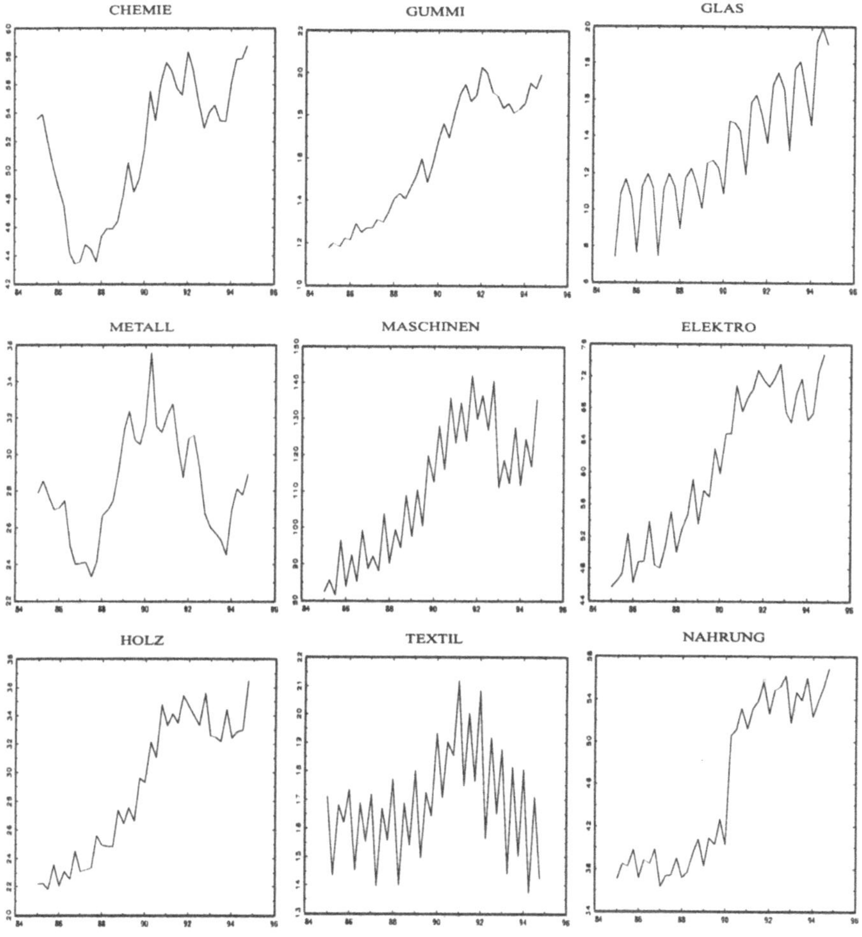

nehmen im Sektor 25 *Gewinnung und Verarbeitung von Steinen und Erden*, mit einem Umsatz von 41938 Mill. DM. 199 Unternehmen im Sektor 51 *Feinkeramik* erwirtschafteten einen Jahresumsatz von 5758,4 Mill. DM und 357 Unternehmen gehören dem Sektor 52 *Herstellung und Verarbeitung von Glas* mit einem Umsatz von 15065,7 Mill. DM an. Die Umsatzanteile der größten Unternehmen zeigt die Tabelle 8.5.

Tabelle 8.5: Konzentrationsdaten des Sektors GLAS 1991

Sektor	Anzahl Unter-nehmen	Umsatz in Mill. DM	Anteil der ... größten Unternehmen in Prozent				
			6	10	25	50	100
GLAS	2390	62762,1					
25	1834	41938,0	11.3	14.6	22.1	30.2	40.9
51	199	5758,4	43.6	52.4	72.1	86.5	96.1
52	357	15065,7	34.9	44.6	62.5	74.6	85.9

Errechnet man die Durchschnittsumsätze innerhalb der verwendeten Größenklassen, so gelangt man zu den Ergebnissen der Tabelle 8.6.

Sortiert man diese Werte nach der Größe, so lassen sich die 100 umsatzstärksten Unternehmen des gesamten Sektors GLAS bestimmen. Tabelle 8.7 listet diese Unternehmen nochmals auf:

Nun können analog zur Tabelle 8.6 die Durchschnittsumsätze aller Unternehmen des Sektors GLAS in eine Reihenfolge gebracht werden. Die größten 6 Unternehmen des Sektors GLAS hatten einen Durchschnittsumsatz von

Tabelle 8.6: Durchschnittsumsätze des Sektors GLAS 1991

Sektor	∅ Umsatz der ... größten Unternehmen in Mill. DM					∅ Umsatz Rest[a]
	1-6	7-10	11-25	26-50	51-100	
25	789.8	346.0	209.7	135.9	89.7	14.3
51	418.4	126.7	75.6	33.2	11.1	2.3
52	876.3	365.3	179.8	72.9	34.0	8.3

[a] Als Rest werden im folgenden die Unternehmen eines Sektors bezeichnet, für die keine detaillierten Angaben bezüglich einer Größenklasse mehr vorliegen, i.d.R. also alle Unternehmen eines Sektors ohne die einhundert größten Unternehmen.

Tabelle 8.7: Die 100 größten Unternehmen des Sektors GLAS 1991

Anzahl Unternehmen	∅ Umsatz pro Unternehmen
6	876.3
6	789.8
6	418.4
4	365.3
4	346.0
15	209.7
15	179.8
25	135.9
4	126.7
15	89.7

876.3 Mill. DM. Die Unternehmen, die in der Rangfolge der größten Unternehmen die Plätze 7 bis 10 einnehmen, setzten durchschnittlich 789.8 Mill. DM im Jahr 1991 um. Der Durchschnittsumsatz für die Plätze 11 bis 25 berechnet sich als $(2 * 789.8 + 6 * 418.4 + 4 * 365.3 + 3 * 346.0)/15 = 439.3$. Die beschriebene Vorgehensweise wurde für alle betrachteten Sektoren und alle Jahre des Beobachtungszeitraumes angewandt. Die Tabellen 8.8 und 8.9 zeigen die Durchschnittsumsätze sowie die Umsatzanteile in den verwendeten Größenklassen für das Jahr 1991.[12]

Die in Tabelle 8.9 ausgewiesenen Konzentrationsraten der $6, 10, \ldots 100$ größten Merkmalsträger sind Maßzahlen der absoluten Konzentration. Somit sind sie sowohl von der Anzahl der Unternehmen als auch von der Ungleichverteilung der Merkmalswerte, hier also der Umsätze, abhängig. (vgl. MONOPOLKOMMISSION, 1996, S. 6 ff.) Es wäre unsinnig, anhand dieser Konzentrationsraten eine Klassifizierung der Sektoren vorzunehmen. Ein Beispiel möge dies verdeutlichen: Der Sektor NAHRUNG weist für die sechs größten Unternehmen einen Anteil von 10.9 Prozent am Gesamtumsatz des Sektors auf. Diese Zahl ist im Sektorenvergleich relativ gering. Da der Sektor jedoch einen Umsatz von 239674.3 Mill. DM erwirtschaftet, bedeutet dies, dass auf jedes der sechs größten Unternehmen im Durchschnitt ein Um-

[12]Die Durchschnittsumsätze für die anderen Jahrgänge befinden sich in Anhang C.2. Probleme, die bei der Berechnung der Durchschnittsumsätze auftraten, werden in Anhang C.3 geschildert.

Tabelle 8.8: Durchschnittsumsätze der verwendeten Sektoren 1991

Sektor	Ø Umsatz der ... größten Unternehmen in Mill. DM					Ø Umsatz Rest
	1-6	7-10	11-25	26-50	51-100	
CHEMIE	14869.0	12540.7	3808.6	1118.2	522.4	49.9
GUMMI	1745.7	953.9	579.0	379.2	188.7	17.6
GLAS	876.3	789.8	439.3	204.4	123.6	15.9
METALL	4347.8	2059.5	1215.7	596.5	246.5	21.5
MASCHINEN	33055.1	3667.4	1934.2	1115.2	727.0	26.2
ELEKTRO	13180.7	2857.8	539.7	884.2	461.6	25.9
HOLZ	1442.5	1279.6	671.2	350.1	231.1	15.7
TEXTIL	692.0	553.5	367.0	235.9	163.7	14.8
NAHRUNG	4369.7	2624.8	1486.7	824.5	496.6	30.3

Tabelle 8.9: Umsatzanteile der verwendeten Sektoren 1991

Sektor[a]	Anzahl Unter-nehmen	Umsatz in Mill. DM	Anteil der ... größten Unternehmen in Prozent				
			6	10	25	50	100
CHEMIE	1452	318108.5	28.0	43.8	61.8	70.6	78.8
GUMMI	2555	85083.0	12.3	16.8	27.0	38.1	49.2
GLAS	2390	62762.1	8.4	13.4	23.9	32.1	41.9
METALL	2467	130608.6	20.0	26.3	40.2	51.7	61.1
MASCHINEN	10337	574208.1	34.5	37.1	42.1	47.0	53.3
ELEKTRO	7145	326229.7	24.2	27.7	30.2	37.0	44.1
HOLZ	6240	140340.5	6.2	9.8	17.0	23.2	31.5
TEXTIL	3728	79741.9	5.2	8.0	14.9	22.3	32.6
NAHRUNG	4564	239674.3	10.9	15.3	24.6	33.2	43.6

[a]) Sektoren: vgl. Tabelle 8.1.

satz von 4369.7 Mill. DM entfiel. Es handelt sich hier im Sektorenvergleich um recht große Unternehmen. Einen ähnlichen Durchschnittsumsatz seiner 6 größten Unternehmen verzeichnet mit 4347.8 Mill. DM der Sektor METALL. Da der Gesamtumsatz dieses Sektors nur etwas mehr als die Hälfte des Sektors NAHRUNG ausmacht, gelangt man hier zu einem Umsatzanteil von 20.0 Prozent. Um zu ermitteln, welche Bedeutung kleine und mittlere Unternehmen (KMU), d. h. Unternehmen mit einem Umsatz von maximal DM 50 Mill. pro Jahr, an den Gesamtumsätzen des jeweiligen Sektors haben, müssen die Angaben der Tabellen 8.8 und 8.9 miteinander verknüpft werden.

Anhand der Tabelle 8.8 lässt sich erkennen, dass in allen verwendeten Sektoren die 100 größten Unternehmen weit über der Schwelle zu den KMU liegen. Für den Rest der Unternehmen sind lediglich die Durchschnittsumsätze bekannt. Diese liegen zwischen 14.8 Mill. DM im Sektor TEXTIL und 49.9 Mill. DM im Sektor CHEMIE. In welcher Spanne sich die Umsätze der restlichen Unternehmen tatsächlich bewegen ist unbekannt. Es wird im Folgenden die Hypothese aufgestellt, dass sich die tatsächlichen Umsätze der Restunternehmen eines Sektors gleichmäßig linear zwischen Null und dem doppelten Durchschnittsumsatz aufteilen. Für den Sektor GLAS würde das bedeuten, dass der Umsatz des einhundertundersten Unternehmens eine Höhe von 31.8 Mill. DM hat und das sich der Umsatz der Unternehmen bis zum kleinsten, dem zweitausenddreihundertneunzigsten, auf Null reduziert hat. Im Sektor NAHRUNG bewegen sich die Werte zwischen 60.6 Mill. DM und Null. Es sind nun zwei Möglichkeiten denkbar:

1. Der Durchschnittsumsatz der Restunternehmen ist kleiner/gleich 25 Mill. DM. Damit gehören nach der aufgestellten Hypothese alle Restunternehmen zu den KMU. Dies trifft z. B. für den Sektor GLAS in 1991 zu. Ihr Anteil an dem Gesamtumsatz des Sektors läßt sich unmittelbar aus der Tabelle 8.9 ablesen. Der Anteil der KMU in 1991 liegt für den Sektor GLAS bei $(100 - 41.9) = 58.1$ Prozent.

2. Der Durchschnittsumsatz der Restunternehmen ist größer als 25 Mill. DM. Die folgende Graphik veranschaulicht, auf welche Weise in diesem Fall der Anteil der KMU ermittelt werden muss.

Abbildung 8.6: Ermittlung des Anteils KMU

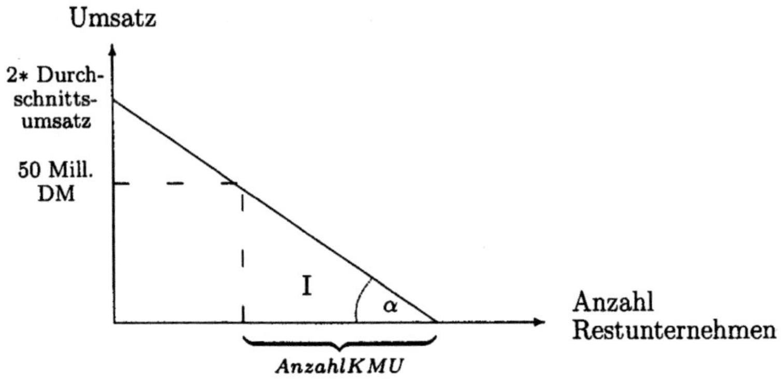

Die Fläche unter der Funktion bildet den Umsatz aller Restunternehmen ab. Die mit I gekennzeichnete Fläche entspricht dem Umsatz der Restunternehmen, die zu den KMU gehören. Die Anzahl der KMU lässt sich über folgende Gleichung berechnen:

$$\frac{2 * \emptyset\, Umsatz}{Anzahl\ Rest} = \tan\alpha = \frac{50}{Anzahl\ KMU}\ .$$

Daraus folgt:

$$Anzahl\ KMU = 25 * \frac{Anzahl\ Rest}{\emptyset\, Umsatz}\ .$$

Nun kann der Umsatz dieser KMU bestimmt werden:

$$Umsatz\ KMU = \frac{50 * Anzahl\ KMU}{2} = 25^2 * \frac{Anzahl\ Rest}{\emptyset\, Umsatz}\ .$$

Teilt man diesen Umsatz durch den Gesamtumsatz des Sektors, so erhält man den Anteil der kleinen und mittleren Unternehmen für diesen Fall. Im Sektor NAHRUNG erwirtschaften z. B. 4464 Restunternehmen einen Durchschnittsumsatz von 30.3 Mill. DM. Von diesen Restunternehmen sind nach der verwendeten Hypothese 3683 Unternehmen den KMU zuzurechnen. In 1991 setzten diese 92079 Mill. DM um, das entspricht 38.4 Prozent des Gesamtumsatzes des Sektors NAHRUNG.

Tabelle 8.10: Anteile der KMU an dem Gesamtumsatz der verwendeten Sektoren 1985 bis 1994 (in %)

	CHEMIE[a]	GUMMI	GLAS	METALL	MASCHINEN
1985	5.7	46.8	51.2	32.9	41.2
1986	6.5	46.9	52.7	32.1	41.7
1987	6.6	46.5	52.7	33.0	41.3
1988	6.2	49.8	53.2	32.5	42.4
1989	5.6	50.4	54.0	33.2	43.5
1990	5.5	53.3	55.1	35.7	38.6
1991	5.3	50.8	58.0	39.0	39.6
1992	5.2	55.0	59.0	41.9	40.6
1993	5.7	55.3	59.9	39.4	47.6
1994	4.8	56.0	60.8	39.1	44.0
	ELEKTRO	HOLZ	TEXTIL	NAHRUNG	
1985	44.4	66.7	71.2	31.8	
1986	43.7	66.9	71.8	42.8	
1987	43.6	67.8	69.8	44.9	
1988	44.4	68.2	68.2	41.6	
1989	47.4	68.2	68.2	41.6	
1990	47.0	66.4	67.3	37.0	
1991	52.1	68.7	67.3	38.4	
1992	50.9	70.4	66.7	34.2	
1993	50.5	70.0	65.8	34.7	
1994	50.9	69.6	64.4	33.6	

[a]) Sektoren: vgl. Tabelle 8.1.

Die Tabelle 8.10 zeigt den Anteil der KMU für die Jahre 1985 bis 1994 für alle verwendeten Sektoren.

Die extremen Unterschiede zwischen den Sektoren werden in dieser Maßzahl besonders deutlich. Insgesamt wurden 1991 40.2 Prozent des Umsatzes aller Unternehmen des Verarbeitenden Gewerbes von kleinen und mittleren Unternehmen erwirtschaftet. Während jedoch im Sektor CHEMIE lediglich 5.3 Prozent des Umsatzes von kleinen und mittleren Unternehmen getätigt wurde, waren es in den Bereichen HOLZ und TEXTIL fast 70 Prozent. Die Zahlen sind zudem im Zeitablauf relativ konstant. Bis auf die Sektoren CHEMIE und TEXTIL haben alle verwendeten Sektoren im Zeitablauf eine leichte Zunahme des Anteils der KMU zu verzeichnen. Die größte feststellbare Veränderung ist sicherlich auf die Wiedervereinigung zurückzuführen. Da es eher kleinere Unternehmen sind, die ab 1991 in Ostdeutschland hinzukommen, sinken die Konzentrationswerte für Gesamtdeutschland bei unveränderten Verhältnissen im früheren Bundesgebiet. Insgesamt muss festgehalten werden, dass in dem Beobachtungszeitraum keiner der verwendeten Sektoren eine fundamentale Veränderung seiner Größenstrukturen durchmacht. Die deutlichen Unterschiede zwischen den Sektoren bleiben im Zeitablauf bestehen. Sollte es unterschiedliche Reaktionen von kleinen und großen Unternehmen auf geldpolitische Maßnahmen geben, so müssten sich diese in den Reaktionen der Sektoren auf solche Impulse wiederfinden lassen. Falls sich herausstellt, dass die Sektoren mit einem hohen Anteil kleiner und mittlerer Unternehmen anders auf einen geldpolitischen Schock reagieren als diejenigen mit einem geringen Anteil an KMU, dann wäre dies Evidenz für das Vorliegen eines Kreditkanals in Deutschland.

8.3 Empirische Untersuchungen zur Existenz eines Kreditkanals

In diesem Kapitel werden die Reaktionen auf einen kontraktiven geldpolitischen Schock mittels eines multivariaten VAR-Modells untersucht. Es wird insbesondere überprüft, ob sich Anhaltspunkte für die Existenz eines Bilanzkanals und/oder Bankkreditkanals für den betrachteten Zeitraum in Deutschland finden lassen. Als Referenzmodell soll zunächst die Reaktion des gesamten Verarbeitenden Gewerbes auf einen kontraktiven geldpolitischen Impuls untersucht werden.

8.3.1 Die Bankkredite des Verarbeitenden Gewerbes

Unter einem autonomen geldpolitischen Schock wird in den folgenden Untersuchungen eine Innovation des Geldmarkttagessatzes verstanden. Anders als in Kapitel 5 kann der Wertpapierpensionssatz, der das eigentliche autonome Instrument der Zentralbank darstellt, leider nicht zusätzlich in das Modell aufgenommen werden. Die erforderlichen Daten liegen lediglich als Quartalsdaten vor und eine Ausweitung des Beobachtungszeitraums über 1994 hinaus ist aufgrund der geänderten Sektorenabgrenzung der Bundesbank nicht möglich. Es muss zwischen der Aufnahme einer weiteren Variable und dem damit einhergehenden Verlust von Freiheitsgraden und den Problemen, die einer alleinigen Betrachtung des Tagesgeldsatzes als Indikator der Geldpolitik innewohnen, abgewägt werden. Hier wird auf eine Aufnahme des Wertpapierpensionssatzes in das Modell verzichtet. Aus den Ergebnissen des Kapitels 5 ist allerdings zu entnehmen, dass diese Vorgehensweise die Wirkungen der Geldpolitik tendenziell eher unterschätzt. Angesichts der dort gewonnenen Erkenntnisse wird eine entsprechende Ausweitung der Analyse empfohlen, sofern sich in Zukunft eine dafür ausreichende Datenbasis einstellen sollte.

In die Schätzgleichungen des VAR-Modells werden zur Kontrolle der wirtschaftlichen Entwicklung die Umsätze des Verarbeitenden Gewerbes aufgenommen.[13] Schließlich findet noch das Volumen der Bankkredite als Kreditvariable Verwendung.[14]

Es wurde ein VAR-Modell in Quartalsdaten für den Zeitraum 1985 bis 1994 mit folgenden endogenen Variablen ($\boldsymbol{y}$) geschätzt:

- Umsatz des Verarbeitenden Gewerbes (UMS_{VG})
- Bankkredite des Verarbeitenden Gewerbes ($KRED_{VG}$)
- Tagesgeldsatz (R_T).

Alle drei Variablen sind integriert vom Grade 1, sie können also durch einfache Differenzenbildung in einen stationären Prozess überführt werden. Die Ergebnisse der ADF-Tests sind in Anhang C.4 festgehalten.[15]

Als exogene Variablen wurden zunächst eine Konstante, ein deterministischer Trend, eine Strukturbruchvariable zur Berücksichtigung der Wiedervereinigung (vgl. hierzu Kapitel 4.2.3) sowie Saisondummies aufgenommen.

[13] Die Umsätze im Verarbeitenden Gewerbe liegen lediglich als nominale Variablen vor. Eine Separierung von realer und preisbedingter Entwicklung kann deshalb nicht vorgenommen werden. Dies würde nur bei Verwendung aggregierter gesamtwirtschaftlicher Daten möglich sein. Da die vorliegende Untersuchung die Auswirkungen der Geldpolitik auf die Bankkredite im Verarbeitenden Gewerbe und in den einzelnen Sektoren analysieren möchte, wird der Verwendung disaggregierter, dann aber nur nominal vorliegender Daten der Vorzug gegeben.

[14] Die Variablen wurden jeweils in logarithmierter Form verwendet.

[15] Zur VAR-Analyse nicht-stationärer Systeme vgl. Kapitel 2.4.

Tabelle 8.11: Bestimmung der Ordnung des VAR(p)-Modells

p	T [a]	C	$ln\|\hat{\Omega}\|$	LR_S [b]
5			-20.9990	
4	35	21	-20.4456	7.75
3	36	18	-19.7300	12.88
2	37	15	-18.3074	31.30**

[a]) T = verwendbare Beobachtungen. C = exogene Variablen pro Gleichung des unrestringierten Modells. $\hat{\Omega}$ = geschätzte Varianz-Kovarianzmatrix.

[b]) H_0: p Verzögerungen ausreichend; H_1: $(p+1)$ Verzögerungen erforderlich.

*,**: Nullhypothese kann bei Irrtumswahrscheinlichkeit von höchstens 5%, 1% abgelehnt werden ($\chi^2(9)$).

Da es sich um Quartalsdaten handelt, wurde als maximale Verzögerung $p_{max} = 5$ gewählt. Aus Tabelle 8.11 ist jedoch zu entnehmen, dass der LR_S-Test (vgl. auch Seite 80) eine Lagordnung von $p = 3$ als hinreichende Spezifikation des Modells ausweist. Der LR_S-Test zeigte ebenfalls, dass auf die Aufnahme eines deterministischen Trends in das Modell verzichtet werden kann ($LR_S = 7.01, \chi^2(3)$).

Das verwendete VAR-Modell hat damit folgende Gestalt:

$$\begin{aligned} \boldsymbol{y}_t &= \boldsymbol{c} + \boldsymbol{s}_1 d_{t-1} + \cdots + \boldsymbol{s}_3 d_{t-3} + \boldsymbol{WV}_t \\ &\quad + \boldsymbol{\phi}_1 \boldsymbol{y}_{t-1} + \boldsymbol{\phi}_2 \boldsymbol{y}_{t-2} + \boldsymbol{\phi}_3 \boldsymbol{y}_{t-3} + \boldsymbol{\epsilon}_t, \end{aligned} \tag{8.1}$$

wobei $\boldsymbol{c}$ einen (3 x 1) Vektor der Konstanten,
$\boldsymbol{WV}_t$ einen (3 x 1) Vektor der Wiedervereinigungsdummy,
und $\boldsymbol{s}_i d_{t-i}$ einen (3 x 1) Vektor der i-ten Saisondummy

darstellt. Für die Residuen der Einzelgleichungen kann die Hypothese der Freiheit von Autokorrelation nicht abgelehnt werden (vgl. Tabelle 8.12).

Die Wold-Ordnung der Variablen wurde gemäß der obigen Reihenfolge gewählt. Die Residuen der Gleichungen für Umsatz und Bankkreditvolumen unterliegen einer starken Korrelation (Korrelationskoeffizient der Residuen=0.78). Bei dieser Höhe kann die Reihenfolge der Variablen eine wesentliche Rolle für die Gestalt der Impuls-Antwort-Funktionen spielen. Die Ordnung der Variablen sollte in diesem Fall ökonomisch begründ-

Tabelle 8.12: Residualanalyse des VAR(3)-Modells

	UMS_{VG}	$KRED_{VG}$	R_T
Q(1)[a]	0.19	3.15	0.64
Q(2)	0.46	3.89	3.77
Q(4)	1.34	6.85	5.48

[a]) $Q(s)$: Ljung/Box-Q-Statistik; Nullhypothese „Keine signifikante Autokorrelation der Ordnung 1 bis s"; Q ist asymptotisch χ^2-verteilt mit s Freiheitsgraden.

*,**: Nullhypothese kann bei Irrtumswahrscheinlichkeit von höchstens 5%, 1% abgelehnt werden.

bar sein. So ist es bei der hier untersuchten Beziehung plausibel, anzunehmen, dass die finanzielle Kreditvariable zwar innerhalb des Quartals auf eine Änderung des Umsatzes reagiert, dass aber auf der anderen Seite keine kontemporäre Reaktion der Outputvariable Umsatz auf Schocks in der Kreditvariablen erfolgt.[16]

Die Abbildung 8.7 zeigt die Reaktion von Umsatz und Bankkrediten des gesamten Verarbeitenden Gewerbes sowie des Tagesgeldsatzes selbst auf einen kontraktiven geldpolitischen Impuls in Höhe einer Standardabweichung des Tagesgeldsatzes.[17] Die Funktionen umgibt jeweils ein Standardfehlerband in Höhe von +/- 2 Standardabweichungen.[18]

Sowohl Umsätze als auch Bankkredite reagieren zunächst positiv auf einen kontraktiven geldpolitischen Schock. Diese Reaktion ist in beiden Fällen nicht insignifikant, sie nimmt jedoch bereits im dritten Quartal nach dem Impuls wieder ab und entwickelt sich bei beiden Variablen hin zu einer negativen Reaktion, die allerdings bei den Bankkrediten nicht signifikant von Null verschieden ist.

[16]Es wurden zusätzlich die Reaktionsfunktionen bei einer umgekehrten Ordnung untersucht. Die Impuls-Antwort-Funktionen änderten sich, trotz der Höhe des Korrelationskoeffizienten, kaum.

[17]Die geschätzten Koeffizienten und die zugehörigen t-Werte des VAR-Modells befinden sich in Anhang C.5.

[18]Die Schätzung der VAR-Modelle dieses Kapitels und die Impuls-Antwort-Funktionen konnten, da die Systeme einer reinen Wold-Ordnung unterliegen, mittels Standard-Ökonometriesoftware erstellt werden. Verwendet wurde EViews. Die Ermittlung der Standardfehler erfolgt, wie bereits im ersten Teil der Arbeit, über numerische Simulation (vgl. HAMILTON, 1994, Kap. 11.7).

Abbildung 8.7: Die Reaktion des Verarbeitenden Gewerbes auf einen kontraktiven geldpolitischen Impuls (15 Monate)

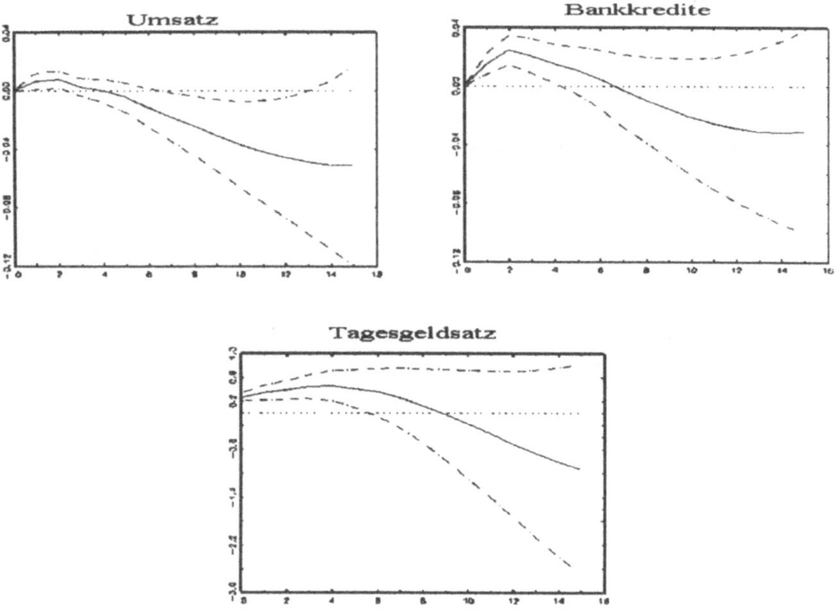

Auf den ersten Blick verwundert die positive Reaktion der Bankkredite (und des Umsatzes) als vorübergehende Folge einer kontraktiven geldpolitischen Aktion. Sie ist jedoch ein häufig auftauchendes Phänomen bei Untersuchungen zum Bilanzkanal. CHRISTIANO et al. (1994) und FRIEDMAN und KUTTNER (1993b) beobachten für die USA einen Anstieg der Kreditaufnahme des Unternehmenssektors im ersten Jahr nach einem kontraktiven geldpolitischen Schock. Auch für Großbritannien weisen DALE und HALDANE (1995) diese Reaktion des Kreditaggregates nach. In Kapitel 7.2 wurden bereits mögliche Gründe für diese Reaktion genannt.

In den folgenden Untersuchungen soll die Reaktion der Bankkredite auf geldpolitische Maßnahmen im Vordergrund stehen. Aus der Abbildung 8.7 lässt sich die Reaktion im gesamten Verarbeitenden Gewerbe ablesen. Es soll nun für die einzelnen Sektoren analysiert werden, wie deren Reaktion auf einen kontraktiven Schock im Tagesgeldsatz aussieht.

8.3.2 Die Reaktionen in den einzelnen Sektoren

In Abschnitt 8.2 wurden die 9 Sektoren des Verarbeitenden Gewerbes bereits anhand einiger wesentlicher Merkmale charakterisiert. Es zeigte sich dort, dass die Sektoren sowohl hinsichtlich des Anteils an kleinen und mittleren Unternehmen als auch bezüglich der Bedeutung kleiner und großer Banken für die Kreditvergabe an diese Sektoren deutlich unterschiedliche Ausprägungen aufweisen. Falls ein Kreditkanal existiert, müssten diese Sektoren unterschiedlich auf einen geldpolitischen Impuls reagieren.

Um die weitere Vorgehensweise zu verdeutlichen, soll an dieser Stelle ein Aspekt der Arbeit von GILCHRIST und ZAKRAJSEK (1995) erläutert werden, der im Folgenden so modifiziert wird, dass er auf die hier vorhandenen Daten angewendet werden kann. GILCHRIST und ZAKRAJSEK (1995) verfügen mit den *Quarterly Financial Reports of Manufacturing Firms* (QFR) über eine Datenbasis, die es erlaubt, dass gesamte Verarbeitende Gewerbe in kleine und große Unternehmen zu separieren.[19] Sie untersuchen im Rahmen eines multivariaten VAR-Modells, wie eine geldpolitische Maßnahme das Bankkreditvolumen der kleinen Unternehmen relativ zu den Bankkrediten aller Unternehmen des gesamten Verarbeitenden Gewerbes verändert (vgl. GILCHRIST und ZAKRAJSEK, 1995, S. 142 ff.). Diese Relation, die von ihnen als *small/all mix* bezeichnet wird, verwenden bereits GERTLER und GILCHRIST (1993, 1994) als Größe zur Bestimmung der Unterschiede im Finanzierungsverhalten der Kreditnehmer. Bei Existenz eines Kreditkanals wird diese Variable als Folge eines kontraktiven geldpolitischen Impulses sinken, da die kleinen Unternehmen ihre Bankkredite überproportional reduzieren.

Für das Verarbeitende Gewerbe in Deutschland ist das Bankkreditvolumen nicht nach kleinen und großen Unternehmen differenziert erfasst. Es ist al-

[19] Zu den Vor- und Nachteilen der Verwendung der QFR vgl. GERTLER und GILCHRIST (1994, S. 314 f.). Ein wesentlicher Vorteil dieser Datenbasis ist es sicherlich, dass sie weitere nützliche Informationen enthält, die sich für den Nachweis eines Kreditkanals sehr gut eignen, wie z. B. Daten zur Verschuldung der Unternehmen außerhalb des Bankensektors oder Angaben zu kurzfristigen Lagerbestandsveränderungen. Für Deutschland existieren solche Informationen nicht.

lerdings aufgrund der Berechnungen in Kapitel 8.2 der Anteil der KMU in den einzelnen Sektoren bekannt. Berechnet man für jeden Sektor die Relation seiner Bankkredite zu den Bankkrediten des gesamten Verarbeitenden Gewerbes, so erhält man eine ähnliche Größe wie den *small/all mix*.[20] In Sektoren, die von den KMU stark dominiert werden, müsste sich ein Rückgang dieser Relation bei einer kontraktiven Maßnahme der Zentralbank zeigen. Die Sektoren, in denen die KMU kaum eine Rolle spielen, müssten mit einer Ausdehnung ihrer Kredite relativ zu allen Krediten des Verarbeitenden Gewerbes reagieren.

Aufgrund der theoretischen Überlegungen darf die folgende Hypothese bei Existenz eines Kreditkanals nicht abgelehnt werden können:

Hypothese 1: Die Bankkredite in den einzelnen Sektoren reagieren unterschiedlich auf einen Impuls des Geldmarkttagessatzes.

Weiterhin muss nach den Ausführungen des letzten Abschnittes gelten:

Hypothese 2: Die Wirkungsrichtung und das Ausmaß der Reaktion hängen vom Anteil kleiner und mittlerer Unternehmen ab. Bei hohem Anteil an KMU kommt es zu einem Rückgang, bei geringem Anteil zu einer Erhöhung der Bankkredite relativ zu den anderen Sektoren des Verarbeitenden Gewerbes.

Zur Überprüfung dieser Zusammenhänge wurde für jeden Sektor ein VAR(3)-Modell mit folgenden endogenen Variablen für den Beobachtungszeitraum 1985 bis 1994 geschätzt:

- Umsatz des Verarbeitenden Gewerbes (Ums_{VG})
- Umsatz des Sektors (Ums_{Sek})
- Anteil der Bankkredite des Sektors an den gesamten Bankkrediten des Verarbeitenden Gewerbes ($KredA_{Sek}$)
- Tagesgeldsatz (R_T).

Auch die sektorspezifischen Variablen wurden auf ihren Integrationsgrad

[20] In Analogie zu GILCHRIST und ZAKRAJSEK (1995) könnte man diese Variable als *sector/all mix* bezeichnen.

überprüft. Sowohl die Umsatzzahlen als auch die Bankkredit-Anteile sind I(1)-Variablen. Die Testergebnisse finden sich in Anhang C.6.

Als exogene Variablen werden wieder eine Konstante, eine Wiedervereinigungsdummy und zentrierte Saisondummies verwendet. Um eine möglichst hohe Vergleichbarkeit der einzelnen Impuls-Antwort-Funktionen zu gewährleisten, werden keine weiteren Tests auf Ausschluss einzelner Variablen vorgenommen, sondern für alle Sektoren das gleiche Modell verwendet (vgl. Gleichung (8.1)).

In der Abbildung 8.8 sind die Reaktionen der Bankkredit-Anteile auf einen kontraktiven geldpolitischen Impuls für die 9 verwendeten Sektoren dargestellt. Man erkennt sofort, dass die Reaktionsfunktionen die *Hypothese 1* bestätigen: *Der Anteil an den gesamten Bankkrediten des Verarbeitenden Gewerbes reagiert in den einzelnen Sektoren hinsichtlich Wirkungsrichtung und Ausmaß unterschiedlich auf eine Innovation des Tagesgeldsatzes.*

Bis auf den Sektor MASCHINEN gibt es signifikante Reaktionen nur in den ersten 4 Quartalen, die auf das Quartal folgen, in dem der kontraktive Impuls stattfand.[21] Aus diesem Grund sollen für die nachstehende Bewertung nur die ersten 4 Quartale nach der kontraktiven Maßnahme betrachtet werden. Die Tabelle 8.13 weist nochmals die Werte der Impuls-Antwort-Funktionen für diesen Zeitraum nach der kontraktiven Störung des Tagesgeldsatzes aus, wie sie auch der Abbildung 8.8 dargestellt sind. Die Wirkungen in den einzelnen Sektoren können in eine Rangfolge gebracht werden, indem die Reaktionen in den ersten 4 Quartalen nach dem kontraktiven Impuls aufsummiert werden (vgl. Tabelle 8.13).

Den Rang 1 mit der stärksten negativen Reaktion nimmt der Sektor HOLZ ein. Sein Anteil an den Bankkrediten des gesamten Verarbeitenden Gewerbes sinkt im ersten Jahr nach einer kontraktiven geldpolitischen Aktion am stärksten von allen betrachteten Sektoren. In diesem Zusammenhang muss nochmals darauf hingewiesen werden, dass es sich hier um Reaktionen handelt, die *nicht* auf die Umsatzentwicklung der einzelnen Sektoren zurückzuführen sind. Diese Variable ist in dem Modell enthalten, ihr Ein-

[21] Im Modell wird davon ausgegangen, dass das Volumen der Bankkredite innerhalb des Quartals, in dem der geldpolitische Impuls stattfindet, noch nicht auf die Aktion reagiert. Für den Tagesgeldsatz wird hingegen die Annahme getroffen, dass er im Verlauf von drei Monaten auf eine autonome Veränderung in jeder anderen Variable des Systems ansprechen könnte.

Abbildung 8.8: Die Reaktion der Bankkredit-Anteile der Sektoren auf einen kontraktiven geldpolitischen Impuls (15 Monate)

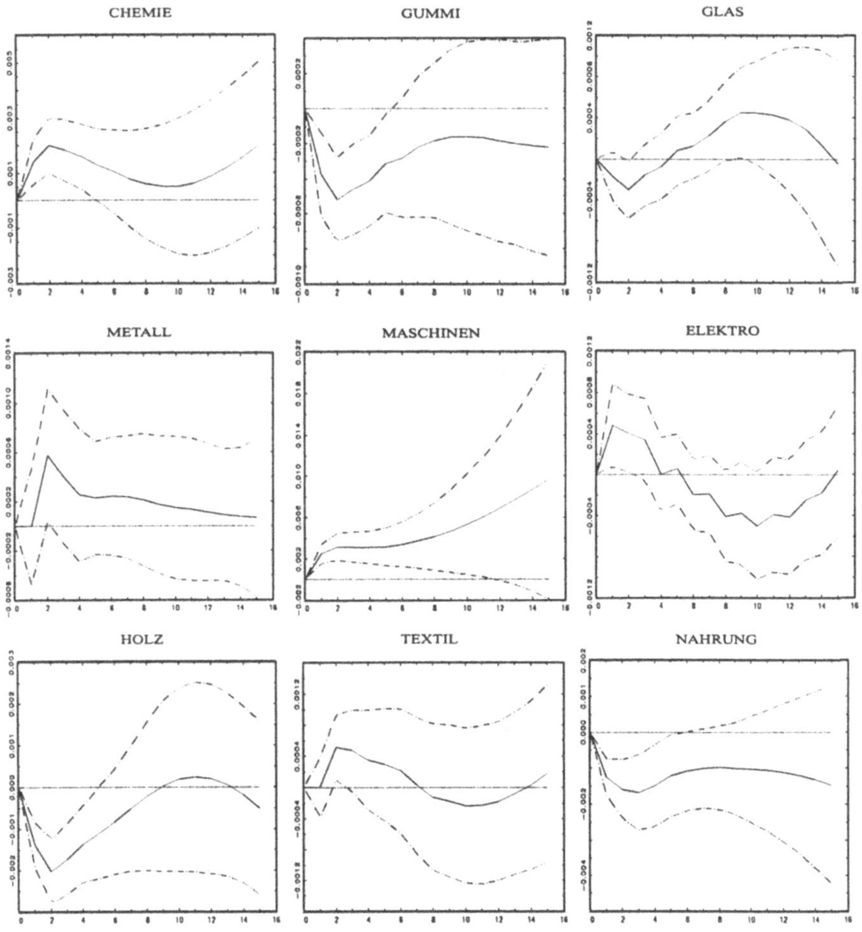

Tabelle 8.13: Die Reaktionen des Bankkredit-Anteils auf einen kontraktiven Impuls (in %)

Sektor[a]	Quartal 2	3	4	5	Summe 1. Jahr	Rang
CHEMIE	0.1415*[b]	0.2004*	0.1830*	0.1590*	0.6839	8
GUMMI	-0.0373*	-0.0521*	-0.0460*	-0.0413*	-0.1767	3
GLAS	-0.0168	-0.0302*	-0.0156	-0.0076	-0.0702	4
METALL	0.0033	0.0577*	0.0404*	0.0253	0.1267	6
MASCHINEN	0.2523*	0.3166*	0.3136*	0.3125*	1.1950	9
ELEKTRO	0.0481*	0.0406*	0.0342*	0.0009	0.1238	5
HOLZ	-0.1383*	-0.2025*	-0.1738*	-0.1366*	-0.6512	1
TEXTIL	0.0003	0.0514	0.0474	0.0351	0.1342	7
NAHRUNG	-0.1250*	-0.1587*	-0.1681*	-0.1494*	-0.6012	2

[a]) Sektoren: vgl. Tabelle 8.1.

[b]) *: Signifikant von Null verschieden bei Verwendung eines Konfidenzintervalls in Höhe von +/− 2 Standardabweichungen.

fluss wird somit kontrolliert. Auf diese Weise ist sichergestellt, dass branchenspezifische Entwicklungen und Besonderheiten keine Auswirkungen auf die dargestellten Ergebnisse haben.

Eine signifikante Reduktion ihres Anteils an den Bankkrediten des gesamten Verarbeitenden Gewerbes zeigen auch die Sektoren NAHRUNG und GUMMI. Die Reaktionen des Sektors GLAS sind ebenfalls negativ, sie sind jedoch bei einem Konfidenzintervall von 2 Standardabweichungen lediglich in einem Quartal signifikant von Null verschieden. Die Reaktionen von ELEKTRO, METALL und TEXTIL sind leicht positiv. Der Anteil der Bankkredite dieser Sektoren an den gesamten Bankkrediten des Verarbeitenden Gewerbes steigt nach einer restriktiven Maßnahme in signifikantem Umfang. Noch deutlicher fällt die positive Reaktion im Sektor CHEMIE aus. MASCHINEN ist der Sektor, dessen Bankkredite als Folge eines kontraktiven Impulses am deutlichsten steigen.

Vergleicht man nun die Impuls-Antwort-Funktionen der Abbildung 8.8 mit den Informationen über den Anteil kleiner und mittlerer Unternehmen in den Sektoren (vgl. die Tabelle 8.10), so fällt zunächst auf, dass die Sektoren, die bei den KMU die Extrempositionen bekleiden - zum einen der Sektor CHEMIE mit weniger als 10 Prozent KMU und auf der anderen Seite der

Sektor HOLZ mit einem Anteil kleiner und mittlerer Unternehmen von rund 70 Prozent - genau das Verhalten zeigen, welches bei Vorliegen eines Kreditkanals zu erwarten ist. Der Sektor HOLZ mit seinem hohen Anteil an KMU reduziert die Bankkredite relativ zum gesamten Verarbeitenden Gewerbe und der Sektor CHEMIE weitet seinen Anteil an Bankkrediten im Vergleich zu den anderen Sektoren aus. Auch bei den anderen Sektoren bestätigt sich dieser Zusammenhang tendenziell. Es gibt jedoch zwei starke Abweichungen von dem unterstellten Zusammenhang. Zum einen weist der Sektor NAHRUNG einen sehr geringen Anteil kleiner und mittlerer Unternehmen auf. Er ist aber andererseits der Sektor, der, nach HOLZ, am stärksten negativ auf die geldpolitische Maßnahme reagiert. Und zum anderen wäre vom Sektor TEXTIL, der fast einen so hohen Anteil an KMU wie der Sektor HOLZ aufweist, eine negative Reaktion auf die kontraktive Aktion der Zentralbank erwartet worden.

Ordnet man den Sektoren nach ihrem Anteil kleiner und mittlerer Unternehmen[22] ebenfalls einen Rangplatz zu (vgl. Tabelle 8.14) und errechnet den Rangkorrelationskoeffizienten zwischen den Reaktionen auf die Innovation des Tagesgeldsatzes und dem Anteil KMU (vgl. ASSENMACHER, 1996, S. 167 ff.), so stellt man fest, dass sich hierbei lediglich ein Wert von 0.35 ergibt. Die *Hypothese 2* kann im Rahmen dieser Vorgehensweise abgelehnt werden. *Es existiert nur ein sehr schwacher Zusammenhang zwischen den Reaktionen auf einen Impuls im Tagesgeldsatz und dem Anteil kleiner und mittlerer Unternehmen in einem Sektor.*

Eine erheblich höhere Korrelation existiert zwischen den Reaktionsfunktionen und dem Anteil kleiner Banken an der Bankenfinanzierung in den Sektoren (vgl. ebenfalls Tabelle 8.14). Hier erreicht der Rangkorrelationskoeffizient einen Wert von 0.95. Folgende Hypothese kann somit nicht abgelehnt werden:

Hypothese 3: Die Wirkungsrichtung und das Ausmaß der Reaktionen hängen vom Anteil kleiner Banken an der Kreditfinanzierung der Sektoren ab. Bei hohem Anteil kleiner Banken kommt es zu einem Rückgang, bei geringem Anteil zu einer Ausweitung der Bankkredite relativ zu den anderen Sektoren des Verarbeitenden Gewerbes.

Die vorliegenden Berechnungen der Rangkorrelationskoeffizienten können

[22] Es werden die Zahlen für das Jahr 1991 verwendet.

Tabelle 8.14: Die Reaktionen des Bankkredit-Anteils, der Anteil KMU und der Anteil kleiner Banken

Sektor[a]	Reaktion im 1. Jahr		Anteil KMU		Anteil kleiner Banken	
	in %	Rang	in %	Rang	in %	Rang
CHEMIE	0.6839	8	5.3	9	10.4	9
GUMMI	-0.1767	3	50.8	5	42.9	3
GLAS	-0.0702	4	58.0	3	42.0	4
METALL	0.1267	6	39.0	7	38.8	5
MASCHINEN	1.1950	9	39.6	6	29.1	8
ELEKTRO	0.1238	5	52.1	4	34.5	6
HOLZ	-0.6512	1	68.7	1	53.4	2
TEXTIL	0.1342	7	67.3	2	32.1	7
NAHRUNG	-0.6012	2	38.4	8	56.6	1

[a]) Sektoren: vgl. Tabelle 8.1.

nur ein erster Anhaltspunkt sein. Sie lassen jedoch folgende Aussage zu: Es besteht ein starke Korrelation zwischen dem Anteil kleiner Banken an der Kreditfinanzierung eines Sektors und dessen Reaktion auf eine kontraktive geldpolitische Aktion. Sektoren mit einem hohen Anteil an kleinen Banken schränken ihre Bankkredite relativ zu denen des gesamten Verarbeitenden Gewerbes ein, und Sektoren, bei denen die Finanzierung überwiegend über Kreditbanken erfolgt, weiten ihren Anteil an den Bankkrediten nach einer kontraktiven Maßnahme aus. *Dies kann als Beleg nicht nur für die Existenz eines Kreditkanals allgemein* (hierzu genügt die in Hypothese 1 unterstellte unterschiedliche Reaktion der Sektoren), *sondern insbesondere für die Existenz eines Bankkreditkanals in Deutschland gewertet werden.*

Häufig wird gegen eine solche Argumentation ins Feld geführt, dass der Nachweis der unterschiedlichen Reaktion kleiner und großer Banken nicht genüge, da große Banken üblicherweise große Unternehmen und kleine Banken kleine Unternehmen finanzieren. In der vorliegenden Untersuchung konnte durch den Vergleich der Hypothesen 2 und 3 jedoch gezeigt werden, dass dieses Argument zumindest auf der hier verwendeten sektoralen Aggregationsebene nicht standhält.[23]

[23]Dieser Befund schließt allerdings nicht aus, dass es auf Individualebene eine signifikante Korrelation zwischen Unternehmensgröße und Bankengröße geben kann.

Um das vorliegende Ergebnis nochmals zu überprüfen, soll im folgenden Abschnitt eine gepoolte OLS-Schätzung zu den Einflussfaktoren auf die Höhe der Bankkredite in den Sektoren durchgeführt werden. In eine solche Modellierung können der Anteil kleiner Banken und der Anteil kleiner und mittlerer Unternehmen direkt als exogene Variablen aufgenommen werden. Auf diese Weise werden die Zusammenhänge, die hier über die Ermittlung der Rangkorrelationskoeffizienten belegt wurden, im Rahmen der Schätzung selbst untersucht.

8.3.3 Untersuchung mittels Panel-Schätzung

In diesem Abschnitt werden die Daten, die für den Zeitraum 1985 bis 1994 für die neun Sektoren des Verarbeitenden Gewerbes vorliegen, in einer Panel-Schätzung gemeinsam verwendet. Da die Anteile kleiner und mittlerer Unternehmen in jedem Sektor lediglich als Jahresdaten vorliegen, kann auch die folgende Panel-Schätzung nur in dieser Frequenz durchgeführt werden.[24] Das Panel verfügt damit über Jahresdaten für den Zeitraum 1985 bis 1994 (T=10) für 9 Sektoren (N=9).

Die Panel-Schätzung verknüpft die Informationen, die über unterschiedliche Zeitpunkte und unterschiedliche Branchen vorliegen. Es existieren zwei Grundformen eines Panel-Modells: Fixed-Effects-Modelle und Random-Effects-Modelle.[25] Während Fixed-Effects-Modellen die Annahme zugrunde liegt, dass sich die verwendeten Querschnittsdaten durch einen im Zeitablauf konstanten Wert voneinander unterscheiden, werden die individuellen Ausprägungen im Random-Effects-Modell als zufällige Schwankungen um einen Erwartungswert μ behandelt.

Sei α_i der zeitinvariante, individuelle Effekt, dann hätte das Fixed-Effects-Modell folgende Gestalt[26]

$$y_{it} = \alpha_i + \boldsymbol{x}_{it}^{'}\boldsymbol{\beta} + \epsilon_{it}, \tag{8.2}$$

[24] Zur Ermittlung des Anteils der KMU an dem gesamten Umsatz eines Sektors vgl. die Ausführungen in Abschnitt 8.2.

[25] Die methodischen Aspekte einer Panel-Schätzung sollen hier nur in dem Umfang dargestellt werden, wie sie unmittelbar mit der durchgeführten Schätzung in Verbindung stehen. Für eine intensivere Diskussion sei auf GREENE (2000), VERBEEK (2000) oder auch BALESTRA (1996) verwiesen.

[26] Vgl. auch GREENE (2000, S. 560 ff.) oder VERBEEK (2000, S. 313 ff.).

wobei $i = 1, \ldots, N$ die Querschnittsbeobachtungen und $t = 1, \ldots, T$ die Periode kennzeichnet. $\boldsymbol{x}_{it}$ ist ein k-dimensionaler Vektor der exogenen Variablen und $\boldsymbol{\beta}$ enthält die geschätzten Koeffizienten, die hier weder für die Querschnittseinheiten noch im Zeitablauf variieren. ϵ_{it} ist die Störvariable, während α_i in diesem Modell die Effekte erfasst, die den i-ten Sektor betreffen und zeitinvariant sind. Das Random-Effects-Modell kann dagegen auf folgende Art dargestellt werden:

$$y_{it} = \mu + \boldsymbol{x}_{it}^{'}\boldsymbol{\beta} + \alpha_i + \epsilon_{it}. \tag{8.3}$$

μ stellt den Erwartungswert der Konstante dar. Er ist für alle Querschnittseinheiten identisch. Der Störterm besteht aus der Zufallsvariable ϵ_{it} und aus einer zeitinvarianten Komponente α_i.

Zunächst muss nun geklärt werden, welche der beiden Grundformen für die vorliegende Problemstellung adäquat ist. Die Entscheidung ist für die vorliegende Problemstellung einfach. Da die Unterschiede zwischen den Sektoren und ihre Ursachen ein zentraler Untersuchungsgegenstand sind, kommt lediglich das Fixed-Effects-Modell der Gleichung (8.2) in Frage.

> „This (the fixed effects approach) makes sense intuitively if the individuals in the sample are 'one of a kind', and cannot be viewed as a random draw of some underlying population. This interpretation is probably most appropriate when *i* denotes countries, (large) companies or industries, and predictions we want to make are for a particular country, company or industry." (VERBEEK, 2000, S. 318)

Eine weitere Abwägung der Vor- und Nachteile beider Modellierungen erübrigt sich deshalb in diesem Fall.[27]

Bei gleichzeitiger Betrachtung aller neun Sektoren macht eine Verwendung des Anteils der Bankkredite eines Sektors an den Bankkrediten des gesamten Verarbeitenden Gewerbes als Regressant (diese Größe wurde im vorhergehenden Abschnitt als endogene Variable benutzt) keinen Sinn.[28] In der hier

[27]Vgl. z. B. VERBEEK (2000, S. 318 ff.) zu den methodischen Vorzügen und Nachteilen beider Grundformen.

[28]Die neun Sektoren addieren sich zum Verarbeitenden Gewerbe. Würde ihr Anteil am Verarbeitenden Gewerbe als endogene Variable verwendet, ergäben sich Schwierigkeiten

vorgenommenen Schätzung soll aus diesem Grund die Höhe der Bankkredite der Sektoren ($KRED_{it}$) als zu erklärende Variable verwendet werden.[29] Der Umsatz (UMS_{it}) dient als Proxy für die Nachfrage nach Bankkrediten im entsprechenden Sektor und wird als exogene Variable in die Regression aufgenommen. Darüberhinaus soll die Schätzung Aufschluss darüber geben, ob die Bankenstruktur in dem jeweiligen Sektor einen Einfluss auf die Höhe der Bankkredite hat oder ob es lediglich einen Einfluss der Größenstruktur der Unternehmen auf die Höhe der Bankkredite gibt. Deshalb werden sowohl der Anteil der kleinen Banken an den Bankkrediten der Sektoren (KB_{it}) als auch der Anteil kleiner und mittlerer Unternehmen (KMU_{it}) als Regressor verwendet.

Die bisher genannten Variablen liegen für jeden Sektor und jedes Jahr getrennt vor und entsprechen damit dem Vektor $\boldsymbol{x}_{it}$ aus der Gleichung (8.2). Bei den branchenspezifischen Variablen können hier jedoch im Gegensatz zu dieser Modellierung nicht nur Konstanten vorliegen. So ist es möglich, dass auch eine Trendvariable sowie die Wiedervereinigungsdummy in den verschiedenen Sektoren zu unterschiedlichen Reaktionen führen. Zudem muss der Tagesgeldsatz (RT), der die Geldpolitik der Zentralbank abbildet und darüberhinaus als Indikator für die Entwicklung der Kreditkosten verwendbar ist, ebenfalls in die Schätzgleichung integriert werden. Auch diese Zeitreihe weist keine sektorspezifische Ausprägung auf. Bei Existenz eines Kreditkanals muss jedoch angenommen werden, dass dieser Größe in den einzelnen Sektoren eine unterschiedliche Bedeutung zur Erklärung der Höhe der Bankkredite zukommt.

Das zu schätzende Panel-Modell hat nun folgende Gestalt:

$$\begin{aligned} KRED_{it} &= c_i + \rho_i t + \beta_{0i} WV_t \\ &\quad + \beta_1 UMS_{it} + \beta_2 KB_{it} + \beta_3 KMU_{it} + \beta_{4i} RT_t + \epsilon_{it}, \end{aligned} \tag{8.4}$$

mit $KRED_{it}$ Bankkredite des Sektors i zum Zeitpunkt t,

z. B. bzgl. der Interpretation der Koeffizienten aller Variablen, die nicht in branchenspezifischer Form vorliegen, von denen aber nur ein gemeinsamer Einfluss ausgeht. Wäre z. B. ein signifikant positiver Koeffizient einer gemeinsamen Wiedervereinigungsdummy als eine Erhöhung der Anteile aller Sektoren (die sich auf 100 addieren) in Folge der Wiedervereinigung zu interpretieren?

[29] Wie bereits in den vorhergehenden VAR-Modellen werden alle Variablen, bis auf die Zinssätze, in logarithmierter Form verwendet.

	WV_t	0/1-Regressor für die Wiedervereinigung,
	UMS_{it}	Umsatz,
	KB_{it}	Anteil kleiner Banken,
	KMU_{it}	Anteil kleiner und mittlerer Unternehmen,
und	RT_t	Tagesgeldsatz.[30]

Es muss zunächst geklärt werden, ob es in den einzelnen Sektoren unterschiedliche Konstanten und Trendvariablen sowie unterschiedliche Reaktionen auf die Wiedervereinigung und die Entwicklung des Zinssatzes gibt, die eine sektorspezifische Verwendung dieser Zeitreihen im Rahmen der Panel-Untersuchung erforderlich machen. Ist das nicht der Fall, dann genügt eine Verwendung dieser Regressoren als gemeinsame erklärende Variable. Die Nullhypothese eines F-Tests, der z. B. überprüft, ob eine gemeinsame Konstante für das vorliegende Modell ausreicht, lautet:

$$H_0: \qquad c_1 = c_2 = \ldots = c_N. \tag{8.5}$$

Der Testwert errechnet sich als:

$$F = \frac{(R_u^2 - R_r^2)\,/\,(N-1)}{(1 - R_u^2)\,/\,(NT - K)} \tag{8.6}$$

mit	R_u^2 bzw. R_r^2	Bestimmtheitsmaß des unrestringierten bzw. des restringierten Modells,
	N	Anzahl der Querschnittsbeobachtungen (N=9),
	T	Anzahl der Längsschnittbeobachtungen (T=10),
und	K	Anzahl Parameter des unrestringierten Modells.

Die Anzahl der zusätzlichen Restriktionen im restringierten Modell beträgt $N-1$, das unrestringierte Modell verfügt über $NT-K$ Freiheitsgrade. Somit muss der errechnete F-Wert aus Gleichung (8.6) mit dem tabellierten $F(N-1, NT-K)$-Wert verglichen werden. Ist der errechnete Wert höher als der tabellierte Wert, dann kann die Nullhypothese bei der jeweils zugelassenen Irrtumswahrscheinlichkeit abgelehnt werden. Es ergeben sich die in Tabelle 8.15 festgehaltenen Ergebnisse. Wie bei den vorhergehenden Tests soll auch hier ein Signifikanzniveau von 5% gewählt werden.

[30]Eine genaue Beschreibung der verwendeten Daten befindet sich im Anhang.

Tabelle 8.15: F-Test zur Verwendung gemeinsamer Variablen

Variable: Nullhypothese	F-Wert[a]	
Konstante: c $c_1 = c_2 = \ldots = c_N$	39,97**	F(8,51)
Zinssatz: RT $\beta_{41} = \beta_{42} = \ldots = \beta_{4N}$	3,96*	F(8,51)
Trend: t $\rho_1 = \rho_2 = \ldots = \rho_N$	1,77	F(8,51)
Wiedervereinigung: WV $\beta_{01} = \beta_{02} = \ldots = \beta_{0N}$	3,62**	F(8,59)

[a]) * bzw. **: Ablehnung der Nullhypothese bei 5 bzw. 1 % Irrtumswahrscheinlichkeit.

Konstante und Zinssatz müssen sektorspezifisch modelliert werden. Dagegen genügt die gemeinsame Verwendung einer deterministischen Trendvariable. Die Reaktion der einzelnen Sektoren auf die Wiedervereinigung macht eine separate Berücksichtigung dieser Größe erforderlich. Die Tabelle 8.16 zeigt die Ergebnisse der Panel-Schätzung dieser Spezifikation.

Da es sich bei der Schätzung um eine gepoolte OLS-Regression handelt, kann das Bestimmtheitsmaß zur Beurteilung der Güte der Schätzung herangezogen werden (vgl. VERBEEK, 2000, S. 320 f.). Dieses genügt sicherlich den Anforderungen an eine gute Schätzung.[31] In dem vorliegenden Modell wird mit Querschnittsdaten gearbeitet. Deshalb muss auch eine möglicherweise auftretende Heteroskedastie zwischen den Sektoren berücksichtigt werden. Durch die Verwendung des White-Schätzers für die Varianz-Kovarianz-Matrix wurde dem Rechnung getragen. Diese Korrektur ermöglicht bei jeder Form der Heteroskedastie eine konsistente Schätzung der Varianz-Kovarianz-Matrix und damit auch eine entsprechende Bestimmung der Standardfehler. Die in Tabelle 8.16 ausgewiesenen t-Werte basieren auf den korrigierten Standardfehlern. Zur Schätzung von Fixed-Effects-Modellen bei Existenz von Heteroskedastie vgl. auch GREENE (2000, S. 578 ff.). [32]

[31] Inwieweit das Bestimmtheitsmaß tatsächlich als Maß für die Güte einer Schätzung geeignet ist, wird in ASSENMACHER (1995, S. 115 ff.) kritisch diskutiert. Dass der hohe R^2-Wert nicht durch die hohe Zahl an Regressoren zustande kommt, lässt sich anhand des bereinigten R^2 belegen.

[32] Die Koeffizientenschätzer sind von dieser Korrektur nicht betroffen. Sie sind bei An-

Tabelle 8.16: Gepoolte Schätzung zu den Einflussfaktoren auf die Höhe der Bankkredite

Variable	Koef.	t-Wert
t	0.0300	(6.82)
UMS_t	0.4836	(4.01)
KB_t	-0.8394	(-17.99)
KMU_t	0.1377	(1.19)

Sektorspezifische Effekte:

Sektor[a]	c		WV_t		RT_t	
	Koef.	t-Wert	Koef.	t-Wert	Koef.	t-Wert
CHEMIE	1.4771	(1.04)	0.0149	(0.47)	0.0373	(7.49)
GUMMI	2.4502	(1.92)	0.0840	(2.14)	-0.0027	(-0.43)
GLAS	2.6600	(2.08)	0.0542	(1.09)	-0.0100	(-1.58)
METALL	2.8938	(2.14)	0.2215	(4.37)	-0.0125	(-1.89)
MASCHINEN	2.9656	(1.99)	0.1135	(5.01)	0.0007	(0.12)
ELEKTRO	3.0515	(2.13)	0.0638	(2.59)	0.0060	(1.53)
HOLZ	3.5100	(2.60)	0.0786	(2.23)	-0.0152	(-2.11)
TEXTIL	2.9358	(2.27)	-0.0478	(-1.39)	0.0082	(1.13)
NAHRUNG	3.4504	(2.46)	-0.0136	(-0.31)	-0.0118	(-1.71)

$R^2 = 0.997843, \quad \bar{R}^2 = 0.996747$

[a]) Sektoren: vgl. Tabelle 8.1.

Der Durbin-Watson Test auf Autokorrelation erster Ordnung gelangt zu einem Wert von $DW = 1.7725$. Legt man die üblicherweise verwendete Statistik zugrunde, so befindet sich dieser Wert zwischen unterer und oberer Grenze. BHARGAVA et al. (1982) haben diese Teststatistik für Panel-Untersuchungen modifiziert. Leider weisen die von ihnen erstellten Tabellen nicht die hier verwendete Kombination von Längs- und Querschnittsdaten aus, sondern lediglich Werte, denen mehr als 50 Querschnittsbeobachtungen zugrundeliegen. Aus diesem Grund kann diese Statistik nicht verwendet werden. Für die vorliegende Spezifikation lägen die Grenzen der DW-Werte bei 50 Sektoren zwischen 1.79 und 1.92 und bei 100 Sektoren zwischen 1.86 und 1.93 (vgl. BHARGAVA et al., 1982, S. 537). Es erscheint deshalb ange-

wendung des OLS-Verfahrens auch bei Vorliegen von Heteroskedastie konsistent.

bracht, den hier ermittelten DW-Wert von 1.77 bei neun Sektoren so zu interpretieren, dass kein Vorliegen von Autokorrelation erster Ordnung angenommen werden muss. Auf eine dynamische Modellierung kann deshalb verzichtet werden.

Gemäß Tabelle 8.16 führt eine Erhöhung des Umsatzes eines Sektors zu einer signifikanten Erhöhung der Bankkredite in diesem Bereich. Der Anteil kleiner Banken hat, im Gegensatz zum Anteil kleiner und mittlerer Unternehmen, ebenfalls einen stark signifikanten Einfluss. Je höher der Anteil kleiner Banken, umso geringer fällt c.p. die Höhe der Bankkredite aus. Der Anteil KMU spielt keine Rolle als Einflussfaktor auf die Höhe der Bankkredite. Darüberhinaus ist das Vorzeichen des (insignifikanten) Koeffizienten kontraintuitiv. Die Wiedervereinigung führte in den Sektoren GUMMI, METALL, MASCHINEN, ELEKTRO und HOLZ zu einer signifikanten Erhöhung der Bankkredite.

Für den hier untersuchten Zusammenhang sind die Reaktionen der Bankkredite in den Sektoren auf die Entwicklung des Tagesgeldsatzes von großer Bedeutung. Interessanterweise zeigt sich hier wieder das bereits aus der VAR-Untersuchung des Abschnitts 8.3.2 bekannte Bild. Der Sektor CHEMIE weitet seine Kredite als Folge einer kontraktiven Entwicklung des Tagesgeldsatzes in signifikantem Maße aus, beim Sektor HOLZ zeigt sich eine negative Reaktion, d. h. ein Rückgang der Bankkredite bei einer Erhöhung des Tagesgeldsatzes. Die anderen Koeffizienten sind nicht signifikant von Null verschieden, bei einem Vergleich mit den Zahlen der Tabelle 8.13 zeigt sich jedoch weitestgehende Übereinstimmung.

In einem nächsten Schritt wurde untersucht, ob die branchenspezifische Bedeutung von RT auf den Anteil kleiner Banken und / oder den Anteil kleiner und mittlerer Unternehmen zurückzuführen ist. Hierzu wurde eine Gewichtung des Zinssatzes mit dem Anteil kleiner Banken ($KB * RT$) sowie mit dem Anteil KMU ($KMU * RT$) vorgenommen.[33] Diese Größen wurden zusätzlich in die Schätzgleichung aufgenommen. Das erste interessante Ergebnis dieser Erweiterung war, dass nun auf eine sektorspezifische Erfassung des Tagesgeldsatzes verzichtet werden konnte.[34]

[33] Vgl. hierzu auch DE BONDT (1999, S. 152 ff.), der eine ähnliche Gewichtung einführt.

[34] Das unrestringierte Modell gelangt zu einem R^2 von 0.997969, für das restringierte Modell ergibt sich $R^2 = 0.997669$. Es errechnet sich ein F-Wert von 1.0524, der mit dem tabellierten Wert $F(8, 57)$ verglichen werden muß.

Tabelle 8.17: Gepoolte Schätzung zu den Einflussfaktoren auf die Höhe der Bankkredite (Erweiterung)

Variable	Koef.	t-Wert
t	0.0331	(7.86)
UMS_t	0.4610	(4.30)
KB_t	-0.4518	(-2.83)
KMU_t	0.1212	(1.08)
RT_t	-0.0527	(-1.49)
$KB_t * RT_t$	-0.0517	(-2.99)
$KMU_t * RT_t$	0.0033	(0.52)

Sektorspezifische Effekte:

Sektor[a]	c		WV_t	
	Koef.	t-Wert	Koef.	t-Wert
CHEMIE	2.3804	(1.77)	0.0013	(0.05)
GUMMI	3.0262	(2.48)	0.0729	(2.31)
GLAS	3.1765	(2.65)	0.0462	(0.99)
METALL	3.4420	(2.68)	0.1724	(3.64)
MASCHINEN	3.6267	(2.56)	0.0794	(3.20)
ELEKTRO	3.7170	(2.74)	0.0540	(2.10)
HOLZ	4.0046	(3.12)	0.0692	(2.13)
TEXTIL	3.5694	(2.87)	-0.0466	(-1.67)
NAHRUNG	3.9692	(3.01)	-0.0037	(-0.09)

[a]) Sektoren: vgl. Tabelle 8.1.

Die Ergebnisse der entsprechend modifizierten Schätzung sind in Tabelle 8.17 festgehalten. Es wird zunächst deutlich dass der Zinssatz nun insignifikant ist. Seine Bedeutung findet sich in den neu aufgenommenen Variablen wieder. Gewichtet mit dem Anteil an KMU in den Sektoren übt der Zinssatz jedoch auch dort keinen signifikanten Einfluss aus. Hingegen ist der Koeffizient von $KB * RT$ signifikant negativ. Die Bankkredite sinken also bei gegebenem Anteil an kleinen Banken mit steigendem Zinssatz oder aber bei gegebenem Tagesgeldsatz, wenn der Anteil kleiner Banken erhöht wird. Die Ergebnisse der Panel-Studie bestätigen also die Befunde, die sich in der VAR-Untersuchung der einzelnen Sektoren ergeben hatten:

Der Anteil kleiner Banken hat einen nicht zu vernachlässigenden Einfluss darauf, wie die Bankkredite der Sektoren auf Geldpolitik reagieren. Mit steigendem Anteil kleiner Banken sinkt das Volumen der Bankkredite. Dieses Ergebnis deutet darauf hin, dass die Bankenstruktur eines Sektors Einfluss darauf hat, in welchem Maß er sich über Bankkredite finanziert, und dass dieser Zusammenhang nicht durch die Größenverhältnisse der Unternehmen innerhalb der Sektoren zu erklären ist. Dieses Ergebnis liefert also Evidenz für das Vorliegen eines Bankkreditkanals in Deutschland.

Kapitel 9

Zusammenfassung und Ausblick

Zentrales Ziel der vorliegenden Arbeit war es, die Transmission geldpolitischer Maßnahmen in der Volkswirtschaft zu untersuchen. Sowohl der traditionelle Zinskanal als auch der Kreditkanal als Erweiterung beziehungsweise Alternative zu dem traditionellen Ansatz wurden zur Verfolgung dieses Zieles analysiert.

Ausgangspunkt der Untersuchung bildete die übliche Modellierung eines VAR-Modells zur Untersuchung der Effekte geldpolitischer Maßnahmen, wie sie SIMS (1992) erstmals für Deutschland verwendete. Im Gegensatz zu bereits existierenden Arbeiten zu diesem Thema berücksichtigte die vorliegende Untersuchung jedoch die Besonderheiten der deutschen Gegebenheiten. So wurde mit dem Zeitraum 1985 bis 1997 eine Phase homogener Zentralbankpolitik gewählt und die Wiedervereinigung Deutschlands in die Analyse einbezogen. Als Variable zur Abbildung der geldpolitischen Maßnahmen fand zunächst der Geldmarkttagessatz Verwendung. Es zeigte sich, dass es nur unbedeutende reale Outputeffekte eines nicht-antizipierten geldpolitischen Impulses gab. Geldmenge und Preisniveau hingegen sanken als Folge einer positiven Innovation im Tagesgeldsatz.

Daraufhin wurde erstmalig für Deutschland eine Erweiterung dieses Modells entwickelt, die den Umstand berücksichtigt, dass auch der Tagesgeldsatz keine Größe ist, die allein von der Bundesbank zu beeinflussen ist. Das modifizierte Modell bezieht den Wertpapierpensionssatz als tatsächlich autonome Angebotsvariable ein. Da jedoch zwischen Tagesgeld- und Wertpapierpensionssatz unmittelbare, wechselseitige Beziehungen vorliegen, musste die üblicherweise verwendete reine WOLD-Ordnung des VAR-Systems verlassen werden.

Die mithilfe eines nicht-rekursiven, strukturellen VAR-Modells gewonnenen Impuls-Antwort-Funktionen zeigten, dass die konventionelle Modellierung die Wirkungen der Geldpolitik auf die monetären Variablen unterschätzt. Die realen Wirkungen blieben dagegen auch in diesem Modell unbedeutend. Eine Prognosefehler-Varianzzerlegung des erweiterten Modells machte deutlich, dass Störungen des Geldmarkttagessatzes in den konventionellen Modellen zu 80 Prozent von angebotsseitigen Störungen verursacht wurden. Ein Fünftel des Störungen hatte seine Ursache jedoch in nachfrageseitigen Impulsen. Eine Analyse der Wirkungen von Geldpolitik, die allein mit dem Tagesgeldsatz arbeitet, muss sich dieser Vermischung der Effekte bewusst sein, die - wie gezeigt - zu einer Unterschätzung der Wirksamkeit von geldpolitischen Maßnahmen führt.

Bereits bei diesem Zwischenergebnis sei auf dessen Bedeutung für die Europäische Zentralbank hingewiesen, die seit dem 1. Januar 1999 für die Geldpolitik im Eurosystem zuständig ist. Sie ergibt sich als Analogieschluss aus der großen institutionellen Nähe der EZB zur Deutschen Bundesbank. Da die EZB aus zeitreihentechnischen Gründen noch keine ähnliche Untersuchung ihrer Geldpolitik vornehmen kann, sollten diese Ergebnisse für Deutschland von großem Wert für die Entwicklung einer angemessenen geldpolitischen Variable der EZB für den gesamten europäischen Währungsraum sein.

Im Anschluss an dieses Ergebnis stellte sich die Frage, ob die ausschließliche Betrachtung des Zinskanals und damit der Veränderung gesamtwirtschaftlicher Größen tatsächlich alle Effekte geldpolitischer Maßnahmen berücksichtigt. Der traditionelle Transmissionsmechanismus unterstellt einen vollkommenen Kapitalmarkt. Sowohl in der theoretischen Diskussion als auch auf der Grundlage empirischer Untersuchungen erwies sich diese Annahme jedoch als nicht haltbar. Hebt man sie auf, so verliert das Modigliani/Miller-

Theorem seine Gültigkeit. Bei Vorliegen von Informationsasymmetrien werden die Kosten einer externen Finanzierung von Investitionsprojekten höher ausfallen als die einer internen Mittelbeschaffung. Für die Höhe der Differenz zwischen beiden Finanzierungsarten spielt die finanzielle Situation des Kreditnehmers eine entscheidende Rolle. Geldpolitische Maßnahmen haben dadurch distributive Wirkungen. Es kann zu gesamtwirtschaftlichen Effizienzverlusten kommen.

In der jüngeren geldtheoretischen Diskussion werden die Theorien des Bilanzkanals und des Bankkreditkanals als Erklärungsansätze für dieses Ergebnis diskutiert. Bereits in einer ersten deskriptiven Analyse konnte gezeigt werden, dass im Beobachtungszeitraum die notwendigen Bedingungen für die Existenz eines Bankkreditkanals in Deutschland erfüllt waren. Bankkredite stellten die bedeutendste Außenfinanzierungsquelle der Unternehmen in Deutschland dar. Gerade für kleinere Unternehmen existierte keine bedeutsame Alternative zu den Bankkrediten. Auch für den Geschäftsbankensektor konnte belegt werden, dass Bankkredite nicht vollkommen substituierbar waren. Interessanterweise ergab sich zudem aus einer ebenfalls vorgenommenen Betrachtung der rechtlichen Bestimmungen im Geschäftsbankensektor, dass diese die asymmetrische Wirkung eines Bankkreditkanals begünstigten: Während kontraktive geldpolitische Maßnahmen aufgrund des Bankkreditkanals überproportional auf die bankabhängigen Unternehmen durchschlagen konnte, verhinderten regulatorische Maßnahmen eine entsprechende Umkehrung in Zeiten einer geldpolitischen Lockerung. Darüber hinaus erhöht die Tatsache, dass Deutschland ein bankorientiertes Finanzsystem besitzt, die Wahrscheinlichkeit der Existenz eines Bankkreditkanals im Vergleich zu marktorientierten Finanzsystemen.

Aus den genannten Gründen eignet sich eine aggregierte Betrachtung nicht zur Überprüfung der Existenz eines Kreditkanals. Deshalb wurde über die Entwicklung eines in bisherigen Untersuchungen noch nicht verwendeten Modells versucht, das Aggregationsniveau der empirischen Analyse zumindest auf die Ebene der Branchen herabzusenken, um die asymmetrischen Wirkungen eines Kreditkanals empirisch besser erfassen zu können. Anhand einer disaggregierten VAR-Untersuchung von 9 Sektoren des Verarbeitenden Gewerbes zeigte sich, dass diese Sektoren, unabhängig von ihrer wirtschaftlichen Entwicklung, völlig unterschiedlich auf einen kontraktiven geldpolitischen Impuls reagierten. Einige Branchen weiteten ihre Bankkredite im Vergleich zu anderen Sektoren aus, andere schränkten ihre Kredite ein. Dies kann als eine Bestätigung für die asymmetrischen Wirkungen der Geldpolitik und einen Hinweis auf die Existenz eines Kreditkanals gewertet werden.

Zudem stellte sich eine starke Korrelation zwischen dem Anteil kleiner Banken (Sparkassen und Kreditgenossenschaften) an der Finanzierung der Sektoren und deren Reaktion auf den geldpolitischen Impuls heraus. Je höher der Anteil kleiner Banken, desto stärker wurden die Bankkredite bei kontraktiver Geldpolitik im Vergleich zu den anderen Sektoren eingeschränkt. Häufig findet sich in diesem Zusammenhang das Argument, dass große Unternehmen sich typischerweise bei großen Banken und kleine Unternehmen bei kleinen Banken finanzieren und dass somit der geschilderte Befund auf die Existenz eines Bilanzkanals hindeutet. Diese Hypothese einer Korrelation zwischen Banken- und Unternehmensgröße auf Individualebene konnte aufgrund des hier vorliegenden Aggregationsniveaus nicht überprüft werden. Da aber gezeigt werden konnte, dass die Korrelation zwischen dem Anteil kleiner und mittlerer Unternehmen und den Reaktionen auf Geldpolitik nur sehr schwach war, liefert dieser Befund eher Evidenz für das Vorliegen eines Bankkreditkanals in Deutschland.

Um ein weiteres Indiz für diese Hypothese zu erhalten, wurde eine Panel-Schätzung vorgenommen, in der sich die Existenz eines Bankkreditkanals ebenfalls bestätigte. Auch hier stellte sich heraus, dass der Anteil kleiner Banken und nicht der Anteil kleiner und mittlerer Unternehmen einen bedeutsamen Einflussfaktor darstellt. Es existiert ein eigenständiger Bankkreditkanal in Deutschland.

Es ist somit als weiteres Resultat festzuhalten, dass eine ausschließlich aggregierte Bewertung der Wirkungen der Geldpolitik wichtige Aspekte außer acht lässt. Es wurde deutlich, dass die Kreditnehmer kleiner Banken stärker von kontraktiven geldpolitischen Maßnahmen betroffen waren als sonstige Kreditnehmer. Bestätigt sich dieser Befund auch außerhalb des Verarbeitenden Gewerbes, dann kann dies eine Reihe von Konsequenzen haben, die bei der Gestaltung und Organisation der Finanzmärkte berücksichtigt werden müssen. Auch darüber hinausgehende wirtschaftspolitische Fragestellungen sind nunmehr von den geldpolitischen Maßnahmen tangiert. Drei Beispiele mögen dies verdeutlichen:

- Gerade junge Unternehmen werden sich aufgrund der in Kapitel 6.4.2 geschilderten Informationsasymmetrien eher bei kleinen Banken finanzieren. Aus der Bankenstatistik geht z. B. hervor, dass 45 Prozent aller Bankkredite an den Sektor „Datenverarbeitung und Datenbanken, Forschung und Entwicklung", der einen dynamischen Bereich des gesamten Dienstleistungssektors darstellt, von den kleinen Banken vergeben werden. Im gesamten Dienstleistungssektor liegt dieser Anteil lediglich bei 30 Prozent. Unternehmensgründungen werden in Deutschland als wünschenswert angesehen und entsprechend gefördert. Aus der Existenz eines Bankkreditkanals ergibt sich aber eine Benachteiligung der jungen Unternehmen hinsichtlich der Wirkungen von Geldpolitik auf ihre Finanzsituation.

- Sofern auf Individualebene eine positive Korrelation zwischen Unternehmens- und Bankengröße vorliegt, gilt der gleiche Argumentationsstrang auch für den Bereich kleiner und mittlerer Unternehmen, die über Konzepte zur Mittelstandsförderung eine Unterstützung erfahren sollen, um wirtschaftspolitische Ziele wie Sicherung des Wettbewerbs und des unternehmerischen Entwicklungspotenzials zu realisieren.

- Auch bei der Baubranche, die einen hohen Stellenwert als Impulsgeber der konjunkturellen Entwicklung einnimmt, zeigt sich, dass die Unternehmen dieses Sektors bei ihrer Finanzierung überdurchschnittlich von kleinen Banken abhängen.

Prinzipiell lassen sich die Ergebnisse auch auf den gesamten Bereich wirtschaftlich unselbständiger Privatpersonen ausdehnen, da diese sich ebenfalls überdurchschnittlich bei kleinen Banken finanzieren. In weiteren disaggregierten Untersuchungen für die jeweils interessierenden Untergruppen ließe sich klären, inwieweit dort tatsächlich eine Benachteiligung stattfindet. Die Datenlage für die genannten Bereiche ist jedoch noch wesentlich schlechter als für das Verarbeitende Gewerbe. Die Datensituation bildet zugleich das Haupthindernis, die Ergebnisse der vorliegenden Arbeit einer noch systematischeren Einbettung zu unterziehen. Sofern in Zukunft durch eine Ausdehnung der Erhebungsformen auf weiter disaggregierte Daten zugegriffen werden kann, ergibt sich diesbezüglich ein weiteres lohnendes Forschungsfeld. Dann könnten auch so bedeutsame Aspekte wie eine Quantifizierung der Effekte vorgenommen werden. Dies war im Rahmen der vorliegenden Untersuchung nicht möglich.

Es mag zwar eingewendet werden, dass mit zunehmender Bedeutung alternativer Finanzierungsmöglichkeiten der hier diagnostizierte Bankkreditkanal an Bedeutung verliert. Es wird aber auch dann wieder gruppenspezifische Zugangsschwierigkeiten zu den alternativen Finanzierungsquellen geben. Benachteiligt sind in diesem Fall nicht mehr nur die Kreditnehmer der kleinen Banken, sondern alle Unternehmen, für die aus verschiedenen Gründen - die in der vorliegenden Arbeit ebenfalls diskutiert wurden - diese Alternativen nicht offenstehen. In diesem Szenario wird der finanziellen Situation der Unternehmen wieder eine größere Rolle zukommen. Auch mit der Entwicklung alternativer Finanzinstrumente wird somit eine disaggregierte Betrachtung der Wirkungen geldpolitischer Maßnahmen eine notwendige Forderung bleiben.

Anhang A

Anhang Kapitel 2

A.1 Ein Beispiel zur Bedeutung des Kointegrationsranges

Das Beispiel eines VAR(1)-Modells mit $n = 2$ Variablen soll die Bedeutung unterschiedlicher Kointegrationsränge, insbesondere die extremen Ausprägungen $Rang(\boldsymbol{\pi}) = 0$ bzw. $Rang(\boldsymbol{\pi}) = n$, verdeutlichen. Das VAR(1)-Modell lautet in diesem Fall

$$\begin{pmatrix} y_{1t} \\ y_{2t} \end{pmatrix} = \begin{pmatrix} \phi_{11} & \phi_{12} \\ \phi_{21} & \phi_{22} \end{pmatrix} \begin{pmatrix} y_{1,t-1} \\ y_{2,t-1} \end{pmatrix} + \begin{pmatrix} \epsilon_{1t} \\ \epsilon_{2t} \end{pmatrix}. \tag{A.1}$$

Dieses Modell kann als Fehlerkorrekturmodell geschrieben werden:

$$\begin{pmatrix} \Delta y_{1t} \\ \Delta y_{2t} \end{pmatrix} = \begin{pmatrix} \phi_{11} - 1 & \phi_{12} \\ \phi_{21} & \phi_{22} - 1 \end{pmatrix} \begin{pmatrix} y_{1,t-1} \\ y_{2,t-1} \end{pmatrix} + \begin{pmatrix} \epsilon_{1t} \\ \epsilon_{2t} \end{pmatrix}. \tag{A.2}$$

Es können 0, 1 oder 2 Kointegrationsbeziehungen existieren. Damit $\boldsymbol{\pi}$ den Rang 0 hat, müssen alle Elemente von $\boldsymbol{\pi}$ den Wert null annehmen:

$$\boldsymbol{\pi} = \begin{pmatrix} \phi_{11} - 1 & \phi_{12} \\ \phi_{21} & \phi_{22} - 1 \end{pmatrix} = \begin{pmatrix} 0 & 0 \\ 0 & 0 \end{pmatrix}. \tag{A.3}$$

Für das zugrunde liegende VAR-Modell bedeutet dies, dass gilt: $\phi_{11} = \phi_{22} = 1$ und $\phi_{12} = \phi_{21} = 0$. Das Gleichungssystem (A.1) wird zu:

$$\begin{aligned} y_{1t} &= y_{1,t-1} + \epsilon_{1t} \\ y_{2t} &= y_{2,t-1} + \epsilon_{2t}. \end{aligned} \tag{A.4}$$

Das VAR-Modell enthält zwei Einheitswurzeln. Es gibt keinen kointegrierenden Vektor. Ein Rang der Matrix $\boldsymbol{\pi}$ von null bedeutet also, dass es sich bei den Variablen des Modells um I(1)-Variablen handelt, die nicht über eine kointegrierende Beziehung verbunden sind. In diesem Fall könnte eine Schätzung des Modells in den ersten Differenzen vorgenommen werden.

Wenn $\boldsymbol{\pi}$ den Rang 1 hat, dann bedeutet das, dass eine unabhängige, stationäre Linearkombination zwischen den Variablen existiert. Da die Matrix $\boldsymbol{\pi}$ im gewählten Beispiel zwei Reihen besitzt, muss demzufolge gelten:[1]

$$|\boldsymbol{\pi}| = |\boldsymbol{\phi} - \boldsymbol{I}| = 0. \tag{A.5}$$

Vergleicht man diesen Ausdruck mit der charakteristischen Gleichung für das Modell aus Gleichung (A.1)

$$|\boldsymbol{\phi} - \lambda \boldsymbol{I}| = 0, \tag{A.6}$$

dann erkennt man, dass für den größeren der beiden Eigenwerte von $\boldsymbol{\phi}$ gelten muss

$$\lambda_1(\boldsymbol{\phi}) = 1. \tag{A.7}$$

Die Variablen y_{1t} und y_{2t} unterliegen einem gemeinsamen stochastischen Trend, es existiert aber $2 - 1 = 1$ kointegrierende Beziehung zwischen ihnen.[2] Hier kann die Darstellung als Fehlerkorrekturmodell mit einer Kointegrationsbeziehung gewählt werden.

Wenn $\boldsymbol{\pi}$ vollen Rang hat, existieren bei zwei Variablen zwei voneinander unabhängige Linearkombinationen, die stationär sind. Das ist nur möglich, wenn jede der Variablen selbst einen stationären Prozess darstellt. Ein Blick auf das VAR-Modell bestätigt dies. $\boldsymbol{\pi}$ kann nur dann vollen Rang haben, wenn alle charakteristischen Wurzeln des VAR innerhalb des Einheitskreises liegen. Das bedeutet aber Stationarität der betroffenen Variablen. Für diese Variablengruppe ist ausschließlich das VAR(1)-Modell in den Niveaus eine angemessene Modellierung.

[1] Vgl. LÜTKEPOHL (1993, S. 452).

[2] Bei n Variablen gilt, dass der Rang ($\boldsymbol{\pi}$) für jedes $\lambda_i(\boldsymbol{\phi}) = 1$ um eins abnimmt.

Anhang B

Anhang Kapitel 4 und 5

B.1 Die verwendeten Zeitreihen

RT

1985	5.52	5.78	5.85	5.70	5.67	5.52
	5.13	4.77	4.59	4.54	4.61	4.64
1986	4.58	4.59	4.90	4.76	4.30	4.39
	4.61	4.49	4.39	4.41	4.45	5.00
1987	4.24	3.83	3.84	3.75	3.69	3.61
	3.73	3.78	3.71	3.74	3.55	3.19
1988	3.13	3.32	3.24	3.25	3.30	3.74
	4.44	4.74	4.70	4.74	4.62	4.89
1989	5.23	5.94	5.61	5.85	6.32	6.47
	6.91	6.76	6.91	7.86	7.54	7.67
1990	7.58	7.77	7.72	7.79	7.72	7.83
	8.02	8.03	8.03	8.04	8.12	8.43
1991	8.53	8.69	8.76	8.85	8.58	8.79
	8.83	8.93	9.07	8.78	9.04	9.23
1992	9.52	9.58	9.62	9.60	9.61	9.65
	9.69	9.72	9.32	8.91	8.86	8.91
1993	8.69	8.65	8.34	8.05	7.85	7.82
	7.28	6.84	6.99	6.74	6.43	6.19
1994	6.15	6.22	5.99	5.66	5.36	5.14
	5.04	4.93	4.81	4.93	5.03	4.90
1995	4.98	4.99	4.79	4.66	4.66	4.55
	4.57	4.40	4.20	4.10	4.06	4.08
1996	3.61	3.34	3.38	3.37	3.33	3.34
	3.29	3.25	3.09	3.08	3.09	3.11
1997	3.12	3.13	3.15	3.08	3.01	3.07

wird fortgesetzt

	3.09	3.16	3.10	3.40	3.46	3.44
RP						
1985	5.45	5.70	5.90	5.67	5.58	5.46
	5.20	4.75	4.59	4.55	4.58	4.61
1986	4.55	4.51	4.30	4.35	4.35	4.36
	4.36	4.36	4.36	4.37	4.38	4.58
1987	4.60	3.80	3.80	3.80	3.63	3.55
	3.57	3.60	3.62	3.80	3.38	3.25
1988	3.25	3.25	3.25	3.25	3.25	3.33
	3.83	4.25	4.25	4.28	4.38	4.84
1989	5.13	5.78	5.90	5.91	6.29	6.53
	6.60	6.65	6.89	7.33	7.30	7.30
1990	7.70	7.76	7.81	7.78	7.80	7.80
	7.89	7.94	7.96	8.00	8.00	8.51
1991	8.56	8.50	8.50	8.58	8.60	8.73
	8.79	8.93	9.00	9.00	9.05	9.29
1992	9.40	9.41	9.48	9.56	9.60	9.60
	9.63	9.70	9.53	8.83	8.75	8.77
1993	8.63	8.51	8.31	8.05	7.63	7.60
	7.25	6.80	6.75	6.63	6.33	6.05
1994	6.00	6.00	5.87	5.62	5.30	5.05
	4.89	4.85	4.85	4.85	4.85	4.85
1995	4.85	4.85	4.85	4.51	4.51	4.50
	4.50	4.42	4.14	4.04	3.99	3.87
1996	3.67	3.32	3.30	3.30	3.30	3.30
	3.30	3.24	3.00	3.00	3.00	3.00
1997	3.00	3.00	3.00	3.00	3.00	3.00
	3.00	3.00	3.00	3.18	3.30	3.30
P (logarithmierte Werte)						
1985	4.4942	4.4986	4.5020	4.5031	4.5031	4.5031
	4.5031	4.4998	4.5009	4.5020	4.5031	4.5042
1986	4.5075	4.5064	4.5031	4.5031	4.5031	4.5031
	4.4998	4.4964	4.4975	4.4942	4.4931	4.4942
1987	4.4998	4.5009	4.5009	4.5031	4.5031	4.5042
	4.5042	4.5031	4.5020	4.5031	4.5031	4.5042
1988	4.5086	4.5108	4.5108	4.5130	4.5152	4.5163
	4.5163	4.5152	4.5163	4.5174	4.5207	4.5228
1989	4.5315	4.5347	4.5358	4.5422	4.5432	4.5443
	4.5432	4.5432	4.5443	4.5475	4.5496	4.5528
1990	4.5580	4.5622	4.5622	4.5643	4.5664	4.5674
	4.5674	4.5705	4.5736	4.5808	4.5788	4.5798
1991	4.5859	4.5910	4.5910	4.5930	4.5971	4.6021
	4.6151	4.6141	4.6141	4.6151	4.6200	4.6210
1992	4.6259	4.6327	4.6356	4.6405	4.6424	4.6463
	4.6491	4.6491	4.6482	4.6501	4.6539	4.6549
1993	4.6634	4.6709	4.6737	4.6756	4.6774	4.6812
	4.6849	4.6858	4.6839	4.6839	4.6858	4.6876
1994	4.6931	4.6995	4.7004	4.7013	4.7041	4.7068
	4.7095	4.7113	4.7095	4.7086	4.7095	4.7122
1995	4.7140	4.7193	4.7193	4.7220	4.7220	4.7256
	4.7282	4.7265	4.7256	4.7247	4.7247	4.7273

wird fortgesetzt

1996	4.7282	4.7335	4.7335	4.7344	4.7370	4.7379
	4.7414	4.7405	4.7397	4.7397	4.7388	4.7414
1997	4.7466	4.7501	4.7492	4.7475	4.7518	4.7544
	4.7587	4.7604	4.7578	4.7561	4.7570	4.7578

M3 (logarithmierte Werte)

1985	13.7044	13.7088	13.6988	13.7022	13.7102	13.7142
	13.7155	13.7179	13.7159	13.7195	13.7407	13.8008
1986	13.7818	13.7828	13.7748	13.7745	13.7828	13.7918
	13.7951	13.8044	13.8037	13.8128	13.8428	13.8649
1987	13.8530	13.8562	13.8457	13.8495	13.8616	13.8637
	13.8641	13.8737	13.8658	13.8749	13.9027	13.9220
1988	13.9091	13.9164	13.9031	13.9115	13.9232	13.9251
	13.9244	13.9303	13.9313	13.9414	13.9667	13.9891
1989	13.9745	13.9786	13.9694	13.9720	13.9738	13.9753
	13.9824	13.9818	13.9811	13.9854	14.0087	14.0431
1990	14.0181	14.0228	14.0083	14.0127	14.0161	14.1558
	14.1572	14.1646	14.1677	14.1700	14.1882	14.2229
1991	14.1993	14.2043	14.1953	14.1934	14.2002	14.2028
	14.2003	14.2096	14.2119	14.2172	14.2439	14.2840
1992	14.2642	14.2692	14.2656	14.2715	14.2800	14.2837
	14.2891	14.2988	14.3115	14.3118	14.3385	14.3570
1993	14.3388	14.3451	14.3454	14.3509	14.3609	14.3647
	14.3692	14.3739	14.3752	14.3838	14.4145	14.4608
1994	14.4504	14.4528	14.4505	14.4556	14.4571	14.4581
	14.4526	14.4520	14.4476	14.4496	14.4610	14.4766
1995	14.4547	14.4517	14.4410	14.4416	14.4476	14.4452
	14.4442	14.4490	14.4512	14.4545	14.4780	14.5123
1996	14.5017	14.5106	14.5103	14.5128	14.5164	14.5190
	14.5185	14.5233	14.5279	14.5331	14.5502	14.5956
1997	14.5759	14.5768	14.5743	14.5741	14.5808	14.5811
	14.5792	14.5822	14.5803	14.5815	14.6022	14.6307

BIP (logarithmierte Werte)

1985	12.0092	12.0000	12.1153	12.0851	12.0887	12.0483
	12.1265	12.0128	12.1617	12.2187	12.1414	12.0403
1986	12.0468	12.0341	12.0778	12.1698	12.0381	12.1113
	12.1472	12.0096	12.2040	12.2376	12.1530	12.0935
1987	11.9961	12.0582	12.1481	12.1337	12.1055	12.1055
	12.1378	12.0465	12.2238	12.2232	12.1942	12.1290
1988	12.0224	12.1079	12.2191	12.1193	12.1425	12.1762
	12.1004	12.1465	12.2671	12.2250	12.2334	12.1809
1989	12.1329	12.1236	12.2224	12.1990	12.1203	12.2559
	12.1576	12.1668	12.2706	12.2893	12.2676	12.1670
1990	12.1768	12.1603	12.2949	12.2016	12.2746	12.2325
	12.2477	12.2337	12.3090	12.3683	12.3376	12.1991
1991	12.3458	12.2966	12.3848	12.4072	12.3268	12.3986
	12.4074	12.3060	12.4448	12.4687	12.4248	12.3203
1992	12.3293	12.3542	12.4479	12.4075	12.3573	12.4065
	12.4161	12.3024	12.5005	12.4858	12.4361	12.3457
1993	12.2543	12.2983	12.4820	12.3772	12.3313	12.4251
	12.3600	12.3440	12.5036	12.4430	12.4370	12.3819
1994	12.2876	12.3190	12.5101	12.3686	12.3865	12.4608

wird fortgesetzt

	12.3756	12.3777	12.5277	12.4392	12.4843	12.4224
1995	12.3250	12.3545	12.5205	12.3658	12.4641	12.4524
	12.4100	12.3992	12.5165	12.4705	12.5216	12.3789
1996	12.3639	12.3727	12.4723	12.4374	12.4384	12.4435
	12.4768	12.3898	12.5276	12.5265	12.5135	12.3844
1997	12.3812	12.4031	12.4557	12.5116	12.3754	12.5135
	12.5336	12.3578	12.5651	12.5539	12.5213	12.4217

BIPk (logarithmierte Werte)

1985	12.0092	12.0000	12.1153	12.0851	12.0887	12.0483
	12.1265	12.0128	12.1617	12.2187	12.1414	12.0403
1986	12.0468	12.0341	12.0778	12.1698	12.0381	12.1113
	12.1472	12.0096	12.2040	12.2376	12.1530	12.0935
1987	11.9961	12.0582	12.1481	12.1337	12.1056	12.1056
	12.1378	12.0465	12.2238	12.2232	12.1942	12.1290
1988	12.0224	12.1079	12.2191	12.1193	12.1425	12.1763
	12.1004	12.1465	12.2671	12.2250	12.2334	12.1809
1989	12.1329	12.1236	12.2225	12.1990	12.1204	12.2559
	12.1576	12.1668	12.2706	12.2893	12.2676	12.1670
1990	12.1768	12.1603	12.2949	12.2016	12.2747	12.2325
	12.2477	12.2337	12.3090	12.3683	12.3376	12.1991
1991	12.2556	12.2064	12.2947	12.3170	12.2366	12.3084
	12.3172	12.2159	12.3547	12.3785	12.3346	12.2301
1992	12.2391	12.2640	12.3577	12.3173	12.2671	12.3164
	12.3260	12.2123	12.4104	12.3957	12.3459	12.2556
1993	12.1641	12.2082	12.3919	12.2870	12.2411	12.3349
	12.2699	12.2538	12.4134	12.3528	12.3468	12.2918
1994	12.1975	12.2289	12.4199	12.2784	12.2963	12.3707
	12.2854	12.2876	12.4375	12.3490	12.3941	12.3322
1995	12.2349	12.2643	12.4304	12.2756	12.3739	12.3623
	12.3198	12.3091	12.4264	12.3803	12.4314	12.2888
1996	12.2737	12.2826	12.3822	12.3473	12.3483	12.3533
	12.3866	12.2997	12.4374	12.4364	12.4233	12.2942
1997	12.2911	12.3129	12.3656	12.4215	12.2853	12.4233
	12.4434	12.2677	12.4750	12.4638	12.4312	12.3315

M3k (logarithmierte Werte)

1985	13.7044	13.7089	13.6989	13.7022	13.7102	13.7142
	13.7155	13.7179	13.7159	13.7195	13.7407	13.8008
1986	13.7818	13.7828	13.7748	13.7745	13.7828	13.7918
	13.7951	13.8044	13.8037	13.8128	13.8428	13.8649
1987	13.8530	13.8562	13.8457	13.8495	13.8616	13.8637
	13.8641	13.8737	13.8658	13.8749	13.9027	13.9220
1988	13.9091	13.9164	13.9031	13.9115	13.9232	13.9251
	13.9244	13.9303	13.9313	13.9414	13.9667	13.9891
1989	13.9745	13.9786	13.9694	13.9720	13.9738	13.9753
	13.9824	13.9818	13.9811	13.9854	14.0087	14.0431
1990	14.0181	14.0228	14.0083	14.0127	14.0161	14.0177
	14.0191	14.0265	14.0296	14.0320	14.0501	14.0849
1991	14.0613	14.0663	14.0572	14.0553	14.0622	14.0648
	14.0623	14.0715	14.0738	14.0791	14.1059	14.1459
1992	14.1261	14.1311	14.1276	14.1334	14.1419	14.1457
	14.1510	14.1607	14.1735	14.1738	14.2004	14.2190

wird fortgesetzt

1993	14.2007	14.2070	14.2073	14.2128	14.2229	14.2267
	14.2312	14.2359	14.2372	14.2457	14.2764	14.3227
1994	14.3124	14.3147	14.3125	14.3175	14.3190	14.3200
	14.3146	14.3140	14.3095	14.3115	14.3229	14.3385
1995	14.3167	14.3137	14.3029	14.3036	14.3096	14.3072
	14.3062	14.3110	14.3131	14.3164	14.3400	14.3742
1996	14.3637	14.3725	14.3723	14.3748	14.3784	14.3809
	14.3805	14.3853	14.3899	14.3951	14.4121	14.4576
1997	14.4378	14.4388	14.4363	14.4360	14.4428	14.4431
	14.4411	14.4442	14.4422	14.4434	14.4641	14.4926

B.2 Einheitswurzeltest und Strukturbruch

Ein nicht-erfasster Strukturbruch in einer Zeitreihe begünstigt die Nicht-Ablehnung der Nullhypothese in DF/ADF- bzw. PP-Tests. Die Teststatistiken sind zugunsten einer Nicht-Ablehnung der Nullhypothese verzerrt.[1] Dies sei an einem Beispiel verdeutlicht: Der wahre datenerzeugende Prozess sei ein trendstationärer Prozess mit Konstante und Trend und einem positiven Strukturbruch in t_b ($0 < t_b < T$), welcher das Niveau für den Zeitraum $t \geq t_b$ erhöhe:

$$y_t = c_0 + dt + \alpha y_{t-1} + (c_1 - c_0)Dl_t + \epsilon_t \tag{B.1}$$

mit	c_0	$= c_0(\text{const.})$,
	t	$= 1, 2, \ldots, T$,
	$\|\alpha\|$	< 1,
	c_1	$> c_0$
und	Dl_t	eine Dummyvariable mit dem Wert 0 für $t < t_b$ und dem Wert 1 für $t \geq t_b$.

Abbildung (B.1) zeigt einen solchen Prozess.

Eine derartige Zeitreihe soll auf ihre Stationaritätseigenschaften überprüft werden. Hierbei sei in einem ersten Schritt unterstellt, dass der Strukturbruch zum Zeitpunkt t_b nicht als solcher erkannt worden sei.

Die üblicherweise verwendeten Einheitswurzeltests, so auch DF/ADF- und PP-Test, setzen als Nullhypothese die Existenz einer Einheitswurzel.[2] In dem hier entwickelten Fall werde also die Nullhypothese eines Random Walk mit Drift gegen die Alternativhypothese eines deterministischen Trends getestet:

$$H_0: \quad y_t = c_0 + y_{t-1} + \epsilon_t \tag{B.2}$$

$$H_1: \quad y_t = c_0 + dt + \alpha y_{t-1} + \epsilon_t. \tag{B.3}$$

Hierzu wird folgende Regressionsgleichung verwendet:

$$y_t = c_0 + dt + \alpha y_{t-1} + \epsilon_t. \tag{B.4}$$

[1] Vgl. hierzu insbesondere ASSENMACHER (1998, S. 635) und ENDERS (1995, S. 243 ff.).

[2] Zu Ansätzen, die gegen die Alternativhypothese einer Einheitswurzel testen vgl. z. B. HASSLER (1994, S. 216 ff.).

Abbildung B.1: Ein trendstationärer Prozess mit Strukturbruch[a]

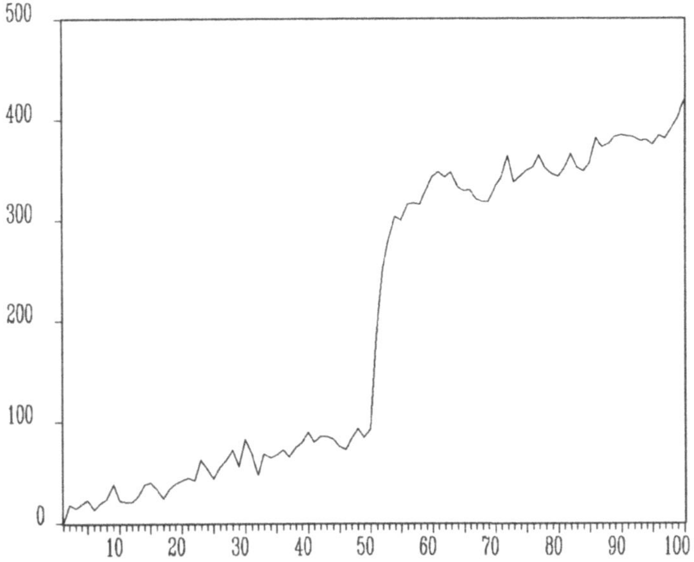

[a]) Die Werte für die abgebildete Zeitreihe wurden ermittelt, indem unter Berücksichtigung von $y_0 = 0$, $c = 1$, $t = 1, \ldots, 100$, $Dl_t = 0$ für $t = 1, \ldots, 50$, $Dl_t = 100$ für $t = 51, \ldots, 100$, die Werte für

$$y_t = c + t + Dl_t + 0.5y_{t-1} + \epsilon_t$$

für $t = 1, \ldots, 100$ errechnet wurden. Die Variable ϵ_t wurde als normal und unabhängig verteilte Zufallsvariable mit der Zeit als Hintergrundvariable generiert. Hierzu wurde die entsprechende Funktion in EViews genutzt.

Würde Testgleichung (B.4) den datenerzeugenden Prozess korrekt spezifizieren, so wäre der theoretische Wert von α bei Existenz einer Einheitswurzel gleich Eins. Die Nullhypothese könnte abgelehnt werden, wenn α signifikant von Eins verschieden wäre. Ist nun aber Gleichung (B.1) der wahre datenerzeugende Prozess, so wird der Wert des Koeffizienten $\hat{\alpha}$ einer OLS-Schätzung von Gleichung (B.4) zu hoch geschätzt. Aufgrund der Fehlspezifikation werden kleine Werte von y_t tendenziell von kleinen Werten gefolgt, große Werte hingegen von großen Werten. Die Autokorrelation wird überschätzt, die Nullhypothese der Existenz einer Einheitswurzel somit zu schnell angenommen.[3]

Es bestehen zwei Möglichkeiten, mit einem Strukturbruch in den Daten umzugehen: Zum einen kann der Beobachtungszeitraum in zwei Unterperioden geteilt werden, die den Zeitraum vor und nach dem Strukturbruch umfassen. Diese Teilung bedeutet jedoch einen Verlust an Freiheitsgraden, was zu einer geringeren Güte des Einheitswurzeltests führt.[4]

Die zweite Möglichkeit besteht in der Berücksichtigung des Strukturbruches im Rahmen des Einheitswurzeltests.[5] Hierzu wieder das Beispiel: Wurde erkannt, dass in t_b ein Strukturbruch vorliegt, müssen die Testhypothesen verändert werden. Ein Strukturbruch der hier vorliegenden Form - Veränderung des Niveaus bei gleichbleibendem Trendkoeffizienten - kann bei Vorlie-

[3]Führt man eine OLS-Schätzung für den in Abbildung (B.1) beschriebenen Prozess durch, ohne den Strukturbruch zu beachten, so ergeben sich folgende Werte (Standardfehler in Klammern):

$$\hat{y}_t = \underset{(3.44)}{1.25} + \underset{(0.16)}{0.24t} + \underset{(0.03)}{0.95\hat{y}_{t-1}}.$$

Bei einem t-Wert für die Hypothese $\hat{\alpha} = 1$ von (0.95-1)/0.03 = -1.67 könnte die Nullhypothese der Existenz einer Einheitswurzel anhand der DF-t-Statistik nicht abgelehnt werden.

Bei Berücksichtigung des Strukturbruches lautet die Schätzung:

$$\hat{y}_t = \underset{(2.02)}{5.64} + \underset{(0.10)}{0.80t} + \underset{(7.22)}{99.48Dl_t} + \underset{(0.03)}{0.53\hat{y}_{t-1}}.$$

Der t-Wert für $\hat{\alpha} = 1$ ist in diesem Fall -15.67.

[4]Vgl. hierzu das von PERRON (1989, S. 1365 f.) verwendete Beispiel.

[5]Im Folgenden wird stets davon ausgegangen, dass der genaue Zeitpunkt des Strukturbruches bekannt ist. Zum Umgang mit einem Strukturbruch, dessen Zeitpunkt nicht exakt bestimmbar ist vgl. PERRON und VOGELSANG (1992). Da dies jedoch bei den verwendeten Daten keine Relevanz hat, wird hierauf nicht näher eingegangen.

gen eines trendstationären Prozesses durch eine Dummy-Variable abgebildet werden, die ab diesem Zeitpunkt den Wert Eins annimmt. Die bereits verwendete Variable Dl_t wäre hierfür geeignet. Handelt es sich um einen differenzstationären Prozeß,[6] genügt ein einmaliger Impuls zum Zeitpunkt t_b, um den Prozess auf ein neues Niveau zu bringen:

$$
\begin{aligned}
Dp_t \quad & = 1 \text{ für } t = t_b, \\
& = 0 \text{ sonst.}
\end{aligned}
$$

Die Hypothesen lauten:

$$
\begin{aligned}
H_0: \quad y_t &= c_0 + y_{t-1} + eDp_t + \epsilon_t \\
H_1: \quad y_t &= c_0 + dt + \alpha y_{t-1} + (c_1 - c_0)Dl_t + \epsilon_t.
\end{aligned}
$$

In einem ersten Schritt wird nun die Zeitreihe y_t um die deterministischen Komponenten bereinigt. Dies geschieht mittels OLS-Schätzung, für unser Beispiel

$$
y_t = c_0 + dt + (c_1 - c_0)Dl_t + \epsilon_t. \tag{B.5}
$$

Das Residuum dieser Schätzgleichung, $\hat{\epsilon_t}$, entspricht der trendbereinigten Zeitreihe. Es wird als $\tilde{y}_t$ bezeichnet. Diese Variable wird nun einem DF-Test, ohne Konstante und ohne Trend, unterzogen.

$$
\tilde{y}_t = \tilde{\alpha}\tilde{y}_{t-1} + \tilde{v}_t \qquad \text{bzw.} \qquad \Delta\tilde{y}_t = \tilde{\gamma}\tilde{y}_{t-1} + \tilde{v}_t. \tag{B.6}
$$

Sind die Residuen dieser Schätzung „white-noise", dann kann der t-Wert für $\hat{\tilde{\gamma}}$ ermittelt werden.[7] Dieser wird mit dem entsprechenden kritischen Wert verglichen. Er kann jedoch nicht mehr der DF-t-Statistik entnommen werden, da diese lediglich Konstante und Trend als deterministische Regressoren vorsieht. PERRON(1989, 1990) entwickelte mittels Monte-Carlo-Studien die entsprechenden kritischen Werte.[8] Diese hängen vom Zeitpunkt des Strukturbruches ab. Es wird ein Faktor $\lambda = T_b/T$ (mit T_b = Anzahl

[6] Dieser hat ein unendliches Gedächtnis.

[7] Ansonsten muß der ADF- oder der PP-Test durchgeführt werden.

[8] Vgl. PERRON (1989, S. 1376 f.) bei Verwendung von Konstante und Trend, PERRON (1990, S. 158) bei Verwendung einer Konstante.

der Beobachtungen bis einschließlich t_{b-1}) ermittelt, welcher die Höhe des kritischen Wertes beeinflusst.[9]

Das bisher verwendete Modell ging von einem Strukturbruch aus, der zu einer Änderung des Niveaus der betrachteten Zeitreihen führte. PERRON (1989) verwendet noch weitere Modelle: Einerseits eine exogene Änderung der Wachstumsrate und als dritte Alternative die gleichzeitige, exogene Änderung von Niveau und Wachstumsrate zu einem bestimmten Zeitpunkt. Aus den bereits geschilderten Gründen findet jedoch lediglich das erste Strukturbruchmodell für Output und Geldmenge Verwendung. Eine ausführliche Darstellung der alternativen Modellierungen findet sich in PERRON (1989) sowie in ASSENMACHER (1998).

[9] Für $\lambda = 0$ und $\lambda = 1$ entsprechen die kritischen Werte denen der DF-t-Statistik. Grundsätzlich existiert als Alternative zu diesem zweistufigen Verfahren die Möglichkeit, wie bei den konventionellen Tests eine einstufige Prozedur zu verwenden. Beide Verfahren sind für lineare, deterministische Regressoren asymptotisch äquivalent. Mit Aufnahme einer Strukturbruchvariablen wird der deterministische Teil jedoch nicht-linear. In diesen Fällen gilt die asymptotische Äquivalenz nicht mehr. So muss die einstufige Schätzgleichung für den geschilderten Fall

$$y_t = c_0 + dt + \alpha y_{t-1} + (c_1 - c_0)Dl_t + eDp_t + \epsilon_t \tag{B.7}$$

lauten, um sowohl Null- als auch Alternativhypothese korrekt abbilden zu können (Vgl. CAMPBELL und PERRON 1991, S 148. Dieser Zusammenhang wird leicht falsch dargestellt, so z. B. bei ENDERS 1995, S. 247).) Es soll deshalb die von PERRON (1989) vorgestellte zweistufige Prozedur verwendet werden.

B.3 ADF-Test für die Geldmenge ohne Berücksichtigung des Strukturbruchs

Variable[a]	$M3$	$\Delta M3$
ADF-Test mit Konstante und Trend: $\Delta y_t = c_0 + \delta tr_t + \gamma y_{t-1} + \sum_{i=1}^{l} \beta_i \Delta y_{t-i} + \epsilon_t$		
Laglänge l	12	
t-Wert		
$H_0 : \gamma = 0$	-1.981	
$H_0 : \delta = 0$ bei $\gamma = 0$ [b]	1.901	
Residualstatistik		
Q(1)	0.05	
Q(2)	0.16	
Q(4)	0.22	
Q(12)	2.88	
ADF-Test mit Konstante: $\Delta y_t = c_0 + \gamma y_{t-1} + \sum_{i=1}^{l} \beta_i \Delta y_{t-i} + \epsilon_t$		
Laglänge l		11
t-Wert		
$H_0 : \gamma = 0$		-3.074*(*)
$H_0 : c_0 = 0$ bei $\gamma = 0$ [c]		2.611*
Residualstatistik		
Q(1)		0.12
Q(2)		0.31
Q(4)		0.37
Q(12)		3.73
⇒	$M3 \sim I(1)$	

[a]) $M3$: Geldmenge.

[b]) Kritische Werte vgl. DICKEY und FULLER (1981, S. 1062, Tab. III). Kann H_0 abgelehnt werden, muß zur Überprüfung von $H_0 : \gamma = 0$ die Standard-t-Statistik verwendet werden.

[c]) Kritische Werte vgl. DICKEY und FULLER (1981, S. 1062, Tab. I). Kann H_0 abgelehnt werden, muß zur Überprüfung von $H_0 : \gamma = 0$ die Standard-t-Statistik verwendet werden.

Weitere Erläuterungen siehe Tabelle 4.2.

B.4 Geschätzte Koeffizienten des Standard-VAR-Modells

	$BIPk$		P		$M3k$		R_T	
ϕ'_1	-0.323	(-3.77)	0.006	(0.93)	-0.004	(-0.29)	0.894	(1.46)
	2.212	(1.99)	0.916	(11.54)	0.032	(0.16)	-2.772	(-0.35)
	0.561	(1.29)	0.044	(1.43)	0.958	(12.73)	-3.966	(-1.28)
	-0.003	(-0.23)	-0.001	(-1.40)	0.001	(0.36)	1.027	(12.42)
ϕ'_2	0.043	(0.48)	-0.001	(-0.19)	-0.038	(-2.42)	1.112	(1.72)
	-4.504	(-2.95)	-0.089	(-0.81)	0.310	(1.17)	3.296	(0.30)
	-0.537	(-0.96)	-0.019	(-0.49)	0.060	(0.62)	3.512	(0.88)
	0.021	(1.28)	0.001	(1.18)	0.000	(0.01)	-0.306	(-2.56)
ϕ'_3	0.342	(3.92)	0.009	(1.39)	-0.050	(-3.29)	0.240	(0.38)
	2.073	(1.33)	-0.098	(-0.88)	-0.549	(-2.03)	16.187	(1.45)
	-0.521	(-0.94)	-0.015	(-0.38)	0.041	(0.42)	9.297	(2.33)
	-0.022	(-1.27)	-0.001	(-0.47)	0.000	(0.03)	0.302	(2.41)
ϕ'_4	0.028	(0.30)	0.006	(0.88)	-0.017	(-1.08)	1.202	(1.80)
	-0.038	(-0.02)	0.237	(2.16)	0.101	(0.38)	-12.916	(-1.17)
	1.121	(1.98)	-0.006	(-0.15)	-0.158	(-1.62)	-8.476	(-2.10)
	0.025	(1.41)	0.000	(0.19)	-0.002	(-0.73)	-0.130	(-1.02)
ϕ'_5	0.195	(2.13)	0.008	(1.27)	-0.022	(-1.40)	0.825	(1.26)
	-0.749	(-0.48)	-0.037	(-0.33)	0.380	(1.41)	-6.345	(-0.57)
	-1.541	(-2.63)	0.065	(1.56)	-0.012	(-0.12)	-5.433	(-1.30)
	-0.016	(-0.89)	0.000	(0.18)	-0.001	(-0.26)	0.130	(1.04)
ϕ'_6	0.201	(2.12)	-0.006	(-0.90)	0.019	(1.18)	1.697	(2.50)
	-1.481	(-0.95)	-0.213	(-1.92)	-0.385	(-1.43)	33.868	(3.04)
	0.765	(1.28)	-0.036	(-0.85)	0.161	(1.55)	5.875	(1.37)
	0.012	(0.77)	0.000	(0.43)	0.004	(1.28)	-0.201	(-1.73)
ϕ'_7	0.005	(0.06)	-0.001	(-0.14)	0.015	(0.89)	-0.972	(-1.42)
	3.581	(2.23)	0.258	(2.25)	0.091	(0.33)	-36.867	(-3.20)
	0.430	(0.71)	-0.041	(-0.94)	-0.190	(-1.81)	0.754	(0.17)
	-0.004	(-0.24)	-0.001	(-1.03)	0.001	(0.31)	0.052	(0.49)
ϕ'_8	-0.211	(-2.22)	0.007	(1.02)	0.001	(0.08)	0.636	(0.93)
	-2.509	(-1.43)	-0.161	(-1.29)	0.148	(0.49)	27.444	(2.19)
	-0.517	(-0.85)	0.037	(0.85)	0.027	(0.25)	-1.809	(-0.41)
	-0.009	(-0.64)	0.000	(0.29)	-0.000	(-0.05)	0.057	(0.55)
ϕ'_9	0.036	(0.37)	0.009	(1.30)	-0.023	(-1.39)	-0.259	(-0.37)
	2.051	(1.08)	0.212	(1.57)	-0.249	(-0.76)	-13.963	(-1.03)
	-0.319	(-0.53)	-0.011	(-0.26)	0.123	(1.17)	1.567	(0.36)
	-0.022	(-1.55)	-0.001	(-0.57)	-0.003	(-1.22)	0.048	(0.47)
ϕ'_{10}	-0.078	(-0.82)	0.002	(0.23)	-0.021	(-1.27)	1.449	(2.13)
	-1.852	(-0.97)	-0.030	(-0.22)	0.555	(1.68)	10.138	(0.74)
	0.217	(0.36)	-0.001	(-0.01)	-0.131	(-1.26)	-0.815	(-0.19)
	0.013	(0.95)	0.001	(1.41)	0.004	(1.66)	-0.014	(-0.14)
ϕ'_{11}	-0.024	(-0.25)	0.021	(3.03)	-0.024	(-1.43)	0.934	(1.35)
	2.378	(1.32)	-0.009	(-0.07)	-0.736	(-2.36)	-8.741	(-0.68)
	0.883	(1.49)	0.076	(1.79)	-0.102	(-0.99)	4.723	(1.11)
	-0.003	(-0.21)	-0.001	(-1.30)	-0.006	(-2.52)	0.020	(0.19)
ϕ'_{12}	-0.029	(-0.32)	0.012	(1.89)	-0.021	(-1.32)	0.410	(0.62)
	-1.588	(-1.32)	-0.065	(-0.75)	0.274	(1.32)	-11.120	(-1.29)
	-0.546	(-1.34)	-0.059	(-2.04)	0.097	(1.38)	-4.857	(-1.67)

wird fortgesetzt

	$BIPk$		P		$M3k$		R_T	
	0.014	(1.40)	0.001	(0.90)	0.005	(2.73)	-0.125	(-1.74)
c'	11.788	(1.98)	-0.959	(-2.26)	4.125	(4.00)	-95.186	(-2.23)
δ'	0.040	(1.20)	-0.002	(-0.78)	0.013	(2.30)	-0.020	(-0.08)
s'_1	0.156	(3.73)	-0.004	(-1.36)	0.001	(0.15)	-0.475	(-1.59)
s'_2	0.149	(3.35)	-0.002	(-0.53)	0.011	(1.42)	0.233	(0.73)
s'_3	0.191	(4.73)	-0.003	(-1.02)	0.011	(1.53)	0.036	(0.12)
s'_4	0.143	(3.66)	-0.002	(-0.83)	0.013	(1.86)	0.445	(1.59)
s'_5	0.202	(5.65)	-0.001	(-0.38)	0.019	(3.09)	0.049	(0.19)
s'_6	0.112	(3.00)	-0.006	(-2.32)	0.020	(3.07)	-0.263	(-0.99)
s'_7	0.204	(5.22)	-0.006	(-2.07)	0.015	(2.21)	-0.301	(-1.08)
s'_8	0.239	(5.88)	-0.007	(-2.56)	0.019	(2.71)	-0.104	(-0.36)
s'_9	0.220	(5.75)	-0.007	(-2.52)	0.036	(5.48)	-0.300	(-1.10)
s'_{10}	0.059	(2.15)	-0.003	(-1.31)	0.045	(9.30)	0.278	(1.40)
s'_{11}	0.003	(1.80)	-0.000	(-1.30)	0.001	(4.25)	-0.017	(-1.66)

B.5 Geschätzte Koeffizienten des erweiterten VAR-Modells

	$BIPk$	P	$M3k$	R_T	R_P
ϕ'_1	-0.384(-4.47)	0.014(2.25)	-0.019(-1.14)	0.743(1.09)	0.686(1.40)
	2.689(2.53)	0.900(11.95)	-0.018(-0.09)	1.471(0.17)	10.702(1.77)
	0.588(1.49)	0.052(1.86)	0.924(12.31)	-3.986(-1.27)	-4.668(-2.08)
	-0.056(-3.25)	-0.004(-3.05)	0.001(0.31)	0.864(6.33)	0.450(4.59)
	0.088(3.78)	0.003(1.94)	0.000(0.11)	0.272(1.47)	0.735(5.56)
ϕ'_2	-0.075(-0.83)	0.007(1.14)	-0.040(-2.30)	1.531(2.12)	1.683(3.25)
	-6.117(-4.03)	-0.133(-1.24)	0.475(1.65)	-10.269(-0.85)	-15.803(-1.83)
	-0.329(-0.64)	-0.056(-1.56)	0.121(1.24)	5.392(1.33)	6.673(2.30)
	0.001(0.06)	0.004(2.67)	-0.002(-0.59)	-0.342(-2.12)	-0.327(-2.83)
	-0.010(-0.38)	-0.005(-2.62)	0.005(0.99)	-0.025(-0.12)	-0.238(-1.55)
ϕ'_3	0.276(3.21)	0.008(1.34)	-0.053(-3.25)	0.824(1.21)	0.836(1.71)
	2.140(1.40)	-0.090(-0.84)	-0.823(-2.84)	21.623(1.79)	13.365(1.54)
	-0.588(-1.13)	-0.012(-0.33)	0.028(0.28)	9.138(2.21)	-1.207(-0.41)
	-0.008(-0.39)	0.003(2.17)	0.007(1.83)	0.332(1.97)	0.361(2.98)
	-0.004(-0.13)	-0.002(-1.10)	-0.015(-2.96)	-0.030(-0.14)	0.090(0.59)
ϕ'_4	0.003(0.04)	0.011(1.85)	-0.023(-1.44)	1.645(2.44)	1.463(3.03)
	-0.802(-0.55)	0.374(3.61)	0.264(0.95)	-9.867(-0.85)	-0.227(-0.03)
	1.192(2.16)	0.063(1.61)	-0.232(-2.22)	-10.185(-2.33)	-0.789(-0.25)
	-0.006(-0.28)	-0.001(-0.90)	-0.000(-0.09)	0.027(0.16)	-0.039(-0.32)
	0.038(1.37)	0.002(1.07)	0.003(0.67)	-0.351(-1.61)	-0.195(-1.24)
ϕ'_5	0.241(2.90)	0.010(1.69)	-0.024(-1.50)	0.404(0.61)	0.698(1.48)
	-0.172(-0.12)	-0.112(-1.08)	0.353(1.26)	-5.238(-0.45)	-3.266(-0.39)
	-1.408(-2.40)	0.003(0.07)	0.046(0.41)	-7.500(-1.61)	-1.655(-0.50)
	-0.006(-0.30)	0.004(2.76)	-0.005(-1.16)	0.241(1.47)	0.298(2.53)
	-0.046(-1.80)	-0.007(-4.06)	0.002(0.39)	0.002(0.01)	-0.170(-1.17)
ϕ'_6	0.217(2.47)	-0.011(-1.76)	0.023(1.36)	1.572(2.25)	1.090(2.18)
	-0.928(-0.64)	-0.179(-1.74)	-0.494(-1.79)	38.767(3.37)	8.175(0.99)
	0.112(0.19)	-0.104(-2.46)	0.075(0.66)	7.957(1.68)	0.954(0.28)
	0.025(1.33)	0.003(2.44)	0.005(1.49)	-0.317(-2.15)	-0.073(-0.69)

wird fortgesetzt

	$BIPk$	P	$M3k$	R_T	R_P
	0.023(0.89)	-0.001(-0.68)	-0.002(-0.36)	0.162(0.81)	-0.059(-0.41)
ϕ'_7	0.075(0.86)	-0.007(-1.08)	0.015(0.94)	-1.009(-1.47)	-0.460(-0.93)
	5.013(3.33)	0.393(3.69)	0.192(0.67)	-37.766(-3.17)	-10.772(-1.26)
	1.157(1.89)	0.046(1.05)	-0.141(-1.21)	1.961(0.40)	1.668(0.48)
	0.011(0.64)	-0.005(-3.81)	0.002(0.52)	-0.021(-0.15)	0.018(0.18)
	-0.068(-2.77)	0.007(3.98)	0.002(0.52)	0.064(0.33)	0.149(1.07)
ϕ'_8	-0.155(-1.77)	0.010(1.55)	0.009(0.55)	0.241(0.35)	-0.273(-0.55)
	-2.123(-1.26)	-0.373(-3.14)	0.323(1.01)	26.208(1.96)	16.429(1.72)
	-0.769(-1.27)	0.051(1.18)	0.146(1.27)	-3.785(-0.79)	-3.455(-1.00)
	-0.003(-0.15)	0.000(0.12)	0.003(0.96)	0.203(1.43)	0.178(1.75)
	0.026(1.03)	-0.004(-2.01)	-0.008(-1.75)	-0.324(-1.61)	-0.404(-2.81)
ϕ'_9	0.089(1.02)	0.009(1.48)	-0.015(-0.93)	-0.715(-1.03)	-0.611(-1.22)
	1.161(0.64)	0.159(1.23)	-0.574(-1.66)	-14.187(-0.98)	-9.450(-0.91)
	-0.465(-0.78)	-0.071(-1.67)	0.023(0.20)	1.506(0.32)	1.465(0.43)
	-0.045(-2.60)	0.003(2.06)	0.001(0.32)	-0.086(-0.63)	-0.034(-0.35)
	-0.002(-0.06)	-0.000(-0.21)	-0.003(-0.67)	0.463(2.19)	0.370(2.44)
ϕ'_{10}	-0.098(-1.15)	0.000(0.01)	-0.012(-0.73)	1.575(2.32)	0.494(1.01)
	-1.729(-0.96)	0.138(1.08)	0.689(2.01)	-1.615(-0.11)	1.806(0.18)
	-0.169(-0.28)	0.058(1.37)	-0.160(-1.41)	2.533(0.54)	2.962(0.87)
	0.000(0.02)	0.002(2.05)	0.003(0.89)	-0.126(-0.94)	-0.030(-0.31)
	0.043(1.71)	-0.001(-0.66)	0.003(0.71)	-0.081(-0.40)	-0.083(-0.58)
ϕ'_{11}	-0.026(-0.30)	0.024(3.91)	-0.029(-1.76)	1.316(1.90)	1.060(2.13)
	2.165(1.30)	-0.201(-1.70)	-0.642(-2.03)	-7.543(-0.57)	-15.459(-1.63)
	1.333(2.29)	0.086(2.09)	-0.096(-0.87)	1.559(0.34)	1.759(0.53)
	-0.050(-2.93)	-0.001(-0.78)	-0.006(-1.83)	0.126(0.93)	-0.060(-0.61)
	0.057(2.45)	-0.001(-0.63)	-0.001(-0.21)	0.003(0.01)	0.106(0.80)
ϕ'_{12}	-0.020(-0.24)	0.022(3.68)	-0.018(-1.11)	0.448(0.67)	0.779(1.62)
	-1.847(-1.64)	0.041(0.51)	0.202(0.94)	-2.950(-0.33)	3.671(0.57)
	-0.427(-1.06)	-0.103(-3.63)	0.121(1.58)	-4.190(-1.32)	-4.752(-2.08)
	0.030(1.74)	0.004(3.12)	0.004(1.10)	0.098(0.73)	0.253(2.61)
	-0.029(-1.55)	-0.003(-2.39)	0.002(0.51)	-0.294(-2.00)	-0.412(-3.89)
c'	9.691(1.79)	-0.956(-2.49)	4.473(4.34)	-102.443(-2.38)	-71.513(-2.32)
δ'	0.002(1.35)	-0.000(-0.75)	0.001(4.64)	-0.019(-1.74)	-0.010(-1.30)
s'_1	0.015(0.46)	-0.001(-0.29)	0.012(1.95)	-0.098(-0.39)	-0.260(-1.42)
s'_2	0.142(3.42)	-0.005(-1.68)	0.002(0.21)	-0.296(-0.90)	-0.205(-0.87)
s'_3	0.136(3.16)	-0.003(-1.02)	0.015(1.80)	0.620(1.82)	0.031(0.13)
s'_4	0.201(5.28)	-0.001(-0.50)	0.012(1.63)	0.341(1.13)	0.028(0.13)
s'_5	0.158(4.38)	-0.001(-0.52)	0.015(2.16)	0.516(1.80)	0.270(1.31)
s'_6	0.192(5.67)	-0.005(-2.12)	0.016(2.41)	0.076(0.28)	-0.017(-0.09)
s'_7	0.138(3.95)	-0.009(-3.62)	0.018(2.72)	-0.150(-0.54)	-0.119(-0.60)
s'_8	0.225(6.02)	-0.008(-3.07)	0.018(2.51)	-0.311(-1.05)	-0.445(-2.09)
s'_9	0.260(6.57)	-0.012(-4.14)	0.024(3.15)	-0.161(-0.51)	-0.485(-2.15)
s'_{10}	0.224(6.08)	-0.011(-4.15)	0.041(5.81)	-0.123(-0.42)	-0.428(-2.04)
s'_{11}	0.064(2.52)	-0.004(-2.50)	0.046(9.67)	0.400(1.99)	0.138(0.96)

B.6 Erstellte GAUSS-Programme

Hinweise zur Verwendung der Programme

Zur Ausführung müssen die folgenden 6 GAUSS-Programme und eine Datei mit den zu verwendenden Zeitreihen (pro Zeitreihe eine Spalte) in einen Pfad gelegt und nacheinander aufgerufen werden.

Die Programme sind z.T. sehr speziell auf das vorliegende Modell zugeschnitten. Sie haben einen sehr unterschiedlichen Grad der allgemeinen Verwendbarkeit:

- VARSTRUK.PRG schätzt beliebige VAR-Systeme.
- TRIANG.PRG führt die trianguläre Faktorisierung für die ermittelte Varianz-Kovarianzmatrix Omega durch. Hierbei muss angegeben werden, bis zu welchem Schritt die Zerlegung erfolgen soll (In dem hier verwendeten, erweiterten Modell entsprechen die ersten drei Beziehungen der Wold-Ordnung, die Faktorisierung muss deshalb bis Spalte 3 erfolgen).
- STRUKTUR.PRG berechnet die Parameter der Varianz-Kovarianzmatrix der orthogonalen Residuen des erweiterten Modells aus Kapitel 5. Das Programm enthält sehr spezielle Matrizen (erkennbar an der unmittelbaren Angabe von Werten im Programm), die sich nur auf die von mir gewählten strukturellen, kontemporären Beziehungen beziehen. Für ein anderes Problem müssten diese Werte entsprechend geändert werden.
- IMPULS.PRG bestimmt die Impuls-Antwort-Funktionen. Es ist wieder allgemeiner verwendbar (allerdings werden hier jetzt die Dateinamen aus den vorhergehenden Programmen verwendet).
- SFEHLER.PRG ermittelt die Standard-Fehlerbänder zu den Impuls-Antwort-Funktionen. Es ist in der vorliegenden Form nur auf ein 5-Variablen-Modell anwendbar.
- PFVZ.PRG berechnet für alle Modelle, die mit VARSTRUK.PRG geschätzt wurden die Prognosefehler-Varianzzerlegung. Entsprechend weit ist der Anwendungsbereich.

VARSTRUK.PRG

```
/* Laden der Matrix */
print "In welchem Pfad befinden sich die Dateien?"; npfad=cons; print;
npfad=npfad $ + "\\" ; print;
print "Name der zu ladenden Matrix?"; ndaten=cons; print;
y=npfad $+ndaten;
load x[]=^y;
print "Anzahl der Variablen des Systems?"; sp=con(1,1); print;
format /rd 16,8;
r=rows(x);
y=reshape(x,(r/sp),sp);

/* Aufstellen des VAR-Systems */
print "Maximale Laglänge (Vorsicht: Beachten der Saisondummies)"; l=con(1,1); print;
ry=rows(y); cy=cols(y);
t=ry-l;
x=ones(t,1);
print "Anzahl verwendeter Verzögerungen?"; anzverz=con(1,1); print;
verz=zeros(anzverz,1);
if anzverz==l;
    i=1;
    do while i < = anzverz;
        verz[i,1]=i;
        i=i+1;
    endo;
else;
    print "Zu verwendende Verzögerungen (Lag-Nr.)?"; verz=con(anzverz,1); print;
endif;
y_red=y[(l+1):ry,.];
i=1;
do while i <=anzverz;
    x=x~y[(l+1-verz[i,1]):(ry-verz[i,1]),.];
    i=i+1;
endo;

print "Verwendung von Saisondummies (1: ja, 0:nein)?"; seasdum=con(1,1); print;
if seasdum==1;
    s=zeros(ry+11,1); c=1;
    do while c<=(ry+11);
        s[c,1]=-(1/12);
        c=c+1;
    endo;
    i=1;
    do while i< ((ry+11)/12);
        s[i*12]=(11/12);
        i=i+1;
    endo;
    j=1;
    do while j<=11;
        x=x~s[(l+12-j):(ry+11-j),1];
        j=j+1;
    endo;
endif;
```

```
print "Verwendung eines deterministischen Trends (1: ja, 0:nein)?"; trdum=con(1,1); print;
if trdum==1;
     tr=ones((ry-l),1); trt=2;
     do while trt<=(ry-l);
          tr[trt,1]=tr[(trt-1),1]+1;
          trt=trt+1;
     endo;
     x=x~tr;
endif;

print "Verwendung weiterer exogener Variablen (1: ja, 0:nein)?"; wdum=con(1,1); print;
if wdum==1;
     print "Anzahl der zu ladenden Zeitreihen";
     z=con(1,1);
     print "Dateiname der 1.-ten Variable?"; ndum=cons; print;
     y=npfad $+ndum;
     load xdum[]=^y;
     i=2;
     do while i<=z;
          format /rdn 1,1;
          print "Dateiname der" i ".-ten Variable?"; format /rd 16,8; ndum=cons;
          y=npfad $+ndum;
          load r[]=^y;
          xdum=xdum~r;
          i=i+1;
     endo;
     x=x~xdum[(l+1):rows(xdum),.];
endif;

/* Schätzung des VAR-Systems*/
b=invpd(x'x)*x'*y_red;
e=y_red-x*b;
omega=e'e/t;
screen off;
nout_omega=npfad $+"omega.asc"; output file =^nout_omega reset; print omega; output off;
nout_b=npfad $+"b.asc"; output file=^nout_b reset; print b; output off;
screen on;
inxx=invpd(x'x);
standab=zeros(rows(b),cols(b));
i=1;
do while i<=rows(b);
     j=1;
     do while j<=cols(b);
          standab[i,j]=sqrt(inxx[i,i]*omega[j,j]);
          j=j+1;
     endo;
     i=i+1;
endo;
tval=b./standab;
screen off;
nout_tval=npfad $+"tval.asc"; output file=^nout_tval reset; print tval; output off;
screen on;
```

TRIANG.PRG

```
load xomega[]=^nout_omega ;
omega=reshape(xomega,sqrt(rows(xomega)),sqrt(rows(xomega)));
print "Anzahl Spalten trianguläre Faktorisierung?"; x=con(1,1); print;
e=eye(rows(omega));
i=2;
do while i<=rows(omega);
     e[i,1]=e[i,1]-omega[i,1]/omega[1,1];
     i=i+1;
endo;
h=e*omega*e'; a0=e;
z=2;
do while z<=x;
     e=eye(rows(omega)); i=z+1;
     do while i<=rows(omega);
          e[i,z]=e[i,z]-h[i,z]/h[z,z];
          i=i+1;
     endo;
     h=e*h*e'; a0=e*a0; z=z+1;
endo;
inva0=inv(a0); d=h;
screen off;
n_inva0=npfad $+"inva0.asc"; output file=^n_inva0 reset; print inva0; output off;
n_d=npfad $+"d.asc"; output file=^n_d reset; print d; output off;
screen on;
```

STRUKTUR.PRG

```
load xinva0[]=^n_inva0;
zinva0=reshape(xinva0,sqrt(rows(xinva0)),sqrt(rows(xinva0)));
load xd[]=^n_d;
zd=reshape(xd, sqrt(rows(xd)), sqrt(rows(xd)));

/* Was kann bleiben? */
inva0=zeros(5,5); inva0[1:5,1:3]=zinva0[1:5,1:3];
d=zeros(5,5); d[1:5,1:3]=zd[1:5,1:3];

/* Berechnung der fehlenden Werte */
z1=zeros(1,1); z2=zeros(1,1); z3=zeros(1,1); g=zeros(1,1);
z1=omega[4,4] -inva0[4,1]*inva0[4,1]*d[1,1] -inva0[4,2]*inva0[4,2]*d[2,2]
     -inva0[4,3]*inva0[4,3]*d[3,3];
z2=omega[4,5] -inva0[4,1]*inva0[5,1]*d[1,1] -inva0[4,2]*inva0[5,2]*d[2,2]
     -inva0[4,3]*inva0[5,3]*d[3,3];
z3=omega[5,5] -inva0[5,1]*inva0[5,1]*d[1,1] -inva0[5,2]*inva0[5,2]*d[2,2]
     -inva0[5,3]*inva0[5,3]*d[3,3];
g=(z3-z2)/(z2-z1);
inva0[4,4]=1; inva0[5,5]=1; inva0[4,5]=1; inva0[5,4]=g;
d[4,4]=(z2-z1)/(g-1); d[5,5]=z1-d[5,5];
screen off;
n_sinva0=npfad $+"sinva0.asc"; output file=^n_sinva0 reset; print inva0; output off;
```

```
n_sd=npfad $+"sd.asc"; output file=^n_sd reset; print d; output off;
rd=zeros(5,5); rd=sqrt(abs(d));
n_srd=npfad $+"srd.asc"; output file=^n_srd reset; print rd; output off;
screen on;
```

IMPULS.PRG

```
/* Laden der benötigten Matrizen */
n_b=npfad $+"b.asc"; load xb[]=^n_b; format /rd 12,8;
b=reshape(xb,(rows(xb)/sp),sp);
b=b[2:anzverz*sp+1,.];
n_sinva0=npfad $+"sinva0.asc"; load xinva0[]=^n_sinva0; format /rd 12,8;
inva0=reshape(xinva0,(rows(xinva0)/sp),sp);
n_srd=npfad $+"srd.asc"; load xrd[]=^n_srd; format /rd 12,8;
rd=reshape(xrd,(rows(xrd)/sp),sp);

/* Berechnung aller Impuls-Antwort-Funktionen */
bb=b'; r=rows(bb); reak_u=inva0*rd; st=eye(r); iaf0=reak_u*st;
print "Anzahl Perioden der Impuls-Antwort-Funktionen?"; l=con(1,1); print;
iafg=zeros((l+1)*r,r); iafg[1:r,.]=iaf0;
x=1;
do while x<=anzverz;
    j=0;
    do while j<x;
        iafg[x*r+1:(x+1)*r,.]=iafg[x*r+1:(x+1)*r,.]
        +bb[.,j*r+1:(j+1)*r]*iafg[(x-j-1)*r+1:(x-j)*r,.];
        j=j+1;
    endo;
    x=x+1;
endo;
i=anzverz+1;
do while i<=l;
    j=0;
    do while j<anzverz;
        iafg[i*r+1:(i+1)*r,.]=iafg[i*r+1:(i+1)*r,.]
        +bb[.,j*r+1:(j+1)*r]*iafg[(i-j-1)*r+1:(i-j)*r,.];
        j=j+1;
    endo;
    i=i+1;
endo;

/* Auswahl Impuls-Antwort-Funktionen */
print "Anzahl der Graphiken?"; anzgr=con(1,1); print;
yges=zeros(l+1,anzgr); imp_nr=zeros(anzgr,1); ant_nr=zeros(anzgr,1);
a=1;
do while a<=anzgr;
    format /rd 1,0;
    print "Impuls der Variable Nr. (Wert zwischen 1 und" r ")?"; impuls=con(1,1); print
    imp_nr[a,1]=impuls;
    print "Reaktion der Variable Nr. ?"; antwort=con(1,1); print;
    ant_nr[a,1]=antwort;
    format /rd 12,8;
```

```
          y=iafg[antwort,impuls];
          z=1;
          do while z<=l;
               y=y||iafg[antwort+z*r,impuls];
               z=z+1;
          endo;
          yges[1:l+1,a]=yges[1:l+1,a]+y; a=a+1;
     endo;
     screen off;
     n_iaf=npfad $+"iaf.asc"; output file=^n_iaf reset; print yges; output off;
     screen on;

     /* Graphik */
     library pgraph; graphset; begwind;
     x=seqa(0,1,l+1);
     fl=floor(sqrt(anzgr));
     if fl==sqrt(anzgr);
          w=fl;
     else;
          w=fl+1;
     endif;
     window(w,w,0);
     xy(x,yges[1:l+1,1]);
     a=2;
     do while a<=anzgr;
          nextwind;
          xy(x,yges[1:l+1,a]);
          a=a+1;
     endo;
     a=anzgr+1;
     do while a<=w*w;
          nextwind;
          xy(x,zeros(l+1,1));
          a=a+1;
     endo;
     endwind;
```

SFEHLER.PRG

```
n_var=npfad $+"daten.dat"; load xvar[]=^n_var;
var=reshape(xvar,rows(xvar)/sp,sp);

/* Berechnung der IAF bei einem forecast error impulse von 1 Einheit */
bb=b'; r=rows(bb); st=eye(r);
iaf0f=st;
iafgf=zeros((l+1)*r,r);
iafgf[1:r,.]=iaf0f;
x=1;
do while x<=anzverz;
     j=0;
     do while j<x;
          iafgf[x*r+1:(x+1)*r,.]=iafgf[x*r+1:(x+1)*r,.]
          +bb[.,j*r+1:(j+1)*r]*iafgf[(x-j-1)*r+1:(x-j)*r,.];
```

```
            j=j+1;
        endo;
        x=x+1;
endo;
i=anzverz+1;
do while i<=l;
        j=0;
        do while j<anzverz;
            iafgf[i*r+1:(i+1)*r,.]=iafgf[i*r+1:(i+1)*r,.]
            +bb[.,j*r+1:(j+1)*r]*iafgf[(i-j-1)*r+1:(i-j)*r,.];
            j=j+1;
        endo;
        i=i+1;
endo;

/* Berechnung von Gs */
klam=zeros(r*l,r*anzverz+1);
z=1;
do while z<=anzverz;
        klam[(z-1)*r+1:z*r,(z-1)*r+2:z*r+1]=eye(r);
        z=z+1;
endo;
spz=1;
do while spz<=anzverz;
        i=1;
        do while i<=(l-spz);
            klam[(spz+(i-1))*r+1:(spz+1+(i-1))*r,(spz-1)*r+2:spz*r+1
            = iafgf[i*r+1:(i+1)*r,.]';
            i=i+1;
        endo;
        spz=spz+1;
endo;
gges=zeros(l*r*r,r*(r*anzverz+1));
s=1;
do while s<=l;
        i=1;
        do while i<=s;
            gges[(s-1)*r*r+1:s*r*r,.] = gges[(s-1)*r*r+1:s*r*r,.]
                + iafgf[(i-1)*r+1:i*r,.] .*. klam[(s-i)*r+1:(s-i+1)*r,.];
            i=i+1;
        endo;
        s=s+1; endo;

/* Berechnungen für die einzelnen Verzögerungen */
teilages=zeros(l*r*r,r*r);
s=1;
do while s<=l;
        g=gges[(s-1)*r*r+1:s*r*r,.];
        a0=inv(inva0);
        ab=inv(a0');
        epi=(eye(r).*.ab)*g;
        xt=zeros(r*anzverz+1,r*anzverz+1);
        t=anzverz;
        do while t<=rows(var);
```

```
        xte=zeros(anzverz*r+1,1);
        xte[1,1]=1;
        i=1;
        do while i<=anzverz;
            xte[(i-1)*r+2:i*r+1,.]=var[t+1-i,.]';
            i=i+1;
        endo;
        xt=xt+xte*xte';
        t=t+1;
    endo;
    q=xt./(rows(var)+1-anzverz);
    teila=epi*(omega.*.inv(q))*epi'; teilages[(s-1)*r*r+1:s*r*r.,]=teila;
    s=s+1;
endo;

/*Berechnung DNPLUS (dn speziell für verwendetes Modell)*/
dn=zeros(r*r,r*(r+1)/2);
dn[1,1]=1;dn[2,2]=1;dn[3,3]=1;dn[4,4]=1;dn[5,5]=1;
dn[6,2]=1;dn[7,6]=1;dn[8,7]=1;dn[9,8]=1;dn[10,9]=1;
dn[11,3]=1;dn[12,7]=1;dn[13,10]=1;dn[14,11]=1;dn[15,12]=1;
dn[16,4]=1;dn[17,8]=1;dn[18,11]=1;dn[19,13]=1;dn[20,14]=1;
dn[21,5]=1;dn[22,9]=1;dn[23,12]=1;dn[24,14]=1;dn[25,15]=1;
dnplus=inv(dn'*dn)*dn';

/*Berechnung SB (sbtr, sb und sd speziell für verwendetes Modell)*/
sbtr=zeros(r*r,r*(r-1)/2); sb=zeros(r*r,r*(r-1)/2); /* bei exakter Identifikation */
invinv=inv(inva0);
sbtr[6,1]=1; sbtr[11,2]=1; sbtr[16,3]=-1; sbtr[21,4]=-1; sbtr[12,5]=1;
sbtr[17,6]=1; sbtr[22,7]=1; sbtr[18,8]=1; sbtr[23,9]=1; sbtr[19,10]=-1;
sbtr[20,10]=1; sbtr[24,10]=1; sbtr[25,10]=-1;
sb[2,1]=1; sb[3,2]=1; sb[4,3]=-1; sb[5,4]=-1; sb[8,5]=1;
sb[9,6]=1; sb[10,7]=1; sb[14,8]=1; sb[15,9]=1; sb[19,10]=-1;
sb[20,10]=1; sb[24,10]=1; sb[25,10]=-1;
sd=zeros(r*r,r);
sd[1,1]=1; sd[7,2]=1; sd[13,3]=1; sd[19,4]=1; sd[25,5]=1;
jot1=-2*dnplus*(omega.*.(inva0))*sb;
jot2=dnplus*((inva0).*.(inva0))*sd;
jotges=jot1~jot2;
invjot=inv(jotges);
gb=invjot[1:10,.]; gd=invjot[11:15,.];
erg=sbtr*gb;
esigges=zeros(l*r*r,r*(r+1)/2);
s=1;
do while s<=l;
    esigges[(s-1)*r*r+1:s*r*r,.]=-((iafgf[s*r+1:(s+1)*r,.]*inva0).*.ab)*erg;
    s=s+1;
endo;

/*Berechnung für einzelne Verzögerungen*/
teilbg=zeros(l*r*r,r*r);
s=1;
do while s<=l;
    esig=esigges[(s-1)*r*r+1:s*r*r,.];
    teilb=2*esig*dnplus*(omega.*.omega)*dnplus'*esig';
```

```
     teilbg[(s-1)*r*r+1:s*r*r,.]=teilb;
     s=s+1;
endo;
end1=teilages+teilbg;
enderg1=zeros(l*r*r,1);
s=1;
do while s<=l;
     i=1;
     do while i<=r*r;
          enderg1[(s-1)*r*r+i,1]=sqrt((1/(rows(var)-anzverz))*end1[(s-1)*r*r+i,i])
          i=i+1;
     endo;
     s=s+1;
endo;

/* Umwandlung in Impuls in Höhe einer Standardabweichung */
enderg2=zeros(l*r*r,1);
z=0;
do while z<=(l*r-1);
     i=1;
     do while i<=r;
          enderg2[z*r+i,1]=enderg1[z*r+i,1]*rd[i,i];
          i=i+1;
     endo;
     z=z+1;
endo;
test=reshape(enderg2,rows(enderg2)/r,r);

/* Berechnung Standardfehler der unmittelbaren Reaktion */
test0=zeros(r,r);
v_hd=2*gd*dnplus*(omega.*.omega)*dnplus'*gd';
rv_hd=0.25*sqrt(v_hd);
se_hd=sqrt((1/(rows(var)-anzverz))*rv_hd);
i=1;
do while i<=r;
     test0[i,i]=se_hd[i,i];
     i=i+1;
endo;
test0[5,4]=se_hd[4,4];
v_alpha=zeros(r*(r-1)/2,r*(r-1)/2);
v_alpha=2*gb*dnplus*(omega.*.omega)*dnplus'*gb';
se_alpha=sqrt((1/(rows(var)-anzverz))*v_alpha);
test0[2,1]=se_alpha[1,1]*rd[1,1]; test0[3,1]=se_alpha[2,2]*rd[1,1];
test0[4,1]=se_alpha[3,3]*rd[1,1]; test0[5,1]=se_alpha[4,4]*rd[1,1];
test0[3,2]=se_alpha[5,5]*rd[2,2]; test0[4,2]=se_alpha[6,6]*rd[2,2];
test0[5,2]=se_alpha[7,7]*rd[2,2]; test0[4,3]=se_alpha[8,8]*rd[3,3];
test0[5,3]=se_alpha[9,9]*rd[3,3]; test0[4,5]=se_alpha[10,10]*rd[5,5];
answ=test0|test;

/* Auswahl der zu den IAFs gehörenden Standardfehler */
se=zeros(l+1,anzgr);
z=1;
do while z<=anzgr;
     i=1;
```

```
    do while i<=(l+1);
        se[i,z]=answ[(i-1)*sp+ant_nr[z,1],imp_nr[z,1]];
        i=i+1;
    endo;
    z=z+1;
endo;
screen off;
n_se=npfad $+"se.asc"; output file=^n_se reset; print se; output off;
screen on;

/* Graphik Impuls-Antwort-Funktionen mit Fehlerbändern */
print "Ausmaß des Fehlerbandes (1 Einheit: plus/minus 1 Standardfehler)?";
anzsfb=con(1,1); print;
n_iaf=npfad $+"iaf.asc"; load xxvar[]=^n_iaf;
xvar=reshape(xxvar,l+1,anzgr);
n_se=npfad $+"se.asc"; load xxsevar[]=^n_se;
xsevar=reshape(xxsevar,l+1,anzgr);
xsevar1=xvar+anzsfb*xsevar; xsevar2=xvar-anzsfb*xsevar; null=zeros(l+1,1)
library pgraph; graphset; begwind;
x=seqa(0,1,l+1); _pltype=6,5,5,4; _plwidth=1,0,0,0;
y=zeros(l+1,anzgr);
window(w,w,0);
y[.,.]=xvar[.,1]~xsevar1[.,1]~xsevar2[.,1]~null;
xy(x,y);
a=2;
do while a<=anzgr;
    nextwind;
    y=xvar[.,a]~xsevar1[.,a]~xsevar2[.,a]~null;
    xy(x,y);
    a=a+1;
endo;
a=anzgr+1;
    do while a<=w*w;
    nextwind;
    xy(x,zeros(l+1,1));
    a=a+1;
endo;
endwind;
```

PFVZ.PRG

```
/* Berechnung der Matrizen psi bzw. F */
r=sp;
nb=npfad $+"b.asc"; load xb[]=^nb;
x=reshape(xb,rows(xb)/r,r);
bb=x';
f=zeros(l*r,r);
f[1:r,.]=bb[.,2:r+1];
z=2;
do while z<=anzverz;
    j=1;
    do while j<z;
```

```
            f[(z-1)*r+1:z*r,.]= f[(z-1)*r+1:z*r,.] + f[(z-1-j)*r+1:(z-j)*r,.]*bb[.,(j-1)*r+2:j*r+1]
            j=j+1;
        endo;
        f[(z-1)*r+1:z*r,.] = f[(z-1)*r+1:z*r,.] + bb[.,(z-1)*r+2:z*r+1];
        z=z+1;
endo;
z=anzverz+1;
do while z<=l;
        j=1;
        do while j<anzverz;
            f[(z-1)*r+1:z*r,.]= f[(z-1)*r+1:z*r,.] + f[(z-1-j)*r+1:(z-j)*r,.]*bb[.,(j-1)*r+2:j*r+1]
            j=j+1;
        endo;
        f[(z-1)*r+1:z*r,.] = f[(z-1)*r+1:z*r,.]
        +f[(z-1-anzverz)*r+1:(z-anzverz)*r,.] * bb[.,(anzverz-1)*r+2:anzverz*r+1];
        z=z+1;
endo;

/* Ermittlung des Anteils der Variable j an dem Prognosefehler von i*/
nrd=npfad $+"srd.asc"; load xrd[]=^nrd;
rd=reshape(xrd,rows(xrd)/r,r);
ninva0=npfad $+"sinva0.asc"; load xinva0[]=^ninva0;
inva0=reshape(xinva0,rows(xinva0)/r,r);
ant=zeros(l*r,r*r); test=zeros(l*r,r*r);
j=1;
do while j<=r;
        d=rd[j,j]*rd[j,j]; a=inva0[.,j];
        s=1;
        ant[(s-1)*r+1:s*r,(j-1)*r+1:j*r] = ant[(s-1)*r+1:s*r,(j-1)*r+1:j*r] + a*a';
        s=2;
        do while s<=l;
            ant[(s-1)*r+1:s*r,(j-1)*r+1:j*r] = ant[(s-1)*r+1:s*r,(j-1)*r+1:j*r]
            + ant[(s-2)*r+1:(s-1)*r,(j-1)*r+1:j*r]
            +F[(s-2)*r+1:(s-1)*r,.] * a * a' * F[(s-2)*r+1:(s-1)*r,.]';
            s=s+1;
        endo;
        ant[.,(j-1)*r+1:j*r]=ant[.,(j-1)*r+1:j*r]*d;
        j=j+1;
endo;

/* Extraktion der relevanten Werte aus ANT*/
pfvz=zeros(l*r,r);
z=1;
do while z<=l;
        i=(z-1)*r+1;
        do while i<=z*r;
            j=1;
            do while j<=r;
                pfvz[i,j]=pfvz[i,j] + ant[i,(j-1)*r+(i-(z-1)*r)];
                j=j+1;
            endo;
            i=i+1;
        endo;
        z=z+1;
```

```
endo;

/*Umrechnung der Anteile in Prozent */
proz=zeros(l*r,r); sum=zeros(l*r,1);
j=1;
do while j<=l*r;
    i=1;
    do while i<=r;
        sum[j,1]=sum[j,1]+pfvz[j,i];
        i=i+1;
    endo;
    i=1;
    do while i<=r;
        proz[j,i]=pfvz[j,i]/sum[j,1];
        i=i+1;
    endo;
    j=j+1;
endo;

screen off;
npfvz=npfad $+"pfvz.asc"; print npfvz; output file=^npfvz reset;
j=1;
do while j<=r;
    format /rd 1,0;
    print "Prognosefehler- Varianzzerlegung der Variable" j; print
    k=1;
    do while k<=l;
        format /rd 8,4;
        print "nach" k-1 "Perioden:" proz[j+(k-1)*r,.];
        k=k+1;
    endo; print;
    j=j+1;
endo; output off;
screen on;
```

Anhang C

Anhang Kapitel 8

C.1 Probleme bei der Umsatzermittlung

Die Umsatzdaten lagen nicht für alle Sektoren im erforderlichen Umfang vor. Die folgende Auflistung nennt die angefallenen Probleme und ihre Lösung:

- Der Sektor 24 *Herstellung und Verarbeitung von Spalt- und Brutstoffen* wird ab dem zweiten Quartal 1990 nicht mehr ausgewiesen, und zwar weder für das Frühere Bundesgebiet noch für Gesamtdeutschland. Innerhalb des Bereiches CHEMIE ist dieser Sektor sehr unbedeutend.[1] Aus diesem Grund wird er im weiteren Verlauf nicht mehr berbesichtigt.

- Der Sektor 30 *Ziehereien, Kaltwalzwerke usw.* wird für Gesamtdeutschland erst ab dem ersten Quartal 1993 ausgewiesen. Für einen Teil dieses Sektors stehen allerdings Zahlen für die SYPRO-Viersteller zur Verfügung. Es wird angenommen, dass der Anteil dieser Viersteller am gesamten Sektor 30 über die betroffenen Zeiten hinweg konstant ist.

[1] Im ersten Quartal 1989 betrug z. B. im Sektor 40 der Umsatz 40740 Mill. DM, 7558 Mill. DM wurden im Sektor 22 umgesetzt und lediglich 22 Mill. DM entfielen auf den Sektor 24.

- Der Sektor 35 *Luft- und Raumfahrzeugbau* wird erst ab dem ersten Quartal 1993 für Gesamtdeutschland ausgewiesen. Da es sich um einen relativ unbedeutenden Sektor in MASCHINEN handelt, wird er nicht weiter berbesichtigt.[2]

- Der Sektor 53 *Holzbearbeitung* wird ab dem zweiten Quartal 1992 nicht mehr ausgewiesen. Es stehen allerdings noch Daten für einen Teilbereich zur Verfügung. Es wird angenommen, dass dieser Bereich einen konstanten Anteil am gesamten Sektor 53 hat.

- Zahlen für den Sektor 55 *Zellstoff-, Holzschliff-, Papier- und Pappeerzeugung* liegen für das Frühere Bundesgebiet lediglich bis zum ersten Quartal 1990 und für Gesamtdeutschland erst ab dem vierten Quartal 1991 vor. Zusätzlich zu den bereits genannten Umrechnungshypothesen wird hier angenommen, dass im fraglichen Zeitraum das Verhältnis von Früherem Bundesgebiet zu Gesamtdeutschland in diesem Sektor dasselbe war wie in der gesamten Grundstoffindustrie, für die die erforderlichen Daten vorliegen.

C.2 Durchschnittsumsätze der verwendeten Sektoren

Sektor	Anz. U.	Umsatz in Mill. DM	Ø Umsatz der ... größten Unternehmen in Mill. DM 1-6	7-10	11-25	26-50	51-100	Ø Ums. Rest
1985								
CHEMIE	1202	295465.0	15531.9	12288.5	4005.9	1061.4	421.1	41.2
GUMMI	1892	51366.6	1356.0	618.7	385.9	213.9	112.1	13.4
GLAS	2019	41696.8	636.6	595.4	370.6	166.6	88.2	11.1
METALL	1963	119155.2	5159.0	2706.3	1125.6	563.2	144.3	21.0
MASCH	7688	400041.7	20778.9	4013.4	3101.4	971.5	476.5	21.7
ELEKTRO	5546	213493.3	10674.1	2326.1	961.4	639.7	297.4	17.4
HOLZ	5012	89655.4	1175.9	584.3	457.4	234.4	154.6	12.2
TEXTIL	3795	66551.1	470.2	349.8	285.5	189.0	118.4	12.8
NAHRUNG	3477	173815.9	3295.6	2039.7	1128.7	640.6	369.9	38.2

wird fortgesetzt

[2] Im ersten Quartal 1989 lag der Anteil des Sektors 35 am gesamten Umsatz des Sektors MASCHINEN bei 2,5 Prozent.

Sektor	Anz. U.	Umsatz in Mill. DM	∅ Umsatz der ... größten Unternehmen in Mill. DM 1-6	7-10	11-25	26-50	51-100	∅ Ums. Rest
1986								
CHEMIE	1191	250051.7	11527.1	10540.6	3333.1	964.6	376.6	42.0
GUMMI	1935	54857.3	1412.5	637.4	421.4	221.3	125.5	14.0
GLAS	1964	43425.6	711.1	583.6	351.2	160.0	93.8	12.3
METALL	2019	110702.7	4512.0	2418.0	1059.4	478.4	211.7	18.5
MASCH	7834	412795.1	22150.7	3419.0	2509.4	999.8	626.1	22.3
ELEKTRO	5653	223971.1	11008.6	2556.1	1006.2	675.4	356.2	17.6
HOLZ	4907	90873.2	1192.4	531.8	450.4	240.4	161.5	12.6
TEXTIL	3689	66099.1	482.9	387.4	290.8	163.8	115.1	13.2
NAHRUNG	3481	174759.0	3350.5	1840.7	1141.3	635.5	374.7	28.3
1987								
CHEMIE	1196	245516.0	11264.1	9934.5	3225.2	961.3	390.1	42.2
GUMMI	1966	56961.7	1393.0	655.0	432.1	236.2	142.0	14.2
GLAS	1948	43964.7	736.9	591.0	363.6	154.8	93.8	12.5
METALL	2006	102595.9	3986.3	2220.3	993.0	433.1	205.1	17.7
MASCH	7996	423064.7	24033.6	3385.9	2476.5	950.2	592.1	22.1
ELEKTRO	5665	237915.3	12379.2	2571.7	1092.6	684.1	321.9	18.6
HOLZ	4888	93936.2	1216.7	545.9	467.3	245.8	151.8	13.3
TEXTIL	3597	65653.9	462.8	398.6	297.1	189.8	124.6	13.1
NAHRUNG	3476	169959.8	3338.0	1706.1	1052.3	623.3	367.2	27.7
1988								
CHEMIE	1207	250029.5	12193.8	8994.3	3070.7	997.3	415.4	44.4
GUMMI	2046	61604.9	1426.1	702.4	437.9	246.1	137.2	15.8
GLAS	1930	47187.2	794.8	617.0	333.7	190.9	101.7	13.7
METALL	2039	118440.5	4725.5	2516.9	1183.6	505.1	223.9	19.8
MASCH	8036	440873.6	24480.1	2706.3	2419.1	1083.6	659.1	23.5
ELEKTRO	5799	255136.7	8810.6	8810.6	1194.7	727.4	353.5	19.9
HOLZ	4910	100755.1	1336.1	574.6	500.0	269.3	181.3	14.0
TEXTIL	3467	66919.2	508.6	429.5	318.9	203.7	131.8	13.6
NAHRUNG	3445	173740.5	3360.8	1924.9	1057.0	638.0	380.3	28.4
1989								
CHEMIE	1244	278805.0	13219.4	11600.9	3431.2	1073.4	437.1	46.2
GUMMI	2214	68097.0	1565.1	827.1	482.5	255.2	149.9	16.2
GLAS	1956	50180.6	807.9	681.2	396.6	189.9	96.6	14.6
METALL	2148	133561.0	5206.0	2889.6	1334.1	534.9	261.3	21.6
MASCH	8748	484626.4	26469.0	3148.3	2505.6	1182.8	701.1	24.4
ELEKTRO	6195	276256.7	8874.4	8874.4	1314.7	551.2	460.3	21.5
HOLZ	5261	110462.3	1445.1	613.7	533.4	281.3	178.4	14.6
TEXTIL	3428	70881.4	547.2	477.2	353.8	224.8	128.5	14.5
NAHRUNG	3771	186773.7	2523.2	1193.0	899.6	740.6	530.9	29.5
1990								
CHEMIE	1256	288774.8	13084.4	12803.9	3637.4	1072.9	503.3	45.4
GUMMI	2303	74838.7	1603.2	900.4	513.2	263.5	149.1	18.1
GLAS	1986	53565.8	840.4	743.9	367.3	197.3	111.4	15.7
METALL	2266	129999.1	4549.5	2437.2	1309.1	553.0	262.3	21.4
MASCH	8944	531615.7	28595.4	3343.1	2720.4	1250.5	725.4	26.5
ELEKTRO	6329	294700.5	9322.7	9322.7	1381.1	842.5	424.0	22.2
HOLZ	5402	123362.5	1481.6	1154.4	637.3	314.6	210.2	15.5
TEXTIL	3340	74640.2	596.6	516.2	354.6	232.8	152.7	15.5

wird fortgesetzt

Sektor	Anz. U.	Umsatz in Mill. DM	Ø Umsatz der ... größten Unternehmen in Mill. DM 1-6	7-10	11-25	26-50	51-100	Ø Ums. Rest
NAHRUNG	3766	205070.7	3806.8	2888.2	1347.8	714.0	438.5	30.2
1991								
CHEMIE	1452	318108.5	14869.0	12540.7	3808.6	1118.2	522.4	49.9
GUMMI	2555	85083.0	1745.7	953.9	579.0	379.2	188.7	17.6
GLAS	2390	62762.1	876.3	789.8	439.3	204.4	123.6	15.9
METALL	2467	130608.6	4347.8	2059.5	1215.7	596.5	246.5	21.5
MASCH	10480	612505.7	33055.1	3667.4	1934.2	1115.2	727.0	26.2
ELEKTRO	7145	326229.7	13180.7	2857.8	539.7	884.2	461.6	25.9
HOLZ	6240	140340.5	1442.5	1279.6	671.2	350.1	231.1	15.7
TEXTIL	3728	79741.9	692.0	553.5	367.0	235.9	163.7	14.8
NAHRUNG	4564	239674.3	4369.7	2624.8	1486.7	824.5	496.6	30.3
1992								
CHEMIE	1449	316118.7	14725.1	12149.2	3905.5	1124.5	472.5	51.0
GUMMI	2590	85083.0	1745.7	953.9	579.1	291.2	160.0	18.8
GLAS	2440	68044.4	900.2	822.3	437.4	235.9	134.6	17.2
METALL	2419	124227.0	4173.4	1898.7	1156.3	548.5	169.0	22.5
MASCH	10523	606862.1	32826.6	5234.6	2987.7	1160.1	796.6	26.4
ELEKTRO	7195	336661.2	9767.4	9767.4	1455.9	902.7	463.6	24.2
HOLZ	6185	141087.3	1315.3	1184.4	643.5	316.1	232.3	16.3
TEXTIL	3372	75716.1	652.7	548.6	356.5	229.8	160.1	15.4
NAHRUNG	4434	245532.1	4182.6	2781.7	1574.7	845.5	495.8	32.2
1993								
CHEMIE	1447	300441.7	13787.5	11599.8	3712.9	1027.3	475.3	49.1
GUMMI	2638	80367.9	1349.7	880.3	545.4	292.8	176.7	17.5
GLAS	2497	69985.5	841.3	834.1	448.0	237.0	141.3	17.5
METALL	2321	106231.8	3655.8	1719.6	917.9	454.9	207.7	18.9
MASCH	10317	530973.7	27218.6	3693.5	2426.0	1080.4	730.4	24.8
ELEKTRO	7019	322256.7	9480.3	9480.3	1341.1	881.4	450.4	23.5
HOLZ	5927	133790.1	903.6	903.6	710.6	355.2	232.1	16.1
TEXTIL	3069	69893.3	628.2	523.7	356.7	217.7	145.2	15.5
NAHRUNG	4394	243844.8	4332.1	2912.6	1627.5	844.6	489.7	31.7
1994								
CHEMIE	1436	324099.8	15273.1	12271.2	3843.5	1140.4	519.2	53.3
GUMMI	2640	84942.6	1384.2	922.8	566.1	303.1	186.1	18.7
GLAS	2546	76935.2	913.2	823.6	458.1	269.6	154.8	19.1
METALL	2253	115925.0	4099.4	1909.0	993.7	486.3	227.2	21.0
MASCH	10028	547961.5	29096.5	3382.8	2263.4	1244.7	785.7	25.7
ELEKTRO	6835	327727.7	9578.7	9578.7	1343.5	870.8	466.3	24.8
HOLZ	5782	138903.9	1018.9	1018.9	752.1	388.5	222.1	17.0
TEXTIL	2795	66528.9	596.8	525.6	348.6	207.4	152.1	15.9
NAHRUNG	4276	242613.2	4533.5	2885.4	1612.3	854.6	494.9	32.0

C.3 Probleme bei der Berechnung der Durchschnittsumsätze

Folgende Probleme traten bei der Berechnung der Durchschnittsumsätze auf:

- Konzentrationsdaten für den gesamten Sektor 30 *Ziehereien, Kaltwalzwerke usw.* werden nur bis 1988 ausgewiesen. Allerdings werden Konzentrationsdaten für vier der fünf SYPRO-Viersteller, aus denen dieser Sektor besteht, für Westdeutschland über den gesamten Beobachtungszeitraum ausgewiesen. Lediglich der Sektor 3030, ein relativ unbedeutender Sektor, macht keine Angaben. Aus diesem Grund wird der Sektor 30 für den gesamten Beobachtungszeitraum ohne den Teilbereich 3030 verwendet. Für Gesamtdeutschland existieren jedoch lediglich Konzentrationsdaten in der Zweisteller-Abgrenzung. Es werden deshalb für den Zeitraum 1991 bis 1994 die westdeutschen Zahlen verwendet. Diese Vorgehensweise ist für das weitere Verfahren korrekt, wenn angenommen werden kann, dass ostdeutsche Unternehmen des Sektors 30 nicht zu den 100 größten Unternehmen des Sektors METALL gehören.

- Für den Sektor 50 *Herstellung von Büromaschinen usw.* existieren keine Angaben für Gesamtdeutschland. Da es sich um einen sehr kleinen Sektor handelt, werden die westdeutschen Zahlen verwendet.

- Für die Sektoren 68 *Ernährungsgewerbe* und 69 *Tabakverarbeitung* liegen nur für 1991 Daten für Gesamtdeutschland vor. Für 1992 bis 1994 werden lediglich die Anzahl der Unternehmen und der Gesamtumsatz, nicht aber die Umsatzanteile der jeweiligen Größenklassen ausgewiesen. Vergleicht man die Daten für West- und Gesamtdeutschland in 1991, so stellt man allerdings fest, dass die Durchschnittsumsätze der größten Unternehmen sich weitgehend entsprechen. Hieraus läßt sich schließen, dass die größten Unternehmen dieser Sektoren in Westdeutschland ansässig sind. Es soll im Folgenden angenommen werden, dass dies auch für die Jahre 1992 bis 1994 der Fall war. Die Durchschnittsumsätze der größten Unternehmen wurden für diese Jahre anhand der Zahlen für Westdeutschland ermittelt.

C.4 Einheitswurzeltest für das gesamte Verarbeitende Gewerbe

Modell: $y_t = c_0 + dtr_t + WV_t + \epsilon_t; \quad \tilde{y}_t = \epsilon_t$

Variable [a]	$UMS_{VG}(\lambda = 0.525)$		$KRED_{VG}(\lambda = 0.525)$	
	$\tilde{y}_t$	$\Delta\tilde{y}_t$	$\tilde{y}_t$	$\Delta\tilde{y}_t$
DF-Test für $\tilde{y}_t$: $\Delta\tilde{y}_t = \tilde{\gamma}\tilde{y}_{t-1} + \tilde{v}_t$				
t-Wert $H_0 : \tilde{\gamma} = 0$ [b]	-3.625	-12.922**	-1.133	-6.159**
Residual-statistik [c]				
Q(1)		0.37		0.00
Q(2)		1.51		0.37
Q(4)		8.63		0.54
ADF-Test für $\tilde{y}_t$: $\Delta\tilde{y}_t = \tilde{\gamma}\tilde{y}_{t-1} + \sum_{i=1}^{l} \tilde{\beta}_i \Delta\tilde{y}_{t-i} + \tilde{v}_t$				
Laglänge l				
t-Wert $H_0 : \tilde{\gamma} = 0$				
Residual-statistik				
Q(1)				
Q(2)				
Q(4)				
$\Rightarrow$ [d]	$UMS_{VG} \sim I(1)$		$KRED_{VG} \sim I(1)$	

[a]) UMS_{VG}: Umsatz des Verarbeitenden Gewerbes, $KRED_{VG}$: Bankkredite. λ: Anteil der Beobachtungen bis zum Strukturbruch an den gesamten Beobachtungen.

[b]) Kritische Werte vgl. PERRON (1989, S. 1376, Tab. IVb).

[c]) Q(s): Ljung/Box-Q-Statistik; Nullhypothese: „Keine signifikante Autokorrelation der Ordnung 1 bis s"; Q ist asymptotisch χ^2-verteilt mit s Freiheitsgraden. *,**: Nullhypothese kann bei Irrtumswahrscheinlichkeit von höchstens 5%, 1% abgelehnt werden.

[d]) Ergebnisse bei einer Irrtumswahrscheinlichkeit von höchstens 5%.

C.5 Geschätzte Koeffizienten des VAR-Modells

	UMS_{VG}		$KRED_{VG}$		R_T	
ϕ_1'	0.689	(2.54)	0.383	(1.28)	1.956	(0.43)
	-0.152	(-1.03)	0.360	(2.23)	-0.074	(-0.03)
	0.024	(1.77)	0.056	(3.77)	1.267	(5.65)
ϕ_2'	0.172	(0.60)	0.026	(0.08)	6.694	(1.39)
	0.059	(0.34)	-0.008	(-0.04)	0.256	(0.09)
	-0.010	(-0.53)	-0.007	(-0.35)	-0.200	(-0.61)
ϕ_3'	0.311	(1.06)	-0.511	(-1.58)	-7.268	(-1.48)
	-0.116	(-1.04)	0.078	(0.64)	0.236	(0.13)
	-0.024	(-1.79)	-0.039	(-2.59)	-0.134	(-0.59)
c'	0.390	(0.20)	8.092	(3.85)	-22.189	(-0.70)
WV'	0.102	(2.82)	0.279	(7.03)	-0.531	(-0.88)
s_1'	0.078	(2.96)	-0.032	(-1.11)	-0.822	(-1.86)
s_2'	-0.019	(-0.94)	-0.037	(-1.69)	-0.415	(-1.23)
s_3'	0.049	(1.47)	-0.011	(-0.29)	-0.940	(-1.70)

C.6 Einheitswurzeltest für die einzelnen Sektoren

Modell: $y_t = c_0 + dtr_t + WV_t + \epsilon_t; \quad \tilde{y}_t = \epsilon_t$

Variable [a]	UMS_{CHEMIE}		$KREDA_{CHEMIE}$	
	$\tilde{y}_t$	$\Delta\tilde{y}_t$	$\tilde{y}_t$	$\Delta\tilde{y}_t$
DF-Test				
$H_0 : \tilde{\gamma} = 0$	-2.543	-5.265**	-1.125	-5.725**
Q(1)		0.11		0.00
Q(2)		5.53		0.01
Q(4)		10.91*		1.54
ADF-Test				
Laglänge l		1		
$H_0 : \tilde{\gamma} = 0$		-5.563**		
Q(1)		0.23		
Q(2)		0.24		
Q(4)		2.32		
⇒	$UMS_{CHEMIE} \sim I(1)$		$KRED_{CHEMIE} \sim I(1)$	

Variable	UMS_{GUMMI}		$KREDA_{GUMMI}$	
	$\tilde{y}_t$	$\Delta\tilde{y}_t$	$\tilde{y}_t$	$\Delta\tilde{y}_t$
DF-Test				
$H_0 : \tilde{\gamma} = 0$	-2.394	-7.225**	-3.151	-6.381**
Q(1)		0.13		0.00
Q(2)		5.91		2.31
Q(4)		15.22**		2.60
ADF-Test				
Laglänge l		1		
$H_0 : \tilde{\gamma} = 0$		-6.570**		
Q(1)		0.13		
Q(2)		0.40		
Q(4)		4.58		
⇒	$UMS_{GUMMI} \sim I(1)$		$KREDA_{GUMMI} \sim I(1)$	

[a]) UMS_{SEK}: Umsatz des Sektors SEK, $KRED_{SEK}$: Bankkredite des Sektors SEK. $\lambda = 0.525$. Weitere Erläuterungen: siehe Anhang C.4.

Variable	UMS_{GLAS}		$KREDA_{GLAS}$	
	$\tilde{y}_t$	$\Delta\tilde{y}_t$	$\tilde{y}_t$	$\Delta\tilde{y}_t$
DF-Test				
$H_0: \tilde{\gamma} = 0$	-7.272**		-1.412	-5.530**
Q(1)	0.06			0.00
Q(2)	15.21**			0.11
Q(4)	42.53**			10.28*
ADF-Test				
Laglänge l	3	2		
$H_0: \tilde{\gamma} = 0$	-2.592	-29.568**		
Q(1)		0.87		
Q(2)		0.92		
Q(4)		3.70		
⇒	$UMS_{GLAS} \sim I(1)$		$KREDA_{GLAS} \sim I(1)$	

Variable	UMS_{METALL}		$KREDA_{METALL}$	
	$\tilde{y}_t$	$\Delta\tilde{y}_t$	$\tilde{y}_t$	$\Delta\tilde{y}_t$
DF-Test				
$H_0: \tilde{\gamma} = 0$	-1.614	-4.972**	-2.327	-7.536**
Q(1)		0.21		0.01
Q(2)		5.37		0.70
Q(4)		16.14**		2.61
ADF-Test				
Laglänge l		1		
$H_0: \tilde{\gamma} = 0$		-5.266**		
Q(1)		0.29		
Q(2)		0.51		
Q(4)		4.36		
⇒	$UMS_{METALL} \sim I(1)$		$KREDA_{METALL} \sim I(1)$	

Variable	$UMS_{MASCHINEN}$		$KREDA_{MASCHINEN}$	
	$\tilde{y}_t$	$\Delta\tilde{y}_t$	$\tilde{y}_t$	$\Delta\tilde{y}_t$
DF-Test				
$H_0: \tilde{\gamma} = 0$	-5.521**		-1.451	-6.301**
Q(1)	0.37			0.00
Q(2)	19.10**			0.02
Q(4)	39.37**			5.72
ADF-Test				
Laglänge l	4	2		
$H_0: \tilde{\gamma} = 0$	-2.092	-6.915**		
Q(1)		3.19		
Q(2)		4.22		
Q(4)		7.42		
⇒	$UMS_{MASCHINEN} \sim I(1)$		$KREDA_{MASCHINEN} \sim I(1)$	

Variable	$UMS_{ELEKTRO}$		$KREDA_{ELEKTRO}$	
	$\tilde{y}_t$	$\Delta\tilde{y}_t$	$\tilde{y}_t$	$\Delta\tilde{y}_t$
DF-Test				
$H_0 : \tilde{\gamma} = 0$	-4.503**		-1.947	-8.109**
Q(1)	0.09			0.02
Q(2)	0.28			0.10
Q(4)	18.22**			8.24
ADF-Test				
Laglänge l	4	2		
$H_0 : \tilde{\gamma} = 0$	-1.571	-17.617**		
Q(1)		1.66		
Q(2)		2.69		
Q(4)		8.60		
⇒	$UMS_{ELEKTRO} \sim I(1)$		$KREDA_{ELEKTRO} \sim I(1)$	

Variable	UMS_{HOLZ}		$KREDA_{HOLZ}$	
	$\tilde{y}_t$	$\Delta\tilde{y}_t$	$\tilde{y}_t$	$\Delta\tilde{y}_t$
DF-Test				
$H_0 : \tilde{\gamma} = 0$	-3.626		-1.245	-5.622**
Q(1)	1.17			0.00
Q(2)	4.39			0.38
Q(4)	26.70**			4.01
ADF-Test				
Laglänge l	4	2		
$H_0 : \tilde{\gamma} = 0$	-1.686	-15.186**		
Q(1)		1.66		
Q(2)		2.13		
Q(4)		12.63*		
⇒	$UMS_{HOLZ} \sim I(1)$		$KREDA_{HOLZ} \sim I(1)$	

Variable	UMS_{TEXTIL}		$KREDA_{TEXTIL}$	
	$\tilde{y}_t$	$\Delta\tilde{y}_t$	$\tilde{y}_t$	$\Delta\tilde{y}_t$
DF-Test				
$H_0 : \tilde{\gamma} = 0$	-9.171**		-2.023	-6.777**
Q(1)	2.72			0.18
Q(2)	14.56**			1.72
Q(4)	36.97**			10.49
ADF-Test				
Lagländge l	4	3		
$H_0 : \tilde{\gamma} = 0$	-0.939	-7.610**		
Q(1)		0.29		
Q(2)		1.29		
Q(4)		7.70		
⇒	$UMS_{TEXTIL} \sim I(1)$		$KREDA_{TEXTIL} \sim I(1)$	

Variable	$UMS_{NAHRUNG}$		$KREDA_{NAHRUNG}$	
	$\tilde{y}_t$	$\Delta\tilde{y}_t$	$\tilde{y}_t$	$\Delta\tilde{y}_t$
DF-Test				
$H_0 : \tilde{\gamma} = 0$	-6.089**		-1.071	-6.391**
Q(1)	0.00			0.01
Q(2)	0.69			0.06
Q(4)	15.54**			9.46
ADF-Test				
Laglänge l	5	3		
$H_0 : \tilde{\gamma} = 0$	-3.524	-6.992**		
Q(1)		0.02		
Q(2)		0.06		
Q(4)		7.73		
⇒	$UMS_{NAHRUNG} \sim I(1)$		$KRED_{NAHRUNG} \sim I(1)$	

Literaturverzeichnis

ABEL, A. B. (1990), "Consumption and Investment", in: B. M. FRIEDMAN und F. H. HAHN (Hrsg.), *Handbook of Monetary Economics*, Bd. 1, Kap. 14, 725–778, Elsevier, Amsterdam.

AKERLOF, G. A. (1970), "The Market for 'Lemons': Quality Uncertainty and the Market Mechanism ", *Quarterly Journal of Economics*, 84, 488–500.

AKERLOF, G. A. und J. L. YELLEN (1985), "A Near-Rational Model of the Business Cycle, with Wage and Proce Inertia", *Quarterly Journal of Economics*, 823–838.

ALEXANDER, W. E. und F. CARAMAZZA (1994), "Money versus Credit: The Role of Banks in the Monetary Transmission Process ", in: T. J. T. BALINO und C. COTTARELLI (Hrsg.), *Frameworks for Monetary Stability. Policy Issues and Country Experiences*, 397–422, Washington, D. C., IMF, IMF Seminar März 1994.

ALLEN, F. und D. GALE (1995), "A welfare comparison of intermediaries and financial markets in Germany and the US ", *European Economic Review*, 39, 179–209.

ANGELONI, I., L. BUTTIGLIONE, G. FERRI und E. GAIOTTI (1995), "The Credit Channel of Monetary Policy across Heterogeneous Banks: The Case of Italy", *Banca d'Italia Research Papers*, 256.

ASSENMACHER, W. (1995), *Einführung in die Ökonometrie*, Oldenbourg Verlag, München, 5. Aufl.

ASSENMACHER, W. (1996), *Deskriptive Statistik*, Springer-Verlag, Berlin.

ASSENMACHER, W. (1998), "Trend und Zyklus im Bruttoinlandsprodukt der Bundesrepublik Deutschland", *Jahrbücher für Nationalökonomie und Statistik*, 217(5), 628–649.

BACCHETTA, P. und F. BALLABRIGA (2000), "The impact of monetary policy and banks balance sheets: Some international evidence", *Applied Financial Economics*, 10, 15–26.

BALESTRA, P. (1996), "Fixed Effect Models and Fixed Coefficient Models", in: L. Mátyás und P. Sevestre (Hrsg.), *The Econometrics of Panel Data*, 34–49, Kluwer Academic Publishers, Dordrecht.

BALTENSPERGER, E. (1996), "Banken und Finanzintermediäre", in: J. VON HAGEN, A. BÖRSCH-SUPAN und P. J. J. WELFENS (Hrsg.), *Handbuch der Volkswirtschaftslehre, Bd.1 Grundlagen*, 269–304, Springer-Verlag, Berlin Heidelberg.

BARRAN, F., V. COUDERT und B. MOJON (1996), "The Transmission of Monetary Policy in the European Countries", *CEPII Working Paper*, 96(03).

BERGER, A. N. und G. F. UDELL (1995), "Universal Banking and the Future of Small Business Lending", *Finance and Economics Discussion Series*, 95-21.

BERNANKE, B. S. (1986), "Alternative Explanations of the Money-Income Correlation", *Carnegie-Rochester Conference Series on Public Policy*, 25, 49–100.

BERNANKE, B. S. (1993), "Credit in the Macroeconomy", *Federal Reserve Bank of New York Quarterly Review*, Spring 1992-93, 50–70.

BERNANKE, B. S. und A. S. BLINDER (1988), "Credit, Money, and Aggregate Demand", *American Economic Review, Papers and Proceedings*, 78(2), 435–439.

BERNANKE, B. S. und A. S. BLINDER (1992), "The Federal Funds Rate and the Channels of Monetary Transmission", *American Economic Review*, 82(4), 901–921.

BERNANKE, B. S. und M. GERTLER (1995), "Inside the Black Box: The Credit Channel of Monetary Policy Transmission", *Journal of Economic Perspectives*, 9(4), 27–48.

BERNANKE, B. S. und I. MIHOV (1995), "Measuring Monetary Policy", *NBER Working Paper*, 5145.

BERNANKE, B. S. und I. MIHOV (1996), "What Does the Bundesbank Target?" *NBER Working Paper*, 5764.

BERNANKE, B. S., M. GERTLER und S. GILCHRIST (1996), "The Financial Accelerator and the Flight to Quality", *The Review of Economics and Statistics*, 78(1), 1–15.

BHARGAVA, A., L. FRANZINI und W. NARENDRANATHAN (1982), "Serial Correlation and the Fixed Effects Model", *Review of Economic Studies*, XLIX, 533–549.

BLANCHARD, O. J. und N. KIYOTAKI (1987), "Monopolistic Competition and the Effects of Aggregate Demand", *American Economic Review*, 77, 647–666.

BOFINGER, P., J. REISCHLE und A. SCHÄCHTER (1996), *Geldpolitik*, Vahlen, München.

BOND, S., J. A. ELSTON, J. MAIRESSE und B. MULKAY (1997), "Financial Factors and Investment in Belgium, France, Germany and the UK: A Comparison Using Company Panel Data", *NBER Working Paper 5900*.

BONN, J. K. (1998), *Bankenkrisen und Bankenregulierung*, Gabler, Wiesbaden.

BOSCHEN, J. F. und L. O. MILLS (1991), "The Effects of Countercyclical Policy on Money and Interest Rates: An Evaluation of Evidence from FOMC Documents ", *Federal Reserve Bank of Philadelphia, Working Paper*, 91-20.

BRUNNER, K. (1970), "Eine Neuformulierung der Quantitätstheorie des Geldes", *Kredit und Kapital*, 1, 1–30.

BRUNNER, K. und A. H. MELTZER (1968), "Liquidity Traps for Money, Bank Credit, and Interest Rates", *Journal of Political Economy*, 76, 1–36.

BRUNNER, K. und A. H. MELTZER (1976), "An Aggregative Theory for a Closed Economy", in: J.STEIN (Hrsg.), *Monetarism*, 69–103, North-Holland, Amsterdam.

BUNDESAUFSICHTSAMT FÜR DAS KREDITWESEN (1997), *Bekanntmachung über die Änderung und Ergänzung der Grundsätze über die Eigenmittel und die Liquidität der Institute vom 29. Oktober 1997*, Berlin.

BUNDESAUFSICHTSAMT FÜR DAS KREDITWESEN (1998a), *Bekanntmachung über die Änderung und Ergänzung der Grundsätze über die Eigenmittel und die Liquidität der Institute vom 25. November 1998*, Berlin.

BUNDESAUFSICHTSAMT FÜR DAS KREDITWESEN (1998b), *Erläuterungen zur Bekanntmachung über die Änderung und Ergänzung der Grundsätze über die Eigenmittel und die Liquidität der Institute vom 25. November 1998*, Berlin.

CAMPBELL, J. Y. und P. PERRON (1991), "Pitfalls and Opportunities: What Macroeconomists Should Know about Unit Roots", *NBER Macroeconomics Annual*, 141–201.

CECCHETTI, S. G. (1995), "Distinguishing Theories of the Monetary Transmission Mechanism", *Federal Reserve Bank of St. Louis Review*, 77(3), 83–97.

CHRISTIANO, L. J. und M. EICHENBAUM (1992), "Identification and the Liquidity Effect of a Monetary Policy Shock", in: A. CUKIERMAN, Z. HERCOWITZ und L. LEIDERMAN (Hrsg.), *Political Economy, Growth, and Business Cycles*, 335–370, MIT Press, Cambridge MA.

CHRISTIANO, L. J., M. EICHENBAUM und C. EVANS (1994), "The Effects of Monetary Policy Shocks: Some Evidence from the Flow of Funds", *NBER Working Paper*, 4699.

CLARIDA, R. und M. GERTLER (1996), "How the Bundesbank Conducts Monetary Policy", *NBER Working Paper*, 5581.

DALE, S. und A. G. HALDANE (1993), "Bank Behaviour and the Monetary Transmission Mechanism", *Bank of England Quarterly Bulletin*, 33(4), 478–491.

DALE, S. und A. G. HALDANE (1995), "Interest Rates and the Channels of Monetary Transmission: Some Sectoral Estimates", *European Economic Review*, 39, 1611–1626.

DAVIDSON, R. und J. G. MACKINNON (1993), *Estimation and Inference in Econometrics*, Oxford University Press, New York.

DE ALESSI, L. (1983), "Property Rights, Transaction Costs and X-Efficiency: An Essay in Economic Theory", *American Economic Review*, 73(1), 64–81.

DE BONDT, G. J. (1999), "Banks and monetary transmission in Europe: empirical evidence", *Banca Nazionale del Lavoro Quarterly Review*, 52(209), 149–168.

DEUTSCHE BUNDESBANK (1994), "Die Geldmarktsteuerung der Deutschen Bundesbank", *Monatsbericht Mai*, 61–75.

DEUTSCHE BUNDESBANK (1995a), *Die Geldpolitik der Bundesbank*, Frankfurt am Main.

DEUTSCHE BUNDESBANK (1995b), "Umgestaltung der Liquiditätsrechnung der Bundesbank", *Monatsbericht Januar*, 18–22.

DEUTSCHE BUNDESBANK (1995c), "Verbriefungstendenzen im deutschen Finanzsystem und ihre geldpolitische Bedeutung", *Monatsbericht April*, 19–33.

DEUTSCHE BUNDESBANK (1997a), "Die Aktie als Finanzierungs- und Anlageinstrument", *Monatsbericht Januar*, 27–41.

DEUTSCHE BUNDESBANK (1997b), "Die gesamtwirtschaftlichen Finanzierungsströme im Jahr 1996", *Monatsbericht Mai*, 17–33.

DEUTSCHE BUNDESBANK (1998), "Gesetz über das Kreditwesen", *Bankenrechtliche Regelungen (Schriftenreihe)*, 2.

DIAMOND, D. und P. DYBVIG (1983), “Bank runs, deposit insurance and liquidity”, *Journal of Political Economy*, 91(3), 401–419.

DIAMOND, D. W. (1984), “Financial Intermediation and Delegated Monitoring”, *Review of Economic Studies*, 51(3), 393–414.

DICKEY, D. A. und W. A. FULLER (1979), “Distribution of the Estimators for Autoregressive Time Series With a Unit Root ”, *Journal of the American Statistical Association*, 74(366), 427–431.

DICKEY, D. A. und W. A. FULLER (1981), “Likelihood Ratio Statistics for Autoregressive Time Series With a Unit Root ”, *Econometrica*, 49(4), 1057–1072.

DIMSDALE, N. (1994), “Banks, Capital Markets, and the Monetary Transmission Mechanism”, *Oxford Review of Economic Policy*, 10(4), 34–48.

DOLADO, J. J., T. JENKINSON und S. SOSVILLA-RIVERO (1990), “Cointegration and Unit Roots”, *Journal of Economic Surveys*, 4(3), 249–273.

EDWARDS, J. und K. FISCHER (1994), *Banks, finance and investment in Germany*, Cambridge University Press, Cambridge.

EHRMANN, M. (2000), “Firm Size and Monetary Policy Transmission: Evidence from German Business Survey Data”, *European Central Bank Working Paper Series*, 21.

EICHENBAUM, M. (1992), “Comments on ‘Interpreting the Time Series Facts: The Effects of Monetary Policy’ by Christopher Sims”, *European Economic Review*, 36, 1001–1011.

ELSTON, J. A. (1993), “Firm Ownership Structure and Investment: Theory and Evidence from German Panel Data”, *WZB discussion paper*, 93-28.

ELSTON, J. A. (1995), “Banks, Finance and Investment in Germany: A review Article”, *Small Business Economics*, 7, 475–479.

ELSTON, J. A. und H. ALBACH (1995), “Bank Affiliations and Firm Capital Investment in Germany ”, *Ifo-Studien*, 41(1), 3–16.

ENDERS, W. (1995), *Applied Econometric Time Series*, John Wiley & Sons, Inc., New York.

ENGLE, R. F. und C. W. J. GRANGER (1987), "Co-Integration and Error Correction: Representation, Estimation, and Testing", *Econometrica*, 55(2), 251–276.

EUROPÄISCHE ZENTRALBANK (1999), "Der Handlungsrahmen des Eurosystems: Beschreibung und erste Beurteilung", *Monatsbericht Mai*, 33–48.

EUROPÄISCHE ZENTRALBANK (2000), *Jahresbericht 1999*, EZB, Frankfurt.

FAMA, E. F. (1980), "Banking in the Theory of Finance", *Journal of Monetary Economics*, 6, 39–57.

FAVERO, C. A., F. IACONE und M. PIFFERI (1996), "Monetary Policy, Forward Rates and Long Rates: Does Germany Differ from the United States? ", *CEPR Discussion Paper 1456*.

FAZZARI, S. M., R. G. HUBBARD und B. C. PETERSEN (1988), "Financing Constraints and Corporate Investment", *Brookings papers on Economic Activity*, 1, 141–195.

FRIEDMAN, B. M. (1995), "Does Monetary Policy Affect Economic Activity? Why Do We Still Ask This Question?" *NBER Working Paper*, 5212.

FRIEDMAN, B. M. und K. N. KUTTNER (1992), "Money, Income, Prices and Interest Rates", *American Economic Review*, 82(3), 472–492.

FRIEDMAN, B. M. und K. N. KUTTNER (1993a), "Another Look at the Evidence on Money-Income Causality", *Journal of Econometrics*, 57, 189–203.

FRIEDMAN, B. M. und K. N. KUTTNER (1993b), "Economic Activity and the Short-Term Credit Markets: An Analysis of Prices and Quantities ", *Brookings Papers on Economic Activity*, 2, 193–283.

FRIEDMAN, B. M. und K. N. KUTTNER (1994), "Indicator Properties of the Paper-Bill Spread: Lessons from Recent Experience", *NBER Working Paper*, 4969.

FRIEDMAN, M. und A. J. SCHWARTZ (1963), *A Monetary History of the United States 1867-1960*, Princeton University Press, Princeton.

FRISSE, K., M. FUNKE und F. LANKES (1993), "An Empirical Analysis of West German Corporate Investment Decisions Using Company-Level Panel Data", *Zeitschrift für Wirtschafts- und Sozialwissenschaften*, 113, 579–595.

GAAB, W. (1996), "On the demand for Divisia and simple-sum M3 in Germany, 1960 - 1993", in: A. W. MULLINEUX (Hrsg.), *Financial Innovation, Banking and Monetary Aggregates*, 160–186, Edward Elgar, Cheltenham.

GAAB, W. und O. LIEDTKE (1992), "On the Long-run Relationship Between Money, Output and Interest Rates: A Cointegration Analysis for West Germany", *Recherches Economiques de Louvain*, 58(3-4), 455–471.

GAAB, W. und A. MULLINEUX (1996), "Financial Innovation, Monetary Aggregates and Monetary Policy in the UK and Germany", in: D. DUWENDAG (Hrsg.), *Finanzmärkte, Finanzinnovationen und Geldpolitik*, 73–110, Duncker & Humblot, Schriften des Vereins für Socialpolitik Band 242.

GANLEY, J. und C. SALMON (1997), "The Industrial Impact of Monetary Policy Shocks: Some Stylised Facts", *Bank of England Working Paper*.

GERLACH, S. und F. SMETS (1995), "The Monetary Transmission Mechanism: Evidence from the G-7 Countries", *CEPR Discussion Paper*, 1219.

GERTLER, M. und S. GILCHRIST (1993), "The Role of Credit Market Imperfections in the Monetary Transmission Mechanism: Arguments and Evidence", *Scandinavian Journal of Economics*, 95(1), 43–64.

GERTLER, M. und S. GILCHRIST (1994), "Monetary Policy, Business Cycles, and the Behavior of Small Manufacturing Firms", *The Quarterly Journal of Economics*, 109(2), 309–340.

GIBBONS, R. (1992), *A Primer in Game Theory*, Harvester Wheatsheaf, New York.

GILCHRIST, S. G. und E. ZAKRAJSEK (1995), "The Importance of Credit for Macroeconomic Activity: Identification through Heterogeneity", in: J. PEEK und E. S. ROSENGREN (Hrsg.), *Is Bank Lending Important for the Transmission of Monetary Policy?*, 129–158, Federal Reserve Bank of Boston, Conference Series No.39, Boston.

GONZÁLEZ MINGUEZ, J. M. (1997), "The Balance-Sheet Transmission Channel of Monetary Policy: The Cases of Germany and Spain", *Banco de Espana Documento de Trabajo*, 97-13.

GORDON, D. B. und E. M. LEEPER (1994), "The Dynamic Impacts of Monetary Policy: An Exercise in Tentative Identification", *Journal of Political Economy*, 102(6), 1228–1247.

GRANGER, C. W. J. (1969), "Investigating Causal Relations by Econometric Models and Cross-Spectral Methods", *Econometrica*, 37, 424–438.

GREENE, W. H. (2000), *Econometric Analysis*, Macmillan, New York.

GREENSLADE, J. V. und S. G. HALL (1996), "Modelling economies subject to structural change: The case of Germany", *Economic Modelling*, 13, 545–559.

GUENDER, A. und M. MOERSCH (1997), "On the Existence of a Credit Channel of Monetary Policy in Germany ", *Kredit und Kapital*, 2, 173–185.

GURLEY, J. G. und E. S. SHAW (1955), "Financial Aspects of Economic Development", *The American Economic Review*, 45(4), 515–538.

GURLEY, J. G. und E. S. SHAW (1960), *Money in a Theory of Finance*, The Brookings Institution, Washington, D. C.

HAMILTON, J. D. (1994), *Time Series Analysis*, Princeton University Press, Princeton.

HAMILTON, J. D. (1997), "Measuring the Liquidity Effect", *American Economic Review*, 87(1), 80–97.

HANSEN, G. (1998), "Strukturstabilität in Cointegrationsbeziehungen", in: U. HEILEMANN und J. WOLTERS (Hrsg.), *Gesamtwirtschaftliche Modelle in der Bundesrepublik Deutschland. Erfahrungen und Perspektiven*, 193–213, Duncker & Humblot, Berlin.

HARDOUVELIS, G. A. (1994), "The term structure spread and the future changes in long and short rates in the G7 countries - Is there a puzzle?" *Journal of Monetary Economics*, 33, 255–283.

HARRIS, R. I. D. (1995), *Using cointegration analysis in econometric modelling*, Prentice Hall/Harvester Wheatsheaf, Hempstead.

HASSLER, U. (1994), "Einheitswurzeltests - Ein Überblick", *Allgemeines Statistisches Archiv*, 78, 207–228.

HEIN, M. (1993), "Marktwirtschaftliche Bankensysteme außerhalb der Bundesrepublik Deutschland", in: N. KLOTEN und J. H. VON STEIN (Hrsg.), *Geld-, Bank- und Börsenwesen*, 287–319, Schäffer-Poeschel, Stuttgart.

HOLMSTROM, B. R. und J. TIROLE (1989), "The Theory of the Firm", in: R. SCHMALENSEE und R. D. WILLIG (Hrsg.), *Handbook of Industrial Organization Vol. 1*, 61–133, North-Holland, Amsterdam.

HOOVER, K. D. und S. J. PEREZ (1994a), "Money may matter, but how could you know?" *Journal of Monetary Economics*, 34, 89–99.

HOOVER, K. D. und S. J. PEREZ (1994b), "Post hoc ergo propter hoc once more: An evaluation of 'Does monetary policy matter?' in the spirit of James Tobin", *Journal of Monetary Economics*, 34, 47–73.

HUBBARD, R. G. (1995), "Is There a 'Credit Channel' for Monetary Policy?" *Federal Reserve Bank of St. Louis Review*, 77(3), 63–77.

HUBRICH, K. (1998), "Estimation of a German money demand system - a long-run analysis", *Humboldt Universität Berlin, mimeo.*

ISSING, O. (1994), *Einführung in die Geldtheorie*, Vahlen, München, 9. Aufl.

ISSING, O. und K.-H. TÖDTER (1995), "Geldmenge und Preise im vereinigten Deutschland", in: D. DUWENDAG (Hrsg.), *Neuere Entwicklungen in der Geldtheorie und Währungspolitik*, 97–124, Duncker & Humblot, Schriften des Vereins für Socialpolitik.

JAFFEE, D. und J. E. STIGLITZ (1990), "Consumption and Investment", in: B. M. FRIEDMAN und F. H. HAHN (Hrsg.), *Handbook of Monetary Economics*, Bd. 2, Kap. 16, 838–888, Elsevier, Amsterdam.

JAFFEE, D. M. und T. RUSSELL (1976), "Imperfect Information, Uncertainty, and Credit Rationing", *Quarterly Journal of Economics*, 90(4), 651–666.

JAMES, C. (1987), "Some Evidence on the Uniqueness of Bank Loans", *Journal of Financial Economics*, 19, 217–236.

JARCHOW, H.-J. (1993), *Theorie und Politik des Geldes I. Geldtheorie*, Vandenhoeck & Ruprecht, Göttingen, 9. Aufl.

JENNES, B. (2001), "Ein alternativer Indikator der deutschen Geldpolitik - Untersuchung im Rahmen eines strukturellen VAR-Modells", *Jahrbücher für Nationalökonomie und Statistik*, 221(4), 371–393.

JOHANSEN, S. (1991), "Estimation and Hypothesis Testing of Cointegration Vectors in Gaussian Vector Autoregressive Models", *Econometrica*, 59, 1551–1580.

JOHANSEN, S. (1995), *Likelihood based inference in cointegrated vector autoregressive models*, Oxford University Press, Oxford.

JOHANSEN, S. und K. JUSELIUS (1990), "Maximum Likelihood Estimation and Inference on Cointegration - with Applications to the Demand for Money", *Oxford Bulletin of Economics and Statistics*, 52, 169–210.

JUSELIUS, K. (1998a), "A Structured VAR for Denmark under Changing Monetary Regimes", *Journal of Business & Economic Statistics*, 16(4), 400–411.

JUSELIUS, K. (1998b), "Changing monetary transmission mechanisms within the EU", *Empirical Economics*, 23, 455–481.

KASHYAP, A., O. LAMONT und J. STEIN (1994), "Credit Conditions and the Cyclical Behavior of Inventories", *Quarterly Journal of Economics*, 109, 565–592.

KASHYAP, A. K. und J. C. STEIN (1994), "Monetary Policy and Bank Lending", in: N. G. MANKIW (Hrsg.), *Monetary Policy*, 221–261, The University of Chicago Press, Chicago.

KASHYAP, A. K. und J. C. STEIN (1995), "The Impact of Monetary Policy on Bank Balance Sheets", *Carnegie-Rochester Conference Series on Public Policy*, 42, 151–195.

KASHYAP, A. K. und J. C. STEIN (1997), “What do a Million Banks have to say about the Transmission of Monetary Policy?” *NBER Working Paper*, 6056.

KASHYAP, A. K., J. C. STEIN und D. W. WILCOX (1993), “Monetary Policy and Credit Conditions: Evidence from the Composition of External Finance”, *American Economic Review*, 83(1), 78–98.

KASHYAP, A. K., J. C. STEIN und D. W. WILCOX (1996), “Monetary Policy and Credit Conditions: Evidence from the Composition of External Finance: Reply”, *American Economic Review*, 86(1), 310–314.

KING, R. G. und C. I. PLOSSER (1984), “Money, Credit and Prices in a Real Business Cycle”, *The American Economic Review*, 74(3), 363–380.

KÖNIG, H., W. GAAB und J. WOLTERS (1980), “Probleme der Modellierung der Zinsstruktur in makroökonometrischen Modellen”, *Kredit und Kapital*, 15, 178–214.

KUGLER, P. (1987), “Die geldpolitische Zielsetzung und die Erwartungstheorie der Zinsstruktur: Empirische Implikationen”, *Aussenwirtschaft*, 42(II/III), 335–346.

LANG, G. und P. WELZEL (1997), “Größe und Kosteneffizienz im deutschen Bankensektor”, *Zeitschrift für Betriebswirtschaft*, 67(3), 269–283.

LEEPER, E. M. (1996), “Narrative and VAR Approaches to Monetary Policy: Common Identification Problems ”, mimeo, Indiana University, Department of Economics.

LEEPER, E. M. und D. B. GORDON (1992), “In Search of the Liquidity Effect”, *Journal of Monetary Economics*, 29, 341–369.

LEEPER, E. M., C. A. SIMS und T. ZHA (1996), “What Does Monetary Policy Do?” *Brookings Papers on Economic Activity*, 1996(2), 1–63.

LEIBENSTEIN, H. (1966), “Allocative Efficiency vs. „X-Efficiency“”, *American Economic Review*, 56, 392–415.

LEIBENSTEIN, H. (1983), “Property Rights and X-Efficiency: Comment”, *American Economic Review*, 73(4), 831–842.

LEVIN, F. (1996), *Die Erwartungstheorie der Zinsstruktur*, Verlag Peter Lang, Frankfurt/Main.

LIEDTKE, O. (1997), *Preissetzungsverhalten und Makroökonomik*, Dissertation, Essen.

LITTERMAN, R. B. und L. WEISS (1985), "Money, Real Interest Rates, and Output: A Reinterpretation of Postwar U.S. Data", *Econometrica*, 53(1), 129–156.

LOPEZ ITTURIAGA, F. J. (2000), "More on the credit channel of monetary policy transmission: an international comparison", *Applied Financial Economics*, 10, 423–434.

LUCAS, D. J. und R. L. MCDONALD (1992), "Bank financing and investment decisions with asymmetric information about loan quality", *RAND Journal of Economics*, 23(1), 86–105.

LUMMER, S. L. und J. J. MCCONNELL (1989), "Further Evidence on the Bank Lending Process and Capital Market Response to Bank Loan Agrrements", *Journal of Financial Economics*, 25(1), 99–122.

LÜTKEPOHL, H. (1993), *Introduction to Multiple Time Series Analysis*, Springer-Verlag, Berlin-Heidelberg, 2. Aufl.

LÜTKEPOHL, H. und J. BREITUNG (1997), "Impulse Response Analysis of Vector Autoregressive Processes", 299–326.

LÜTKEPOHL, H. und J. WOLTERS (1998), "A money demand system for German M3", *Empirical Economics*, 23, 371–386.

MANKIW, N. G. (1985), "Small Menu Costs and Large Business Cycles: A Macroeconomic Model of Monopoly", *Quarterly Journal if Economics*, 529–537.

MANKIW, N. G. (1989), "Real Business Cycles: A New Keynesian Perspective", *Journal of Economic Perspectives*, 3(3), 79–90.

MAYER, C. (1994), "The Assessment: Money and Banking: Theory and Evidence", *Oxford Review of Economic Policy*, 10(4), 1–13.

MAYER, C. P. (1990), "Financial Systems, Corporate Finance and Economic Development", in: R. G. HUBBARD (Hrsg.), *Asymmetric Information, Corporate Finance and Investment*, 307–332, University of Chicago press, Chicago.

MCCALLUM, B. T. (1983), "A Reconsideration of Sims' Evidence Concerning Monetarism", *Economics Letters*, 13(2-3), 167–171.

MELTZER, A. H. (1995), "Information, Sticky Prices and Macroeconomic Foundations ", *Federal Reserve Bank of St. Louis Review*, 77(3), 101–118.

MILLER, R. L. R. und R. W. PULSINELLI (1985), *Modern Money and Banking*, McGraw-Hill, New York.

MIRON, J. A. (1994), "Empirical methodology in macroeconomics: Explaining the success of Friedman and Schwartz's 'A monetary history of the United States, 1867-1960'", *Journal of Monetary Economics*, 34, 17–25.

MISHKIN, F. S. (1996), "The Channels of Monetary Transmission: Lessons for Monetary Policy", *NBER Working Paper 5464*.

MODIGLIANI, F. und M. H. MILLER (1958), "The Cost of Capital, Corporate Finance and the Theory of Investment", *The American Economic Review*, 48(3), 261–297.

MONOPOLKOMMISSION (1996), *Wettbewerbspolitik in Zeiten des Umbruchs,* Anlagenband zum Hauptgutachten 1994/1995, Nomos-Verlagsgesellschaft, Baden-Baden.

MORGAN, D. P. (1998), "The Credit Effects of Monetary Policy: Evidence Using Loan Commitments", *Journal of Money, Credit, and Banking*, 30(1), 102–118.

MORRIS, C. S. und G. H. SELLON (1995), "Bank Lending and Monetary Policy: Evidence on a Credit Channel", *Federal Reserve Bank of Kansas City Economic Review*, Second Quarter, 59–75.

NAUTZ, D. (1995), "Zur Feinsteuerung des Geldmarktes durch die Wertpapierpensionsgeschäfte der Bundesbank", *Zeitschrift für Wirtschafts- und Sozialwissenschaften*, 115, 623–644.

NAUTZ, D. (1997), "Wie brauchbar sind Multiplikatorprognosen für die Geldmengensteuerung der Bundesbank ?" *Diskussionspapier des SFB 373, Humboldt-Universität Berlin*, 40.

NEWEY, W. K. und K. D. WEST (1987), "A Simple, Positive Semi-Definite, Heteroskedasticity and Autocorrelation Consistent Covariance Matrix", *Econometrica*, 55(3), 703–708.

NICKELL, S. J. (1978), *The Investment Decisions of Firms*, Cambridge University Press, Oxford.

OHANIAN, L. E. und A. C. STOCKMAN (1995), "Theoretical Issues of Liquidity Effects", *Federal Reserve Bank of St. Louis Review*, 77(3), 3–25.

OLINER, S. D. (1995), "Discussion of GILCHRIST, S. G. und E. ZAKRAJSEK (1995)", in: J. PEEK und E. S. ROSENGREN (Hrsg.), *Is Bank Lending Important for the Transmission of Monetary Policy?*, 166–173, Federal Reserve Bank of Boston, Conference Series No.39, Boston.

OLINER, S. D. und G. D. RUDEBUSCH (1993), "Is There a Bank Credit Channel for Monetary Policy?" *FEDS Working Paper (Condensed Version)*, 93(8).

OLINER, S. D. und G. D. RUDEBUSCH (1996), "Monetary Policy and Credit Conditions: Evidence from the Composition of External Finance: Comment", *American Economic Review*, 86(1), 300–309.

OSTERWALD-LENUM, M. (1992), "A note with quantiles of the asymptotic distribution of the Maximum Likelihood Cointegration Rank Test Statistics", *Oxford Bulletin of Economics and Statistics*, 54, 461–472.

PAGAN, A. P. und J. C. ROBERTSON (1995), "Resolving the Liquidity Effect", *Federal Reserve Bank of St. Louis Review*, 77(3), 33–54.

PEEK, J. und E. S. ROSENGREN (1995a), "Bank Lending and the Transmission of Monetary Policy", in: J. PEEK und E. S. ROSENGREN (Hrsg.), *Is Bank Lending Important for the Transmission of Monetary Policy?*, 47–68, Federal Reserve Bank of Boston, Conference Series No.39, Boston.

PEEK, J. und E. S. ROSENGREN (1995b), "Banks and the Availability of Small Business Loans", *Federal Reserve Bank of Boston Working Papers*, 95-1.

PEEK, J. und E. S. ROSENGREN (1995c), "Small Business Credit Availability: How Important is Size of Lender?" *Federal Reserve Bank of Boston Working Papers*, 95-5.

PEREZ, S. J. (1998), "Causal Ordering and 'The Bank Lending Channel'", *Journal of Applied Econometrics*, 13, 613–626.

PERRIDON, L. und M. STEINER (1995), *Finanzwirtschaft der Unternehmung*, Vahlen, München, 8. Aufl.

PERRON, P. (1989), "The Great Crash, the Oil Price Shock, and the Unit Root Hypothesis", *Econometrica*, 57(6), 1361–1401.

PERRON, P. (1990), "Testing for a Unit Root in a Time Series With a Changing Mean", *Journal of Business & Economic Statistics*, 8(2), 153–162.

PERRON, P. und T. J. VOGELSANG (1992), "Testing for a Unit Root in a Time Series With a Changing Mean: Corrections and Extensions", *Journal of Business & Economic Statistics*, 10(4), 467–470.

PHILLIPS, P. C. B. (1987), "Time Series Regression With a Unit Root", *Econometrica*, 55(2), 277–301.

PHILLIPS, P. C. B. und P. PERRON (1988), "Testing for a Unit Root in Time Series Regression", *Biometrika*, 75(2), 335–346.

PLOSSER, C. I. (1989), "Understanding Real Business Cycles", *Journal of Economic Perspectives*, 3(3), 51–77.

RAMEY, V. A. (1993), "How Important is the Credit Channel in the Transmission of Monetary Policy?" *NBER Working Paper*, 4285.

REIMERS, H.-E. (1991), *Analyse kointegrierter Variablen mittels vektorautoregressiver Modelle*, Physica-Verlag, Heidelberg.

ROMER, C. D. und D. H. ROMER (1989), "Does Monetary Policy Matter? A New Test in the Spirit of Friedman and Schwartz", *NBER Macroeconomics Annual*, 121–183.

ROMER, C. D. und D. H. ROMER (1990), "New Evidence on the Monetary Transmission Mechanism", *Brookings Papers on Economic Activity*, 149–213.

ROMER, C. D. und D. H. ROMER (1994), "Monetary Policy Matters", *Journal of Monetary Economics*, 34, 75–88.

ROMER, D. (1996), *Advanced Macroeconomics*, McGraw-Hill, New York.

ROSA, R. V. (1951), "Interest Rates and the Central Bank", in: T. M. Company (Hrsg.), *Money, Trade, and Economic Growth*, 270–295, The Macmillan Company, New York.

SCHARNAGL, M. (1998), "The stability of German money demand: Not just a myth", *Empirical Economics*, 23, 355–370.

SCHIANTARELLI, F. (1996), "Financial Constraints and Investment: Methodological Issues and International Evidence ", *Oxford Review of Economic Policy*, 12(2), 70–89.

SCHWIETE, M. und J. WEIGAND (1997), "Bankbeteiligungen und das Verschuldungsverhalten deutscher Unternehmen", *Kredit und Kapital*, 30(1), 1–34.

SEVESTRE, P. (1997), "On the use of banks balance sheet data in loan market studies: A note", *Banque de France, Notes d'études et de recherche*, 49.

SHAPIRO, M. D. (1994), "Federal Reserve Policy: Cause and Effect", in: N. G. MANKIW (Hrsg.), *Monetary Policy*, 307–332, NBER Studies in business cycles 29, The University of Chicago Press, Chicago.

SHILLER, R. J. (1990), "The Term Structure of Interest Rates", in: B. M. FRIEDMAN und F. H. HAHN (Hrsg.), *Handbook of Monetary Economics*, Bd. 1, Kap. 13, 628–722, Elsevier, Amsterdam.

SIEBKE, J. und M. WILLMS (1974), *Theorie der Geldpolitik*, Springer-Verlag, Berlin-Heidelberg-New York.

SIMS, C. A. (1972), "Money, Income, and Causality", *American Economic Review*, 62, 540–552.

SIMS, C. A. (1980a), "Comparison of Interwar and Postwar Business Cycles: Monetarism Reconsidered", *The American Economic Review*, 70(2), 250–257.

SIMS, C. A. (1980b), "Macroeconomics and Reality", *Econometrica*, 48(1), 1–48.

SIMS, C. A. (1986), "Are Forecasting Models Usable for Policy Analysis? ", *Federal Reserve Bank of Minneapolis Quarterly Review*, Winter, 3–16.

SIMS, C. A. (1992), "Interpreting the Time Series Facts: The Effects of Monetary Policy", *European Economic Review*, 36, 975–1000.

SMETS, F. (1997), "Measuring Monetary Policy Shocks in France, Germany and Italy: The Role of the Exchange Rate", *BIS Working Paper*, 42.

STEIN, J. C. (1995), "An Adverse Selection Model of Bank Asset and Liability Management with Implications for the Transmission of Monetary Policy ", *NBER Working Paper*, 5217.

STIGLITZ, J. E. und A. WEISS (1981), "Credit Rationing in Markets with Imperfect Information ", *The American Economic Review*, 71(3), 393–410.

STOCK, J. H. und M. W. WATSON (1988), "Testing for Common Trends", *Journal of the American Statistical Association*, 83(404), 1097–1107.

STOCK, J. H. und M. W. WATSON (1989), "Interpreting the Evidence on Money-Income Causality", *Journal of Econometrics*, 40, 161–181.

STÖß, E. (1996), "Die Finanzierungsstruktur der Unternehmen und deren Reaktion auf monetäre Impulse", *Diskussionspapier Volkswirtschaftliche Forschungsgruppe der Deutschen Bundesbank*, 9/96.

STRONGIN, S. (1995), "The Identification of Monetary Policy Disturbances: Explaining the Liquidity Puzzle", *Journal of Monetary Economics*, 35(3), 463–497.

SZAGUNN, V. und K. WOHLSCHIESS (1993), "Die Bankenaufsicht", in: N. KLOTEN und J. H. VON STEIN (Hrsg.), *Geld-, Bank- und Börsenwesen*, 259–286, Schäffer-Poeschel, Stuttgart.

TAYLOR, J. B. (1993), *Macroeconomic Policy in a World Economy: From Econometric Design to Practical Operation* , W.W. Norton Company, New York.

TAYLOR, J. B. (1995), "The Monetary Transmission Mechanism: An Empirical Framework", *Journal of Economic Perspectives*, 9(4), 11–26.

TOBIN, J. (1969), "A General Equilibrium Approach to Monetary Theory", *Journal of Money, Credit, and Banking*, 1, 15–29.

TOBIN, J. (1970), "Money and Income: Post Hoc Ergo Propter Hoc?" *Quarterly Journal of Economics*, 84, 310–317.

TOBIN, J. und W. C. BRAINARD (1963), "Financial Intermediaries and the Effectiveness of Monetary Controls", *The American Economic Review*, 53, 383–400.

VAN DAMME, E. (1994), "Banking: A Survey of Recent Microeconomic Theory", *Oxford Review of Economic Policy*, 10(4), 14–33.

VERBEEK, M. (2000), *A Guide to Modern Econometrics*, John Wiley & Sons, New York.

WALSH, C. E. und J. A. WILCOX (1995), "Bank Lending and Economic Activity", in: J. PEEK und E. S. ROSENGREN (Hrsg.), *Is Bank Lending Important for the Transmission of Monetary Policy?*, 83–112, Federal Reserve Bank of Boston, Conference Series No.39, Boston.

WEBER, A. A. (1996), "Germany before and after unification: A structural VAR analysis", *Economic Modelling*, 13, 575–601.

WILLIAMSON, O. E. (1968), "Economies as an Antitrust Defense: The Welfare Tradeoffs", *American Economic Review*, 58, 18–42.

WINKER, P. (1996), "Causes and Effects of Financing Constraints at the Firm Level", *Diskussionsbeitrag des Sonderforschungsbereichs 178*, Serie II(292).

WOLTERS, J. und H. LÜTKEPOHL (1997), "Die Geldnachfrage für M3: Neue Ergebnisse für das vereinigte Deutschland", *Ifo-Studien*, 43, 35–54.

ZIMMER, K. (1993), *Bankenregulierung: Zur Begründung und Ausgestaltung der Einlagensicherung*, Nomos-Verlagsgesellschaft, Baden-Baden.

GPSR Compliance

The European Union's (EU) General Product Safety Regulation (GPSR) is a set of rules that requires consumer products to be safe and our obligations to ensure this.

If you have any concerns about our products, you can contact us on ProductSafety@springernature.com

In case Publisher is established outside the EU, the EU authorized representative is:

Springer Nature Customer Service Center GmbH
Europaplatz 3
69115 Heidelberg, Germany

Batch number: 10815964

Printed by Printforce, the Netherlands